UNIVERSITÉ DE PARIS — FACULTÉ DE DROIT

LE

LUXEMBOURG NEUTRE

ÉTUDE D'HISTOIRE DIPLOMATIQUE

ET DE

DROIT INTERNATIONAL PUBLIC

THÈSE POUR LE DOCTORAT

*L'acte public sur les matières ci-après sera soutenu le Lundi 25 Juin 1900,
à une heure*

PAR

G. WAMPACH

LAURÉAT DE L'ÉCOLE DES SCIENCES POLITIQUES

Président : **M. RENAULT**

Suffragants : { **MM. LEFEBVRE**
LAINÉ } *Professeurs*

——o○§○o——

PARIS

LIBRAIRIE NOUVELLE DE DROIT ET DE JURISPRUDENCE

Arthur ROUSSEAU, Éditeur

14, RUE SOUFFLOT, ET RUE TOULLIER, 13

—

1900

LE

LUXEMBOURG NEUTRE

ÉTUDE D'HISTOIRE DIPLOMATIQUE

ET DE

DROIT INTERNATIONAL PUBLIC

UNIVERSITÉ DE PARIS — FACULTÉ DE DROIT

LE
LUXEMBOURG NEUTRE

ÉTUDE D'HISTOIRE DIPLOMATIQUE
ET DE
DROIT INTERNATIONAL PUBLIC

THÈSE POUR LE DOCTORAT

*L'acte public sur les matières ci-après sera soutenu le Lundi 25 Juin 1900,
à une heure*

PAR

G. WAMPACH

LAURÉAT DE L'ÉCOLE DES SCIENCES POLITIQUES

Président : **M. RENAULT**

Suffragants : { **MM. LEFEBVRE** } *Professeurs*
{ **LAINÉ** }

————○○✛○○————

PARIS

LIBRAIRIE NOUVELLE DE DROIT ET DE JURISPRUDENCE
Arthur ROUSSEAU, Éditeur
14, RUE SOUFFLOT, ET RUE TOULLIER, 13

1900

CHAPITRE PREMIER

LE LUXEMBOURG DANS L'HISTOIRE

—

(DES ORIGINES JUSQU'AU MILIEU DU DIX-NEUVIÈME SIÈCLE)

SOMMAIRE. — Les origines : la période celtique ; l'invasion des Germains ; la conquête romaine ; le christianisme au Luxembourg ; les invasions des barbares ; le royaume franc ; Mérovingiens et Carolingiens ; le comté de Luxembourg ; les empereurs de la maison de Luxembourg ; le duché ; les ducs de Bourgogne ; la citadelle de Luxembourg ; le régime français ; les guerres de conquête ; les traités de Ryswick et d'Utrecht ; la maison de Habsbourg.
La Révolution française : la révolution brabançonne ; la bataille de Fleurus ; la prise de Luxembourg ; Dudelange, Differdange et la guerre des gourdins ; l'incorporation à la France ; Napoléon à Luxembourg ; le déclin de l'épopée impériale et révolutionnaire.
Le Congrès de Vienne : le royaume des Pays-Bas ; le Luxembourg, érigé en grand-duché, est rattaché à la Confédération germanique ; ses rapports avec la Hollande ; un ménage mal assorti ; le droit de garnison, ses causes et ses origines.
La Révolution de 1830 : ses causes ; l'attitude des populations luxembourgeoises ; le gouverneur Willmar, le commandant militaire ; l'intervention platonique de la Confédération germanique ; l'indépendance belge et le Congrès de Londres ; les frontières ; démembrement du grand-duché ; la liquidation des dettes ; les prétentions hollandaises; résultat de longues négociations.
L'autonomie luxembourgeoise : Guillaume Ier, ses erreurs ; Guillaume II ; la Révolution de 1848 ; l'union douanière ; le prince Henri des Pays-Bas.

Le grand-duché de Luxembourg a été autrefois habité par des populations de race celtique. Les mardelles disséminées sur tous les points de son territoire et les nombreuses monnaies et médailles mises récemment au jour attestent le passage de ces peuplades primitives. Des monuments tel que le Deivelselter, qui existait encore il y a une quarantaine d'an-

1

nées à peine, aux environs de Diekirch, et la Hertheslei, sont
des témoins contemporains de la foi religieuse des anciens
Celtes.

Dans leur irrésistible poussée vers l'Ouest, les Germains se
heurtèrent aux pacifiques tribus celtiques. Loin de leur faire
une guerre d'extermination, ils fraternisèrent avec elles. Le
sang gaulois se mêla au sang germanique, et de l'union des
vainqueurs et des vaincus surgit un peuple courageux et fier
de son indépendance, qui porte dans l'histoire le nom glorieux
de peuple trévirien. Les Trévires occupaient la partie méri-
dionale de l'ancien duché de Luxembourg; la partie septentrionale était habitée par les Poemaniens, les Séguiens, les
Cérésiens et les Condrusiens. Suivant le témoignage généralement véridique de Tacite, les Trévires « se vantaient de leur
origine germanique, comme s'ils avaient voulu, par l'honneur
de cette descendance, se sauver du reproche de lâcheté qu'on
adressait autrefois aux Gaulois » (1).

Au cours des sanglantes luttes qui devaient aboutir à la
conquête romaine, les Trévires observèrent pendant quelque
temps une attitude équivoque et indécise. Combattant parfois
aux côtés des légions romaines, ils s'opposèrent en d'autres
occasions avec un bonheur inégal aux progrès des armées de
César. Leur indécision cessa après que Cingétorix, un de leurs
chefs, eut été déclaré traître à la patrie à cause de son alliance
avec Rome. Après de longues luttes, les aigles romaines fixè-
rent le sort de la Gaule. Les Trévires furent définitivement
vaincus vers l'année 53 avant l'ère chrétienne.

La domination romaine a laissé des traces ineffaçables partout où elle avait réussi à s'imposer. Sillonné dans tous les
sens par les routes militaires et parsemé de ruines d'anciens
castels, le Luxembourg est riche en débris d'autels païens et
de sépultures romaines. Les vestiges de l'époque romaine sont

(1) *Germania*, no XXVIII *in fine*.

tellement nombreux qu'un savant belge, M. J.-B. Nothomb, a pu dire, non sans une certaine exagération, « que dans le Luxembourg le sol, au lieu de cailloux, semblait produire des monnaies à l'effigie de César ». Dans un seul endroit, Op Lopert, on a trouvé, en 1858, environ 600 médailles remontant au temps de Gordien, et en 1889, 1,982 médailles de 912 variétés différentes, gravées à la fin du III⁰ siècle.

La rive gauche du Rhin fut particulièrement exposée aux incursions des peuplades germaniques qui campaient sur la rive opposée. Aussi les ruines de camps romains et de châteaux-forts sont-elles plus nombreuses au Luxembourg que dans la plupart des provinces de l'Empire. Les excavations découvertes aux environs de la cité minière d'Esch-sur-l'Alzette et les scories amassées près des camps qui existaient dans cette région, permettent de supposer que les Romains avaient entrevu les trésors cachés dans les collines luxembourgeoises. Près du village de Bartringen, on a déterré des ruines que les archéologues croient provenir d'une ancienne fonderie construite au temps de la domination romaine (1).

Les stratégistes romains avaient deviné le rôle que la ville de Luxembourg devait jouer dans la défense des campagnes environnantes. L'itinéraire d'Antonin mentionne un campement de cohortes létiennes sur la Rama ou Rham, colline voisine de la capitale du grand-duché de Luxembourg. Gallien fit construire, à l'endroit même où devait s'élever la future citadelle, une puissante redoute.

C'est en se basant sur l'abondance des monuments antiques et des ruines de tous genres découverts dans le grand-duché qu'un historien indigène, M. Glaesener, a été amené à conclure que le Luxembourg nourrissait, sous la domination romaine, et surtout depuis la fin du I⁰ʳ jusqu'au IV⁰ siècle, une population notablement supérieure à la population actuelle.

(1) Peters, *Anfaenge des Christentums*, p. 222.

On peut contester le bien fondé de cette conclusion, mais il
est impossible de méconnaître l'ancienneté de la civilisation
dans les régions qui bordent la Moselle et constituent aujour-
d'hui le grand-duché de Luxembourg.

Les invasions des barbares vinrent mettre un terme à cette
prospérité naissante. Prédestiné par sa situation géographique
à servir de passage aux hordes sauvages, le Luxembourg fut
ravagé vers le milieu du IIIe siècle par les Francs, les Suèves
et les Alamans. Des terres furent concédées par l'empereur
Maximien-Hercule à une tribu de Sicambres. Impuissants à
heurter de front le danger qui menaçait l'intégrité territoriale
de leur imposant mais fragile Empire, les empereurs se
voyaient, dès cette époque reculée, contraints de faire la part
du feu et de transiger avec les envahisseurs.

Avant la grande invasion, la ville de Trèves fut détruite à
quatre reprises différentes. Salvien décrit en termes amers le
triste sort de la glorieuse cité : « Trèves, écrit-il, la ville la
plus superbe des Gaules, a été quatre fois saccagée. Il en est
des péchés des Tréviriens comme de l'hydre de la fable. Les
plaies en reproduisent d'autres et les coups réitérés d'un
Dieu en courroux n'ont pu arrêter le torrent de l'iniquité.
Leur penchant au vice était si violent qu'on eût dit qu'il était
déterminé que la ville resterait sans habitants plutôt que les
habitants sans crimes ».

La grande invasion mit fin à la suprématie romaine. Attila,
traînant à sa suite une bande de 600,000 Huns, traversa le
pays pour se rendre dans les Champs Catalauniques, où l'attendait le destin.

Un instant refoulés par ces torrents humains, les Francs se
reformèrent aussitôt et revinrent sur les bords de la Moselle.
La route de Tolbiac passa par le Luxembourg. A partir de
l'année 496, les Francs, devenus chrétiens, étaient les maîtres
du pays luxembourgeois.

Sous les Mérovingiens, le Luxembourg faisait partie de la

Ripuarie. Un Champ de Mai fut tenu à Belsonacum en 585. Au viiiᵉ siècle, le roi Dagobert demeura quelque temps à Trèves pendant que les missionnaires de saint Eloi rayonnaient dans les pays d'alentour. Ce n'est pas que le christianisme ait été inconnu au Luxembourg avant cette tardive évangélisation. Les chrétiens étaient très nombreux dans ces régions avant même que Constantin, du consentement de son beau-frère Licinius, eût rendu le fameux édit de tolérance de l'année 313 (1). Saint Agritius, l'ami et le conseiller de Constantin et d'Hélène, et ses successeurs sur le siège épiscopal de Trèves, avaient travaillé avec succès à la christianisation de leur immense diocèse. Gouvernées par Constance-Chlore, les Gaules n'eurent pas trop à souffrir de la persécution de Dioclétien. Les évêques de Tongres évangélisèrent la partie septentrionale du Luxembourg. Le mot de Guizot « qu'à la chute de l'Empire romain il n'y avait plus de peuple romain, mais un peuple chrétien », peut s'appliquer aux peuplades qui habitaient le territoire actuel du grand-duché.

C'est sur le sol luxembourgeois que fut décidée la prédominance de l'Austrasie germanique sur la Neustrie gauloise. Charles Martel vainquit les Neustriens dans une sanglante bataille qui eut lieu à Amblève en 717. Ce brillant succès couronna l'œuvre commencée par Pépin d'Héristal à Testry (687) et préluda aux victoires de Vincy et de Soissons.

Charlemagne affectionnait plus particulièrement les parties septentrionales de son vaste Empire. Aix-la-Chapelle était sa résidence favorite. Le Champ de Mai de l'année 806 fut tenu à Thionville ; c'est là que fut édicté le malheureux capitulaire

---

(1) Publications de la section historique de l'Institut royal grand-ducal de Luxembourg, 1876, vol. XXXI, p. 222 et s. Le Dʳ Peters, auteur de l'article dans lequel nous avons puisé nombre d'indications relatives à cette période éloignée de l'histoire luxembourgeoise, est certainement un des meilleurs historiens du grand-duché. La renommée de ce savant modeste, qu'une mort prématurée a ravi à la science et à l'affection de ses compatriotes, a d'ailleurs franchi les étroites frontières du Luxembourg.

qui démembra l'Empire au profit des faibles fils du fondateur de la dynastie carolingienne.

S'il faut en croire une vieille chronique d'Aix-la-Chapelle, qui remonte à l'année 1632, Charlemagne aurait fait transporter sur les bords de la Moselle et dans les profondeurs de la forêt ardennaise, une partie des familles saxonnes qu'il obligea de quitter leurs foyers, en vue de vaincre, par ce moyen quelque peu brutal, les dernières résistances du paganisme germanique. La langue luxembourgeoise présente, en effet, des analogies assez frappantes avec la langue anglaise et avec l'idiome parlé par les populations saxonnes de la Transylvanie (1). Il n'est pas téméraire de conclure de cette singulière concordance à une certaine communauté d'origine.

Les ravages causés par les nombreuses guerres qui éclatèrent vers cette époque, et les invasions des barbares de l'Est, avaient décimé la population et produit un vide suffisant pour que l'établissement forcé de ces immigrants involontaires pût se faire sans danger.

Les derniers jours de Charlemagne furent assombris par les incursions des Normands, dont les embarcations légères vinrent se balancer jusque sur les eaux de la Basse-Seine. Vers la fin du ixᵉ siècle, les aventuriers danois, enhardis par l'indolente incurie des rois fainéants, convertirent en étable le palais de Charlemagne d'Aix-la-Chapelle. La ville de Trèves fut saccagée et mise à sac le 5 avril 882.

Les rois francs respectèrent généralement les divisions administratives établies par les Romains. Il en fut ainsi au Luxembourg. Ce pays était divisé en quatre circonscriptions ou pagi : l'Ardenne, la Mosellane, la circonscription de la Woivre (pagus Wabrensis), et la circonscription de Bittbourg (Bedensis). Chaque circonscription était gouvernée par un comte régionnaire ou Gaugraf.

(1) *Itinéraire de Feller*, vol. I. p. 177, 278, 281 et s.

Le traité de Verdun de 843 partagea l'Empire franc entre les fils de Louis le Débonnaire. Le Luxembourg échut, avec le reste de la Lotharingie ou Lorraine, à l'empereur Lothaire Ier Le traité de Mersen porta atteinte à l'intégrité territoriale de la Lorraine : une partie fut attribuée à Louis le Germanique, l'autre fut donnée au roi Charles le Chauve. Bientôt la Lorraine fut détachée de la France et jointe aux possessions des empereurs allemands. Devenue allemande, elle fut d'abord administrée par un duc unique; Bruno, le frère de l'empereur Othon, la divisa en haute et basse Lotharingie et la soumit à la juridiction de deux gouverneurs différents.

Vers le milieu du xᵉ siècle, la basse Lotharingie était gouvernée par le duc Godefroid, prince de la maison d'Ardenne, qui prétendait descendre de Charlemagne. Le frère de Godefroid, Sigefroid d'Ardenne, était comte régionnaire et résidait à Metz. Il possédait des propriétés très considérables dans les régions environnantes et était avoué des abbayes de Saint-Maximin de Trèves et de Saint-Willibrord d'Echternach.

Ayant pris l'habitude de venir chasser aux environs d'un vieux castel romain du nom de Lucilinburhut, Sigefroid s'éprit de la sauvage beauté de ces sites agrestes et escarpés : *amoenitate loci captus est*, dit un vieil historien luxembourgeois, l'abbé Bertels d'Echternach. Les ruines appartenaient aux moines de l'abbaye de Saint-Maximin de Trèves; elles faisaient partie de la paroisse de Weimerskirch donnée « par reconnaissance et par piété » par Charles Martel à cette communauté religieuse. Un échange fut négocié par les envoyés de Sigefroid auprès des moines de Saint-Maximin. Le traité de cession fut conclu le 12 avril 963. Moyennant l'abandon des dîmes et des propriétés qu'il possédait à Feulen, Sigefroid acquit les rochers abrupts qui devaient servir d'assises à une des plus redoutables citadelles du monde entier. La cession était faite à l'amiable, sans violence ni subterfuge; c'était une opération juridique absolument légitime.

Le sixième successeur de Sigefroid prit officiellement le titre de comte de Luxembourg. Avec le comte Henri IV l'Aveugle, qui s'éteignit en 1196 après avoir vécu près de cent ans, finit la branche mâle des comtes de Luxembourg.

Sa fille Ermesinde fut une des princesses les plus accomplies qui aient orné le trône du Luxembourg. Le comte Thibaut de Bar, qu'Ermesinde épousa en premières noces, s'empressa de racheter les droits qu'Othon de Bavière possédait sur le comté ; il y adjoignit peu après le comté de Marville. Devenue veuve à l'âge de 27 ans, Ermesinde s'unit en secondes noces à Waléran III, duc de Limbourg. Ce mariage rattacha au Luxembourg le marquisat d'Arlon, qui en avait été séparé en 998. Après la mort de Waléran III, la comtesse Ermesinde acquit encore les comtés de Laroche et de Durbuy, Thionville, Falkenstein, Bittbourg, Ligny, Dale et la moitié de la seigneurie de Diekirch.

Son administration fut sage et paternelle. Pour rendre ses peuples heureux, Ermesinde leur accorda toutes les libertés compatibles avec les besoins de l'époque. Thionville, Echternach et la ville de Luxembourg reçurent des chartes d'affranchissement. Lorsque, vers la fin de l'année 1245, un moine exalté vint prêcher une croisade populaire au Luxembourg, la comtesse, dont les sentiments de profonde piété étaient pourtant bien connus, détourna ses sujets de l'aventureux projet.

Avec le fils d'Ermesinde, Henri le Blondel, commença en 1247 la ligne des Luxembourg-Limbourg. Ce prince suivit les traces de sa mère ; il accorda de nombreuses chartes d'affranchissement et agrandit considérablement ses domaines. Après avoir racheté Marville et Arrancy de Waléran de Fauquemont, il acquit la prévôté d'Aywaille, les seigneuries d'Amblève, de Saint-Vith, de Mensdorf et la seconde moitié de la seigneurie de Diekirch. A la dernière croisade de Saint-Louis, Henri commandait les régiments frisons ; plus heureux que le saint roi, il réussit à rentrer sain et sauf dans sa patrie.

Plusieurs princes de la maison de Luxembourg ont ceint la couronne du saint Empire romain. Dès l'année 1081, les voix des électeurs se portèrent sur un descendant de Sigefroid, le comte Hermann de Salm. L'empereur Henri IV ayant oublié les serments faits à Canossa et encouru une nouvelle excommunication du grand pape Grégoire VII, le corps des électeurs lui opposa, en la personne du valeureux comte de Salm, un concurrent redoutable. Les deux empereurs en vinrent aux mains à Würzbourg, le 11 août 1085. Henri IV fut vaincu. Son vainqueur se démit quelques années plus tard de ses fonctions plutôt honoraires que réelles et effectives.

Henri VII, Wenceslas II, Sigismond et Josse de Moravie occupèrent dans la suite, avec des fortunes très diverses, le trône impérial.

L'élévation de ses souverains ne profita guère au comté de Luxembourg. Ecrasés sous le faix de leur éphémère dignité, ces princes ne virent trop souvent dans leurs domaines familiaux qu'une mine à exploiter et ne se souvinrent du petit comté que pour en tirer des subventions excessives.

Le gouvernement du comte Henri IV fut un gouvernement réparateur. Les jugements de Dieu disparurent presqu'entièrement de la procédure criminelle. Henri arrêta le cours des guerres privées et réprima énergiquement les actes de brigandage et de violence quels qu'en fussent les auteurs. La sécurité publique fut assurée à un tel point que le prince osa prendre l'engagement d'indemniser tous ses sujets qui prouveraient avoir été victimes d'un vol ou d'une injustice quelconque.

L'empereur Albert d'Autriche ayant été assassiné, ses pairs appelèrent Henri au trône impérial le 27 novembre 1308. Les puissants feudataires avaient intérêt à élire un prince dont les domaines personnels étaient peu considérables. L'influence de son frère Baudouin, archevêque de Trèves, et de Pierre d'Aspelt, archevêque de Mayence, et peut-être aussi la sagesse que le comte Henri avait montrée dans l'administration de ses domaines, lui valurent les suffrages des électeurs.

C'est dans cette période que nous rencontrons un comte de Luxembourg qui, par sa cruelle infirmité non moins que par sa vie aventureuse et par sa fin héroïque, illustra son nom : le célèbre roi de Bohème, comte de Luxembourg, Jean l'Aveugle. Jean l'Aveugle naquit en 1296 ; il arriva au trône de Luxembourg en 1309. Son mariage avec la princesse Elisabeth, fille du dernier roi de la maison des Prémislides, lui assura la couronne de Bohème. Le roi Henri de Carinthie ayant été déclaré déchu du trône, Jean lui succéda du consentement unanime des feudataires du royaume.

Les débuts de son règne furent heureux ; il acquit Falkenstein en 1319, la prévôté de Bastogne en 1332. Mais, dès l'année 1334, il dut donner le Luxembourg en gage à son oncle Baudouin de Trèves ; des obligations du même genre furent contractées envers l'évêque de Liège. Toujours besogneux, Jean engagea la plupart de ses domaines. Son règne fut une suite ininterrompue de luttes contre les ennemis de tout genre, dont le plus dangereux fut la pénurie endémique de son trésor.

Sur l'appel du roi de France Philippe VI, Jean accourut à Paris avec cinq cents chevaliers de Luxembourg et de Bohème. A Crécy, le dieu des batailles se montra peu favorable aux drapeaux fleurdelysés. Jean ne perdit pas courage ; la vie lui était peu de chose ; il ne vivait que pour l'honneur.

Voici comment Froissart raconte la fin admirable du héros : « Le vaillant et gentil roi de Béhaigne..... quoi qu'il fût là tout armé et en grand arroy, si ne véoit-il goutte et était aveugle. Adonc dit le roi à ses gens : Je vous prie et vous requiers très espécialement que vous me meniez si avant que je puisse férir un coup d'espée..... Le bon roi alla si avant qu'il férît un coup d'espée, voire trois, voire quatre et com-

battit moult vaillamment, et aussi firent tous ceux qui avec lui
étaient pour l'accompagner, et si bien le servirent et si bien
boutèrent sur les Anglais que tous y demeurèrent ni oncques
ne s'en partit, et furent trouvés le lendemain sur la place
autour de leur seigneur et leurs chevaux, tous alioiés ensemble. »

« Vrai miracle de fidélité et d'honneur », s'écrie Chateau-
briand, après avoir raconté cette mort héroïque, « et digne cou-
ronnement d'une telle vie. »

Le roi d'Angleterre fit rendre au fils de Jean l'Aveugle le
corps de son père. Le Prince Noir dut adopter la devise du
héros : « Ich dien » (Je sers).

Le 13 mai 1354, le comté de Luxembourg fut érigé en
duché par l'empereur Charles IV. Un édit conféra la dignité
ducale à Wenceslas et à ses successeurs « pour qu'ils la pos-
sédassent avec tous les honneurs, droits et privilèges, immu-
nités et de la même manière que les autres princes du saint
Empire romain ». Cette concession honorifique compensa
d'une manière peu onéreuse pour lui les sacrifices en hommes et en argent que l'empereur Charles IV avait imposés au
Luxembourg pendant le règne de son frère Wenceslas. Il est
dans la destinée du Luxembourg de croître en prérogatives
honorifiques à mesure qu'il diminue en importance réelle.

En 1551, la maison de Nassau fut engagée dans des liens
de vassalité envers les princes de Luxembourg. C'est à cette
époque qu'Othon de Nassau arriva à la succession du comté
de Vianden, dont sa femme Adélaïde était devenue l'unique
héritière.

Le duc Wenceslas marcha pendant quelque temps sur les
traces de son ancêtre, la comtesse Ermesinde. Il racheta beaucoup de terres engagées sous les règnes antérieurs et paya
les dettes contractées par son père et par son frère. Le comté
de Chiny fut acquis le 16 mai 1364 au prix de 16,000 florins
d'or.

Wenceslas donna par testament le duché de Luxembourg à l'empereur Charles IV son frère, et à son neveu Wenceslas II, roi de Bohême. Charles IV étant mort avant le testateur, le duché échut au roi Wenceslas, qui parvint peu de temps après au trône impérial.

Le duché eut à subir vers cette époque des épreuves très nombreuses. Gouverné d'abord par le duc de Bourgogne Philippe le Hardi, il fut administré de 1402 à 1407 par le duc Louis d'Orléans, le frère du roi de France Charles VI.

L'empereur Sigismond fut le dernier descendant mâle de la maison de Luxembourg-Limbourg. Du quatrième mariage de Charles IV avec la fille de Bogislav V, roi de Pologne, était né le 22 juin 1370 le prince Jean, marquis de Brandebourg et de Lusace, duc de Goerlitz. Ce prince eut pour fille la trop célèbre Elisabeth de Goerlitz, qui reçut le Luxembourg en gage de son oncle Wenceslas.

A la mort de son second mari, Jean de Bavière (1425), Elisabeth assuma l'entière administration du duché. Les souverains légitimes ne pouvaient réunir la somme relativement modique de 120,000 florins, pour racheter leur propriété. Après avoir pendant de longues années exaspéré les Luxembourgeois par ses exactions et ses débauches, la vaniteuse princesse céda ses droits à l'archevêque de Trèves, Jacques de Sierck, moyennant une indemnité de 120,000 florins. Le marché fut ratifié par l'empereur Frédéric le 23 septembre 1441.

Mais dès l'année 1425, Elisabeth avait engagé des pourparlers en vue d'une cession éventuelle avec son puissant neveu Philippe le Bon, duc de Bourgogne. Le duché étant admirablement situé pour arrondir les états bourguignons, Philippe s'opposa à l'arrangement que son indigne tante venait de conclure à ses dépens. Le traité d'Hesdin du 4 octobre 1441 lui parut plus équitable; il consacrait ses propres droits.

Elisabeth céda à Philippe tous les droits qu'elle pouvait faire valoir sur le duché de Luxembourg et sur le comté de Chiny.

Philippe s'engagea de son côté à payer à sa tante une rente annuelle viagère de 7,000 florins, une somme de 2,000 florins pour parer aux besoins les plus pressants, et une autre somme de 16,000 florins en vue de désintéresser les créanciers les plus impatients de la pauvre princesse. Philippe promit en outre de faire toutes les diligences pour qu'Elisabeth pût rentrer en possession de ses bijoux engagés à La Haye. L'histoire ne nous dit pas de quelle manière le duc Philippe s'est acquitté de cette dernière commission.

La princesse ratifia la vente de ses sujets le 11 janvier 1442.

Il est piquant de rencontrer un tel exemple de mesquine et odieuse politique dans ces temps héroïques du moyen âge, qu'on se plaît souvent à nous représenter comme une époque de fortes croyances et de chevaleresques exploits. Il en est pour ces princes sans scrupules d'une province comme d'un troupeau : on vend celui-ci, on trafique de celle-là. L'unique différence est une différence de prix, unie à une légère modification des procédés employés. La vente d'un troupeau s'effectue au grand jour et sans déguisement ; les vendeurs d'un peuple, par un reste de pudeur, essaient parfois de voiler leur honteux marchandage sous le couvert d'une charitable bienveillance. Philippe de Bourgogne et Elisabeth de Goerlitz trouvèrent plus tard de nombreux imitateurs ; le traité d'Hesdin ne resta pas un fait isolé dans l'histoire.

Pour engager les Luxembourgeois à se courber sous le joug des ducs de Bourgogne, Elisabeth trouva dans son cœur débauché de pathétiques accents. « Incapable comme femme et comme veuve, dit-elle, de réprimer les querelles intestines de ses sujets et de les protéger efficacement, elle les confie à des mains plus puissantes ». Trois siècles plus tard, la grande Catherine prononça des paroles analogues, lorsque, pour soustraire un peuple égaré aux désordres provoqués par les abus du *liberum veto* et des confédérations, elle étendit vers la Pologne sa main plus puissante et la força de rentrer dans le

bercail moscovite. L'histoire est un perpétuel recommence-
ment.

C'est par pure affection que Philippe de Bourgogne, « sur
les instances réitérées et pressantes de sa tante », assuma la
lourde charge qui lui était dévolue et saccagea impitoyable-
ment la ville de Luxembourg, qui se refusait de croire à un
aussi affectueux désintéressement. La forteresse fut prise par
escalade le 11 décembre 1443. Le pillage eut lieu avec méthode. Guillaume de Crévant, le sire de Cernant, le sire d'Hu-
mières et quelques autres furent établis butiniers, chargés de
ramasser et de vendre le pillage. L'historien de Barante rapporte que le sire de Crevant fit l'office de crieur public au
grand divertissement de lui et de ses compagnons d'armes.

Restaient encore les droits problématiques des souverains
légitimes. Grâce à la médiation de l'archevêque de Trèves,
Philippe acquit, le 29 décembre 1443, les droits du duc de
Saxe. Le prix d'achat se monta à 120,000 florins. Les rois de
France avaient réussi à concentrer dans leurs mains les droits
des autres prétendants, Louis XI les céda le 25 novembre 1462
à son cher cousin de Bourgogne « spontanément, par affection et à titre de proche parenté. »

Après que Charles le Téméraire eut encore acquis les droits
douteux des rois de Pologne, le duché appartint enfin en pleine
et entière propriété aux princes de la maison de Bourgogne.

A partir de ce moment, le Luxembourg suit les destinées
changeantes de sa maison souveraine. De 1467 jusqu'à la Révolution française, il va être, plus encore que par le passé, le
champ clos dans lequel bien souvent se décideront les luttes
de ses puissants voisins.

Au cours des siècles dont nous venons d'esquisser la rapide
histoire, la prospérité du Luxembourg avait suivi une voie
lentement progressive. Les guerres nombreuses auxquelles il
a été obligé de prendre une part involontaire, et les incessants
changements de souverains n'avaient pu arrêter son essor.

Du rocher inculte acquis par le comte Sigefroid, les souverains luxembourgeois avaient fait une forteresse inexpugnable
dominant fièrement et contenant les pays d'alentour. Mais ce
qui, dans la pensée des constructeurs de la forteresse, devait
être un gage de sécurité et d'indépendance, devint dans la
suite un appât dangereux et une cause de nombreuses convoitises et de grands malheurs. Sigefroid avait jeté les bases de
la citadelle sur les ruines de l'ancienne redoute de Gallien.
Giselbert en élargit l'enceinte et l'entoura d'un nouveau mur,
flanqué de douze tours quadrangulaires de quarante pieds de
hauteur. Une troisième enceinte fut ajoutée de 1386 à 1396.
Marie de Bourgogne, qu'une mort prématurée vint trop tôt
ravir à l'amour et à la vénération de ses sujets, renforça les
ouvrages de la place et construisit le bastion Marie.

Dès l'année 1479, les rois de France tentèrent de s'emparer
de la ville. Les troupes du duc d'Amboise réussirent à pratiquer une brèche dans les murs de circonvallation ; mais l'empereur Maximilien arriva à temps pour repousser les assaillants et pour leur infliger une sanglante défaite à l'endroit
appelé la « Verte Vallée ».

Du mariage de Philippe le Beau avec la princesse Jeanne
d'Aragon naquit, le 24 février 1500, un fils qui reçut à sa
naissance le nom de Charles et le titre de duc de Luxembourg.
Ce prince, qui porte dans l'histoire le nom de Charles-Quint,
devint empereur d'Allemagne en 1519 ; pendant sa minorité,
la régence était aux mains de la duchesse Marguerite de Savoie. Charles-Quint agrandit et consolida les travaux de fortification de la citadelle de Luxembourg ; il vint se rendre compte
du résultat de ses efforts dans les premiers jours de l'année
1541.

Quelques mois plus tard, les Français, conduits par les
ducs d'Orléans et de Guise, envahirent le duché et s'empa-
rèrent de la ville. Ils y restèrent à peine huit jours et se retirèrent devant les troupes de Régnier de Nassau. Un an après,

ils revinrent dans la ville et en chassèrent les Autrichiens. François Ier visita sa conquête le 29 septembre 1543. La garnison française dut capituler devant les forces supérieures de François de Gonzague et du comte de Fuerstenberg, le 5 juin 1544.

Sous le règne de Philippe II, les rois de France essayèrent vainement, à quatre reprises différentes, de reprendre la citadelle ; le succès ne répondit point à la valeur.

Les archiducs Albert et Isabelle, auxquels le roi d'Espagne avait transmis les Pays-Bas avec clause de retour au royaume pour le cas où le mariage resterait stérile, reçurent les hommages des Etats le 26 août 1598. Les délégués luxembourgeois étaient placés à la droite du trône, immédiatement après les chevaliers de la toison d'or. Ils prêtèrent leur serment debout, en ne levant qu'un seul doigt. Les autres délégués devaient lever deux doigts. Ce privilège ayant provoqué des plaintes et des murmures, l'archiduc Albert répréhenda sévèrement les mécontents. « De quoi vous plaignez-vous ? dit-il. Vous avez été rebelles envers votre Dieu et envers votre roi. Les Luxembourgeois, fidèles à leur foi et au roi, peuvent me donner avec un seul doigt et même par un simple signe de leurs yeux, un témoignage suffisant de leur loyauté ».

Un assaut tenté par le grand roi de France Henri IV échoua pendant le gouvernement des archiducs, grâce à la résistance héroïque opposée aux assaillants par la noblesse et la bourgeoisie luxembourgeoises (1).

Le duché se trouva impliqué dans les opérations militaires de la guerre de Trente-Ans ; il en subit toutes les horreurs ; la peste et la famine vinrent couronner l'œuvre commencée par les armes. La paix de Westphalie n'amena qu'une cessation passagère des hostilités. Le traité des Pyrénées du 7 novembre 1659 sanctionna la trève définitive et démembra le duché.

(1) Publications de la section historique, XLIV, p. 111.

Thionville, Montmédy, Ivoix, Damvilliers, Chavancy-le-Château et Marville furent réunis à la France.

Le génie peu scrupuleux du cardinal de Richelieu fit passer au XVIIe siècle la prépondérance politique des Habsbourg aux Bourbons. Méconnaissant les renonciations faites par sa femme Marie-Thérèse, Louis XIV voulut profiter de la minorité du roi Charles II d'Espagne pour arrondir ses Etats. Pendant l'été de l'année 1667, les Français envahirent le Luxembourg et engagèrent des pourparlers avec le prince de Chimay, le gouverneur de la forteresse. Quoiqu'il se trouvât dans une situation financière des plus embarrassées, le prince de Chimay ne se prêta pas aux projets malhonnêtes que lui suggérèrent les émissaires du roi de France.

Ayant échoué dans cette tentative de corruption, Louis XIV recourut à d'autres moyens pour s'emparer de la forteresse. La trahison de Pierre Pillard allait lui en ouvrir les portes, lorsque le traître fut découvert et puni avant d'avoir pu mettre ses projets à exécution. Pressentant les dangers prochains, le comte de Monterey, gouverneur-général des Pays-Bas, le prince de Chimay, qui venait de succéder à son père, mort en 1671, et le général de Louvignies accrurent les travaux défensifs de la ville. « Je tâcherai de m'appliquer si bien à assister M. le prince de Chimay, écrivait le 7 août 1647 le général de Louvignies au comte de Monterey, que j'espère que Votre Excellence n'aura désormais aucun embarras de cette province ».

Une nouvelle trahison fut tentée en 1678; elle échoua comme avait échoué celle de Pierre Pillard; les quatre officiers félons furent exécutés sans merci; les deux principaux coupables furent pendus; les deux autres eurent la tête tranchée.

Il fallut donc recourir à d'autres moyens. Louis XIV n'y manqua pas. En 1679, un corps français vint jusqu'à Luxembourg. L'année suivante, le comte de Bissy occupa un certain nombre de places abandonnées par les Espagnols. Ceux-ci durent se contenter de défendre la citadelle.

2

Sur ces entrefaites, la Chambre de réunion de Metz annexa d'un trait de plume tout le Luxembourg à la France. Le roi très chrétien choisit le moment le meilleur pour exécuter cette décision. Le pape Innocent XI prêchait la croisade contre les infidèles, dont les hordes fanatiques inondaient les Balkans ; l'empereur Léopold luttait contre les Turcs qui venaient l'insulter jusque dans sa capitale.

L'investissement de la forteresse eut lieu le 28 avril 1684. Le prince de Chimay opposa aux troupes du maréchal de Créqui une résistance désespérée, à laquelle celui-ci était loin de s'attendre. Il fallut toute la vaillance des corps d'élite qui prenaient part au siège et toute la science de Vauban pour réduire la citadelle, après un siège de cinq semaines.

La garnison, composée au début de 4,400 soldats et d'une garde bourgeoise forte de 350 hommes, ne comptait plus que 1,300 fantassins et 400 cavaliers. Les assiégeants avaient perdu plus de 8,000 hommes. D'après un rapport de Vauban, du 12 juin 1684, « il a été consommé pendant le siège la part de 815,000 livres de poudre brute, 75,000 livres de mèche, tiré 52,500 coups de canon des grosses pièces, 5,767 des petites, 5,458 bombes, 25,350 grenades et 63,000 livres de plomb... » La victoire ne paraissait pas être trop chèrement achetée. « Voici enfin, écrivit Vauban à Louvois, le 4 juin, ce terrible Luxembourg au point que vous désirez. Je m'en réjouis de tout mon cœur pour le grand bien qui en reviendra au service du roi. C'est la plus belle et la plus glorieuse conquête qu'il ait jamais faite en sa vie et celle qui lui assure le mieux ses affaires de ce côté ». Dans la réponse adressée par Louvois à Vauban, le 7 juin, nous trouvons le jugement que le secrétaire du département de la guerre portait sur la valeur stratégique de la ville conquise : « Cette conquête, écrit le marquis de Louvois, me paraît d'un prix inestimable pour la gloire du roi et l'avantage de ses sujets. Il me paraît que Sa Majesté la connaît telle qu'elle est, et je Lui ai vu une joie sensible quand Sa Majesté a appris la fin du siège sans qu'il vous fût arrivé d'accident ».

« Présentement on peut dire, lisons-nous dans un autre mémoire de Vauban, que Charleville et le Mont-Olympe ne sont plus nécessaires, que Sedan et Bouillon le sont médiocrement, Stenay encore moins, Toul et Verdun point du tout, Longwy et Montmédy si peu que rien : voilà deux effets admirables de la conquête de cette ville. Voici un autre qui n'est pas moins surprenant ; c'est que, pour être la plus avancée de toutes nos places de côté-ci, il n'y en a point de plus difficile à assiéger et qui ait moins lieu à appréhender un siège ». « La place est grande, belle et fort bonne », disait Vauban à un autre endroit où il résumait ses impressions sur la valeur militaire et stratégique de la forteresse qu'il venait de conquérir.

Sans perdre un instant, Vauban renforça considérablement les travaux de défense et fit de la ville de Luxembourg une des plus fortes places du monde entier. Dans sa *Campagne de France*, Gœthe a décrit les formidables ouvrages qui défendaient la ville. Le grand Carnot, l'organisateur de la victoire, estimait que la ville de Luxembourg était, après Gibraltar, la place la plus forte de l'Europe.

L'exécution des travaux prescrits par Vauban dura jusqu'en 1697. Ces travaux ne profitèrent pas à la France, qui fut forcée, par le traité de Ryswick, de rendre le Luxembourg à l'Espagne. La forteresse reçut une garnison hollandaise commandée par le comte d'Autel. Elle devait, dans l'esprit des puissances signataires du traité de paix, servir de barrière contre la France.

L'occupation française laissa au Luxembourg des traces profondes. Les Luxembourgeois n'avaient pas vu d'un bon œil l'établissement des Français ; ils les virent partir presqu'à regret. Les travaux de fortification avaient amené dans le duché des capitaux très importants qui donnèrent un nouvel essor à la prospérité générale. Si le peuple dans les campagnes était

hostile à l'administration française, essentiellement centralisatrice et ennemie des libertés locales, il accueillait avec joie la
réforme des innombrables abus qui s'étaient implantés sous
la domination espagnole.

La destruction des nombreux châteaux-forts qui portaient
ombrage au roi de France, ne déplut pas aux tranquilles mais
fiers paysans trop souvent pressurés et opprimés par leurs
minuscules despotes. Suivant une forte expression du temps,
les seigneurs locaux considéraient leurs manants « comme des
bêtes en parc, des poissons en vivier, des oiseaux en cage ».
Le temps semblait passé où les hommes étaient la monnaie
vivante, le vêtement de la terre, sur laquelle ils étaient confondus avec les arbres et les troupeaux.

Les populations témoignèrent leur reconnaissance au grand
roi, lorsqu'au mois de mai 1687 il vint faire un court séjour
dans la ville de Luxembourg.

Le gouvernement que la paix de Ryswick donna au Luxembourg (traité du 20 septembre 1697, article 5), s'empressa de
retourner aux errements anciens. Les abus, à peine déracinés,
repoussèrent sur le sol luxembourgeois, comme des champi-
gnons après une tiède nuit de printemps.

Au début de la guerre de la succession d'Espagne, le duché
était gouverné par le prince Maximilien Emmanuel de Bavière.
Grâce à la connivence de ce prince, plus soucieux de conserver son éphémère royauté que des intérêts de ses sujets, un
corps français, fort seulement de 12,000 hommes, surprit la
garnison hollandaise dans la nuit du 5 au 6 février 1701 et se
maintint à Luxembourg pendant treize ans. En 1711, Philippe V d'Espagne céda les Pays-Bas à l'Electeur de Bavière.
La paix d'Utrecht attribua le Luxembourg à la maison d'Autriche. Toutefois Luxembourg, Namur et Charleroy devaient ap-
partenir à Maximilien jusqu'à ce que l'empereur lui aurait rendu
ses possessions patrimoniales. Au cours des négociations, les
troupes prussiennes envahirent le duché de Luxembourg et en

tirèrent de fortes contributions de guerre. Justement émus par ces faits contraires aux principes élémentaires du droit des gens, les plénipotentiaires réunis à Utrecht protestèrent contre la conduite déloyale de la Prusse, et pour y mettre un terme, neutralisèrent la forteresse et le duché de Luxembourg.

La neutralité stipulée par le Congrès d'Utrecht ne doit pas être entendue dans le sens moderne de ce mot. Elle fut édictée dans le but avoué de soustraire le Luxembourg aux incursions hostiles des armées prussiennes. Le roi de Prusse avait conclu la paix avec la France. Il n'en prétendait pas moins être tenu en sa qualité d'Electeur de Brandebourg et d'allié de l'Autriche, à continuer les hostilités contre les armées de Louis XIV. C'est cette politique machiavélique qui provoqua la déclaration de neutralité du 11 juin 1813.

Le résultat visé ne fut pas atteint. Dans l'automne de l'année 1713, à peine quelques mois après la déclaration d'Utrecht, Happe, l'intendant du roi de Prusse à Cologne, somma la province de Luxembourg d'avoir à payer à son souverain une contribution annuelle de 100,000 écus. Cette prétention n'était fondée sur aucun prétexte plausible. Le traité d'Utrecht avait attribué le Luxembourg à la Hollande, libre de toutes charges. Sur le conseil des Provinces-Unies et de l'Electeur Maximilien, les Etats luxembourgeois refusèrent d'entrer dans les vues de la cour prussienne et de traiter avec l'intendant Happe. Les Prussiens continuèrent leurs exactions ; ils incendièrent un grand nombre de villages et multiplièrent les exécutions militaires. Il est probable que le roi de Prusse renonça à ses prétentions au cours des discussions qui aboutirent au traité de Rastatt, du 7 mars 1714.

(Publications de la section historique de l'Institut grand-ducal de Luxembourg, 1898, t. 46. Introduction de M. le docteur Peters à la chronique de Blanchard, p. 117, 118 et s., et chronique de Blanchard, p. 188 et s.).

La paix fut définitivement conclue à Rastatt, le 7 mars

1714. Maximilien renonça formellement au duché de Luxembourg le 10 décembre 1714.

La prospérité du Luxembourg s'accrut sous le sage et doux gouvernement des princes de la maison de Habsbourg. Sous Marie-Thérèse il y eut, suivant l'expression imagée de nos pères, des paysans assez riches pour pouvoir labourer avec un soc d'argent. La célèbre impératrice rendit de nombreuses ordonnances dont la plupart introduisirent de bienfaisantes et utiles réformes. Elle légiféra sur toutes les matières rentrant dans le vaste domaine du droit. Elle réglementa le taux légal de l'intérêt et prit de sévères mesures contre les accaparements et les monopoles.

Les travaux de fortification ne furent pas négligés pendant le cours du xviiie siècle. L'empereur Charles VI lui-même, quelle que soit l'incurie qu'il ait montrée dans l'administration de ses possessions allemandes, quelque paralysés qu'aient été ses efforts par les préoccupations de sa succession future, n'en consolida pas moins les travaux de Vauban et y ajouta de nouveaux ouvrages.

Il avait essayé un instant de leurrer la France par l'offre du duché de Luxembourg, en vue d'obtenir la ratification de la Pragmatique Sanction. Ces démarches n'aboutirent pas ; la sagesse de Fleury ne s'y laissa point prendre. Marie-Thérèse elle-même était prête à renoncer au Luxembourg ou à démanteler la citadelle pour le cas où la France consentirait à l'aider à reconquérir la Silésie.

Joseph II vint bientôt embrouiller à nouveau la situation qui commençait à s'éclaircir, et compromettre par ses inopportunes réformes la prospérité naissante. Ses ordonnances méticuleuses et vexatoires déplurent aux Etats luxembourgeois comme elles avaient déplu aux Autrichiens et aux Hongrois. C'est en 1787 que les plaintes les plus véhémentes se firent entendre. Néanmoins, par un scrupule de loyauté, le duché refusa de prendre part à la révolution des Pays-Bas qui, sui-

vant le témoignage des historiens belges, n'était autre chose
« que l'élan d'une nation fidèle à ses vieilles lois et à l'esprit
de ses ancêtres ».

Léopold II ne régna pas assez longtemps pour pouvoir réparer tout le mal fait par son imprudent frère. La révolution
belge couvait sous la cendre, prête à éclater au moment propice. Les ministres de Léopold II s'aliénèrent les sympathies
des *statistes* belges, les amis de l'indépendance nationale, et
celles des *vonckistes*, auxquels, au début, ils avaient réservé
leurs préférences. Au mois de décembre 1791, les Etats du
Brabant refusèrent de voter les subsides demandés par le
gouvernement. Léopold II mourut prématurément le 1er mars
1792.

Avec François II, le dernier prince qui ait ceint la couronne
impériale, nous entrons en pleine période révolutionnaire. Le
tourbillon irrésistible devait faire table rase des institutions
anciennes qui avaient donné au Luxembourg des siècles de
bonheur, et créer un monde nouveau dont l'enfantement fut
pénible et sanglant.

Le Luxembourg va traverser une des plus mauvaises époques de son histoire. Le sang de ses enfants coulera sur son
sol ingrat et sur les champs de bataille étrangers. C'est en
1793 que commence ce régime de transition et d'instabilité
qui n'a trouvé sa solution définitive qu'à la conférence de Londres de 1867.

*
* *

La guerre fut déclarée à l'Autriche le 20 avril 1792. Elle
aurait pu devenir fatale aux farouches républicains, si les
coalisés, au lieu d'être tiraillés dans tous les sens et guidés
par les motifs les plus égoïstes, avaient marché sur Paris et
poursuivi résolument le but qu'indiquaient leurs vaniteuses
proclamations.

Profitant de la désunion qui existait dans le camp ennemi, les Français se rendirent maîtres des Pays-Bas. Dumouriez vainquit Clerfayt et Beaulieu à Jemmapes, le 6 novembre 1792, comme à Valmy il avait vaincu les Prussiens et les Autrichiens. Les Autrichiens se retirèrent derrière la Meuse. Dumouriez entra à Bruxelles le 14, et à Liège le 28 novembre 1792.

L'armée autrichienne, ayant reçu des renforts, entra de nouveau en campagne, au printemps de l'année suivante. Les Français furent battus à Aldenhoven, en Prusse, le 1er mars 1793, le jour même où à Paris Carnot demandait la réunion de la Belgique à la France. La bataille de Neerwinden consomma la perte de l'armée de Dumouriez (18 mars) ; la Belgique fut évacuée vers la fin de mars 1793.

La République ne resta pas sous le coup de ces défaites. Jourdan et Moreau vengèrent à Fleurus l'échec de Dumouriez (26 juin 1794). Pichegru entra à Bruxelles le 9 juillet 1794. C'était la fin de la domination autrichienne dans les Pays-Bas, dont l'archiduc Charles fut le dernier gouverneur.

Les provinces conquises furent divisées en neuf départements : La Dyle, chef-lieu Bruxelles ; l'Escaut, chef-lieu Gand ; la Lys, chef-lieu Bruges ; le département de Jemmapes, chef-lieu Mons ; Sambre-et-Meuse, chef-lieu Namur ; le département des Forêts, chef-lieu Luxembourg ; l'Ourthe, chef-lieu Liège ; la Meuse-Inférieure, chef-lieu Maestricht, et les Deux-Nèthes, chef-lieu Anvers.

Le siège de Luxembourg commença le 21 novembre 1794. Pendant sept mois, la faible garnison, soutenue et encouragée par l'héroïsme de la population, repoussa les charges furieuses des assaillants. La résistance fut vigoureuse ; les Luxembourgeois craignaient par-dessus toutes choses la domination française, qui, malgré les proclamations les plus humanitaires, était bien plus tyrannique que ne l'avait jamais été la domination des anciens rois. Les Pays-Bas souffraient horriblement. La prospérité matérielle était compromise par l'institution du maximum et par le cours forcé du papier-monnaie connu sous le nom d'assignats.

Le 7 mai 1795, la faim fit ouvrir les portes de la forteresse de Luxembourg. A la capitulation, la garnison comptait encore 9,390 combattants en état de porter les armes ; d'énormes quantités de munitions restaient dans les magasins et dans les casemates. Comme les assiégeants aussi bien que les assiégés n'avaient perdu que peu de monde, on accusa le maréchal de Bender, le commandant de la place, de n'avoir pas assez vigoureusement résisté aux troupes républicaines. Le gouverneur militaire rendit les clefs de la ville au général Hatry lorsque tout espoir de recevoir des secours était devenu illusoire.

Pour annoncer ce succès à la Convention nationale, les généraux trouvèrent des accents dithyrambiques. qui présentaient une certaine ressemblance avec les termes employés par Vauban dans ses lettres au maréchal de Louvois. « Je vous annonce avec la plus vive satisfaction, chers collègues, écrivit le représentant du peuple auprès de l'armée de Sambre-et-Meuse, le 19 prairial an III (7 juin 1795), la reddition de la place de Luxembourg. La garnison, forte d'environ 12.000 hommes, sortira le 22 de ce mois, avec les honneurs de la guerre, tambours battants, mèches allumées et drapeaux déployés ; mais elle déposera ses armes, canons, drapeaux et caisses sur le glacis, prêtera le serment de ne pas porter les armes contre la République française ni contre ses alliés, et s'en ira prisonnière de guerre, sur sa parole, jusqu'à échange.

« La possession de Luxembourg, chers collègues, est de la plus haute importance sous tous les rapports ; elle nous assure un beau et excellent pays, nous vaudra dans cette partie une armée de 60,000 hommes, sera un rempart impénétrable à nos ennemis et nous donnera bientôt une paix glorieuse, stable et digne du nom français... »

La Convention décréta que les troupes du général Hatry avaient bien mérité de la patrie. Le 1er octobre suivant eurent lieu au sein de la Convention nationale des discussions relatives à l'annexion de Luxembourg. « Vous avez enlevé à votre ennemi, disait le grand Carnot, son seul point d'appui qui était la forteresse de Luxembourg. En la gardant, non seulement vous le privez de la place d'armes la plus forte de l'Europe après Gibraltar, et la plus dangereuse pour vous, mais vous vous appropriez ce boulevard inexpugnable et vous en couvrez votre frontière ».

« Quel serait le Français assez lâche, s'écriait Merlin de Douai, pour remettre au pouvoir du plus puissant ennemi de sa patrie cette place fameuse, la plus forte de l'Europe, qui seule, protège une partie de nos frontières, et dont le retour en nos mains est d'autant plus naturel que c'est au génie de Vauban et à l'or de la France, autant qu'aux miracles de la nature, qu'est dû ce formidable appareil de défense qu'elle déploie à l'œil étonné du tacticien qui ose en méditer l'attaque ».

Au sein de la Convention nationale, l'ère de la propagande pure et désintéressée était passée depuis longtemps. Le principe du désintéressement avait reçu des accrocs de plus en plus nombreux. Déjà on était résolu à annexer les pays qui appartenaient à un Bourbon, ceux qui demandaient la réunion à la République, et même ceux qui, à une époque quelconque, avaient appartenu à la France. Un décret du 9 vendémiaire, an IV (1er octobre 1795), réunit le Luxembourg à la République française.

La conquête du duché de Luxembourg fut sanglante. Le massacre des malheureux habitants de Differdange et le sac de Dudelange constituent une des pages les plus sombres de l'histoire pourtant peu attrayante des conquêtes révolutionnaires.

Les volontaires de Dudelange, croyant se trouver en face

d'une bande de maraudeurs, tuèrent dans la matinée du 17 mai
1794 un éclaireur appartenant au corps que le général Le-
fèbvre amenait au secours des troupes du général Hatry. Cette
fatale erreur coûta la vie à presque toute la population mâle
de l'infortuné village. Il faut reconnaître que le général avait
fait tout ce qu'il était possible pour éviter l'effusion de sang ;
les passions de la soldatesque étaient surexcitées ; on ne
réussit à les réprimer que lorsque le malheur était consommé.

Les hommes de la Terreur avaient disparu au moment où
le décret du 9 vendémiaire fut rendu. Danton était mort le
5 avril 1794 ; Robespierre avait été exécuté le 27 juillet 1794.
Néanmoins les paysans luxembourgeois prisaient peu le régime qu'on voulait leur imposer. Leurs sentiments monar-
chiques étaient offensés par la seule présence des représentants d'une assemblée régicide. Leurs fortes convictions religieuses les empêchaient de se rallier à une administration
athée et persécutrice. Le malheureux roi Louis XVI se soumit aux volontés de ses tyrans aussi longtemps que ceux-ci
n'offensaient pas ses croyances catholiques ; il devint l'involontaire complice d'une trahison coupable plutôt que de s'exposer au contact d'un prêtre assermenté.

Les populations luxembourgeoises se laissèrent opprimer
aussi longtemps qu'il ne fut pas porté atteinte à leurs convictions religieuses. La néfaste et imprudente guerre des paysans,
connue sous le nom de « guerre des gourdins » fut provoquée
par de mesquines persécutions religieuses ; le principal ins-
pirateur fut le recteur d'une petite paroisse ardennaise. Il nous
faut dire un mot de cette insurrection qui ne mit aucunement
en péril la domination française dans le duché, mais qui fut
terminée dans le sang.

La paix de Campoformio, conclue le 17 octobre 1797 entre
Napoléon Bonaparte et les plénipotentiaires de l'empereur
François II, fut le premier des nombreux traités d'échange

qui se succédèrent pendant près de vingt ans entre la France et l'Autriche. François II céda à la France la rive gauche du Rhin, la Belgique et les îles ioniennes ; il reconnut la République cisalpine, la conquête de Milan, de Modène et de Bologne. La France céda à l'empereur la Vénétie, l'Istrie, le Frioul et la Dalmatie. Il est inutile d'ajouter que les deux co-contractants disposaient de biens qui ne leur appartenaient pas.

Le département des Forêts étant définitivement acquis à la République, l'insurrection des paysans était une insurrection révolutionnaire. Le fait que la France aurait constamment violé les stipulations du traité de Campoformio ne peut constituer une excuse ; le droit international aussi bien que le droit interne condamnent l'attitude des paysans.

Mais s'il est vrai que l'on doive peut-être blâmer les imprudents conseillers qui, en poussant les paysans à la révolte, les exposaient à une mort certaine, on doit rendre hommage à la bravoure et à l'héroïque courage montrés par ces bandes égarées. Les conseils de guerre chargés de juger les malheureux insurgés admiraient ceux que la loi les obligeait d'envoyer à la mort. Les paysans luxembourgeois n'ont pas oublié l'histoire de ce berger d'Asselborn, qui préféra mourir plutôt que de donner une réponse peu claire ou amphibologique.

La résistance que rencontrèrent les troupes françaises valut au duché de Luxembourg le surnom de pays des loups. Il est vrai que ces loups étaient continuellement sacrifiés comme de simples agneaux. Certes, si la Convention, fidèle à ses premiers principes, s'était préoccupée du vote des populations, jamais le Luxembourg n'aurait été réuni à la République française.

Les rois de France n'avaient pas réussi à s'assurer la possession durable du petit duché. Le distique suivant, composé par un auteur du temps, signale cette impuissance :

« *Sum petra ; petrino non crescunt lilia fundo ;*
« *In petris aquilae nidificare solent.* »

La République sera-t-elle plus heureuse ? La République elle-même ne dura pas ; l'anarchie engendra la dictature. L'empereur Napoléon vint visiter le Luxembourg le 17 vendémiaire an XIII (9 octobre 1804). La tradition relate un fait très significatif qui aurait eu lieu au cours de cette visite. « Après l'allocution du préfet, dit M. Engling, l'historien auquel nous empruntons ce récit, on offrit à Sa Majesté la clef de la ville sur un plateau d'argent... Cette clef était un ex-voto suspendu à la main droite d'une statue de la Sainte Vierge invoquée à Luxembourg sous le nom de Consolatrice des Affligés. L'empereur connaissant ces faits, regarda la clef en souriant ; il ne la prit pas. « Reprenez-la, dit-il, elle est entre bonnes mains ».

De 1795 à 1815 le duché de Luxembourg fournit un contingent total de 14,171 conscrits, dont 9,089 succombèrent sous le plomb ennemi ou sous le climat meurtrier de la Moscovie. Le souvenir de l'épopée impériale est resté vivace dans les cœurs des paysans luxembourgeois. Le temps a voilé les amères souffrances. Mais la gloire de l'empereur a survécu. Les Luxembourgeois professent encore aujourd'hui pour la mémoire du puissant manieur d'hommes une admiration bien proche d'un véritable culte.

La sanglante bataille de Leipzig marqua la chute de Napoléon. Les luttes qui suivirent cette première défaite ne furent que les derniers sursauts du génie impuissant, étreint par les enlacements impitoyables de l'Europe coalisée.

Le gigantesque empire s'émietta pièce par pièce. Dans la nuit du 31 décembre 1813, les Alliés franchirent les frontières de l'ancienne France. La campagne de France commença ; elle devait durer trois mois ; ce fut l'agonie du plus grand capitaine qui ait jamais commandé des troupes.

Une division hessoise assiégea la ville de Luxembourg ; elle essaya de s'emparer de la forteresse par surprise, dans la nuit du 21 au 22 février 1814. Cette tentative échoua. Le 13 mai 1814, la garnison française évacua la ville.

En attendant que le Congrès de Vienne, où devait être fait le partage des dépouilles, se réunît, le duché de Luxembourg fut placé sous le gouvernement provisoire des Alliés. L'administration était confiée à la Prusse, qui fournissait également les troupes de la garnison.

Le Congrès de Vienne aboutit à un nouveau morcellement de l'ancien département des Forêts. Une bande de territoire habitée par une population de cinquante mille habitants fut attribuée à la Prusse. Pour guérir cette blessure, les diplomates élevèrent le duché démembré à la dignité grand-ducale.

D'après l'article 3 d'un traité conclu le 31 mai 1815 entre les Alliés et le roi des Pays-Bas « la partie de l'ancien duché de Luxembourg comprise dans les limites spécifiées par l'article 4, est cédée au prince souverain des Provinces-Unies, aujourd'hui roi des Pays-Bas, pour être possédée à perpétuité par lui et ses successeurs en toute propriété et souveraineté. »

L'article 67 de l'acte final du Congrès de Vienne du 9 juin 1815 confirme cette disposition ; le Luxembourg doit, dans l'intention des puissances signataires, servir de compensation pour les principautés de Nassau-Dillenburg, Siegen, Hadamar et Dietz, auxquelles le roi des Pays-Bas renonçait bénévolement. Le roi grand-duc reçut « la faculté de faire relativement à la succession dans le grand-duché tel arrangement de famille entre les princes, ses fils, qu'il jugera conforme aux intérêts de sa monarchie et à ses intentions paternelles. »

« Le droit de l'ordre de succession établi entre les deux branches de la maison de Nassau par l'acte de 1783, dit « Nassauischer Erbverein » est maintenu et transféré des quatre principautés d'Orange-Nassau au grand-duché de Luxembourg. »

L'article 67 § 2 règle la situation du Luxembourg par rapport à l'Allemagne. « Le Luxembourg... formera un des Etats de la Confédération germanique, et le prince, roi des Pays-Bas, entrera dans la Confédération comme grand-duc de Luxembourg, avec toutes les prérogatives et privilèges dont jouiront les autres princes allemands. »

« La ville de Luxembourg sera considérée, sous le rapport militaire, comme forteresse de la Confédération. Le grand-duc aura toutefois le droit de nommer le gouverneur et le commandant militaire de cette forteresse, sauf l'approbation du pouvoir exécutif de la Confédération, et sous telles autres conditions qu'il sera jugé nécessaire d'établir en conformité de la constitution future de ladite Confédération. »

Telle est la situation internationale du grand-duché au sortir de la grande Assemblée des diplomates européens, distributeurs de peuples. Au principe des frontières naturelles avait succédé le dogme de l'équilibre européen. Le Luxembourg se trouve réuni à un pays qu'il connaît à peine de nom, et dont les frontières ne touchent pas aux siennes. D'un autre côté, il est rattaché à la Confédération germanique dont la capitale du grand-duché est la forteresse la plus avancée et la plus puissante.

L'union personnelle entre le duché et la Hollande fut heureuse, parce que les princes affectionnaient plus particulièrement leur lointaine mais fidèle possession. Le malencontreux dualisme introduit par les traités de 1815 n'en devait pas moins faire naître d'interminables conflits.

D'après l'acte du 4 avril 1815, les possessions de la maison d'Orange en Allemagne étaient destinées à servir d'apanage au prince Frédéric des Pays-Bas dès que le prince Guillaume serait parvenu à la couronne néerlandaise. L'acte final du 9 juin anéantit l'expectative du prince Frédéric. Le grand-duché de Luxembourg qui aurait pu servir de compensation fut réuni à la Hollande. Une loi du 25 mai 1816 dédommagea le prince Frédéric et lui assura des avantages d'une autre nature.

Mus par leur défiance contre la France et par des raisons de politique internationale, — on était encore dans les beaux jours de l'alliance de Chaumont et de la Sainte-Alliance, — l'Autriche, la Russie et l'Angleterre s'engagèrent par le protocole du 20 novembre 1815 à employer leurs bons offices pour faire obtenir à Sa Majesté le roi de Prusse, le droit de garnison dans la place de Luxembourg conjointement avec Sa Majesté le roi des Pays-Bas, ainsi que le droit de nommer le gouverneur de la place ».

C'est à cette intervention directe des souverains qu'est due la convention conclue le 8 novembre 1816 entre le roi des Pays-Bas et le roi de Prusse. D'après l'article 4 de ce traité, « Sa Majesté le roi des Pays-Bas agissant en sa qualité de grand-duc de Luxembourg et Sa Majesté le roi de Prusse, voulant adapter le reste des dispositions desdits articles (1) aux changements survenus par le traité de Paris du 20 novembre 1815, et pourvoir de la manière la plus efficace à la défense de leurs Etats respectifs, Leurs Majestés sont convenues de tenir garnison commune dans la forteresse de Luxembourg sans que cet arrangement fait uniquement sous le rapport militaire puisse altérer en rien le droit de souveraineté de Sa Majesté le roi des Pays-Bas, grand-duc de Luxembourg, sur la forteresse et sur la ville de Luxembourg ».

Le protocole du 20 novembre 1815 déclara les places de Mayence, de Landau et de Luxembourg, places de la Confédération, abstraction faite de la souveraineté territoriale, qui devait rester entière (article 10).

Le traité du 8 novembre 1816 fut confirmé par les nouvelles conventions que le roi grand-duc conclut séparément avec la Grande-Bretagne le 16 novembre 1816, le 12 mars 1817 avec l'Autriche, et le 17 avril suivant avec la Russie. Dérivant

(1) Traité de Vienne du 31 mai 1815, article 3 ; acte final de Vienne, article 67.

directement des stipulations antérieures, la convention du
8 novembre 1816 est destinée à tomber avec elles. Les troupes
prussiennes occupent la ville de Luxembourg parce que
cette ville est une forteresse fédérale et parce que la Prusse
fait elle-même partie de la Confédération. Sans l'existence des
liens particuliers qui rattachaient le Luxembourg à l'Allemagne, jamais le roi grand-duc n'aurait consenti à céder une
parcelle quelconque de son autorité souveraine.

Conclus dans le but évident de pourvoir de la manière la
plus efficace à la défense des frontières de la Confédération,
les traités relatifs au droit de garnison de Luxembourg constituent des actes internationaux dans le vrai sens du mot. La
constitution de la Confédération germanique elle-même rentrait dans le domaine du droit conventionnel international. Il
serait illogique et excessif de déduire de ce caractère international que les droits résultant de ces traités puissent
exister en dehors des traités de Vienne et de Paris qui en
furent la cause première. Au cours des négociations qui eurent
lieu en 1866, le cabinet de Berlin se plaça un instant sur ce
terrain fuyant (1).

En complétant son système défensif, la convention du
8 novembre rendit un service signalé à la Confédération germanique. Il était juste que les frais d'entretien et de réparation de la forteresse retombassent sur le Trésor fédéral.
La Diète entra dans la voie indiquée par les puissances
signataires de la convention de 1816, par sa résolution du
5 octobre 1820. Le droit de garnison concédé à la Prusse
la garantissait contre les entreprises des troupes françaises,
et décuplait la valeur stratégique de la place de Sarrelouis.

La garnison de Luxembourg était considérée comme garnison fédérale. Le gouverneur et le commandant militaires, dont

---

(1) Dépêche du comte Perponcher au baron de Tornaco, 1er juillet 1866 ;
compte-rendu parl. lux. 1866.

la nomination avait été concédée à la Prusse, étaient depuis
1819 obligés de prêter serment devant la Diète. Des régiments
non prussiens furent envoyés à Luxembourg. Et lorsqu'au
cours des troubles de 1830, la Prusse accrut au-delà de la
mesure permise le chiffre de la garnison, elle encourut le
blâme de la Diète; pour se disculper, elle invoqua l'absence
de dispositions précises réglant le service des forteresses fédérales. Le maximum des troupes composant la garnison était
de 7,000 hommes; la Prusse avait dépassé ce chiffre d'environ
900 hommes.

Le traité de 1816 fut ratifié par la Diète, dans la réunion
du 5 octobre 1820; il fut à nouveau visé par la résolution
fédérale du 28 juillet 1828 qui, en appliquant à la ville de
Luxembourg l'obligation de nourrir et d'entretenir les troupes
qui y seraient stationnées, réserve expressément les droits et
obligations résultant des traités particuliers conclus entre le
grand-duché et la Prusse.

La garnison de la forteresse devait être composée pour les
trois quarts de troupes prussiennes, pour le dernier quart de
troupes hollandaises ou de corps luxembourgeois, au gré du
roi grand-duc. L'envoi de troupes hollandaises devint impossible par suite du remaniement territorial qui suivit l'insurrection belge de 1830.

La composition de la garnison fut modifiée une dernière fois
par une convention conclue le 17 novembre 1856 entre le
roi grand-duc et le roi de Prusse. La garnison mixte fut
remplacée par une garnison prussienne. L'approbation de la
Diète intervint quelques mois après la conclusion du traité, le
26 février 1857 (1).

La concession du droit de garnison ne constituait pas un
démembrement de la souveraineté appartenant au roi grand-

(1) Dépêches du baron de Tornaco au comte Perponcher, 23 juin et 2 juillet
1866; dépêche du comte Perponcher au baron de Tornaco, du 1er juillet 1866;
Cpr. Servais, le grand-duché de Luxembourg et le traité de Londres, p. 30 et s.

duc, en vertu des dispositions des traités de Vienne. Ces
droits restaient intacts. « Les droits de souveraineté appartenant dans toute leur plénitude à Sa Majesté le roi des Pays-
Bas, lisons-nous dans le traité de 1816, dans la ville de
Luxembourg comme dans tout le reste du grand-duché, l'administration de la justice, la perception des impositions et
contributions de toute espèce, ainsi que toute autre branche
de l'administration civile, resteront exclusivement dans les
mains des employés de Sa Majesté, et le gouverneur et le commandant militaires leur prêteront secours et assistance au
besoin... »

D'après l'article 37 du Recez territorial de Francfort du
20 juillet 1819, « le droit d'occupation n'altère en rien le droit
de souveraineté du roi grand-duc sur la ville et la forteresse
de Luxembourg ». Le protocole du 28 juillet 1829 est non
moins explicite dans l'affirmation des droits du roi grand-duc.
Les droits du souverain territorial n'auraient pas été entièrement sauvegardés, si au lieu de confier la garde de la forteresse de Luxembourg à un membre de la Confédération germanique, il eût accordé le droit de garnison à une puissance
étrangère.

Le royaume des Pays-Bas, laborieusement édifié au Congrès
de Vienne, était destiné à servir de boulevard contre la France.
Les matériaux qui servirent à cette éphémère construction
manquaient d'homogénéité et de cohésion. Il n'est pas facile
de créer entre deux puissants voisins des Etats tampons capables d'amortir le choc et d'empêcher les brouilles trop fréquentes. Revenant à la politique qui, à la fin du xviiᵉ et au
commencement du xviiiᵉ siècle, avait produit des résultats
tantôt nuls, tantôt très contestables, les puissances représentées
à la grande curée de Vienne de 1815 érigèrent une barrière
destinée à contenir et à arrêter pour toujours l'ambition dé-
bordante de la nation française. L'utilité d'opposer une telle
barrière au placide roi qui succéda à Napoléon, était douteuse.

Le royaume des Pays-Bas qu'on créa à cet effet ne pouvait répondre au but que poursuivaient les Alliés.

Aussi la force des choses eut-elle vite fait de détruire le laborieux échafaudage des diplomates en quête d'ingénieuses combinaisons. La barrière menaça ruine dès sa construction ; elle s'effrita lentement et finit par s'effondrer, après avoir duré une quinzaine d'années.

Les éléments divers dont l'amalgame devait constituer la nationalité nouvelle et les mesures législatives tracassières qui se succédèrent dans les premières années de ce mariage mal assorti, empêchèrent la vie nationale de s'épanouir à son aise.

Aux termes de la convention de Londres du 21 juin 1814, qui arrêta la réunion de la Belgique à la Hollande, les deux pays ne devaient former qu'un seul Etat ; la constitution hollandaise devait être modifiée d'un commun accord. Le projet de constitution, présenté par le roi aux notables, donnait des droits égaux aux deux millions de Hollandais et aux quatre millions de Belges. Les Belges repoussèrent le projet à une immense majorité. Le roi Guillaume ne tint aucun compte de cette consultation nationale. Un arrêté royal décréta la mise en vigueur de la constitution.

Les emplois publics étaient en fait réservés aux Hollandais ; la langue néerlandaise devint la langue officielle des Pays-Bas. Le jury fut aboli. Instrument inconscient d'un million et demi de calvinistes, le roi Guillaume consentit à persécuter l'Eglise catholique et les ordres religieux. La résurrection du trop fameux séminaire-général, qui avait provoqué la déchéance de Joseph II et la révolution brabançonne, couronna l'œuvre impolitique des ministres hollandais Goubau et Van Maanen. Le roi Guillaume perdit les symphaties de ses sujets.

En 1828, des milliers de pétitionnaires, appartenant à toutes les classes de la société, s'adressèrent aux Etats généraux pour réclamer le redressement des griefs de la Nation et l'application large et généreuse des libertés consacrées par la loi fondamentale. Les mécontents s'unirent pour résister à l'oppression. Les plaintes furent tournées en dérision; on méprisa le mouvement révolutionnaire. Les procès de presse se multiplièrent dans des proportions considérables. Une seule concession fut faite aux mécontents : la fréquentation du collège philosophique cessa d'être obligatoire pour les aspirants au sacerdoce.

La Révolution de Juillet fut l'étincelle qui enflamma la Belgique. L'insurrection commença le 25 août 1830. Il en fut de la Révolution de Juillet et de la Révolution belge comme de celle de 1789. Toutes dépassèrent le but qu'avaient en vue leurs auteurs. Les Belges ne réclamaient ni l'abdication du roi, ni un changement de dynastie ; ils demandaient le redressement des griefs et, pour en empêcher le retour, une administration séparée.

L'obstination du roi perdit tout. Les troupes hollandaises commandées par le prince Frédéric furent assiégées dans le parc de Bruxelles; elles s'enfuirent dans la nuit du 26 au 27 septembre 1830.

Le 4 octobre 1830, le gouvernement provisoire de Bruxelles déclara que les provinces belges, violemment séparées de la Hollande, formeraient désormais un Etat indépendant.

Les parties wallonnes du grand-duché de Luxembourg furent facilement entraînées par le torrent ; la partie allemande suivit quelques mois plus tard. La révolution brabançonne avait été moins générale que ne le fut ce réveil d'un peuple, qui aspirait à la liberté et à l'autonomie nationale.

Dans les premiers mois qui suivirent l'insurrection des provinces belges, la Diète se désintéressa du débat et se contenta de prendre de platoniques mesures pour le maintien et le rétablissement de l'ordre en Allemagne (1). Enfin, le 25 mars 1831, elle prit une décision héroïque et décréta, aux frais du

---

(1) 34e séance, 21 octobre 1830.

grand-duché de Luxembourg, la mobilisation d'un corps de 24,000 hommes. Mais là s'arrêta cette initiative trop hardie. La mobilisation n'eut pas lieu. Le 19 août, la haute assemblée se contenta d'exprimer l'espoir que le Luxembourg ne subirait aucun changement territorial sans que, préalablement, le roi des Pays-Bas, les agnats de Nassau et la Diète elle-même aient été entendus en leur avis.

Les puissances européennes consentirent, après quelques hésitations, à raccommoder l'édifice vermoulu qu'elles avaient construit en 1815. Leur intervention ou plutôt leur désaccord sauva la Belgique.

L'Autriche, la Prusse et la Russie, gardiennes fidèles des traités de 1815, souhaitaient le maintien et l'intégrité du royaume des Pays-Bas et se montraient peu disposées à écouter les plaintes des séparatistes. La France et l'Angleterre étaient favorables à la Belgique. Le gouvernement de Louis-Philippe avait garde de s'opposer à la démolition du rempart destiné à arrêter ses projets d'expansion. Le roi devait trop à la Révolution de Juillet pour ne pas favoriser la Révolution de Septembre. Les traités de 1815 étaient l'objet de la haine nationale française. M. de Talleyrand n'avait pas fait école. Or, la première fois que Louis-Philippe entrait en contact avec la diplomatie européenne, il pouvait déchirer un de ces traités. L'occasion était vraiment belle.

La Grande-Bretagne se prononça en faveur de la Belgique, non pas par suite d'un enthousiasme irréfléchi ou de sentiments nobles et généreux, mais bien parce que le nouvel État semblait rendre à jamais impossible toute tentative française contre les bouches de l'Escaut.

Une conférence diplomatique se réunit à Londres. Le programme était assez chargé ; il comprenait trois questions très importantes : l'indépendance de la Belgique, la fixation de ses frontières et le partage de la dette des Pays-Bas entre les deux États intéressés, et quelques questions de moindre

importance : la navigation de l'Escaut, la démolition des forteresses construites contre la France, et enfin l'indemnité à
accorder à la Confédération germanique pour compenser la
perte du Luxembourg.

Il est dans la destinée de la malheureuse Pologne de rendre service aux peuples qui combattent pour la liberté. Dans
les premières guerres révolutionnaires, les troupes françaises
auraient été écrasées si la Pologne, dont il restait quelques lam-
beaux, n'avait désuni les Alliés en excitant leur convoitise.
L'insurrection polonaise exerça sur les délibérations de la
Conférence de Londres une influence capitale dont on ne peut
pas ne pas tenir compte.

Les gouvernements s'entendirent rapidement sur le premier
point du programme qui leur était soumis. La délimitation de
la Belgique était moins facile. L'existence de la forteresse pesa
lourdement dans la balance; la Confédération germanique
refusa de consentir un sacrifice qui l'aurait exposée sans défense aux invasions françaises.

Le gouvernement provisoire belge avait proposé d'acquérir
le grand-duché à titre onéreux. Cette proposition sembla, au
premier abord, devoir trouver l'assentiment des puissances.
Lord Ponsomby reçut l'ordre d'informer le gouvernement de
Bruxelles que toutes diligences seraient faites pour faciliter
cette acquisition. Les négociations n'aboutirent pas. Il en
aurait certainement été différemment si la ville de Luxembourg n'avait pas été une des places les plus fortes de l'Europe, ou peut-être même si l'existence d'une garnison prussienne dans la capitale n'avait pas empêché celle-ci de suivre
le mouvement révolutionnaire.

Le gouvernement provisoire de Bruxelles ne perdit nullement de vue la province lointaine. Il annonça la prise de possession dès le 5 octobre 1830 au gouverneur de la province
de Luxembourg, M. Willmar. Cette mesure était basée sur ce
que le grand-duché, tout en se trouvant rattaché à l'Allema-

gne par des liens d'une nature assez délicate, faisait partie
intégrante de la Belgique.

Telle ne fut pas l'opinion du fonctionnaire auquel les gouvernants belges avaient cru pouvoir s'adresser sans danger.
« Une nationalité propre, sous la garantie de la Confédération
germanique, disait M. Willmar dans sa proclamation du 6 octobre, est attachée au sol luxembourgeois ; elle serait violée
et, avec elle, l'indépendance de la Confédération, par tout
acte émané d'une souveraineté étrangère qui y recevrait de
l'exécution.

« Tel serait le caractère manifeste de l'intervention du gouvernement provisoire de la Belgique dans l'administration du
grand-duché ; dès lors, elle ne peut pas y être admise ».

Nous aurons à revenir sur la situation particulière, différente de celle des autres parties du royaume des Pays-Bas,
que les traités de 1815 avaient faite au Luxembourg.

Un avis du gouverneur militaire prussien de la forteresse
fédérale de Luxembourg contribua plus encore que le manifeste du gouverneur, à ramener le calme et à refréner l'effervescence révolutionnaire. « Puisque la ville même et ses alen-
tours, disait ce fonctionnaire, sont travaillés et poussés à l'insurrection par des hommes indociles qui ne voient pas, dans
leur condamnable légèreté, quels dangers effrayants ils accu-
mulent sur leurs concitoyens, le gouvernement militaire de la
forteresse fédérale, auquel la sûreté de cette place est confiée
et imposée comme un devoir, croit nécessaire d'en donner
sérieusement avis aux habitants de la ville et de les garantir
de tout excès en leur donnant l'assurance qu'au premier tu-
multe, à la première résistance envers l'autorité tant militaire
que civile, au premier signe de rébellion, par exposition de
drapeaux ou cocardes étrangères, la déclaration de l'état de
siège suivra immédiatement, et qu'alors la police sera faite
militairement, sur le pied le plus sévère, et que tous les moyens
qui dépendent d'un pouvoir public pour le maintien de la

sûreté et de la tranquillité publiques, seront mis en vigueur... »

Les arguments juridiques invoqués par M. Willmar n'avaient guère d'influence sur les masses ; les menaces du gouverneur militaire en eurent davantage. Les sollicitations des révolutionnaires belges restèrent sans écho ; l'exemple donné par la campagne luxembourgeoise n'entraîna pas la capitale, qui ne faillit pas aux traditions de fidélité et de loyalisme des anciens jours.

La dernière occasion qui aurait permis aux diplomates d'écarter à jamais les difficultés que la situation indécise et équivoque du Luxembourg ne pouvait manquer de susciter, ne fut pas saisie.

Le traité de Londres trancha la question d'une manière transactionnelle et adopta une demi-mesure. Le grand-duché subit une dernière et énorme mutilation ; on ne lui laissa qu'une population de 169,730 habitants et une superficie totale de 258,000 hectares. La partie cédée au royaume de Belgique avait une superficie de 440,000 hectares et une population de 158,887 habitants.

Le Luxembourg fut sacrifié au Limbourg. D'après l'article 3 du traité des 24 articles, du 19 avril 1839, une indemnité territoriale fut accordée au roi grand-duc dans le Limbourg, pour compenser les cessions de territoire qu'il devait consentir dans le grand-duché. Il fut loisible au roi de posséder les parties qu'on lui attribuait dans la province du Limbourg, soit en sa qualité de grand-duc de Luxembourg, soit en sa qualité de roi de Hollande. Guillaume Ier préféra cette dernière combinaison ; le Limbourg fut purement et simplement annexé à la Hollande. Il n'en continua pas moins à faire partie de la Confédération germanique, les changements survenus étant à l'égard de celle-ci *res inter alios acta*.

Les traités du 27 juin et du 9 juillet 1839, conclus entre le roi de Hollande et les agnats de Nassau, réglèrent les nombreuses difficultés issues de la convention de Londres; les agnats reçurent une indemnité pécuniaire de 750,000 florins.

Le jour même où fut conclu le traité des 24 articles, les plénipotentiaires autrichien et prussien, munis des pleins pouvoirs de la Diète, accédèrent au nom de la Confédération aux arrangements concernant le grand-duché de Luxembourg et le Limbourg. Cette accession fut agréée par les puissances européennes, par les Pays-Bas, la Belgique, l'Autriche, la France, la Grande-Bretagne, la Russie et la Prusse.

Le président de la Diète ratifia les stipulations de Londres, le 11 mai 1839.

* * *

Une des questions les plus compliquées qui se trouvaient inscrites sur le programme de la Conférence de Londres, fut celle de la liquidation de la dette hollandaise. Cette dette avait pris pendant les quinze années qui s'étaient écoulées depuis les traités de Vienne, des proportions inquiétantes. Les emprunts avaient été émis à jet continu; chaque année en vit un ou même deux nouveaux. Un syndicat d'amortissement avait dû être créé par une loi du 27 décembre 1822, pour présider au remboursement d'un emprunt de 100 millions avec le prix de vente des domaines.

Nous croyons utile de mentionner les principaux emprunts émis par le royaume des Pays-Bas de 1815 à 1830 :

Emprunt du 30 janvier 1817 : 6 millions de florins pour travaux exécutés aux grandes communications du royaume ;

Emprunt du 9 février 1818 : 45 millions, pour couvrir les dettes arriérées ;

Emprunt du 3 août 1822 : 57 millions de florins, pour constructions, voies de communication, bâtiments de guerre et syndicat d'amortissement ;

Emprunt du 25 janvier 1824 : 2,200,000 florins, pour l'ouverture d'un canal ;

Emprunt du 21 décembre 1824 : 2 millions pour le dessè-
chement des marais du Zuidplas ;

Emprunt du 3 mars 1825 : 8 millions de florins consacrés
à la réparation des digues ;

Emprunt du 23 mars 1825 : 20 millions de florins pour les
colonies hollandaises ;

Emprunts de 2,700,000 florins, le 21 décembre 1827, et de
15 millions de florins, le 27 décembre 1828, pour les colonies
hollandaises.

Bien que la communauté existant pendant quinze années
entre les Provinces Belgiques et les Provinces-Unies, n'eût satisfait aucun des communistes, son fonctionnement avait été
très coûteux.

Le partage de cet important passif fut une des principales
préoccupations des diplomates réunis au Foreign Office pour
liquider la communauté hollando-belge. Ils se décidèrent successivement à trois solutions différentes.

L'article 12 du projet du traité des 18 articles porte « que
le partage des dettes aura lieu de manière à faire tomber sur
chacun des deux pays la totalité des dettes qui, originaire-
ment avant la réunion, pesaient sur les divers territoires dont
ils se composent et à diviser dans une juste proportion celles
qui ont été contractées en commun ».

Aux termes de l'article 13 du traité du 15 octobre 1831,
la Belgique devait rester chargée, à partir du 1er janvier 1832,
d'une somme de 8,400,000 florins des Pays-Bas en rentes
annuelles...

Le traité du 19 avril 1839 (article 13, § 1) reproduit les
dispositions du traité des 24 articles, en réduisant toutefois à
5,400,000 florins la rente annuelle à charge de la Belgique.
La liquidation du syndicat d'amortissement n'était pas prévue
dans ce traité comme elle l'avait été dans celui de 1831 ;
compensation était faite entre l'actif pouvant revenir à la
Belgique dans cette liquidation, et les trois millions de

florins dont fut réduite la quote-part à charge du royaume belge.

De nouvelles difficultés survinrent pendant les opérations de partage. Elles furent aplanies par une convention conclue avec la Société générale pour favoriser l'industrie nationale, le 4 novembre, et par une convention conclue le lendemain entre les gouvernements belge et hollandais. Ces conventions furent approuvées par la Chambre des représentants belge le 1ᵉʳ février 1843. Trois conventions supplémentaires, signées pendant le cours de l'année 1843 à Maëstricht, Gand et Anvers, vinrent clore cette longue série de négociations.

La question de la dette belge étant ainsi réglée, il fallut se préoccuper de la liquidation de la dette luxembourgeoise. Les diplomates de Londres n'avaient pas résolu les problèmes résultant de la séparation administrative complète des deux Etats soumis à la souveraineté du roi Guillaume ; c'est à peine s'ils y avaient fait quelques discrètes allusions.

Le grand-duché de Luxembourg se trouvait à l'égard de la Hollande dans une situation particulière. Les traités de 1815 avaient attribué les provinces belges au roi Guillaume à titre d'accroissement et le grand-duché de Luxembourg à titre de compensation. La première opération était une opération à titre gratuit ; la deuxième impliquait un contrat synallagmatique d'échange. L'article 68 de l'acte final du Congrès de Vienne indique au grand-duché des limites distinctes des frontières des Pays-Bas... L'article 1ᵉʳ de la loi fondamentale des Pays-Bas, après avoir énuméré les provinces composant le royaume, ajoute : « Le grand-duché de Luxembourg tel qu'il est limité par le traité de Vienne, *étant sous la même souveraineté que le royaume des Pays-Bas*, sera régi par la même loi fondamentale, sauf ses relations avec la Confédération germanique ».

La loi fondamentale des Pays-Bas assignait ainsi au grand-duché une situation privilégiée. Cette situation se trouve implicitement indiquée dans l'article 6, § 2, du traité de Paris stipulant que « les Etats de l'Allemagne seront indépendants » quoique unis par le lien fédéral.

La proclamation du gouverneur du Luxembourg du 6 octobre 1830, l'arrêté royal grand-ducal du 31 décembre 1830 accordant au grand-duché une administration séparée, et enfin la proclamation royale du 19 février 1831 considèrent le grand-duché comme un Etat à part, jouissant d'une individualité nationale propre. Comme le disait avec raison le rapporteur d'une commission parlementaire luxembourgeoise (14 mai 1868), « en 1814 la Belgique fut unie intimement et complètement à la Hollande ; le Luxembourg y fut adjoint administrativement en 1815 ».

Le grand-duché devait-il payer une partie des dettes contractées par la communauté ? La question semble au premier abord devoir être résolue par la négative, aucune communauté n'ayant existé entre le Luxembourg et les autres possessions soumises au roi Guillaume.

D'après l'article 10 du protocole n° 12 du 27 janvier 1831, les dettes du royaume des Pays-Bas devaient être réparties entre la Belgique et la Hollande... Lors de la fixation des bases de séparation, le Luxembourg était considéré comme province belge ; les 16/31 des dettes dont la Belgique fut chargée comprennent la part qui aurait dû être attribuée au grand-duché, si ce pays ne s'était trouvé dans une situation spéciale. La Belgique consentit à assumer cette charge, parce qu'elle stipulait au nom de toutes les provinces méridionales et parce qu'elle ne voulait pas affaiblir ses prétentions sur le Luxembourg en l'écartant dans le calcul des dettes. Les impôts perçus par elle dans le Luxembourg de 1830 à 1839 peuvent, si besoin est, compenser ce qu'elle aurait payé de trop dans la liquidation générale.

Les délégués réunis à Londres reconnaissaient parfaitement

la différence qui existait entre les provinces belges et le
Luxembourg. Le prince de Talleyrand fit insérer dans le protocole n° 20 une déclaration portant que « le Luxembourg ne
venant pas à la Belgique, l'équité exigeait que la part de dettes
qui pourrait lui revenir ne fût pas mise à la charge de la Belgique ». Le protocole n° 22 du 17 avril 1831 contient une observation analogue de lord Ponsomby.

La question de la dette luxembourgeoise fut résolue quarante ans après le traité de Londres du 19 avril 1839 par une
convention signée à La Haye le 7 janvier 1880. Les discussions
relatives à cette question devinrent tellement pénibles et inex-
tricables que le député hollandais Van Goltstein compara à la
tribune de la deuxième Chambre, le 1ᵉʳ décembre 1869, la
dette luxembourgeoise à « un vieux bidet que chaque année
on sortait de l'écurie... » M. de Muyser, un député luxembourgeois, estimait, le 10 mars 1874, que « le cheval était
devenu tellement vieux qu'on ferait bien de le laisser à
l'écurie. »

Au mois de février 1848, le détail des prétentions néerlandaises fut communiqué au gouvernement grand-ducal. La
part des dettes, à charge du grand-duché était, d'après ce
document, de 4,167,598 florins ; à cette somme vinrent s'a-
jouter au 31 mars 1851, d'après un nouveau mémoire soumis
au gouvernement luxembourgeois, des intérêts se montant à
2,552,654 florins et diverses dettes atteignant la somme de
538,115 florins. Les réclamations néerlandaises se montaient
donc au chiffre total de 7,258,347 florins, soit plus de
15,000,000 de francs. Ces prétentions, si elles avaient dû être
admises, auraient ruiné le grand-duché.

Pour arriver à ces chiffres élevés, les négociateurs hollandais avaient fait un calcul très simple. La Belgique avait été
chargée d'une rente annuelle de 5,400,000 florins ; sa population était à ce moment de 3,577,312 âmes. Or le Luxembourg
ayant eu, au 1ᵉʳ janvier 1839, une population de 149,088

âmes, sa part proportionnelle devra être de 208,379 florins de rentes annuelles ; le capital correspondant à cette rente, en multipliant au denier vingt, est de 4,167,598 florins.

L'exagération de ces prétentions apparaît aux yeux des moins clairvoyants. Les nombreux emprunts émis par le gouvernement de La Haye de 1815 à 1830 n'avaient guère profité au Luxembourg. Sous la domination hollandaise, la voirie luxembourgeoise ne fit pas le moindre progrès ; une seule voie importante de communication fut construite dans le Luxembourg, la route royale de Luxembourg à Marche-en-Famenne. Durant les quinze années de vie commune, le réseau des routes nationales ne s'était guère accru dans le grand-duché. Dix lieues de routes furent construites sous la domination belge, de 1830 à 1839 ; de 1839 à 1868, on en construisit de 125 à 150 lieues. Le gouvernement de La Haye avait accordé une subvention de 7,100 florins au grand-duché pour favoriser l'instruction publique, et quelques milliers de florins pour le service de la vicinalité et les travaux publics.

Si on ajoute à cela que, sous la domination hollandaise, les impôts étaient très élevés, que les vins de la Moselle payaient à eux seuls une contribution annuelle de 220,000 florins, et que les droits sur la mouture et sur l'abatage faisaient rentrer au trésor hollandais des sommes très importantes, on ne peut que s'étonner de ce que les ministères qui se sont succédé à La Haye aient osé réclamer des sommes aussi élevées au grand-duché, qui n'avait jamais fait partie du royaume et ne pouvait être rendu responsable d'une gestion financière aussi dispendieuse.

Le Luxembourg protesta contre les prétentions hollandaises. Exclu de la liquidation de l'actif, il refusa de concourir à la liquidation des dettes. Aux prétentions hollandaises il opposa les prétentions luxembourgeoises. En vertu de la loi du 22 décembre 1822, le gouvernement des Pays-Bas avait fait vendre dans le grand-duché des domaines nationaux pour une valeur de 1,629,858 florins; une partie de ce prix fut touchée avant la révolution de 1830; la Belgique en toucha une autre; les Pays-Bas reçurent tant avant qu'après le traité de Londres de 1839 une somme s'élevant en obligations à 1,238.958 florins et en numéraire à 1,125,300 florins.

Les négociateurs néerlandais admirent eux-mêmes en 1854 que les sommes perçues après la séparation étaient à rembourser au grand-duché de Luxembourg; elles se montèrent en ce moment, en capital et intérêts à 1,965,170 florins. Au 16 octobre 1854 la Hollande avait réduit ses prétentions de 7 millions de florins à 4,891,151 florins. Huit années plus tard, le 4 mars 1862, le solde dû par le grand-duché n'était plus estimé qu'à 212,440 florins.

Le Luxembourg réclama, le 19 juin 1868, de la Hollande une somme de 912,000 florins. Le 10 mars 1874, le ministre d'Etat de Luxembourg se vit forcé de déclarer à la tribune de la Chambre « qu'il ne savait plus comment s'y prendre pour parvenir à une solution de la question de la liquidation ».

Dans l'article 1er de la convention de La Haye du 7 janvier 1880, convention approuvée par la loi luxembourgeoise du 10 juin de la même année, « le grand-duché de Luxembourg d'une part, et le royaume des Pays-Bas, d'autre part, renoncèrent réciproquement et sans aucune réserve à toutes les réclamations pécuniaires ou autres prétentions de quelque nature qu'elles puissent être, soulevées ou pouvant être soulevées ultérieurement comme conséquence de la réunion des deux pays en 1815 et de leur séparation sanctionnée par le traité du 19 avril 1839, et déclarèrent ainsi avoir finalement terminé et liquidé par voie de compensation toutes les réclamations et prétentions que l'une des Hautes Parties contractantes pourrait faire valoir contre l'autre ».

Il avait fallu quarante ans pour en arriver à ce résultat purement négatif. Un résultat positif fut pourtant obtenu au cours des négociations du mois de janvier 1880. Le cabinet de La

Haye revenant sur la mesure prise le 16 avril 1867, au milieu des troubles provoqués par la fameuse affaire de Luxembourg, autorisa de nouveau ses agents diplomatiques et consulaires à prêter leurs offices au gouvernement du grand-duché et aux sujets luxembourgeois dans les lieux où le gouvernement grand-ducal n'entretient pas d'agents diplomatiques ou consulaires spéciaux.

*
* *

La souveraineté du roi grand-duc sur le Luxembourg fut reconnue et sanctionnée par le traité de Londres de 1839 ; elle fut placée sous la garantie des cours d'Autriche, de France, de Russie, de Grande-Bretagne et de Prusse. Comme l'a dit avec raison M. Paul Eyschen, le ministre d'Etat du grand-duché, dans une substantielle brochure traitant de la situation internationale du Luxembourg, « le texte par lequel les puissances européennes ont garanti l'existence de la Belgique déclarée en même temps neutre, s'applique aux deux Etats, à la Belgique et au Luxembourg » 1).

De 1830 à 1839 le Luxembourg était en fait détaché de son légitime souverain ; la capitale seule avait résisté au torrent populaire. Cet interrègne, peu important au point de vue du droit international, a produit des changements appréciables en droit interne. Pendant cette même période, les relations du grand-duché avec la Confédération germanique étaient réduites à leur strict minimum ; la présence de la garnison prussienne dans la citadelle fédérale donnait lieu à quelques rares échanges de correspondances et de dépêches. C'est à peine si les décisions de la Diète étaient connues au Luxembourg par les comptes-rendus qu'en donnaient de temps en temps les journaux locaux.

(1) Traduction de M. V. Berg, *Revue de droit international et de législation comparée*, 1899.

Après qu'une ordonnance du 31 décembre 1830 eut accordé
au grand-duché une autonomie administrative complète, le
duc Bernard de Saxe-Weimar fut nommé gouverneur-général
le 19 février 1831. Les pouvoirs de ce prince ne s'étendirent
pas à la campagne, qui était rattachée provisoirement à la
Belgique. Pendant cette période troublée, la situation religieuse du Luxembourg subit d'importants changements. Du
concordat de 1801 jusqu'en 1823, le pays était rattaché au
diocèse de Metz ; à partir de 1823 il fut placé sous la juridiction des évêques de Namur. Enfin, le 16 décembre 1833, il
devint indépendant et l'administration religieuse fut confiée à
un vicaire apostolique.

Après le traité de Londres, le grand-duché put enfin jouir en
paix de l'administration autonome que le roi lui avait octroyée
en 1830. Le roi Guillaume Ier des Pays-Bas était certainement
animé des meilleures intentions et désirait le bonheur de tous
les peuples que le hasard des batailles et l'arbitraire des diplomates avaient réunis sous son sceptre ; il ne put jamais oublier
que la Hollande, le berceau de la famille d'Orange, n'était
qu'une partie de ses Etats, que la langue néerlandaise n'était
pas la langue de la majorité de ses sujets et qu'enfin les habitants des provinces méridionales, fidèlement attachés à la religion catholique, ne supporteraient pas le joug d'une infime
minorité de calvinistes.

Fatigué par l'âge et par les nombreuses déceptions qui l'a-
vaient successivement accablé, Guillaume Ier se retira du pouvoir le 7 octobre 1840. Le prince d'Orange lui succéda sous
le nom de Guillaume II. Le règne de ce prince compte parmi
les époques les plus heureuses de l'existence nationale du grand-
duché. Une statue équestre, élevée en 1884 sur une des principales places de la ville de Luxembourg, perpétue le souvenir
des bienfaits et de la bonne administration du roi Guillaume II.

A la tête de l'administration grand-ducale furent placés des
fonctionnaires qui portèrent successivement les titres de : Pré-

sident du Gouvernement (Hassenpflug, 2 mars 1840) ; Gouverneur (de la Fontaine, 1er janvier 1842) ; Administrateur-général, Président du conseil (de la Fontaine, 1er août 1848, Willmar, 6 décembre 1848). Le chef du gouvernement était assisté d'un Conseil composé de trois ou de quatre membres, chargés des divers services publics.

Les événements de 1848 n'excitèrent au Luxembourg que des troubles passagers nullement antidynastiques ; la révolution eut quelques succès dans la petite ville d'Ettelbruck. Sous le règne de Guillaume II, se placent les démêlés retentissants que Mgr Laurent, vicaire apostolique de Luxembourg, eut avec le gouvernement grand-ducal ; l'évêque dut quitter le pays et se retirer dans sa ville natale, à Aix-la-Chapelle.

Le 8 février 1842, le roi Guillaume II accéda pour le grand-duché de Luxembourg, à l'union douanière allemande ; cette accession fut très utile, et permit aux industries nationales d'atteindre un degré de prospérité inespéré. Nous aurons à revenir sur cette question. La constitution luxembourgeoise, imitée de la constitution belge, fut votée sous le règne de Guillaume II ; elle fut promulguée le 14 juin 1848.

L'autonomie du grand-duché devint presque absolue lorsque, le 5 février 1850, le roi Guillaume III investit son frère, le prince Henri des Pays-Bas, de sa lieutenance dans le Luxembourg. Les seuls rapports politiques existant à cette époque entre le gouvernement grand-ducal et le cabinet de La Haye résultaient, en dehors de l'union personnelle, de la représentation à la Diète de Francfort du Luxembourg et du Limbourg par un même ministre ; les instructions de ce ministre étaient arrêtées entre les deux gouvernements intéressés.

CHAPITRE II

LA DISSOLUTION DE LA CONFÉDÉRATION GERMANIQUE

—

SOMMAIRE. — La genèse de la politique du comte de Bismarck : son éducation politique; les débuts parlementaires; à la Diète de Francfort; le séjour sur les bords de la Néva; l'ambassade de Paris; à la présidence du conseil des ministres.
La question des duchés de l'Elbe; l'attitude des puissances; la politique française; « il n'y a plus de faute à commettre ».
La préparation de la guerre de Bohême : la neutralité des puissances; les hésitations de la politique française; négociations inutiles et sans suite; l'alliance italienne; la connivence de l'empereur Napoléon; les défaillances de l'Autriche; les partisans de la paix à la cour de Berlin.
La guerre de 1866 : les succès foudroyants des armes prussiennes; les négociations; l'intervention du comte Benedetti, la médiation, les bons offices, proposition d'un Congrès des puissances; M. de Goltz et le gouvernement personnel; le prince Napoléon.
Le Luxembourg pendant la campagne de Bohême : le refus de M. de Zuylen; les négociations avec le comte Perponcher; le droit de garnison; le rappel du délégué grand-ducal près la Diète; la garnison prussienne à Luxembourg; reconnaissance de la neutralité luxembourgeoise; les inquiétudes de la population.
La paix de Prague. La préparation de la guerre de 1870.

La Confédération germanique était une institution antique et vénérable, qui avait le grave défaut de n'être plus de son temps. Traînant péniblement et sans honneur une existence languissante et inutile, elle unifiait l'Allemagne en en perpétuant l'impuissance. En traçant les contours de cet édifice mal conçu, les diplomates de Vienne songeaient à la tranquillité et à la sécurité de l'Europe et non à la grandeur et à l'unification de l'ancienne Germanie. L'œuvre portait en elle-même les germes de sa prochaine dissolution. Il était réservé à un diplomate non moins habile, mais plus heureux que ne l'avait été le prince de Talleyrand, l'ingénieux architecte de la Confédération allemande, d'activer la fermentation des microbes destructeurs et de changer la face de l'Allemagne.

La puissante figure du créateur de l'Allemagne nouvelle domine l'histoire diplomatique de la seconde moitié du XIXᵉ siècle. L'activité politique de Bismarck débute précisément au sein de la Diète de Francfort, qu'il était appelé à détruire. La Diète provinciale de Saxe, dans laquelle il représentait la noblesse du cercle de Jerichow, ne lui avait pas permis de donner la mesure de ses puissantes facultés ; le théâtre n'était pas digne de ce gigantesque acteur. Au Landtag de 1847, qui fut en fait la première Chambre prussienne, l'auditoire fut surpris par le mélange de scepticisme et de réalisme brutal qui apparaissait dans les fougueuses improvisations du jeune député.

C'est à partir du moment où il fut envoyé en qualité de plénipotentiaire prussien à la Diète (1851), que Bismarck dirigea d'abord moins ouvertement, puis officiellement la politique prussienne. Tout, même les débordements de son inquiète jeunesse, avait préparé l'obscur hobereau brandebourgeois au grand rôle qu'il devait jouer : son lieu de naissance, un vieux manoir féodal, plein des souvenirs de l'invasion française ; sa famille : une de ces fortes familles de gentilshommes campagnards, qui ont l'âme hautaine fortement retranchée dans un corps de fer ; les longues et silencieuses chevauchées à travers les steppes du domaine de Kniephof, la mise en valeur de terres ingrates et incultes, son séjour à l'Université de Göttingen, où la police locale exaspérée par des brutalités sans nombre, traquait sans pitié le « nommé Bismarck ». A la fin de ses études, Bismarck ignorait les premiers éléments des sciences qu'il était censé avoir étudiées ; il était redouté dans son entourage pour sa force musculaire et ses railleries acérées.

De 1837 à 1847, le bouillant Corpstudent vécut en gentil-
homme cultivateur et administra les domaines paternels. Ce
séjour le sauva. Dans le repos champêtre, il prit le goût de la
lecture et des études utiles. Pendant toute sa vie, la campagne devait faire ses délices. « Une betterave, écrivit de lui
Madame de Bismarck, la femme douce et aimante qui sut
dompter son impétueux époux, l'intéressait plus que toute la
politique ». Cette phrase sûrement exagère. Ce n'est que
dans la dernière année de sa vie, lorsque, frappé par une dis-
grâce qui lui paraissait monstrueuse et imméritée, il vivait en
ermite involontaire dans ses lointains domaines, que Bismarck
put dire avec conviction « que la politique lui était devenue
indifférente et qu'il ne s'en souciait plus ». « Je suis, dit-il
alors à une de ces nombreuses processions de visiteurs qui
venaient troubler la solitude du Sachsenwald, comme un
voyageur perdu dans la neige, qui s'enfonce à mesure que les
flocons le recouvrent ».

En arrivant à la Diète, le 8 mai 1851, Bismarck était un
admirateur enthousiaste de la puissance autrichienne qui,
« souvent et non sans gloire, avait tiré l'épée pour défendre
les intérêts de l'Allemagne ». Ces sentiments bienveillants ne
résistèrent pas à l'atmosphère lourde et peu sereine du palais
fédéral. L'attitude du comte de Thun alliant « une rudesse
inculte qu'il faisait passer pour de la franchise honnête, à une
nonchalance d'aristocrate et à une rouerie de paysan slave (1) »,
la nullité intellectuelle du baron Nell, « adonné aux femmes,
adonné au vin plus encore, en tout cas au-delà d'une soif
raisonnable », et une intelligence plus profonde de la question
allemande, eurent vite fait de transformer Bismarck en ennemi
irréductible de l'Autriche.

Dans la vaine agitation des diplomates chamarrés, qui prenaient un air de cérémonie pour demander du feu..., parmi

(1) Lettre à Gerlach, 22 juin 1851.

les intrigues d'alcôve et les dîners de gala, Bismarck étudia et
observa. Alliant la finesse diplomatique à l'arrogance hautaine
et déplaisante du fonctionnaire prussien, le délégué du roi
Frédéric-Guillaume IV sut se créer des intelligences dans la
place.

Le ministre autrichien affirmait la prépondérance du cabinet
de Vienne en fumant aux délibérations de la Diète qu'il pré-
sidait. Il assistait aux séances en veston clair, sans gilet, avec
« une ombre de cravate » et recevait les ambassadeurs en
bras de chemise. A la première entrevue, Bismarck ôta sa
redingote pour entrer en matière ; à la première séance de la
Diète, il alluma le cigare légendaire, symbole des droits prussiens égaux aux droits de l'Autriche. Bientôt le ministre bavarois associa la fumée de son cigare à celle des cigares autrichien et prussien ; le Wurtemberg et la Saxe imitèrent cet
exemple. Le représentant de Hesse-Darmstadt ne put suivre
ses collègues, il n'était pas fumeur.

Cet épisode plaisant provoqua des orages dans les milieux
diplomatiques, fort attachés aux traditions anciennes. L'attention de Bismarck se porta rapidement sur des sujets plus
sérieux. Les rapports qu'il envoya de Francfort à ses chefs
hiérarchiques marquent les étapes de sa conversion politique.
L'histoire en a enregistré les résultats.

Dès le 13 septembre 1851. Bismarck envisagea froidement
la rupture éventuelle du lien fédéral. Dans les conférences de
1854, l'Autriche subit une grave défaite ; le Zollverein se consolida et s'étendit sous la présidence effective de la Prusse.
Une lettre de Bismarck du 26 avril 1856, adressée à Manteuffel, dévoile des projets plus audacieux : « La politique
autrichienne, dit-il, tend à écarter toute entente future. L'Allemagne est trop étroite pour contenir à la fois l'Autriche et
la Prusse. Tant qu'un honnête accord n'aura pas délimité les
sphères d'influence et départagé le champ litigieux, l'Autriche sera la seule puissance dont nous ayons à redouter

de sérieux dommages ou à attendre des avantages appréciables. Le dualisme allemand a depuis mille ans trouvé régulièrement dans une guerre intérieure son dénouement fatal, et dans notre siècle il faudra, bon gré mal gré, se résoudre à ce remède sauveur, afin de remettre la pendule à l'heure ».

« Je n'en veux nullement conclure, ajouta-t-il, que nous devions dès ce jour orienter tous nos efforts dans ce sens, et faire converger toute notre activité à la réalisation de cette pensée unique. J'exprime simplement la conviction que, dans un avenir peu éloigné, nous serons forcés de défendre notre existence nationale contre l'Autriche, et que le cours naturel des choses nous pousse vers ce dénouement ».

Une nouvelle lettre du 12 mai 1859 (1) représente le lien fédéral « comme une infirmité que la Prusse devra guérir *ferro et igni* ». Dans une série d'entretiens que dans les premières semaines de décembre de l'année 1862 Bismarck eut avec le comte de Karolyi, le ministre autrichien à Berlin, cette conviction paraît plus nettement. Il prévoit que les rapports austro-prussiens doivent ou s'améliorer ou empirer encore : il voudrait les rendre plus cordiaux ; mais si le cabinet de Vienne reste récalcitrant à ses ouvertures, il envisagera courageusement l'autre alternative et s'y préparera avec ardeur. Il conseille à l'Autriche de renoncer à l'Allemagne et de transférer son centre de gravité à Ofen.

Le temps ne fit que confirmer les idées que Bismarck avait conçues à Francfort. L'attitude prise par lui à la Diète de Francfort déplut bientôt à ses chefs. Il fut rappelé et envoyé comme ambassadeur à Saint-Pétersbourg ; ce séjour lui permit d'étudier la Russie comme auparavant il avait étudié l'Allemagne. De Saint-Pétersbourg, il se rendit à Paris, où son attitude ne fut jamais bien comprise ; il comprit l'impérial rêveur dont il devait, dans la suite, si mal récom-

(1) Lettre au ministre des affaires étrangères, M. de Schleinitz.

penser les bontés; l'avenir de la Prusse se présenta à son
regard avec une plus grande netteté; il comprit que la Prusse
aurait à faire deux guerres avant de réaliser son unité. Les
circonstances devront indiquer dans quel ordre elles s'impo-
seront.

Au mois de septembre 1862, Bismarck se trouvait à Biarritz,
sa fontaine de Jouvence. Il reçoit une dépêche de son ami, de
Moltke ; elle ne contenait que quelques mots : *Periculum in
mora.* Quelques jours plus tard, Bismarck est à Berlin, attendant les ordres de son roi. Les députés rejettent les crédits
militaires. Le roi ne peut céder ; il cherche un homme ; on
prononce le nom de Bismarck. « Mais il n'acceptera pas dans
ces circonstances difficiles, dit le roi ; d'ailleurs il n'est pas là ».
Bismarck était là, grâce à l'appel de son ami ; il accepta la
présidence du Conseil prussien (23 septembre 1862), qu'il
devait occuper pendant trente ans. A partir de ce moment la
politique de la Prusse ne varia plus.

Le programme élaboré à Francfort fut mis à exécution.
Savoir ce qu'on veut et savoir ce qu'on peut, telle est la première règle qui doit guider les diplomates ; Bismarck en avait
saisi la profonde portée. Le parlement ne comprit pas ses
projets ; Bismarck ne redouta pas le conflit. Pendant que la
presse et le parlement critiquent sa politique, il accélère les
armements militaires ; Moltke et de Roon travaillent secrètement, mais patiemment.

Bientôt se présenta la première occasion d'exécuter les plans
de Francfort. La guerre danoise et la question des duchés
marquèrent les premiers succès de Bismarck.

En 1877 (21 octobre), Bismarck affirma à Varzin que la
campagne diplomatique dont il était le plus fier, était celle des
duchés. L'histoire signale cette campagne comme un tissu
d'artifices, de mauvaise foi et de confusion. Drouyn de Lhuys
ne lui reconnaît « d'autre fondement que la force, d'autre justification que la convenance réciproque des parties ; il y voit

une pratique dont l'Europe actuelle était déshabituée et qui n'a eu ses précédents qu'aux âges les plus funestes de l'histoire » (1).

« Vous vouliez donc dès le début vous emparer des duchés ? » demanda un jour le baron Holstein au chancelier allemand. « Oui, répondit celui-ci, dès la mort du roi de Danemark, mais ce ne fut pas chose facile » (2).

Cette confession tardive est peu propre à venger le prince de Bismarck du reproche de malhonnêteté qu'on lui a souvent adressé. La Prusse était liée par le protocole de Londres de 1852 qui garantissait la possession du Schleswig-Holstein au roi Frédéric et à son successeur, le prince Christian de Glücksbourg. Or, suivant le brocart, « Qui doit garantir, ne peut évincer », Bismarck était tenu à garantie ; l'éviction devenait injuste.

Madame de Staël s'est-elle donc trompée lorsqu'au commencement du XIXᵉ siècle elle écrivit « que les Allemands avaient en général le sentiment de la fidélité, qu'ils ne manquaient jamais à leur parole et que la tromperie leur était étrangère » ? (3).

Le roi de Danemark était obligé, par le protocole de Londres, de maintenir l'autonomie administrative des duchés et de respecter les droits des populations de race allemande tant dans le Holstein qui faisait partie de la Confédération allemande, que dans le Schleswig, indissolublement uni au Holstein. Il avait obtenu la renonciation du duc Christian d'Augustenburg à ses droits problématiques, moyennant une indemnité pécuniaire de 2,500,000 thalers.

Toutes ces négociations avaient des vices cachés, qu'un adversaire peu scrupuleux ne pouvait manquer d'invoquer au besoin. Le consentement de la Diète n'avait pas été donné.

(1) Circulaire du 29 août 1865.
(2) Moritz Busch, *Unser Reichskanzler*, I, p. 40.
(3) De l'Allemagne, p. 6.

Les fils du duc Christian n'étaient pas intervenus dans la renonciation signée par leur père ; ils ne l'avaient pas pu, leurs prétendus droits n'étant encore que de simples expectatives.

Malheureusement, le Danemark donna lui-même le prétexte que le cabinet de Berlin attendait avec anxiété. La constitution danoise accorda l'autonomie administrative au duché de Holstein, mais rattacha au royaume le duché de Schleswig. La Confédération fit entendre de très vives plaintes. La Prusse et l'Autriche protestèrent contre cette flagrante violation du protocole de Londres.

Dans la séance du 7 décembre 1863, la Diète décréta l'exécution fédérale ; le duché de Holstein devait être occupé par les contingents du Hanovre et de la Saxe royale. Redoutant les effets de cette mesure, le roi Christian allait céder lorsque le ministre Hall montrant l'émeute populaire grondant autour du château royal, déclara ne pas pouvoir répondre de la vie du roi, si celui-ci ne consentait à signer la constitution. Le roi céda. C'était la guerre.

Le comte de Rechberg commit la lourde faute de s'entendre avec le cabinet de Berlin pour venger l'honneur allemand, qu'on prétendait outragé. Au mépris de la décision fédérale du 7 décembre et du texte formel des statuts de la Confédération, les deux principaux confédérés firent la guerre pour leur compte et envahirent le Schleswig. Le Danemark résista, et, comme il était le plus faible, fut vaincu et *légitimement* dépouillé.

A Vienne, on ne s'était pas mépris sur la gravité de l'entreprise dans laquelle on se risquait si imprudemment. Au sein du Parlement, M. Schindler s'était fait l'écho des plaintes populaires : « Pourquoi, demandait l'éloquent député, cette alliance avec le cabinet de Berlin, qui est devenu l'objet du mépris universel ?... Pourquoi cette entente austro-prussienne ? Est-ce parce que la Prusse est une nation amie? A la diète fédérale, ses délégués nous considèrent comme l'ennemi héréditaire... A peine la Prusse a-t-elle digéré le rapt de la Silésie qu'elle étend ses mains rapaces vers les duchés. Elle a besoin d'un auxiliaire bénévole. Sans tarder, nous faisons sonner nos clairons, jouer nos fanfares, et, au son de nos tambours, nous introduisons les troupes prussiennes dans les duchés. Sur quel air nous éconduiront-elles ? »

Dès avant la guerre, le comte de Rechberg aurait voulu fixer le sort des provinces qu'on allait conquérir. Bismarck s'y était constamment refusé. D'après l'article 5 du traité d'alliance, il était convenu « qu'au cas où les hostilités viendraient à éclater dans les duchés et que les traités existant entre le Danemark et les puissances allemandes viendraient à expirer, les cours de Berlin et de Vienne régleraient, d'un commun accord, le sort des duchés. »

C'était ouvrir une porte par laquelle la guerre pourrait entrer au gré de M. de Bismarck. Le comte de Rechberg signa le traité, la mort dans l'âme ; il craignait que Bismarck ne marchât seul contre le Danemark et ne libérât les duchés par les seuls efforts des troupes prussiennes.

D'accord pour spolier leur impuissant rival, les deux Etats ne le furent pas pour partager le butin. La guerre seule pouvait décider du sort des provinces conquises. Il fallut attendre une constellation favorable ; l'armée de de Moltke et du ministre de Roon n'était pas entièrement prête. On temporisa.

La Prusse reçut à titre d'acompte le duché de Lauenbourg, le futur fief de Bismarck ; une indemnité pécuniaire de deux millions et demi de thalers fut donnée à l'Autriche. Ce marché valut aux ministres de François-Joseph les sarcasmes de Bismarck. « On achète quand on est riche, dit l'ironique diplomate, il n'y a que les pauvres diables qui soient obligés de vendre leurs biens. »

Les duchés furent soumis à un régime mixte, qui devait durer jusqu'à ce qu'une solution définitive fût trouvée, c'est-à-dire jusqu'à la guerre.

La Prusse a maintenant un procès toujours ouvert avec son imprudente voisine ; c'est une situation quelque peu analogue à celle de la Russie à l'égard de la Porte Ottomane.

*
* *

Le ministre du roi Guillaume déploya dans la préparation de la guerre austro-prussienne l'habileté la plus consommée. De nombreux obstacles s'opposaient à la réalisation de ses projets belliqueux. Ces obstacles venaient de l'obstination du roi, de l'inimitié du prince royal, de l'opinion publique hostile à une guerre considérée comme fraticide, et enfin de la situation politique internationale.

Le roi de Prusse avait de la peine à se faire à l'idée d'une annexion directe des duchés. Lorsque, dans le premier conseil des ministres qui suivit la mort du roi Frédéric VII, Bismarck y fit une allusion évidente, le roi Guillaume s'opposa à ce que mention de cette proposition fût faite dans le procès-verbal ; le prince royal resta tout interdit ; les ministres gardèrent un prudent silence.

Bismarck dressa ses pièges avec astuce. Le 22 août 1864 eut lieu au château de Schœnbrunn une entrevue entre les souverains d'Autriche et de Prusse et les deux ministres Bismarck et Rechberg. Dans ses Souvenirs, Bismarck nous donne un intéressant compte-rendu de cette réunion (1).

« L'empereur François-Joseph, dit-il, me demanda à brûle-pourpoint si l'annexion des duchés rentrait dans les projets du ministère prussien. La question venait à son heure. J'étais heureux qu'elle me fût posée si franchement et en présence de mon royal maître, qui s'était toujours tenu sur une prudente réserve chaque fois qu'entre nous la discussion arrivait sur ce sujet délicat. Jamais il ne m'avait laissé entrevoir sa pensée. Me tournant vers le roi, je répondis à l'empereur qu'il

(1) Erinnerungen, I, p. 344.

ne m'appartenait pas de me prononcer sur cette question. Le
roi hésita, et finit par avouer qu'il n'avait pas encore examiné
cette éventualité. Je dus me contenter de cette réponse évasive... ».

Le roi Guillaume était tiraillé dans les sens les plus divers.
Si son principal conseiller se prononçait ouvertememt en faveur de l'annexion des duchés, le prince royal était un partisan déclaré de la paix avec l'Autriche. La princesse Victoria
soutenait son parent, le comte de Mensdorff et considérait
Bismarck comme *the blind tool of the German radicals*;
elle plaignait *the infatuation of the poor king*, qui n'était
qu'un jouet entre les mains de Bismarck.

Toutes ces influences devaient céder aux efforts patients du
président du conseil. « Le dernier venu, a dit un diplomate
prussien très avisé, a toujours raison auprès du roi Guillaume ; or ce dernier venu c'est toujours M. de Bismarck. »

La situation devenait de jour en jour plus tendue. Le souvenir du Fuerstentag que l'empereur avait convoqué le 16 août
1862, malgré l'opposition prussienne, était toujours vivace.
On sait que le roi Guillaume, prétextant l'insuffisance des travaux préparatoires, et croyant les réformes proposées par
l'Autriche peu propres pour faciliter l'obtention du but qu'on
avait en vue, avait refusé de prendre part aux délibérations
de Francfort (1).

L'injuste condominium établi dans les duchés donna lieu
aux discussions les plus mesquines. Si la convention de Gastein avait momentanément calmé l'animosité, elle n'avait pas
consolidé l'édifice ; les nombreuses fissures étaient replâtrées ;
elles n'avaient pas disparu. L'assemblée des Landtags réunis
dénonça la convention du 14 août 1865 dans des termes
amers ; aux yeux des patriotes prussiens, elle continuait
l'humiliation d'Olmütz.

(1) Lettre du roi de Prusse à l'empereur François-Joseph, 4 août 1863.

Dans sa nouvelle possession, l'Autriche favorisait les partisans du duc d'Augustenburg ; la Prusse les pourchassait sans trêve ni merci. Bismarck jouait avec le prétendant un jeu déloyal et indigne. Tantôt il entamait avec le prince trop crédule des négociations feintes et simulées ; d'autres fois il le repoussait dédaigneusement et contrecarrait ouvertement ses projets; voulant réserver l'avenir il n'alla jamais jusqu'à reconnaître les droits problématiques de la maison d'Augustenburg.

Au mois de novembre 1865, la Prusse proposa au cabinet de Vienne une combinaison transactionnelle, destinée à régler la situation des duchés ; elle offrait une indemnité pécuniaire importante pour le cas où l'Autriche voudrait la subroger dans ses droits. Vers la même époque, l'Italie offrit un milliard de lires pour la cession de la Vénétie. Les deux demandes furent rejetées sans examen (1).

Durant ces diverses négociations, l'agitation prussophile continuait dans les duchés. Dans une pétition, signée du baron de Scheel-Plessen et de 18 seigneurs holsteinois (23 janvier 1866), la noblesse des duchés se plaignait des entraves que la situation mal définie et incertaine et l'agitation en faveur des princes d'Augustenburg apportaient à la prospérité nationale. Pour sortir de l'impasse, les signataires ne voyaient d'autre moyen que l'annexion des duchés à la Prusse. Or, cette annexion était impossible en pleine paix. Bismarck ne l'ignorait pas ; il envisageait la solution avec le calme serein que donne la conscience de la force.

Un arrêté royal du 22 février 1866 ajourna les Chambres prussiennes ; Bismarck voulait avoir les coudées franches. Au conseil des ministres du 28 février, le roi Guillaume déclara « qu'après s'être dans de longues prières consulté avec son Dieu, il avait cru reconnaître l'inspiration divine dans les

---

(1) Heinrich Friedjung, *Der Kampf um die Vorherrschaft in Deutschland*, t. I, p. 147 ; Discours de Bismarck au Landtag prussien, 1er février 1867.

conseils que lui donnaient les hommes qui entouraient son trône (1) ».

A l'occasion d'un dîner offert par le ministre de Saxe, la comtesse de Hohenthal demanda à M. de Bismarck si son intention était d'envahir la Saxe et de déclarer la guerre à l'empereur. « Je n'ai pas eu d'autre pensée depuis mon entrée au ministère, répondit le diplomate. Nos canons sont fondus; vous aurez prochainement l'occasion de constater leur incontestable supériorité sur la vieille artillerie autrichienne ». Il conseilla à Madame de Hohenthal de se retirer sur sa propriété de Leipzig et non dans son château situé en Bohême, parce que, disait-il, « les Autrichiens devaient être attaqués et battus aux environs de ce dernier domaine ».

Interrogé le lendemain (11 mars 1866) sur la singularité de ces brutales confidences, Bismarck répondit qu'il avait voulu badiner.

Le 16 mars suivant, le comte Karolyi demanda directement à M. de Bismarck si la cour de Berlin était décidée à rompre la convention de Gastein et la paix existant de droit entre les Etats allemands. La réponse du ministre fut négative. C'était vrai, diplomatiquement parlant, puisque Bismarck ne voulait pas directement surprendre l'Autriche.

Le peuple prussien ne désirait pas la guerre ; il manifestait ses sentiments pacifiques de la manière la moins équivoque. Lorsqu'au printemps 1866 les chances de paix devinrent moins favorables, l'inquiétude de la population, surtout dans les provinces rhénanes, faillit dégénérer en mouvement insurrectionnel. Dans la criminelle tentative de Blind, qui attenta à la vie du tout-puissant ministre le 7 mai 1866, les Prussiens virent le doigt de Dieu ; les uns considérèrent l'événement comme un avertissement salutaire, les autres célébrèrent la bonté divine, qui avait sauvé la Prusse en sauvant son ministre.

---

(1) Cfr. Friedjung, *op. cit.*, p. 151.

L'archevêque Melchers de Cologne écrivit au roi Guillaume une lettre des plus amères (28 mai); le prélat dénonçait l'injustice de la guerre fratricide dans laquelle la camarilla militaire voulait pousser la Prusse, et l'absence d'enthousiasme et d'élan chez les soldats contraints à combattre un peuple allemand. Le clergé silésien renchérit encore sur ces déclarations de l'archevêque de Cologne.

Bismarck dut entendre d'acerbes critiques au sein même du conseil des ministres. Le ministre des finances Bodelschwing fut remplacé par M. de Heydt, parce que son langage avait été trop franc. Schleinitz partageait les sentiments de Bodelschwing; mais comme il était honoré de l'amitié du roi Guillaume, Bismarck n'osa pas l'exclure du conseil.

L'opinion publique autrichienne était surexcitée par les rodomontades des séides de M. de Bismarck. Dès le mois de janvier, la *Wiener Debatte*, qui passait pour recevoir ses inspirations du ministère, commentait sarcastiquement le discours du trône prussien. Le roi Guillaume n'avait pas fait la moindre allusion aux rapports qu'il entretenait avec le plus puissant des États confédérés. La feuille viennoise attribuait ce silence significatif à la politique suivie par le cabinet de Vienne dans les duchés, une politique qui forcerait M. de Bismarck à renoncer à ses aventureux projets. L'Autriche espérait toujours que l'opposition parlementaire finirait par avoir raison dans le conflit qui n'avait que trop duré, et que même au cas improbable où le ministère resterait vainqueur, la politique bismarckienne échouerait devant l'hostilité unanime des puissances européennes.

Bismarck était en ce moment, — il s'en vanta plus tard, — l'homme le plus détesté de l'Europe. « Le peuple prussien, écrivit la *Presse* de Vienne le 12 juin 1866, est un jouet dans la main d'un homme perfide et damné. Il ne peut s'échapper de cette fatale étreinte. Le nègre brésilien, qui gémit sous le fouet d'un gardien inhumain, n'est ni plus digne de pitié, ni moins

5

à plaindre que la monarchie prussienne (*als das gesammte Preussenthum*). Que les Prussiens grincent des dents et se lamentent en des plaintes inutiles, qu'ils crient contre l'oppresseur, qu'ils maudissent la main du tyran, ils n'en doivent pas moins quitter leurs foyers, leurs femmes et leurs enfants, et marcher au combat pour faire triompher une politique qu'ils abhorrent, pour défendre une opinion qu'ils détestent... A l'Autriche de venir en aide à ce peuple qui veut devenir libre; elle ne manquera pas à l'appel... (1) ».

Lorsque les diplomates se trouvent acculés dans une impasse sans issue, ils organisent des congrès et des conférences. Ces réunions sont utiles lorsque le différend ne touche pas aux intérêts vitaux des parties en cause, et que les passions populaires ne sont pas trop excitées; elles provoquent toujours une abondante pluie de rubans et de décorations dont les diplomates sont très friands.

Un Congrès fut convoqué à Paris pour le 12 juin 1866. S'il faut en croire l'historien Vitzthum, le prince de Gortschakoff n'aurait pris l'initiative de ce congrès que pour isoler le roi de Prusse... « Le plan était ingénieux. Le jour même où le cabinet de Saint-Pétersbourg apprendrait le départ de Bismarck pour Paris, un adjudant du tsar remettrait au roi Guillaume une lettre autographe d'Alexandre II, par laquelle celui-ci prierait son oncle de profiter de l'absence de son ministre pour s'en débarrasser. Le concours du prince royal de Prusse et l'assentiment de la reine Victoria étaient assurés ». Friedjung, auquel nous empruntons ce récit, estime que ces cancans diplomatiques n'étaient pas dénués de fondement (2).

A la fin de mai, toutes les puissances avaient consenti à envoyer leurs délégués à Paris. La réponse de l'Autriche était ambiguë. Dans les premiers jours de juin, Bismarck apprit que

(1) Cfr. Friedjung, *o. c.* I. p. 271.
(2) Friedjung, l. c., 1, p. 292.

le cabinet de Vienne subordonnait son adhésion à des conditions inacceptables ; il exigeait que les puissances renonçassent à tout agrandissement et à toute discussion sur les questions territoriales. Cette malheureuse décision avait été prise le 1er juin dans un grand conseil présidé par l'empereur François-Joseph en personne. « C'est la guerre ! » s'écria Bismarck, en apprenant la bonne nouvelle. Ses vœux les plus chers allaient se réaliser.

Toutes les difficultés n'étaient pourtant pas vaincues. Le prince royal espérait toujours ; le roi Guillaume voulait la guerre et ne la voulait pas. Au prince Frédéric, qui lui parla de la possibilité d'une catastrophe probable, Bismarck répondit : « Qu'importe que je sois pendu, pourvu que la corde rattache l'Allemagne nouvelle à votre trône ! »

L'empereur de Russie et la reine d'Angleterre écrivirent au roi Guillaume de chaleureuses lettres pour le détourner de ses projets belliqueux. On répondit à la reine Victoria par un refus courtois et alambiqué. Ce chef-d'œuvre d'astucieuse diplomatie étonna même le chef du Foreign Office : « Il n'y a pas un mot de vrai dans cette lettre, dit Clarendon au ministre de Saxe à Londres ». Lord Loftus tenta de nouvelles démarches. « C'est inutile, milord, répondit Bismarck. On peut appliquer aux deux puissances allemandes les mots que Richelieu dit à une amie : Nous ne sommes pas des ennemis, mais nous ne nous aimons plus ».

Bismarck voulait unifier l'Allemagne sous l'hégémonie de la Prusse. Son armée n'était pas assez forte pour défier l'Europe toute entière ; il se vit forcé de procéder par petits paquets, d'échelonner ses plans. Aussi déploya-t-il toutes les ressources de son esprit retors pour s'assurer la neutralité des uns et la complicité des autres.

*
* *

L'Angleterre, prompte en menaces, n'agissait jamais ; on pouvait la défier en toute tranquillité. Du faisceau de forces

adverses, l'habileté du ministre du roi Guillaume avait détaché
la Russie. Lors de l'insurrection polonaise de 1863, la Prusse,
cuirassée contre les menaces de Talleyrand et de Buchanan,
s'était faite l'auxiliaire, apparemment désintéressée, de la
Russie ; ses cordons d'uhlans avaient repoussé vers les cosa-
ques les malheureux fugitifs en peine de franchir la frontière
prussienne, tandis qu'aux yeux de tous apparaissait l'immense
ingratitude de l'Autriche.

L'alliance russe « a toujours coûté le moins cher » à la
Prusse (1). « La Russie fut toujours un ami besogneux. On
peut aisément repousser ses exigences ; on est sûr de le retrouver sans rancune, tendant la main » (2). Bismarck retrouva
l'ami qu'il avait appris à connaître pendant sa courte ambassade à Saint-Pétersbourg.

C'est surtout l'assistance ou du moins la neutralité bienveillante de la France que la Prusse devait s'assurer avant d'entreprendre la lutte. Elle le devait d'autant plus que seuls
l'assentiment et la complicité de l'empereur Napoléon pouvaient lui faciliter une entente intime avec l'Italie.

« Sans l'assistance sympathique de la France, écrivit Bismarck à Goltz, la Prusse serait forcée de revenir sur ses pas
pour retomber sous la pesante tutelle de la Russie et de l'Autriche ». Il reconnaissait d'ailleurs « que le gouvernement
prussien était le premier à comprendre que l'empereur ne
saurait se renfermer dans une neutralité absolue sans compromettre le rang qu'il entendait conserver à juste titre, et
il déclarait que les accroissements de la France et de l'Italie
ne lui inspiraient aucun ombrage » (3).

Non moins que Bismarck, le roi Guillaume et l'opinion allemande sentaient l'impossibilité d'arriver à un résultat quel-

(1) Lettre à Gerlach, 19 décembre 1853.
(2) Lettre à Gerlach, 20 avril 1854.
(3) Rothan. *La politique française en 1866*, p. 28.

conque sans l'assentiment de la cour de Paris. Le ministre les tranquillisait en exaltant les sentiments désintéressés et généreux de l'empereur Napoléon. Ces appréhensions étaient tellement naturelles que personne ne douta, au début de la guerre, que des engagements sérieux n'existassent entre la France et la Prusse.

L'empereur Napoléon n'était pas l'homme aux résolutions hardies et subites. Habile à concevoir des plans audacieux, riche en idées géniales et successives, se pourchassant les unes les autres, il restait indécis lorsqu'il fallait les traduire en faits et les réaliser en pratique. Suivant le témoignage de Nigra, « l'empereur Napoléon était un homme aux idées larges et généreuses, auxquelles pourtant il était incapable de donner un corps. Il réussit aussi longtemps qu'il trouva sous sa main des hommes capables de compléter ses projets restés dans une vague indécision. Morny fit le coup d'Etat ; Cavour dessina les contours du plan italien et organisa la lutte. » Or, en 1866 les hommes de génie étaient dans l'autre camp ; Napoléon était entouré de ministres sages, mais timorés. Son étoile avait pâli ; elle s'acheminait vers l'éclipse fatale.

Au 1er janvier 1866, les rapports de la France avec l'Autriche étaient excellents. M. de Metternich remit, au nom de son souverain, les insignes du Stefansorden au prince impérial français. Le discours du trône français exprimait les espérances les plus optimistes. « Au Mexique, dit-il, le gouvernement de l'empereur Maximilien se consolide ; les dissidents vaincus et dispersés, n'ont plus de chefs. » L'empereur annonçait que des négociations étaient engagées avec le gouvernement de Maximilien pour préparer la rentrée des troupes françaises. On sait comment se termina la malheureuse entreprise mexicaine. L'empereur Maximilien y perdit la vie ; la princesse Charlotte la raison ; la France dépensa au Mexique des sommes importantes et désorganisa son armée.

Le programme italien de l'empereur n'était pas réalisé

complètement ; l'Italie n'était pas libre jusqu'à l'Adriatique, le pape était encore à Rome. Deux guerres restaient à faire pour libérer l'Italie ; de ces guerres, l'Italie sortira vaincue mais agrandie, la France en sortira vaincue et démembrée. Tel était l'avenir qui attendait l'impérial rêveur, le « doux entêté », suivant le mot de la reine Hortense.

Quelques semaines après l'ouverture des Chambres françaises, la situation s'embrouillait ; la tension qui, depuis longtemps, existait à l'état latent entre les deux grandes puissances allemandes, éclata au grand jour. Le *Moniteur universel* signala le danger.

Il aurait fallu des décisions promptes et viriles, des paroles fortes et courageuses. L'empereur hésita ; ses conseillers ne savaient où diriger leur barque. La politique italienne de Napoléon III empêchait les diplomates parisiens de s'occuper avec esprit de suite de toute affaire qui ne concernait pas la péninsule.

Dans l'affaire des duchés, ils avaient accumulé fautes sur fautes. Une intervention collective des puissances signataires des protocoles de Londres aurait mis le Danemark à l'abri de réclamations iniques. La Diète se serait facilement laissée retenir de l'exécution fédérale qu'elle ne décréta qu'à regret. La médiation proposée en janvier 1864 par lord John Russel, aurait encore pu réparer bien des fautes. L'abstention était la politique la plus mauvaise ; c'est cette politique qu'on suivit à Paris.

« L'Empire avait beaucoup promis à la France ; en face des grands changements survenus en Allemagne, en présence des changements bien plus grands qui s'y préparaient, le peuple français demandait autre chose que de belles paroles ; il demandait des actes.

Comme résultat d'une longue période de compression intérieure et de sacrifices importants en hommes et en argent, on n'apercevait que deux choses : le prestige éphémère de la

France dans les années qui suivirent le Congrès de Paris, et l'unité italienne, pour laquelle on avait dépensé quatre cents millions, et bravé à Rome une immense révolution religieuse; 50,000 soldats français avaient versé leur sang pour cette entreprise antifrançaise.

Après le Congrès de Paris, la France pouvait librement choisir entre deux politiques différentes : la politique d'agrandissement et d'expansion, politique justifiée par la haine que l'empereur et la nation française professaient pour les traités de 1815, et la politique traditionnelle de l'ancienne monarchie. Le magistral discours prononcé par M. Thiers, le 3 mai 1866, énuméra éloquemment les avantages de la dernière ; avant lui, Richelieu, Mazarin et Talleyrand les avaient montrés par leurs actes. Ce n'était pas celle que Thiers avait indiquée dans son *Histoire du Consulat et de l'Empire*, ni celle qu'il suivit en 1840. Il était trop tard en 1866 pour y revenir. On aurait dû profiter des révolutions qui se suivaient en Allemagne; le fameux discours d'Auxerre permettait de croire qu'on le ferait sans regarder en arrière.

Bismarck avait le jeu trop facile. Son plan était clair et précis: il ne reculait devant aucun moyen, si répréhensible fût-il, pour l'exécuter de point en point. Il ne trouva en face de lui qu'un homme malade, qui s'aventurait un peu au hasard, ne sachant où il irait ni où il voulait aller.

Bismarck était résolu à pratiquer à l'égard de la France la politique qu'irrévérencieusement on a appelée la politique des pourboires. Napoléon ne sut obtenir le moindre courtage. « Que donnerez-vous à la France? », avait demandé le député Bennigsen à Bismarck lorsque celui-ci lui exposait ses ambitieux projets. Bismarck voulait donner aussi peu que possible, mais il n'osait espérer que la neutralité de l'empereur Napoléon lui serait acquise à titre purement gratuit.

De nombreuses propositions d'agrandissement furent faites au cabinet de Paris durant les années qui précédèrent la

guerre de Bohême. Ces propositions étaient-elles sérieuses?
La question est oiseuse. Puisque la Prusse avait besoin de la
France, elle aurait consenti des stipulations même très oné-
reuses.

Pendant son court séjour à l'hôtel de la rue de Lille, Bismarck dévoilait, contrairement à toutes les habitudes de la
diplomatie vieux jeu, ses projets allemands. Aux objections
tirées de l'intérêt de la France, il répondait invariablement en
montrant la Belgique (1).

Lors de son premier séjour à Biarritz en 1864, il offrait à
l'empereur tout ce qui ne lui appartenait pas. « Je voudrais,
dit-il en 1865, au moment de quitter Berlin pour son second
pèlerinage à Biarritz, voir la France donner une impulsion
plus active à sa politique d'expansion, préparer des agrandissements de territoire et d'influence... »

« Il est prêt, écrivit vers cette époque un diplomate français, non pas à nous offrir, mais à nous laisser prendre des
dédommagements. La perspective d'une crise grave en Europe le préoccupe vivement; il la désire, y voyant un moyen
d'assurer à son pays des bénéfices qu'il ne croirait pas trop
chèrement achetés par des avantages considérables accordés
à la France et à l'Italie ».

D'après une dépêche du général Govone, qui plus tard fut
malmené sans scrupule à la tribune de la Chambre prussienne,
les résistances du ministre de Guillaume Ier, engagé dans les
graves événements d'où dépendait le sort de son pays, n'é-
taient ni invincibles, ni peut-être même difficiles à sur-
monter.

Bismarck regrettait que le roi Guillaume ne voulût céder
aucun pouce du terre allemande. « Je ne puis vous offrir le
Palatinat, dit-il à un prince de la famille impériale française,
mais rien ne vous empêche de l'occuper et d'y rester ».

(1) *Le Temps*, 19 janvier 1872.

Des intermédiaires officieux furent envoyés auprès du prince Napoléon pour scruter les intentions de l'empereur. Un Hongrois, M. E. Turr (1), fut chargé le 11 juin 1866 d'une telle mission. « Napoléon, avait dit Bismarck, pourrait occuper la Belgique et le Luxembourg et obtenir une rectification de frontières du côté de l'Allemagne ». En homme qui s'y connaissait, il avait poussé la condescendance jusqu'à indiquer à l'empereur les meilleures méthodes pour préparer un peuple à la perte de sa nationalité ». La France, disait-il, pourra sans trop de peines se concilier les sympathies d'un parti annexionniste au Luxembourg ». Le suffrage populaire importait peu à la Prusse. L'annexion de la Belgique présentait peu de difficultés. Les troupes françaises n'avaient qu'à franchir la frontière du nord ; si une nation étrangère y trouvait à redire, elle se heurterait aux baïonnettes prussiennes.

Tandis que Bismarck employait tous les moyens pour s'assurer de la neutralité française, le comte de Goltz multipliait ses visites aux Tuileries. M. Benedetti était littéralement assiégé à Berlin.

Comme son ami, M. de Bismarck, M. de Moltke croyait que la guerre autrichienne réservait de nombreux avantages à la France. Le grand capitaine renchérit même sur les propositions du ministre ; il aurait vu sans surprise la France s'emparer de la Belgique, de la rive gauche du Rhin et peut-être même de la Hollande.

Cette générosité des hommes d'Etat prussiens n'est pas faite pour nous étonner. « Les diplomates, disait M. de Metternich, quand ils paient en paroles, sont généreux ».

L'empereur Napoléon, à certains moments, parut satisfait des combinaisons qui convenaient également à la Prusse ; les traditions de sa famille l'obsédaient. Il voyait dans une grande guerre allemande « une de ces éventualités inespérées qui

(1) Correspondance parue en 1870.

semblaient ne devoir se produire jamais » ; il n'aurait osé contrarier « des velléités belliqueuses qui réservaient à sa politique plus d'un avantage (1) ».

Bismarck ne se trompait pas sur les sentiments de Napoléon.
« L'Empereur, dit-il à son confident, le général Govone, désire
une grande guerre, parce qu'à la tête d'une armée comme l'armée
française, on peut toujours se faire payer sa bienveillance ».

Il serait difficile de vouloir préciser les avantages qu'on
attendait à Paris. Tantôt les regards se tournaient vers les
rives de l'Escaut, tantôt on se souvenait du rêve napoléonien
de la frontière du Rhin ; d'autres fois, on se serait contenté
d'une vaste ceinture d'Etats neutres, qui aurait à jamais éloigné la France du compromettant voisinage prussien.

A la veille du dénouement, lorsqu'il aurait fallu conclure
des conventions positives, que Bismarck n'aurait pu repousser, on se refusait à toute explication. Benedetti manquait
d'instructions ; l'empereur restait impénétrable. Une seule
chose était certaine : l'Italie aura la Vénétie, que la Prusse
soit victorieuse ou vaincue.

Drouyn de Lhuys observa une attitude équivoque. D'un côté
il se ralliait à la politique traditionnelle française et voulait
que l'empereur déclarât qu'il était hostile à toute guerre en
Allemagne ; de l'autre côté il mandait à Benedetti que la France
ne voulait pas d'engagements écrits et s'en remettait « à l'extension que prendrait la guerre et aux questions qu'elle soulèverait pour déterminer les éléments d'une entente avec la
Prusse (2) ».

C'était jouer la fortune de la France sur une seule carte,
c'était tout attendre du succès problématique des armes autrichiennes.

---

(1) Conversation de Napoléon avec le comte Walewski, citée par Rothan,
op. cit., p. 58.

(2) Dépêche du 31 mars 1866 reproduite par Benedetti : ma mission en
Prusse, p. 78.

« La faute que nous avons commise, a dit avec raison le comte Benedetti, c'est d'avoir décliné toutes les suggestions du comte de Bismarck ; car de deux choses l'une : ou elles étaient de nature à être agréées, et l'Allemagne n'était plus un danger pour nous ; ou elles étaient inacceptables, et la rupture des négociations aurait fait surgir entre les deux gouvernements une défiance qui aurait forcément paralysé les convoitises de la Prusse ».

La Prusse avait besoin d'une alliée pour diviser les troupes autrichiennes. Bismarck jeta ses regards sur l'Italie qui, comme la Prusse, cherchait *per fas et nefas* à agrandir ses Etats. Il voulait au début ne se servir de l'alliance italienne que pour obtenir des concessions de l'Autriche ; l'Italie désirait obtenir la Vénétie sans se soucier des duchés. Le général de La Marmora resta longtemps perplexe en présence des propositions de Bismarck ; il redoutait un piège.

Voulant à tout prix acquérir la Vénétie, le ministre italien s'adressa à l'Autriche qui en était propriétaire. Une tentative d'acheter la province convoitée échoua. On engagea ensuite le cabinet de Vienne à tourner ses regards vers les provinces orientales, vers les principautés danubiennes, dont les Roumains venaient de chasser le prince Cusa (24 février 1866). L'Autriche n'écouta pas ces propositions. Force fut donc au général de La Marmora de s'adresser à la Prusse.

Bismarck avait conçu le projet d'envoyer M. de Moltke à Florence pour préparer le terrain. Le général Govone vint à Berlin le 14 mars 1866, sous prétexte d'étudier l'organisation militaire prussienne. Son arrivée était connue à Berlin dès le 12 mars ; cette rumeur parvint à Vienne et contribua à rendre la guerre inévitable.

Les premières démarches du général italien furent pénibles. Le prince de Bismarck n'en imposa pas au compatriote de Machiavel ; dans une dépêche adressée au général La Marmora, Govone traita le ministre prussien de charlatan. Enfin les deux diplomates s'entendirent.

Le traité ne fut pas signé sans que le grand bienfaiteur de l'Italie eût été entendu en son avis. Cet avis fut favorable. Loin de vouloir contrecarrer l'alliance projetée, — ce qu'aurait exigé la vraie politique française, — Napoléon poussa l'Italie à s'unir à la Prusse. L'empereur avait été très habilement circonvenu par le prince Jérôme, le comte Nigra et son ami d'enfance, le comte Arese. « Signez au besoin un traité avec la Prusse, dit-il,... car il est grandement désirable de fournir à M. de Bismarck les moyens efficaces de pousser le roi à la guerre ».

Le malheureux souverain n'oubliait pas complètement les intérêts français. « Pendant que vous aurez Venise, dit-il à un autre confident, je prendrai ce que je jugerai nécessaire... La France sera l'arbitre de la situation et saura, au moment propice, faire entendre sa voix. Un corps de 100,000 hommes lancé dans la province rhénane me permettra de dicter les conditions de la paix (1) ».

D'après une dépêche de Nigra, du 28 mai 1866, Napoléon aurait préféré une solution pacifique du différend austro-prussien, pourvu que l'Italie fût mise en possession de la Vénétie. Cette opinion était également celle du comte de Barral, qui crut pouvoir annoncer à son gouvernement que la principale préoccupation de l'empereur était la question vénétienne (2).

Le traité fut signé le 8 avril 1866.

Maintenant la guerre pouvait commencer. La Prusse était rassurée. Jamais l'empereur Napoléon n'inquiètera l'alliée de son pays de prédilection.

---

(1) Cfr. H. Friedjung, *op. cit.*, I , p. 185.

(2) Dépêche du comte de Barral du 23 mai 1866, reproduite par Roman, *op. cit.*, p. 91.

Le refus de l'Autriche de consentir à un désarmement complet précipita les événements. Le plénipotentiaire autrichien proposa, à la réunion de la Diète du 11 juin 1866, de mobiliser sept corps d'armée. La proposition fut adoptée. Sans tarder, Bismarck adressa aux Etats confédérés une circulaire officielle, les invitant à délibérer sur une réforme radicale des institutions fédérales. Il leur soumit « les principes d'une nouvelle constitution, et les invita à prendre une résolution au sujet d'une nouvelle Confédération, qui deviendrait nécessaire au cas où en présence des armements et de la menace de guerre les relations existantes seraient rompues ».

Cette circulaire équivalait à une déclaration de guerre. Sortant enfin des négociations tortueuses, Bismarck suivait une voie moins équivoque.

Dès le 7 juin, les troupes prussiennes avaient envahi le Hanovre qu'elles ne devaient plus quitter. Le général autrichien, de Gablenz, qui commandait dans le duché de Holstein, ne disposait que de la seule brigade Kalik. Il quitta sa résidence de Kiel et se retira à Altona pour y attendre les ordres de son gouvernement. Les autorités holsteinoises et le duc d'Augustenburg l'y suivirent. Les duchés étaient devenus, suivant le mot de Palmerston, le brandon qui incendiait l'Europe.

Le 16 juin, le ministre autrichien, président de l'assemblée fédérale et le ministre de Saxe informèrent la Diète de l'entrée des Prussiens en Saxe et demandèrent le secours de la Bavière et de l'Autriche.

La campagne fut foudroyante. On attendait à Paris l'annonce des succès autrichiens. Benedetti télégraphia le 4 juillet : « Cent un coups de canon annoncent que l'armée a remporté une grande victoire. Les Autrichiens sont en pleine déroute, poursuivis par la cavalerie prussienne ».

Bismarck avait eu, comme il l'avait assuré à l'ambassadeur de France, la plus grande confiance en l'empereur Napoléon.

La lettre de l'empereur français à son ministre des affaires étrangères, lettre lue à la tribune du Corps législatif le 13 juin, ne l'avait pas autrement ému. « La France, avait écrit Napoléon, repousse toute idée d'agrandissement territorial tant que l'équilibre européen ne sera pas rompu. Elle ne sortira de sa neutralité attentive et ne songera à l'extension de ses frontières que si la carte de l'Europe venait à être modifiée au profit exclusif d'une grande puissance ».

« Pendant la campagne de Bohême, écrit un témoin véridique (1), la ville de Trèves était complètement évacuée, les objets de casernement étaient enlevés, comme si l'on pensait à un abandon définitif. La garnison de la forteresse de Sarrelouis était réduite à quelques centaines d'hommes. La garnison de Luxembourg qui comptait toujours 4,000 hommes au moins, ne consistait plus que dans quelques compagnies de ligne et deux bataillons de landwehr, fort mal disposés et dont les allures n'étaient pas martiales. Toute l'artillerie qui se trouvait dans la place était expédiée vers le théâtre de la guerre avec les artilleurs ; il ne restait personne pour le service des pièces qui garnissaient les remparts. Les objets d'équipement étaient retirés des magasins et adressés à l'armée. La ville était dénuée de tout moyen de défense et n'aurait pu résister à une attaque sérieuse. On avait arrêté les travaux d'agrandissement et de réparation de la forteresse qui avaient été entrepris avant la guerre et poussés avec une grande activité ».

La situation n'était pas différente dans la province rhénane. Les troupes de ligne étaient remplacées partout par des troupes numériquement inférieures de landwehr. Le Hunsrück était abandonné. Le corps d'armée de la Westphalie, cantonné en temps de paix entre Wesel et Paderborn, était au camp de

(1) Servais, *Le Luxembourg et le traité de Londres.* p. 26.

Zeits. Dans la circonscription de Siegen il n'y avait ni troupes régulières ni landwehr (1).

Cet abandon légitima les plus vives appréhensions de la population intéressée. On n'avait pu, en beaucoup d'endroits, embarquer les troupes de réserve qu'en les menaçant de charges de cavalerie. L'enlèvement de tout moyen de défense augmenta le sourd mécontentement.

On ne peut savoir si Bismarck voulait permettre à l'empereur Napoléon de se nantir de son gage, ou s'il croyait nécessaire de concentrer toutes ses troupes en Bohême.

**

La connaissance des nombreux incidents, qui se sont succédé sur la vaste scène de la politique internationale au moment de l'unification de l'Allemagne, est nécessaire pour comprendre la gravité des dangers auxquels, pendant cette période troublée, était exposé le grand-duché de Luxembourg. Il est temps d'examiner comment la sagesse de la population luxembourgeoise et la perspicacité de ses gouvernants réussirent à écarter le péril, qui menaçait d'engloutir à jamais l'autonomie du grand-duché.

Dans la Diète de la Confédération germanique, trois voix au plenum et la onzième voix dans le comité restreint étaient attribuées au grand-duché de Luxembourg.

Le représentant luxembourgeois jouait dans l'Assemblée allemande un rôle forcément très effacé. Le comte de Bismarck qui fut fort peu indulgent pour la plupart de ses collègues de Francfort, apprécia cette politique, et comptait M. de Scherff parmi ses plus fidèles confédérés. « *Zu unseren getreuesten Bundesgenossen*, dit-il dans un de ces instantanés qui firent le tour de la presse européenne, *gehoert Herr von Scherff*...

(1) *Dresdener Reform*, juin 1866.

*er ist ein erhahrener und selbst bis zur Aengstlichkeit
gewissenbafter Geschæftsmann »* (1).

Lors de la réunion du Fuerstentag en août 1863, le prince
Henri, fidèle à la politique antérieure du roi Guillaume III,
son frère, se prononça énergiquement contre le principe
d'une réunion périodique des souverains, dont le prestige
ne pourrait que perdre dans le contact permanent des assem-
blées populaires. Il vota finalement contre le projet de réforme (2).

L'opinion publique était favorable au Danemark. Les faibles,
surtout quand un commun danger les menace, sont attirés
vers les faibles. La situation du roi des Pays-Bas, représenté
à la Diète à cause de ses possessions du Luxembourg et du
Limbourg, n'était pas sans présenter quelque analogie avec
celle du prince scandinave.

L'intérêt de sa propre conservation, non moins que des
sympathies réelles dictèrent au gouvernement luxembourgeois
sa ligne de conduite strictement expectante. Le délégué luxembourgeois refusa de s'associer à la procédure longue et injuste engagée contre le Danemark dans l'affaire des duchés;
il n'approuva pas les mesures coërcitives adoptées par la
Diète.

S'opposer à toute mesure violente et résister à toute tentative centralisatrice et attentatoire à l'indépendance contrac-
tuelle des Etats confédérés, telle fut la politique que le délégué
grand-ducal était chargé de suivre à Francfort. Cette ligne de
conduite est nettement définie dans une déclaration soumise
à la Diète le 22 janvier 1863.

Voici les passages les plus marquants de ce document :
« Les gouvernements, disait le représentant luxembourgeois,
qui ont proposé la réunion d'une assemblée spéciale ont cru

(1) Moritz Busch, *Unser Reichskanzler*, p. 261.
(2) Staatsarchiv 1865, n° 1759.

apercevoir dans un certain nombre d'Etats confédérés des tendances vers une union plus intime. Ils ont cru devoir y conformer leur conduite en révisant dans un sens unitaire la législation intérieure des Etats. De là sont nées les nombreuses propositions relatives au droit privé et à l'administration générale dont nous avons pris connaissance.

« Le gouvernement luxembourgeois n'entre pas dans cette voie ; il est convaincu que les mesures proposées visent plutôt à l'unification de l'organisation politique de la Confédération qu'à celle des législations intérieures. Or le besoin d'une union plus intime et d'une législation intérieure uniforme ne se fait pas sentir dans les Etats à raison desquels les traités ont fait entrer le roi grand-duc dans la Confédération.

« Le Luxembourg et le Limbourg sont extrêmement jaloux de leur autonomie législative, qu'ils entendent préserver de tout contact étranger. Les Luxembourgeois ne refuseraient certes pas leur concours aux réformes constitutionnelles réclamées par l'opinion publique allemande en vue d'assurer la sécurité générale ; ils ne pourraient consentir des mesures altérant l'indépendance nationale garantie à chaque confédéré ».

Ayant ensuite insisté énergiquement sur la situation du Limbourg, disposé à relâcher plutôt qu'à resserrer le lien fédéral, le délégué rejeta le projet de réforme soumis à l'assemblée, parce qu'en transformant la Confédération d'Etats en Etat confédéré, il semblait manifester des tendances nettement anticonstitutionnelles.

Les votes émis par le Luxembourg dans les séances du 24 août et du 18 novembre 1865 sont conformes à la ligne de conduite indiquée dans cette déclaration. Le 21 avril 1866, M. de Scherff s'abstint dans le scrutin relatif au projet de réformes soumis à la Diète par les plénipotentiaires prussiens. Il vota contre la mobilisation proposée par l'Autriche dans la séance du 11 juin. Le Luxembourg entendait garder dans la guerre austro-prussienne la neutralité la plus parfaite.

6

Ce n'était évidemment pas là une politique de sentiment ; c'était une très adroite politique d'affaires. Peu au courant des dessous de la diplomatie internationale, la presse luxembourgeoise ne ménagea pas ses critiques à cette attitude de son délégué. Elle jugeait suivant les apparences. Or, suivant le mot de Bismarck, le jugement qu'on porte sur les hommes et sur les choses politiques diffère selon qu'on se trouve placé dans les rangs des spectateurs ou qu'on pénètre derrière les coulisses. La différence ne résulte pas d'un simple effet de lumière.

« Que la guerre vienne à éclater ou que la paix soit maintenue, écrivait le 3 avril un des organes les plus autorisés de la presse luxembourgeoise (1), l'Allemagne s'achemine vers des changements politiques de la plus haute importance. Dans la question des duchés, le Luxembourg a joué un rôle singulier. Son délégué a voté contre l'exécution du Holstein ; nous n'en fûmes pas moins obligés de payer notre part des frais (2). M. de Scherff s'est, dans les votes postérieurs, ou prudemment abstenu, ou laissé traîner à la remorque de la Prusse. Restera-t-il fidèle à sa ligne de conduite, maintenant que le comte de Bismarck a convié les Etats confédérés à se ranger docilement sous le protectorat prussien ? Cette politique d'accommodements et de tergiversations indécises a fait son temps. Le moment est venu de dire si nous sommes résolus à suivre franchement le mouvement ou à nous y opposer de toutes nos forces ».

D'autres journalistes luxembourgeois se demandaient, si, en présence d'une telle attitude du délégué grand-ducal, on ne pouvait pas économiser les douze à quinze mille francs, affectés à la légation de Francfort.

---

(1) *Luxemburger Wort,* 3 avril 1866.

(2) Le Luxembourg dut avancer pour l'exécution du Holstein une somme de 103,000 francs (Discours de M. de Blochausen, du 4 février 1867).

Que la politique suivie par M. de Scherff ait été tortueuse ou indécise, qu'elle ait été ou non conforme aux sympathies luxembourgeoises, elle a produit les résultats les plus heureux. Dans un discours prononcé le 13 novembre 1866, à la Chambre luxembourgeoise, M. Norbert Metz ne put s'empêcher de le constater. « Je ne veux pas rechercher, dit-il, ce qu'il eût fallu faire, ni ce que le pays eût voulu faire, ni ce que nos sentiments nous auraient engagés à faire, je ne constate qu'un résultat, et ce résultat est heureux ».

Lorsqu'au mois de juin 1866 le danger devint pressant, le gouvernement grand-ducal réclama l'intervention du cabinet de La Haye. M. van Zuylen, persuadé « que sous peu la position du Luxembourg deviendrait très délicate », répondit par un refus poli, mais catégorique (1).

Force fut donc au baron de Tornaco de s'adresser directement au ministre prussien à La Haye, au comte de Perponcher. Le premier document communiqué par M. de Perponcher au gouvernement luxembourgeois, fut la circulaire de M. de Bismarck du 10 juin, circulaire que la guerre avait rendue inutile et sans objet.

Dès le 21 juin, la Prusse exprima le désir de voir cesser tout rapport entre le grand-duché de Luxembourg et la Diète. La neutralité observée par M. de Scherff dans les discussions antérieures à la guerre et dans celles qui eurent lieu depuis la rupture du lien fédéral ne calmait pas les susceptibilités prussiennes. M. de Perponcher donna à entendre que toute participation ultérieure du grand-duché aux délibérations des Etats en guerre avec la Prusse ne pouvait manquer d'avoir des conséquences fâcheuses.

C'était aller vite en besogne. Aussi, le baron de Tornaco s'empressa-t-il de demander quelle serait, au cas où le Luxem-

---

(1) Lettre de M. d'Olimart au baron de Tornaco, 20 juin 1866 ; compte-rendu parlementaire luxembourgeois, 1866.

bourg obéirait à la sommation de la Prusse, sa position vis-à-vis de celle-ci, et comment le cabinet de Berlin entendait respecter la neutralité du grand-duché (1).

Malgré la rupture du lien fédéral, la garnison prussienne continuait à rester dans la forteresse du Luxembourg. La ville de Luxembourg avait cessé d'être une forteresse fédérale, puisque la Prusse avait dissous la Confédération ; le maintien de la garnison prussienne n'était plus justifié. Le baron de Tornaco voulut traiter simultanément la question de la neutralité luxembourgeoise et celle du retrait de la garnison prussienne. Le comte de Perponcher désirait, au contraire, disjoindre les deux questions, règler immédiatement la neutralité du grand-duché, et renvoyer à des temps meilleurs l'examen des droits prussiens à l'occupation militaire de la forteresse. Cette disjonction s'imposait d'autant plus impérieusement au gouvernement grand-ducal que la dépêche du comte de Perponcher du 1er juillet 1866 laissait entrevoir que le gouvernement prussien interprétait les traités dans un sens extensif. Il importait d'aller au plus pressé. M. de Tornaco consentit à l'ajournement de la question du retrait de la garnison, « tout en faisant les réserves et les protestations les plus expresses » (2).

La dépêche luxembourgeoise permettait de bien augurer de l'avenir ; le comte de Perponcher en exprima son contentement au secrétaire du roi grand-duc à La Haye (3).

Au cours d'une conversation qu'il eut avec M. d'Olimart, le ministre prussien donna à entendre que la neutralité luxembourgeoise serait respectée si le grand-duché consentait à rappeler son envoyé près de la Diète. Il ne mit heureusement aucune insistance à réclamer l'adhésion du grand-duché au

---

(1) Dépêche du baron de Tornaco à Perponcher, 23 juin 1866 ; compte-rendu parlementaire, 1866.

(2) Dépêche du baron de Tornaco à Perponcher, 2 juillet 1866.

(3) Dépêche de M. d'Olimart au baron de Tornaco, 24 juin 1866.

projet de réformes soumis à l'approbation des Etats allemands (1).

Le 12 juillet, le gouvernement grand-ducal prit l'engagement de rappeler M. de Scherff, « si le gouvernement prussien
voulait, par une dépêche officielle, donner... l'assurance qu'il
reconnaîtrait et respecterait la neutralité du grand-duché (2) ».

Le comte de Bismarck n'appartenait pas à cette classe de
diplomates en chambre, qui déclarent la guerre, mais « se
chauffent à l'aise au coin de leur feu, tandis que le sang du
fantassin ruisselle dans la neige (3) ». Désireux d'éprouver ce
qui subsiste de la pensée diplomatique dans la conscience,
parmi les cris des hommes mutilés, et quand on regarde dans
des yeux convulsés par la mort, il avait suivi son roi sur le
champ de bataille où se décidait le sort de la dynastie et le
sort de l'Allemagne (4).

La réponse du gouvernement prussien à la dépêche luxembourgeoise subit donc du retard. Elle arriva le 5 août 1866,
et apporta au gouvernement grand-ducal l'assurance que la
Prusse respectera et reconnaîtra la neutralité grand-ducale, si
le roi grand-duc en retirant son envoyé près de l'ancienne
Diète germanique, constatait que les rapports entre cette assemblée et le Luxembourg avaient cessé d'exister.

M. de Scherff reçut immédiatement l'ordre de se retirer de
la Diète (5).

La dépêche du 5 août autorisait les plus grandes espérances. La Prusse reconnaissait la neutralité du grand-duché à

(1) Dépêche du 24 juin 1866; Servais, op. cit., p. 30 et s.

(2) Dépêche du ministre d'Etat grand-ducal au comte de Perponcher, 12 juillet 1866.

(3) Discours prononcé au Landtag prussien, le 3 décembre 1867.

(4) Discours prononcé par M. de Bismarck, au Reichstag, le 24 septembre
1867.

(5) Dépêche du baron de Tornaco au comte Perponcher, 7 août 1866; Servais, l. c.

un moment où la guerre avait cessé. En l'absence d'une
guerre, il ne peut exister de neutralité proprement dite ; la
dépêche prussienne impliquait la reconnaissance de l'indépendance et de l'autonomie du Luxembourg. La prestation
que M. de Perponcher exigea du grand-duché n'était qu'une
concession apparente. Comme l'a dit M. Servais (1), « il est
impossible de voir l'intérêt que pouvait avoir la Prusse à désirer que le représentant luxembourgeois se retirât de la Diète
dans le moment où celle-ci, réfugiée à Augsbourg, n'existait
plus que de nom ».

La Prusse s'était engagée à ne pas troubler le *statu quo*,
à laisser le grand-duché gérer librement ses affaires et s'admi-
nistrer en toute indépendance. Elle ne demanda même pas au
gouvernement grand-ducal de se prononcer sur la constitution
qu'elle se proposait d'introduire dans les Etats de la nouvelle
Confédération allemande. La rupture du lien fédéral avait
résolu les liens qui rattachaient, un peu malgré lui, le grand-
duché à l'Allemagne. Seule, la présence d'une garnison prussienne à Luxembourg rappelait l'ancienne servitude.

En présence de ce résultat plus que satisfaisant, le roi
grand-duc « exprima au ministre d'Etat luxembourgeois et au
conseil de gouvernement son entière satisfaction au sujet de
l'attitude observée dans la crise... et de la marche imprimée
aux affaires ».

Au cours de ces négociations, l'inquiétude de la population
luxembourgeoise fut à son comble. Aux périls réels, on ajoutait
des dangers imaginaires. On craignit un instant que la Prusse
n'exigeât l'entrée en campagne immédiate du contingent luxembourgeois. Ce contingent était trop insignifiant pour pouvoir
être d'aucun secours à la puissante armée que Moltke et Roon
mettaient en ligne ; d'après une boutade du comte de Bismarck,

---

(1) Le Grand-Duché de Luxembourg et le traité de Londres, p. 37. Paris,
Plon, 1879.

le contingent luxembourgeois se débandait annuellement quand arrivait la moisson.

À Luxembourg, les bruits de cession ne discontinuaient pas. Les uns redoutaient l'annexion prussienne, les autres craignaient l'annexion à la France. « Quatre alternatives se présentent à nous, écrivait le 5 août 1866 une feuille luxembourgeoise très estimée : l'annexion française, l'annexion prussienne, l'entrée dans la Confédération du Nord, ou enfin le maintien de notre autonomie.

« Le grand-duché ne veut être ni allemand, ni français. La force brutale peut nous soumettre au gouvernement de l'empereur Napoléon ou nous imposer la nationalité prussienne, mais ce n'est ni dans le siècle présent, ni de la génération actuelle que les conquérants pourront espérer le pardon de l'injuste usurpation. Nous contraindra-t-on à entrer dans la Confédération du Nord? Nous conserverions alors une souveraineté nominale et passagère; le roi grand-duc garderait le droit de nommer nos maires et nos échevins. Mais ce fantôme d'indépendance disparaîtrait à son tour. Mieux vaudrait être une province d'un grand État et jouir des avantages communs que de cumuler de la sorte les inconvénients des petits et ceux des grands États.

« Ces trois perspectives sont fort attristantes. Mais pourquoi ne resterions-nous pas autonomes et indépendants? Que la garnison prussienne reste dans notre forteresse! L'union douanière peut continuer comme par le passé. Tels sont nos vœux les plus chers. Malheureusement les grandes puissances tiennent rarement compte des vœux des États faibles. Mais ces vœux seront-ils repoussés, si notre légitime souverain les présente à l'approbation de ses pairs? Le roi grand-duc partage les sentiments de son peuple et ne consentira jamais à abandonner le Luxembourg pour faire sortir le Limbourg de la Confédération... »

Une brochure anonyme parue au mois d'août 1866 étudiait

la situation juridique du grand-duché telle qu'elle résultait des
derniers événements. L'auteur proposait de joindre aux traités
de commerce, qui en fait et en droit subsistaient entre le
Luxembourg et la Prusse, des traités militaires pour que la
défense des frontières qui, en fait. appartenait à la Prusse, lui
appartînt également en droit.

L'opinion publique luxembourgeoise ne réclamait généralement pas le retrait de la garnison prussienne. Naturellement
simpliste et incapable de comprendre le sens précis des stipulations juridiques, qu'il ignorait, le peuple ne croyait pas à la
possibilité d'une telle concession. Il ne voyait pas comment ni
par quels moyens la Prusse victorieuse et enorgueillie de son
succès pouvait être amenée à renoncer à l'abandon d'une
place occupée par elle depuis cinquante ans.

Les habitants de la capitale étaient opposés au départ de la
garnison prussienne, qui leur procurait des ressources et stimulait le commerce. Cette conviction erronée n'avait pas entièrement disparu au moment de la Conférence de Londres.

*
* *

La question allemande ne fut pas tranchée à Sadowa ; elle
devint une question européenne.

Au moment de partir pour la Bohême, le roi Guillaume
disait à un attaché allemand : « Nous nous faisons la guerre
maintenant, mais soyez sans crainte, nous nous réconcilierons
pour faire plus tard une autre guerre en commun (1) ».

La diplomatie prussienne poursuivait, en effet, un double
but : elle voulait anéantir l'Autriche sans la France, et ensuite
la France sans l'Autriche. Au soir du 3 juillet 1866, la première partie de ce programme était exécutée. Sans tarder,
on prépara le second et dernier acte. L'imprudence des diplomates français facilita la tâche.

(1) *Papiers des Tuileries*, Rothan. l. c., p. 161.

Le désastre du maréchal Benedek avait surpris les chancelleries européennes. Les ministres de l'empereur Napoléon étaient consternés. Ils avaient escompté le succès autrichien; ils s'étaient trompés. Le moment était venu de réparer la fatale méprise. Mais il aurait fallu pour cela rompre avec les usages invétérés, se résoudre aux mesures énergiques, perdre pour un instant de vue les intérêts italiens et rappeler, avec une démonstration militaire à l'appui, les déclarations du 11 juillet et les promesses de la Prusse.

Un instant on put croire qu'on allait faire de la politique française. Dans le conseil des ministres du 5 juillet, les propositions courageuses de M. Drouyn de Lhuys furent adoptées. C'était le salut, malgré la désorganisation militaire. Quoique les dépêches du duc de Gramont annonçant que de Berlin à Cologne on aurait à peine rencontré 15,000 soldats prussiens, ne doivent être acceptées que sous bénéfice d'inventaire, les 40,000 hommes du maréchal Randon auraient inspiré du respect à l'armée prussienne, atteinte dans les marais de la Bohême de maladies infectieuses. En imposant à l'Italie l'attitude recueillie qu'annonçait la lettre impériale du 4 juillet, on aurait assuré à l'Autriche la libre disposition de sa vaillante armée de Custozza.

« La France n'avait que peu de troupes à sa disposition, a dit Bismarck le 16 juin 1874, mais ce faible appoint aurait suffi pour constituer une armée très respectable avec les nombreuses troupes de l'Allemagne du Sud. Cette armée nous aurait mis de prime-abord dans la nécessité de couvrir Berlin et d'abandonner tous nos succès en Autriche ».

En proposant des compensations modérées qui n'auraient pas porté sur le territoire allemand, et en les appuyant de mouvements de troupes, la France aurait certainement obtenu gain de cause auprès du roi Guillaume. Le Luxembourg aurait été une proie facile.

Mais l'empereur était malade et faible. Il n'eut pas la force

nécessaire pour résister aux néfastes inspirations du prince
Napoléon et aux avis intéressés des diplomates italiens. Dans
sa lettre du 4 juillet 1866, il avait prié le roi Victor-Emmanuel de se renfermer dans une attitude recueillie et d'attendre
en paix la rétrocession de la Vénétie que l'Autriche avait pro-
mise et même donnée à la France. Le prince piémontais savait à quoi s'en tenir sur le compte de son grand ami; il
n'écouta pas ses paternelles remontrances et se tourna résolument vers le soleil levant. Les recommandations de Napoléon n'eurent aucun résultat. Victor-Emmanuel engagea le roi
de Prusse à repousser l'armistice proposé par la France:
c'est ainsi que le jeune royaume payait à l'empereur Napoléon sa dette de reconnaissance. Le second terme devait
échoir en 1870.

Dès avant la guerre, Bismarck connaissait l'insuffisance
des armements français. Des agents et des officiers prussiens
parcouraient sous l'œil bienveillant de la police les provinces
françaises pour se rendre compte de la direction que prenait
l'opinion publique en présence des événements allemands et
pour constater l'état des armements. On en signalait même à
Marseille, à Bordeaux et à Toulouse. Genève était le centre
de cet espionnage savamment organisé.

Le roi Guillaume subordonna la conclusion de l'armistice
que demanda l'empereur Napoléon à une entente préparatoire sur les conditions de la paix. Cette condescendance fal-
lacieuse trompa de rechef le cabinet de Paris.

La Russie en appela à l'Europe dès le lendemain de Sadowa;
lord Loftus, l'ambassadeur anglais à Berlin, se rallia à cette
proposition. Napoléon était l'homme des congrès. Il n'accepta
pas la proposition faite par les deux grandes puissances et,
confiant dans les promesses que Bismarck et le comte de
Goltz lui avaient faites avant la guerre, préféra s'en remettre
aux discussions directes avec la Prusse. Ce fut une nouvelle
et une grande faute.

« La tentative de médiation, écrivit le 7 juillet le ministre des affaires étrangères au baron de Talleyrand,... que fait en ce moment l'empereur Napoléon, exclut de notre part toute démarche pouvant revêtir un caractère comminatoire, et ne nous permet pas de donner suite quant à présent, à la proposition du prince Gortschakoff ».

La seule menace d'un congrès aurait suffi pour amener la Prusse à modérer ses prétentions. Le congrès de Berlin, qui priva la Russie d'une partie des avantages consentis par la Turquie, montra plus tard ce que l'on aurait pu en 1866 obtenir sans la malheureuse résistance de l'empereur. L'avis du prince Napoléon prévalut ; on espéra obtenir plus par la douceur et l'habileté que par les menaces et la violence.

Cette nouvelle erreur faisait suite à toutes les autres. Que Bismarck avait donc raison en s'écriant au retour de son second voyage à Biarritz : « Si l'Italie n'existait pas, il faudrait l'inventer ». Il se plaçait, bien entendu, à un point de vue purement et exclusivement prussien. L'unification de l'Allemagne et le démembrement de la France n'ont pas d'autre origine que cette malheureuse question italienne qui obsédait l'empereur français.

La courageuse politique conseillée par M. Drouyn de Lhuys le 5 juillet n'eut qu'un succès d'estime ; ce ne fut qu'un feu de paille. Elle succomba au conseil des ministres du 10 juillet devant les préoccupations italiennes, et peut-être aussi devant des considérations militaires. La politique d'intervention sur le Rhin eut le même sort.

Napoléon se contenta du rôle de médiateur ; il obtiendra des compensations territoriales si la Prusse veut bien lui en accorder. Or la Prusse n'a jamais été un peuple généreux. Napoléon allait en faire l'expérience à ses dépens.

Dans la nuit du 12 juillet 1866, le quartier général allemand fut établi à Czernagora en Moravie. Benedetti y arriva dans la nuit du 13 au 14 juillet. Il avait déjà eu une entrevue avec le comte de Bismarck à Zwickau, au cours de laquelle il avait insisté, non sans bonheur, sur l'importance que présentait en ce moment encore l'assistance de la France. Le ministre prussien exposait ses projets d'agrandissement ; il était prêt à signer des engagements formels contre lesquels la résistance armée de l'Angleterre ou la mauvaise volonté de la Russie n'auraient pu prévaloir.

Le comte Benedetti manquait d'instructions. Les instructions lui arriveront lorsque le moment de les faire agréer sera passé. Comment le cabinet des Tuileries aurait-il pu prescrire une ligne politique à son ambassadeur alors que lui-même en manquait ? Le désarroi était à son comble.

Si l'on doit croire à la véracité des promesses que faisait le comte de Bismarck avant la guerre de Bohême, il est permis de douter du caractère sérieux de celles qu'il fit après la victoire de Kœniggraetz. Benedetti aurait certainement reçu le Luxembourg s'il l'avait demandé avant la fin de la guerre austro-prussienne.

Le 19 juillet, le comte de Goltz se présenta au ministère des affaires étrangères de Paris. Il récrimina contre ses trop avides commettants qui désiraient, outre les nombreux avantages que l'empereur voulait bien permettre, annexer des lopins de terre en Saxe, dans le grand-duché de Hesse et au Hanovre. Drouyn de Lhuys répondit sans hésiter que toute annexion sur la rive droite en amènera une autre sur la rive gauche. L'ambassadeur rappela le refus du roi Guillaume de céder un pouce de terre allemande. La conversation se termina sur ce ton peu amical.

Du quai d'Orsay, Goltz se rendit à Saint-Cloud, où il avait ses grandes et ses petites entrées. Napoléon fut moins intraitable que son ministre. Dans un moment d'inexplicable faiblesse, il accorda au comte de Goltz plus que celui-ci n'avait demandé. Bismarck se trouvait en face d'un adversaire qui n'était pas digne de lui. Benedetti était joué. Drouyn de Lhuys ne l'était pas moins. Napoléon y perdait le plus. La Prusse était au comble de ses vœux sans qu'il lui eût coûté un pouce de territoire.

N'ayant plus rien à craindre ni rien à espérer de la France, Bismarck oublie les agrandissements qu'il a mille fois promis. S'il consent encore à écouter les doléances et les réclamations de l'ambassadeur français, ce n'est pas qu'il en veuille tenir le moindre compte, mais parce qu'il veut dès ce moment forger les armes qui serviront dans les luttes futures.

De médiateur, le cabinet de Paris se laisse choir au rôle moins marquant d'intermédiaire officieux. A la médiation. succèdent les bons offices gratuitement offerts. « Le rôle que nous remplissons, écrit M. Drouyn de Lhuys à Benedetti (1) est celui d'un intermédiaire officieux et se borne à user de toute notre influence pour amener les puissances belligérantes sur un terrain commun ; nous ne sommes ni des arbitres imposant aux deux parties des solutions, ni des négociateurs prenant une part directe aux engagements que nous désirons conclure entre elles. »

Pour être plus près de la vérité, le malheureux ministre aurait dû ajouter : Nous sommes des dupes. Drouyn de Lhuys soupçonna bien que le rôle de dupe était celui qu'avait joué la France dans la crise de 1866.

Grâce aux bons offices de la France, les préliminaires de la paix furent signés à Nikolsbourg, le 26 juillet 1866, et ratifiés le lendemain. La disposition finale de l'article 3 constitue le seul succès obtenu par la France, le maigre résultat de plusieurs années de périlleuses et longues négociations. Encore faut-il ajouter que cet article, inspiré par la théorie des nationalités qui était celle de l'empereur français, ne reçut jamais d'application.

La paix définitive fut signée à Prague, le 23 août 1866.

(1) Dépêche du 19 juillet 1866. Cfr. Rothan, *op. cit.*, p. 330.

Bismarck se montra d'une modération à laquelle l'Autriche ne s'attendait pas. Il ne poussa pas à bout son adversaire vaincu ; il songeait à la guerre prochaine contre l'ennemi héréditaire, et voulait, dès ce moment, se ménager, sinon une alliance expresse, du moins une neutralité bienveillante.

L'Autriche dut payer une indemnité de guerre peu élevée, dont la malencontreuse intervention française avait contribué à faire augmenter le chiffre. Expulsée de l'Allemagne et de l'Italie, son territoire héréditaire restait intact. Les victoires remportées en Italie avaient vengé l'honneur de ses armes. Les avantages que la guerre procura à la Prusse furent énormes. Les duchés de l'Elbe furent réunis définitivement à la monarchie. Le Hanovre, la Hesse électorale, le duché de Nassau et la ville libre de Francfort payèrent de leur indépendance nationale les frais de leur loyalisme et de leur attachement à l'Autriche. A la tribune du Landtag, Bismarck déclara, au nom de son roi, que les nécessités de la politique prussienne empêchaient la Prusse de rendre aux princes alliés de l'Autriche les territoires conquis par l'armée. C'était la spoliation sans phrases, une application sans scrupules du brutal droit de conquête. Les princes protestèrent contre ces annexions : les grandes puissances se renfermèrent dans un silence prudent.

Dans l'exposé de la situation de l'Empire soumis aux Chambres françaises, le 15 février 1867, Napoléon justifia de **la manière** la plus optimiste l'attitude de sa diplomatie : « Forte des sentiments de confiance et d'amitié qui l'unissaient aux puissances belligérantes, dit l'empereur, la France, en cherchant à mettre un terme à la lutte sanglante évita de prendre une attitude militaire, qui, inutile pour rehausser l'autorité de ses conseils, aurait pu réveiller des inquiétudes et des défiances que nous avons tout fait pour calmer » (1).

(1) *Das Staatsarchiv*, 1867, nº 2575.

En 1854, Napoléon avait dit au ministre prussien van der Heydt que la Prusse lui paraissait trop maigre. Elle commençait à prendre de l'embonpoint. La conquête de l'Alsace et de la Lorraine viendra bientôt parfaire son extension naturelle.

———

CHAPITRE III

DE SADOWA AU CONGRÈS DE LONDRES

—

SOMMAIRE. — Projets d'agrandissement du cabinet des Tuileries; le Palatinat, la Belgique; échec de l'alliance franco-prussienne; la question luxembourgeoise, ses origines; sentiments du gouvernement néerlandais; sentiments des populations luxembourgeoises; l'attitude du roi grand-duc; la presse allemande; émoi à La Haye; le péril allemand; le pangermanisme; début des négociations franco-hollandaises; les instructions de M. Baudin; la campagne annexionniste à Luxembourg; le consentement conditionnel du roi grand-duc; la sincérité du comte de Bismarck; l'interpellation du député de Carlowitz; le discours de Thiers; la publication des traités d'alliance en Allemagne; l'indécision du roi grand-duc; l'opinion de M. de Bismarck; les démarches du roi grand-duc à Berlin; la réponse de la Prusse; les passions germaniques; la signature remise au lendemain; l'interpellation de Bennigsen; M. de Goltz chez le marquis de Moustier; la situation à Paris; la paix compromise; le roi grand-duc retire son consentement; le comte Perponcher; sang-froid du marquis de Moustier; communication au Sénat et au Corps législatif; nouvelles négociations.

Grâce à l'imprévoyance des diplomates français et à la malheureuse indécision de l'empereur Napoléon, l'unité allemande avait fait un grand pas. La Prusse était devenue la première puissance allemande; la première partie du programme politique du comte de Bismarck était exécutée. Tous les projets d'agrandissement élaborés par le cabinet des Tuileries avaient échoué pitoyablement. La leçon fut perdue. L'ambassadeur de France fut chargé d'obtenir du bon vouloir de la Prusse ce qu'on n'avait pas su acquérir au moment du danger.

Un nouveau programme fut arrêté à Paris le 23 juillet 1866.

Napoléon avait donné son consentement aux agrandissements territoriaux de la Prusse. Le moment lui paraissait venu de liquider les frais de courtage. Le 25 juillet, Benedetti reçut l'ordre de pressentir les dispositions de Bismarck. Quelques jours plus tard, Drouyn de Lhuys précisa ses intentions dans une lettre énergique adressée au comte de Goltz.

Les hommes d'Etat français étaient d'accord sur un point : la France devait obtenir des concessions territoriales. Ils hésitaient sur d'autres. Combien fallait-il demander à la bienveillance de la Prusse ? — Les uns voulaient demander beaucoup, sauf à réduire leurs prétentions au cours des négociations ; l'impératrice Eugénie appuyait ceux-là. Les autres, et parmi eux M. Magne, l'ancien ministre des finances, préféraient présenter à la Prusse un ensemble de concessions nettement déterminées.

Tous ces projets avaient un défaut commun, celui de ne pas venir à leur heure. Au lendemain d'une défaite prussienne ou à la veille d'une grande guerre, on aurait pu demander beaucoup. La désorganisation de l'armée était telle que l'on ne pouvait imposer à la Prusse récalcitrante même le moindre sacrifice. Or, pour vaincre les résistances du roi Guillaume à céder un pouce de terre allemande, « il aurait été nécessaire d'être en mesure d'exiger, de tenir un langage ferme et d'avoir une attitude résolue (1) ».

Mais on avait à Paris trop de foi dans la bienveillance du comte de Bismarck pour douter que son consentement ne fût acquis d'avance aux projets qu'on allait imprudemment lui présenter. Avant la guerre de Bohême, le ministre prussien s'était déclaré prêt à disparaître de la scène politique plutôt que de céder Cologne, Mayence ou Bonn. C'est pourtant la cession de la rive gauche du Rhin jusques et y compris Mayence qu'on vint lui demander au lendemain de sa rentrée

(1) Benedetti, *Ma mission en Prusse*, p. 178.

triomphale à Berlin. On n'aurait pu trouver un moment plus inopportun. L'échec était fatal.

Pour préparer le comte de Bismarck à la discussion des demandes du cabinet de Paris, Benedetti lui envoya le 5 août un projet secret indiquant les bases des négociations. Au cours d'un entretien qui eut lieu le lendemain, Benedetti rappela les anciennes promesses de la Prusse et vanta l'utilité d'une alliance franco-prussienne.

Bismarck refusa l'alliance qu'on lui offrait à des conditions trop onéreuses et à une époque où il n'en avait nul besoin. Il invita Benedetti à retirer sa demande. L'ambassadeur alla à Paris pour prendre de nouvelles instructions; il vit l'empereur et lui représenta l'impossibilité d'aboutir à un résultat quelconque. Lorsque Benedetti revint à Berlin, l'incident était clos; il n'en fut plus question entre lui et le gouvernement prussien. La malencontreuse note du 5 août était considérée comme non avenue.

Elle ne devait pas rester sans résultats. Le général de Manteuffel la porta à Saint-Pétersbourg, où les brillants succès de la campagne de Bohême et les annexions rêvées par la Prusse avaient provoqué un juste mécontentement. La Prusse reconquit les bonnes grâces du cabinet russe, en exhibant cet irréfutable témoignage des ambitions françaises, que Russes et Prussiens redoutaient également.

Dès le 6 août, les délégués des petits Etats de l'Allemagne du Sud trouvèrent auprès du comte de Bismarck un accueil plus favorable; l'Autriche elle-même profita de ce revirement. La Prusse avait intérêt à bâcler la paix avec l'Autriche, à ne pas creuser un fossé béant qui empêcherait à jamais la réconciliation des deux grandes puissances allemandes. Lorsque le roi Guillaume, désireux de se faire l'exécuteur des volontés divines à l'encontre des princes du sud, voulut annexer des territoires en Bavière, des provinces en Bohême et des terres silésiennes, Bismarck lui conseilla la générosité et la modération.

Les conventions des 17, 22 et 25 août consacrèrent l'alliance défensive et offensive des petits Etats avec la Prusse. Le spectre de l'invasion française avait suffi pour unir tous les Allemands contre l'ennemi commun.

On a reproché plus tard à M. de Bismarck de n'avoir pas profité de cette occasion pour terrasser sans retard l'ennemi héréditaire et de n'avoir pas relevé le gant. Il s'en est justifié par des considérations de divers ordres ; peut-être ne croyait-il pas au succès de la magnifique armée de Sadowa. « Napoléon, a dit le maréchal de Moltke vers le milieu du mois d'août 1866, n'aurait pu choisir un moment plus inopportun pour nous faire la guerre. Nous avions 640,000 hommes sous les armes ; toute l'Allemagne du Sud aurait suivi nos drapeaux ; nous étions en mesure de lutter victorieusement même contre une coalition austro-française ». A la vue de ses beaux régiments, le roi Guillaume exprimait le regret de ne pouvoir immédiatement entreprendre une guerre nouvelle.

Il serait difficile de justifier la conduite suivie au mois d'août 1866 par le comte de Bismarck ; de tels abus de confiance sont répréhensibles, même en diplomatie. L'ambassadeur français n'est pas davantage à l'abri de tout reproche ; une juste défiance s'imposait à lui. Benedetti eut le courage de confesser ses torts et d'avouer qu'il n'avait pas soupçonné l'usage que M. de Bismarck devait faire du document resté entre ses mains.

Le 2 mai 1871, Bismarck rendit compte de l'incident qui faillit compromettre la paix. « Après la guerre, dit-il à la tribune du Reichstag, je vis entrer l'ambassadeur de France dans mon cabinet, tenant un ultimatum entre les mains et me sommant ou de céder Mayence ou de m'attendre à une déclaration immédiate de guerre. Je n'hésitai pas à répondre : Bien, alors nous aurons la guerre. Cela fut aussitôt télégraphié à Paris. Là, on raisonna, et l'on prétendit ensuite que les instructions reçues par l'ambassadeur de France avaient été arrachées à l'empereur Napoléon pendant une maladie ».

Le comte Benedetti a démontré l'inexactitude de cette version.

Soit qu'il ait voulu ménager pour un temps encore les susceptibilités françaises, soit qu'il ait tenu à se procurer des armes nouvelles pour les futurs conflits et pour la guerre qu'il prévoyait prochaine, Bismarck ne jugea pas au-dessous de sa dignité de continuer avec l'ambassadeur de France des pourparlers désormais vains et sans objet. En repoussant les demandes du 5 août, il fit allusion à des concessions territoriales situées en dehors du territoire allemand et prussien.

La diplomatie française mordit à l'appât. Cette fois ce ne fut plus M. Drouyn de Lhuys qui dirigea les négociations. Affaissé par d'innombrables mécomptes et découragé par les incessantes variations du souverain, il donna sa démission le 12 août 1866. « J'ai vu monter et décliner trois dynasties, dit-il à un de ses amis ; je connais les signes précurseurs de la fin. Je me retire de la barque qui chavire ». L'empereur avait sèchement congédié son fidèle serviteur, et, par un oubli singulier, essayé de rejeter sur le malheureux ministre la responsabilité des échecs qu'avait subis la France au cours de l'unification allemande. Véhémentement, presque avec irrévérence, Drouyn de Lhuys déclina cette pesante responsabilité.

De son côté, le comte de Goltz engagea le cabinet des Tuileries à entreprendre une campagne nouvelle et à ne demander cette fois que des terres non allemandes. Deux nouveaux projets furent présentés à la Prusse : un traité ostensible qui attribuait à la France le grand-duché de Luxembourg, et un traité secret stipulant une alliance offensive et défensive entre la France et la Prusse, et l'assistance de celle-ci pour permettre à la France d'annexer la Belgique au moment que le gouvernement impérial jugerait opportun.

On espérait que le comte de Bismarck n'hésiterait pas un

instant à ratifier des compensations qu'à bien des reprises il avait jugées nécessaires. Sans qu'il lui en coûtât un pouce de terre ou un sacrifice quelconque, il pourrait s'assurer une alliance précieuse, faire reconnaître ses dernières acquisitions et obtenir carte blanche pour toutes les annexions qui lui restaient à faire.

Ce nouveau projet fut communiqué au ministre prussien le 20 août 1866. Ses résistances furent moins vives qu'elles ne l'avaient été à l'encontre du traité du 5 août. Différentes modifications furent concertées entre lui et le comte Benedetti, et le projet resta finalement entre ses mains pour être soumis à l'examen et à l'approbation du roi Guillaume. Un exemplaire de la proposition fut envoyé à Paris et discuté par l'empereur, les ministres et le comte de Goltz. On croyait enfin tenir le succès tant convoité. « Ces combinaisons conciliaient tout et détendaient l'opinion publique par l'obtention d'une satisfaction immédiate.... (1) »

Bismarck était résolu à repousser ces imprudentes avances. Il ne prolongea les négociations dilatoires que dans la seule intention de leurrer la France et de gagner du temps. L'introduction du système militaire prussien dans les Etats confédérés se poursuivait activement ; le danger d'une coalition austro-française diminuait de jour en jour. Peut-être l'astucieux ministre voulait-il simplement retarder la lutte qu'il savait devoir être sans pitié ni merci ! C'est là une opinion que l'historien de Sybel a récemment émise ; elle nous paraît invraisemblable.

L'annexion du Luxembourg était considérée à Paris comme une juste compensation pour les agrandissements que la Prusse avait retirés de ses dernières guerres ; on n'avait pas besoin d'autre justification. L'alliance était le prix de l'hégé-

---

(1) H. von Sybel : *Die Begründung des deutschen Reiches*, V. VI. p. 39 ; Rothan : *La politique française en 1866*, p. 383.

monie prussienne sur les Etats du sud. Dans les conversations
qu'il eut avec Benedetti, Bismarck redoutait que l'alliance ne
provoquât de légitimes susceptibilités en Europe. Il refusa
énergiquement d'entamer lui-même les négociations qui devaient aboutir à la cession du grand-duché de Luxembourg,
mais insista sur les compensations que l'Allemagne devait
exiger du roi grand-duc. « Aussi bien que le gouvernement
français, disait-il, nous devons tenir compte de l'opinion publique, qui ne nous permettrait jamais de nous lier par de
dangereux engagements ou par des cessions indirectes. Puisque la France veut acquérir le Luxembourg, qu'elle se com-
promette résolument ; nous verrons ensuite ce que nous pourrons faire. Vous avez de puissants amis dans la bourgeoisie
luxembourgeoise ; il vous sera facile d'organiser une campagne en vue du retrait de notre garnison. Sur ce point d'ailleurs, je m'engage, au cas d'une entente, à plaider votre cause
auprès du roi. Il faut nous acculer à un fait accompli pour
qu'il nous soit possible de tranquilliser nos peuples relativement à vos projets ».

Vers la fin du mois d'août, Bismarck devint moins communicatif. Les nouvelles de Saint-Pétersbourg étaient excellentes ;
la mission du général de Manteuffel avait complètement réussi.
La Prusse tenait la grande alliance dont elle avait besoin pour
se prémunir contre le mauvais vouloir de l'Europe. « Si l'on
se dispense de compter avec nous, disait Benedetti en voyant
le comte de Bismarck écarter par des réponses évasives ses
plus sérieuses ouvertures, c'est qu'on s'est pourvu ailleurs ».

L'ambassadeur ne se trompait pas ; Bismarck s'était pourvu
ailleurs. L'alliance russe apparaissait aux yeux des moins
clairvoyants. Le gouvernement français était au courant des
négociations principalement dirigées contre lui ; ses propositions d'alliance et ses demandes de compensations, qui avaient
trouvé au mois d'août un accueil flatteur mais froid, n'avaient
plus aucune chance d'aboutir ou même d'être prises en con-

sidération. Les renouveler après un intervalle de trois mois était très imprudent. Les événements de juin et de juillet avaient prouvé combien peu de confiance méritaient les ouvertures du comte de Goltz, le membre le plus remuant du corps diplomatique de Paris.

On courut au-devant d'un échec certain. Bismarck était revenu de Varzin le 1ᵉʳ décembre. Deux jours plus tard Benedetti renoua les négociations interrompues au commencement de septembre. A Paris, le marquis de Moustier avait pris depuis peu de semaines la direction des affaires étrangères ; il avait été appelé au ministère pour signer l'alliance franco-prussienne et l'annexion du grand-duché de Luxembourg. La circulaire du marquis de La Valette contenait les principes directeurs de la politique nouvelle destinée à réparer les fautes commises par M. Drouyn de Lhuys. Aux termes de ce document (16 septembre 1866) « la France ne désirait d'autres agrandissements que ceux qui n'altéraient en rien sa puissante cohésion ; elle ne consentirait à annexer que des populations ayant des mœurs et un esprit national semblables aux mœurs et aux traditions françaises ». Ce nouveau programme rompait ouvertement avec la politique traditionnelle française.

Ce changement de front ne fut pas heureux. Lorsqu'au mois de décembre (3 décembre) Benedetti s'informa du sort des deux projets de convention remis au mois d'août, Bismarck s'indigna de ce qu'on osait encore lui demander d'intervenir directement auprès du roi de Hollande. Il n'avait pas encore sondé les intentions du roi Guillaume relativement à l'alliance à conclure, mais déjà il connaissait les invincibles répugnances du prince royal de Prusse.

Sans l'insistance du comte de Goltz, le marquis de Moustier, d'accord en cela avec M. Benedetti, aurait arrêté les pourparlers accueillis avec une froideur évidente. Un mois se passa dans l'inaction. Benedetti se renferma dans son rôle d'ob-

servateur. Bismarck était censé poser des jalons dans l'esprit
du roi.

Embarrassé dans sa politique intérieure et redoutant les in-
terpellations parlementaires qui ne pouvaient manquer de se
produire, le gouvernement français résolut de pousser les
choses à fond et voulut voir clair dans cette ténébreuse négociation.

De nouveau, Benedetti se rendit à l'hôtel de la Wilhelmstrasse ; les explications du comte de Bismarck furent confuses
et impénétrables. L'intérêt de son système défensif autant
que son point d'honneur militaire ne permettaient guère au
roi Guillaume d'évacuer librement une place dont l'Europe lui
avait confié la garde. Il est vrai que le général de Roon, tout
en désirant conserver la forteresse, ne lui reconnaissait plus
qu'une importance stratégique de second ordre. Bismarck lui-
même parlait en termes méprisants de « l'étroit nid de rochers », sans valeur en présence des armes modernes. Il insinua que l'offre du démantèlement, proposée par les notables
du grand-duché, faciliterait singulièrement le succès des négociations. Il revenait ensuite à son vieux refrain : « Compro-
mettez-vous d'abord, nous nous compromettrons à notre
tour ». « Il serait facile, ajoutait-il, de faire appel aux bons
sentiments du roi et de l'amener à rendre à l'empereur Napoléon les services qu'il avait obtenus de la France pendant la
guerre autrichienne ». A la place de l'alliance offensive et défensive qui devait permettre d'annexer la Belgique, il fit
entrevoir la vague possibilité d'une alliance purement défensive.

Cette série de faux-fuyants, de phrases sans précision et
d'inadmissibles réticences mettait la patience de l'empereur des
Français à une rude épreuve. La dignité de la France ne lui
permettait pas de se lier à un allié aussi récalcitrant. Malgré
cela, le marquis de Moustier fit savoir, quelques semaines plus
tard, au cabinet de Berlin, qu'il était toujours prêt à signer

le traité d'alliance. « C'était, dit avec raison l'historien de Sybel, déposer sa carte chez une personne qu'on savait absente. »

L'empereur ne pouvait consentir à acquérir le grand-duché sans la forteresse. Démanteler une place fortifiée par Vauban équivalait à ses yeux à un suicide moral. Le « doux entêté » ne renonça pas encore au petit duché. Plus que jamais il brûlait du désir d'ajouter au territoire français les quelques lieues de terres luxembourgeoises qui avaient formé l'objet des convoitises des anciens rois. Il voulait donner satisfaction au sentiment public sans créer à la France des complications en Europe.

On finit par renoncer à l'alliance prussienne. « Napoléon, dit M. de Moustier, craignit à son tour de se lier trop avec qui ne se liait pas nettement ». Pour annexer la Belgique, la neutralité de la Prusse suffirait, de même que la neutralité de la France avait suffi à la Prusse pour vaincre l'Autriche et pour accroître considérablement les domaines du roi Guillaume. Après avoir, par ses longues temporisations, provoqué la renonciation aux projets d'alliance, Bismarck la reprocha amèrement au cabinet de Paris. Il se montrait mécontent de ce que la France refusait d'accéder à ses avances en Orient, et prétendait voir, dans l'agrandissement rêvé, une simple étape sur la route de Mayence.

Les consuls français (1) continuaient de mettre leur gouvernement en garde contre les projets de la Prusse, qui armait sérieusement tout en négociant dilatoirement. Sans perdre de vue les frontières du nord et du nord-est, la politique du cabinet français s'engagea enfin dans une voie plus énergique.

Bismarck refusait de négocier à La Haye la cession du Luxembourg. Il avait proposé à Benedetti de provoquer, dans

(1) Voir Rothan, *op. cit.*, appendice.

le grand-duché, un mouvement annexionniste puissant, qui réclamerait, avant toutes choses, le retrait de la garnison prussienne, et de mettre, grâce à des négociations restées secrètes jusqu'à leur entier achèvement, la Prusse en présence d'un fait accompli ; c'est alors que celle-ci se compromettrait courageusement et sans regarder en arrière. La foi qu'on avait jadis dans la pureté des intentions du ministre prussien n'était plus entière ; à la confiance aveugle avait succédé une prudente défiance. Mais on ne crut pas un instant que Bismarck serait capable de s'opposer au dernier moment à une annexion préparée par les moyens que lui-même avait indiqués.

On se résigna, à Paris, à suivre le programme tracé par le comte de Bismarck. Un agent français fut envoyé à Luxembourg. La légation française de La Haye reçut l'ordre d'entrer en campagne.

*
* *

En attribuant aux souverains des Pays-Bas la couronne grand-ducale de Luxembourg, les diplomates de 1815 avaient rattaché le grand-duché à la Hollande par les vagues liens d'une union purement personnelle. Cette union ne fut jamais bien intime. De nombreuses brouilles éclatèrent rapidement dans ce ménage mal compris. Des deux côtés on aurait souscrit sans peine à un divorce pour incompatibilité d'humeur. Les ministres néerlandais ne manifestèrent jamais des sympathies bien vives pour le fief lointain de la maison royale. Ils considéraient le grand-duché comme un lourd boulet qu'ils traînaient à leurs pieds. Ce boulet leur parut devenir plus pesant à mesure que s'aggravaient les complications issues de la dissolution de la Confédération germanique. La situation du grand-duché était indécise. Les dangers qui en résultaient ne pouvaient manquer de compromettre le Limbourg hollandais. Tout en faisant partie intégrante de la monarchie néerlandaise, cette province était rattachée à la Confédération germanique; les intérêts du Limbourg et ceux du Luxembourg étaient représentés à la Diète de Francfort par un délégué unique.

Au lendemain de Sadowa, le ministre des affaires étrangères des Pays-Bas crut devoir attirer l'attention de son représentant à Berlin sur cette situation délicate, qui n'impliquait aucune solidarité entre le Limbourg et la possession personnelle du roi grand-duc. En répondant, le 5 avril 1867, à une interpellation parlementaire, M. van Zuylen ne craignit pas d'affirmer que le Luxembourg était aussi étranger à la Hollande que l'étaient la Chine et le Japon. « J'ai toujours considéré, écrivit-il dans une dépêche diplomatique du 25 juillet 1867, que la dissolution des liens dynastiques entre les Pays-Bas et le Luxembourg offrirait de grands avantages pour notre pays, et je suis persuadé qu'elle aurait été accueillie avec satisfaction par l'opinion publique. »

L'opinion publique hollandaise était hostile au Luxembourg. « Nous ne formons qu'un vœu, lisons-nous dans une correspondance adressée le 18 mars 1867, de La Haye au journal *Le Temps*, c'est que le roi des Pays-Bas se dégage le plus promptement possible des embarras que lui vaut un titre de grand-duc qui n'ajoute rien à sa gloire et qui pourrait compliquer nos rapports, déjà difficiles, avec la Prusse ».

Inquiet sur la situation faite au Limbourg par la dissolution de la Confédération germanique, et désireux de constater que les affaires d'Allemagne lui étaient devenues complètement étrangères, le gouvernement néerlandais s'adressa, dès le mois d'octobre 1866, au cabinet de Berlin, en vue de régler les diverses questions pendantes entre les deux pays. Un projet d'arrangement fut soumis à la Prusse, en vertu duquel la Hollande se désistait de la part que, suivant les dispositions du traité du 23 août 1866, elle était en droit de revendiquer dans le partage des propriétés fédérales, si de son côté la

Prusse consentait à renoncer à toute réclamation basée sur les liens que la guerre venait de dissoudre.

Après avoir longtemps évité de répondre à ces ouvertures, le comte de Bismarck finit par déclarer qu'il ne pouvait se placer au même point de vue que le cabinet de La Haye et que la question soulevée était réservée au Parlement de l'Allemagne du Nord (1).

Le comte de Bismarck ne voulait pas se dessaisir d'un moyen d'action qui lui permettait de peser opportunément sur les décisions du gouvernement néerlandais. « Le Limbourg, disait-il à M. Benedetti, est un excellent moyen pour amener la Hollande à céder le Luxembourg à la France ». C'était, il est vrai, un moyen non moins excellent pour empêcher la Hollande de se prêter au désir de la France; l'avenir se chargea de le démontrer.

A Paris, le cabinet de La Haye se heurtait à une majestueuse et placide confiance. « Soyez tranquilles, avait dit M. Drouyn de Lhuys à M. de Lightenfeld, qui s'inquiétait à la vue des dangers de la crise (en août 1866), vous serez contents de nous en ce qui concerne le Luxembourg et le Limbourg ». Le gouvernement français convoitait en ce moment le Palatinat et Mayence. Un mois plus tard, on apprit à La Haye qu'en échange des concessions demandées par la France, concessions que Bismarck refusa avec arrogance, celui-ci avait offert ses bons offices au cabinet des Tuileries pour arriver à la cession par le roi grand-duc du duché de Luxembourg; la Prusse s'était engagée à favoriser cette combinaison. La proposition n'avait pas été agréée par le comte Benedetti, parce qu'il « ne pouvait entrer dans les intentions d⋅ l'empereur de porter atteinte aux droits et aux possessions du roi des Pays-Bas » (2).

(1) Dépêche du marquis de Moustier à M. Baudin, 27 février 1867; *Staats-archiv*, n° 2748.

(2) Dépêche de M. d'Olimart au baron de Tornaco, septembre 1866, citée par **Servais**, *op. cit.*, p. 43.

Peu de temps après ces pourparlers préparatoires, le cabinet de La Haye fit une nouvelle tentative en vue d'éviter par l'entrée du Luxembourg dans la Confédération de l'Allemagne du Nord toute solidarité compromettante avec l'Allemagne. M. de Bylandt fut chargé de proposer le rattachement du grand-duché à l'Allemagne par une alliance à la fois commerciale et militaire qui aurait réservé l'occupation de la citadelle à une garnison mixte. Cette cote mal taillée faisait imprudemment la part du feu. M. van Zuylen était prêt à sacrifier le Luxembourg pour sauver le Limbourg.

Le comte de Bismarck ne jugea pas à propos de se départir de son silence. Ses négociations avec la France ne le lui permettaient pas. Le gouvernement néerlandais échoua dans ses tentatives de négociations directes avec la Prusse. C'est en vain qu'il avait offert de renoncer à des droits qui ne lui appartenaient pas et de céder les terres d'autrui. Son égoïsme lui aliéna les sympathies des populations luxembourgeoises, dont l'indépendance devait constituer la rançon du Limbourg.

Le gouvernement grand-ducal, croyant le moment venu de reprendre les négociations interrompues en juillet, s'occupa, dans une note adressée le 12 octobre 1866, au ministre prussien à La Haye, de la question du retrait de la garnison prussienne de l'ancienne citadelle fédérale. Les prétentions de la Prusse ne reposaient sur aucun fondement juridique sérieux ; la simple lecture des actes de 1815 et de 1816 suffit pour en convaincre un esprit impartial.

La Prusse avait rompu le lien fédéral. L'Autriche vaincue avait dû reconnaître cette rupture dans l'article 2 des préliminaires de Nikolsbourg. La Bavière, la Saxe, le Wurtemberg, le grand-duché de Bade, la Hesse, Reuss (ligne aînée) et la Saxe-Meiningen avaient fini par s'incliner devant le fait accompli. Seule, la principauté minuscule de Lichtenstein se contenta de reconnaître implicitement le nouvel état de choses. Les puissances signataires des traités de Vienne avaient tacitement acquiescé aux conquêtes prussiennes; la ratification expresse était réservée à la Conférence de Londres de 1867.

Il était donc évident, — et les Allemands eux-mêmes devaient finir par l'avouer, — que toutes les stipulations conclues conformément aux conventions fédérales, devaient cesser avec la Confédération elle-même. Or tel était le cas de la convention du 8 novembre 1816 (1).

Mais comme, dans les questions politiques plus encore que dans toutes les autres, le droit du plus fort est souvent le meilleur, comme d'un autre côté la Prusse pouvait invoquer la machiavélique maxime du *Beati possidentes*, — les journaux allemands ne se faisaient pas faute d'insister sur cette situation, — le baron de Tornaco invita la Prusse à conclure un nouvel arrangement avec le roi grand-duc pour le cas où l'occupation de la forteresse devait se continuer. Des communications verbales complémentaires précisèrent les clauses de la convention à conclure dans un sens analogue à l'entente proposée par le cabinet de La Haye.

Un tel compromis aurait pu avoir les conséquences les plus graves pour l'indépendance du grand-duché; il aurait momentanément calmé l'inquiétude populaire et permis de réaliser des économies importantes sur le budget militaire. Le cabinet de Berlin resta muet. Même après le retour du comte de Bismarck à Berlin, les pourparlers ne furent pas repris. M. de Perponcher manquait d'instructions. Au mois de mars 1867, la Prusse ne sortit de son silence que pour demander l'ajournement de la question.

Malgré les apparences contraires, les tergiversations du comte de Bismarck furent favorables au maintien de l'indépendance luxembourgeoise; elles firent gagner du temps. On ne peut reprocher au baron de Tornaco de n'avoir pas prévu

(1) Laband, *Das Staatsrecht des deutschen Reiches, aus Marquardtsen's Handbuch des öffentlichen Rechtes*, t. II, vol. 1, p. 5 et s.

sur l'heure ce résultat heureux ; le ministre luxembourgeois n'était pas dans le secret des combinaisons politiques qu'en ce moment discutaient les gouvernements français et prussien. « Cette manière d'agir du gouvernement prussien, écrit M. Servais, était entièrement favorable au grand-duché parce qu'elle prolongeait opportunément l'état de choses existant ; cet état de choses acquérait de plus en plus un caractère définitif en se prolongeant » (1).

Et c'est ainsi qu'indirectement et à son insu la France épargna au Luxembourg qu'elle convoitait l'ennui et le malheur de retomber sous la pesante tutelle allemande et lui facilita le moyen d'arriver à une complète et entière indépendance.

Les agents envoyés par le gouvernement français à Luxembourg adressèrent à leurs commettants des rapports nullement défavorables. En présence du danger qui menaçait leur patrie, les Luxembourgeois, sauf quelques rares prussophiles, manifestaient des sentiments français très réels. Le régime prussien, à cette époque, était synonyme d'oppression et de brutale raideur. La garnison qui occupait la ville, tout en cherchant de son mieux à éviter tout froissement, n'était pas bien vue de la population indigène. C'étaient des étrangers qu'on tolérait parce qu'il le fallait bien.

Mais l'amour de leur petite patrie passait dans le cœur des habitants du grand-duché avant tout autre sentiment ; les sympathies françaises ne venaient qu'en second lieu. Les nombreuses pétitions qui furent adressées au roi grand-duc témoignèrent des véritables désirs de la population, qui était prête à s'accommoder du régime français si la situation actuelle ne pouvait être maintenue. « Nous admirons l'Allemagne, disaient les signataires de ces documents significatifs, mais nos sympathies, nos mœurs, nos traditions, notre sentiment énergique d'égalité nous attirent vers la France... Si,

(1) Servais, *op. cit.*, p. 51.

comme nous, Votre Majesté craint que notre indépendance,
quelque chère qu'elle nous soit, ne puisse être maintenue,
vous pouvez, sire, sans faillir à votre mission paternelle et
sans compromettre l'intérêt des Luxembourgeois, accéder au
désir de la France... Vingt-cinq années de prospérité sous la
souveraineté et la haute direction des princes de la maison
d'Orange ont imprimé au cœur de la population luxembourgeoise les sentiments d'une impérissable gratitude et lui ont
inspiré le légitime désir de conserver son autonomie.

« Si donc cette autonomie peut être conservée à vos fidèles
Luxembourgeois, mais à des conditions qui garantissent pour
l'avenir le maintien et le respect de leurs institutions, la
libre administration de leurs affaires intérieures, le développement moral de leurs intérêts moraux et matériels, ils sup-
plient Votre Majesté de diriger les efforts de sa politique vers
la réalisation de leur vœu unanime.

« Que si cependant, comme il est fort à craindre, il ne pouvait en être ainsi, s'il fallait faire le sacrifice de ces conditions
de leur bonheur passé, ils remettent, avec une entière confiance, le sort de leur chère patrie à la sollicitude paternelle
de Votre Majesté, à cette affection profonde dont elle et son
auguste représentant ont donné tant de preuves... ».

Ces pétitions furent signées par la grande majorité de la
population. L'absorption dans la « grande patrie allemande »
était peu goûtée au Luxembourg. Un journal du temps osa
pourtant écrire que les sympathies pour la France n'existaient
que dans l'infime minorité de la population, et que l'on préfé-
rait l'accession au Nordbund à l'annexion à la France. La devise de ce journal, *le Courrier*, était : « Plutôt Prussien que
Français ! » « La mort dans le sein de la France, écrivit un des
rédacteurs de cette feuille, n'est pas une belle mort pour le
pays, car la France n'est pas une terre allemande ».

Quelques industriels, redoutant que leurs intérêts matériels ne fussent compromis par l'expiration du Zollverein, —

ce qui n'était peut-être pas un danger imaginaire, — se ran-
gèrent dans le camp des rares partisans de la Prusse; encore
faut-il ajouter qu'ils ne considéraient l'annexion à la Prusse
que comme un pis-aller auquel on était acculé par la force
des choses. C'est en ce moment que la voix populaire, modifiant un verset du chant national, le *Feierwœn*, lui donna un
sens nettement antiprussien. Nous ne voulons pas critiquer la
direction que prenaient, en 1866 et 1867, les sympathies populaires; il nous suffit de l'avoir constatée. Le Luxembourg,
pays allemand, rattaché depuis des siècles à l'Allemagne, désirait avant tout garder son indépendance; au cas d'une
annexion nécessaire, ses sympathies allaient vers la France et
non vers la Prusse.

« Une répugnance décidée à entrer dans la Confédération
de l'Allemagne du Nord régnait dans toutes les classes de la
population... Les dispositions du gouvernement luxembourgeois nous ont été révélées par une dépêche qui nous a été
adressée au mois d'octobre, et dans laquelle il chercha à
établir que notre droit de garnison était devenu caduc ». C'est
dans ces termes que le 1er avril 1867, dans sa réponse à l'interpellation de Bennigsen, le comte de Bismarck interpréta les
sentiments non équivoques des Luxembourgeois. Son jugement ne peut être taxé de partialité pour la France.

Napoléon ne voulait pas, en réunissant le Luxembourg à la
France, violenter le sentiment populaire. « Je n'ai pas besoin
d'ajouter, écrivit le marquis de Moustier dans une dépêche
du 28 février 1867, que le consentement des habitants ne
serait pas moins nécessaire à nos yeux que celui du roi, pour
qu'une réunion à la France pût être consommée » (1). La politique des nationalités qui était celle de l'empereur Napoléon,
imposait cette consultation populaire. Or, ce consentement
des Luxembourgeois à l'annexion française aurait été difficile

(1) *Staatsarchiv*, 1867. II, n° 2749.

8

à obtenir ; peut-être y serait-on parvenu grâce aux dangers que présentait le voisinage prussien.

Au moment où va s'engager la lutte définitive, nous trouvons d'un côté un petit peuple jaloux de son indépendance et attaché de cœur et d'âme à sa maison souveraine, *qui veut rester ce qu'il est* (1), et considère tout changement de souveraineté comme un mal inévitable ; de l'autre côté, des Etats avides d'agrandissement, qui, semblables au dragon de l'Ecriture, cherchent des terres à annexer, des sujets à conquérir. La France doit satisfaire les passions populaires justement surexcitées par le nouvel état de choses établi en Allemagne. L'opinion publique allemande, enivrée par d'éclatantes victoires, est opposée à tout compromis avec l'ennemi héréditaire, qui détient encore des terres allemandes ; — on commençait déjà à jeter les regards du côté de l'Alsace, qui parlait allemand, et de la Lorraine, qui, elle, parlait français. Or, aux yeux du peuple prussien, le Luxembourg était une terre allemande. La France était en mesure d'invoquer des affirmations vagues et compromettantes du comte de Bismarck qui avait beaucoup promis, mais en paroles seulement. Le gouvernement hollandais se laisserait volontiers forcer la main ; l'attitude de son représentant à Paris, M. de Lightenfeld, était fort étrange ; « le ministre néerlandais changeait de langage et d'habit, préconisait et combattait l'annexion suivant que les instructions qu'il recevait venaient de La Haye ou du Luxembourg » (2).

M. Baudin envisageait la situation en rose. « Nous aurons pour nous, écrivait-il à son gouvernement, le prince d'Orange, entièrement français, le roi, j'espère, et les hommes chez qui le patriotisme l'emporte sur la timidité... M. de Tornaco, le président du gouvernement luxembourgeois, se montre très

(1) Paroles du chant national luxembourgeois.
(2) Rothan : *L'affaire du Luxembourg*, p. 167.

décidément français ; il dit que l'annexion est la seule solution
désirable pour le Luxembourg » (1).

Cette opinion du ministre français est certainement erronée
en ce qui concerne le gouvernement luxembourgeois et son
chef. Le baron de Tornaco partageait les sympathies et les
sentiments de la majorité de ses compatriotes. Nos renseignements ne nous permettent pas de porter un jugement définitif
sur l'attitude du prince d'Orange ; il n'est pas impossible que
ce prince ait partagé les sentiments francophiles de sa mère,
la reine Sophie. Celle-ci vivait en 1867 séparée du roi et n'eut
aucune occasion d'agir sur le cours des événements.

Le roi grand-duc était-il, comme l'espérait M. Baudin, partisan de la cession du Luxembourg ? La question a été discu-
tée avec passion et résolue dans les sens les plus divers.
L'affection du roi Guillaume pour ses fidèles sujets luxembourgeois était sincère ; de nombreux documents l'établissent.
Qu'il nous suffise de rappeler les démarches faites vers la fin
du mois de juin 1866 pour assurer la neutralité du grand-
duché pendant la guerre austro-prussienne, les dépêches du
12 juillet, du 12 octobre 1866 et toutes les notes échangées
entre le cabinet royal grand-ducal et le gouvernement de
Luxembourg.

C'est sur l'ordre exprès du roi que le baron de Tornaco dut
envoyer, le 26 février 1867, une note à Paris pour constater
son désir « de conserver au grand-duché une position nette et
précise, en rapport avec le sentiment des populations ».

« Le sentiment qui anime Sa Majesté, écrivit le secrétaire-
général pour les affaires du grand-duché à La Haye, est
celui-ci : c'est qu'en présence des dispositions qui existent à
notre égard chez les gouvernements de France et de Prusse,
qui peuvent d'un jour à l'autre s'entendre à nos dépens, il
est bon que le grand-duché affirme d'une manière générale

_____

(1) Dépêche citée par Rothan, *op. cit.*, p. 167.

son droit de maintenir son autonomie et la situation que les
événements lui ont faite sans spécifier aucune circonstance
particulière » (1).

Cette attitude ne concorde guère avec celle que des historiens avides de scandales ont attribuée au roi grand-duc. Pour
écrire l'histoire, il ne suffit pas d'étudier les soi-disant dessous
ni les événements qui sont supposés s'être passés derrière les
coulisses. De telles études n'expliquent pas toujours la véritable genèse ni l'évolution véritable des faits réels. Les affirmations de Victor Tissot ne nous autorisent pas à arguer de faux
des documents d'une incontestable authenticité et à accuser
le roi grand-duc d'avoir eu une attitude équivoque et indigne,
d'avoir protesté publiquement de sa sollicitude pour le Luxembourg, tandis que dans le secret des alcôves il aurait négocié
un honteux marchandage.

Si nous en croyons le récit de Maurice Busch, le fidèle mais
imprudent séide du comte de Bismarck, le ministre tout-puissant du roi Guillaume aurait, lui aussi, versé dans l'erreur
commune. « Après la dissolution de la Confédération germanique, aurait dit le comte de Bismarck, le roi grand-duc était
devenu souverain et il pouvait faire ce qu'il voulait. Qu'il ait
pu céder son pays pour de l'argent, c'est une vilenie ; mais il
voulait le céder... » M. Servais, le ministre d'État grand-ducal
qui, au milieu de la crise de 1870-1871, trouva des accents
éloquents et persuasifs pour affirmer l'indépendance nationale
de son pays, attribue ces paroles du comte de Bismarck, soit
à une erreur de Maurice Busch, soit à un oubli de son puissant mais peu scrupuleux interlocuteur.

L'erreur qui se retrouve chez un grand nombre d'historiens, a sa source principale dans la confusion qu'ils commet-
taient en attribuant au roi les sentiments de ses ministres
néerlandais. Une dépêche envoyée au président du cabinet

(1) Servais, *op. cit.*, p. 62.

luxembourgeois par le prince Henri (1), contient l'interprétation authentique des sentiments du roi et de son auguste lieutenant. « Je m'estimerais heureux, écrivit le prince, si je pouvais calmer les susceptibilités et les convoitises qui se sont produites et conserver les bénédictions de la paix à tout le monde. Ai-je besoin de vous dire toute l'émotion que j'éprouve en traçant ses lignes?... Veuillez vous inspirer de l'affection du roi pour le grand-duché, que Votre Excellence a eu l'occasion de reconnaître pendant son séjour à La Haye. Vous et les autres membres du gouvernement, ne manquez pas de la proclamer plus haut, n'omettez rien qui puisse conserver à vos compatriotes cette précieuse union qui, seule, fait la force de votre patrie contre vos voisins ; qu'ils acquièrent la conviction que, quoique loin, le souverain est au milieu d'eux... »

Le prince Henri fut toujours un partisan enthousiaste et convaincu de l'autonomie nationale du petit pays qu'il était appelé à régir. Ses efforts tenaces et sagaces contribuèrent puissamment à détourner le danger et à relever dans les moments d'effervescence le courage faiblissant de ses administrés. Le souvenir des services rendus par lui est encore vivace dans le cœur des Luxembourgeois.

Avant de s'engager à fond, le marquis de Moustier voulut connaître le sentiment des puissances signataires des traités de Vienne. Lord Cowley, l'ambassadeur de la reine Victoria à Paris, l'assura des sentiments sympathiques du gouvernement britannique. La Russie lui laissait carte blanche en Occident et ne se serait même pas opposée à l'annexion de la Belgique ; « elle était, disait M. de Budberg, trop mécontente de l'Allemagne pour s'inquiéter beaucoup de ce qui pouvait être fait *même à l'encontre du territoire sacré de la Germanie* ». L'impression produite par les malencontreuses propositions françaises du 5 août commençait à s'effacer à Saint-Péters-

---

(1) Dépêche du 6 mars 1867 ; Servais, *op. cit.*, p. 68.

bourg. Le comte de Beust, l'ennemi avéré de la Prusse et surtout de son premier ministre, n'était pas à redouter; la saignée de 1866 n'était pas encore cicatrisée. M. de Beust constatait pourtant avec chagrin que la France s'engageait sur un terrain glissant. « C'était, disait-il, autoriser Bismarck à faire appel aux passions germaniques, et lui permettre de rallier tous les dissidents autour de son drapeau (1) ».

Les passions germaniques étaient singulièrement surexcitées. Encouragés par les succès obtenus pendant la campagne de Bohême, les chauvins prussiens ne rêvaient que conquêtes et annexions. Ils voulaient rendre plus intimes les liens qui autrefois rattachaient le Luxembourg à l'Allemagne, et non les détendre. Dans un virulent article publié au mois de novembre, la *Gazette d'Augsbourg* rappela aux Luxembourgeois que le temps des Etats minuscules (Duodezstaaten) était passé, et que la dénonciation par la Prusse de l'Union douanière serait une douche salutaire, capable de ramener les patriotes luxembourgeois à des sentiments meilleurs. « Puisque le grand-duché, écrivit cette feuille officieuse, est et restera aux mains de la Prusse, il importe peu qu'on le fasse entrer immédiatement dans la Confédération de l'Allemagne du Nord ou qu'on lui permette de faire, pour un temps encore, ménage à part et de se tenir éloigné des peuples auxquels le rattachent ses origines et sa nationalité. Lorsque la Confédération de l'Allemagne du nord deviendra un vaste empire unifié, le grand-duché repentant et contrit retournera dans le giron de la grande patrie ».

Ironiquement la *Gazette de Cologne* demanda quelques mois plus tard aux Luxembourgeois s'ils espéraient sérieusement pouvoir vivre autonomes et indépendants, tandis qu'autour d'eux la France, la Prusse et la Belgique qui, comparée au grand-duché dont depuis 1839 elle détenait plus de la moi-

(1) Dépêche à Metternich, 22 mars 1867.

tié de l'ancien territoire était elle aussi une grande puissance, assisteraient impassibles à ce singulier état de choses ? Cette conception parut trop absurde aux yeux de la feuille libérale pour qu'elle eût daigné en démontrer l'inconsistance.

Le pessimisme du comte de Beust n'émut pas le cabinet des Tuileries. Depuis quelque temps le comte de Bismarck s'était départi de son attitude maussade ; il avouait que les traités conférant à la Prusse le droit de garnison qu'elle revendiquait étaient devenus caducs par suite de la dissolution de la Confédération germanique, et que la Prusse ne trouverait rien à redire si le roi grand-duc voulait consentir à la cession de son petit duché. En faisant part de ces confidences à M. de Moustier, M. Benedetti ajoutait « que s'il y était contraint par les circonstances, Bismarck pouvait bien ne plus s'en souvenir ». Toutefois ces circonstances pourraient très bien ne pas se présenter, puisque, suivant le mot du marquis de Moustier, Bismarck « dirigeait de son cabinet l'opinion, qu'il l'arrêtait ou la laissait déborder suivant qu'il le jugeait à propos... »

**

Au mois de février 1867, le cabinet de La Haye, déjà préoccupé de la situation incertaine du Limbourg, se vit subitement menacé des plus grands dangers. Aucun sacrifice ne lui paraissait trop lourd lorsqu'il ne s'agissait que de l'indépendance du grand-duché de Luxembourg. Il en vint maintenant à trembler pour sa propre indépendance ; dès lors la question changea de face. L'inquiétude fut portée à son comble. Le marché des fonds hollandais s'effondra à la Bourse d'Amsterdam à cause des complications internationales imminentes. Le langage provocateur de la presse allemande causa une panique générale. On colportait des notes et des mémoires qui exposaient avec force arguments les projets d'expansion du gouvernement prussien ; sans avoir aucun caractère offi-

ciel, ces documents avaient une origine authentique indiscutable.

Une intime union prusso-hollandaise était nécessaire pour
permettre à la Prusse de remplir sa mission providentielle, et
pour lui assurer une marine puissante capable de dominer à la
fois la Baltique et la mer du Nord. Une correspondance envoyée le 17 avril 1867 au *Journal des Débats* énumère les
principaux arguments que la presse allemande faisait valoir à
l'appui des projets d'alliance : « Les Hollandais sont de race
germanique ; leur origine se confond avec celle de toutes les
populations allemandes. Leurs traditions, leurs croyances,
leurs habitudes, leurs mœurs les assimilent aux Allemands du
Nord, et dans toutes les occasions où l'indépendance de l'Allemagne a pu être menacée, les Hollandais ont fait cause commune avec les Allemands. La Hollande a été constamment
dans le Nord le boulevard de l'Allemagne contre les entreprises
de la France, qui fut en tout temps la rivale de l'Allemagne,
rivale toujours dangereuse, souvent heureuse et qui s'est
constamment agrandie aux dépens de l'Allemagne. Il y a entre l'Allemagne et la Hollande une telle identité d'intérêts
qu'elles dépendent en quelque sorte l'une de l'autre ; enfin la
loi qui pousse les populations de même race à se réunir dans
de grandes et puissantes agglomérations ne permet pas que la
Hollande reste plus longtemps séparée de l'Allemagne.

« La Hollande a précisément en abondance des colonies qui
manquent à l'Allemagne et dont l'Allemagne ne peut plus se
passer ; l'Allemagne sera pour la Hollande un protecteur fidèle
et dévoué qui la garantira contre tous les accidents qu'on
peut prévoir et contre toutes les ambitions nées ou à naître.
L'Allemagne ne sera point complète tant que la Hollande en
sera séparée, parce qu'il lui serait impossible de se développer comme puissance maritime. La Hollande possède les cours
inférieurs du Rhin et de la Meuse et les embouchures de ces
fleuves, en sorte que l'Allemagne ne peut atteindre la mer du

Nord de ces côtés qu'en traversant les provinces de la Hollande
et avec son consentement. La Hollande possède le vaste bassin de Zuydersée, qui est une mer intérieure enclavée dans son
territoire et qui serait pour l'Allemagne une précieuse res-
source en temps de paix comme en temps de guerre... Toute
la partie de la Hollande qui est située sur la rive droite de la
Meuse et qui forme les deux tiers au moins du royaume des
Pays-Bas est une dépendance naturelle de l'Allemagne qui
l'enveloppe et l'entoure à l'est et au sud. Les grands ports de
la Hollande, Amsterdam et Rotterdam, sont réellement des
ports allemands... Ils ne recouvreront leur indépendance que
le jour où la Hollande, annexée à l'Allemagne, sera comprise
dans la Confédération de l'Allemagne du Nord... La Hollande,
qui n'est plus qu'une puissance de troisième ordre, ne peut
que décroître ; elle évitera cette destinée triste et fatale en se
retrempant dans la vitalité allemande et en s'associant à l'avenir de l'Allemagne ».

Des arguments analogues ont été invoqués par les souverains de la petite Moscovie, qui voulaient se frayer une issue
vers la mer Noire et entrer dans le mouvement civilisateur et
politique de l'Europe occidentale. La grande Catherine anean-
tit la Pologne pour conquérir une issue sur la mer du Nord ;
Frédéric III s'associa à sa voisine pour réunir ses provinces
éparses et disséminées. Le comte de Bismarck invoqua des
motifs du même genre pour justifier l'annexion des duchés de
l'Elbe. Cette politique porte dans l'histoire le nom de politique
de la raison d'Etat (1).

(1) Dans la séance du 18 mars du Parlement de l'Allemagne du Nord, le
député Schraps critiqua la politique anti-allemande du comte de Bismarck.
Cette politique aurait, au dire de l'orateur, exaspéré les Luxembourgeois et
poussé le gouvernement néerlandais dans les bras des ennemis de l'Allemagne.

« J'ignore, répondit le comte de Bismarck, les origines de la ridicule légende,
qui représente les Pays-Bas comme menacés par la Prusse et par l'Allemagne.
Il n'est pas un homme d'Etat prussien qui ait jamais pu concevoir le projet
inepte de porter atteinte aux possessions hollandaises. Ces craintes injustifiées

Le cabinet de La Haye n'ignorait pas à quelles conséquences peuvent conduire de tels principes lorsqu'ils s'appuient sur une forte et valeureuse armée. L'armée du comte de Moltke et du général de Roon avait donné des preuves de sa valeur ; Bismarck avait donné des preuves de ses scrupules diplomatiques. En vue de se prémunir contre l'avènement d'éventualités aussi dangereuses, M. van Zuylen crut opportun de s'enquérir des intentions du cabinet de Paris.

Avec empressement le marquis de Moustier saisit l'occasion qui s'offrait à lui, pour réaliser enfin les projets d'agrandissements réclamés avec une insistance sans cesse croissante par l'opinion publique. Il chargea M. Baudin d'agir auprès du roi grand-duc. La cession du grand-duché devait assurer à la Hollande la possession tranquille du Limbourg et la garantir par une puissante alliance. Les instructions du ministre fran-

---

ont peut-être facilité l'adoption des crédits militaires demandés par le gouvernement de La Haye ; mais elles n'ont pas été imaginées dans ce seul but...

« La question luxembourgeoise a été l'objet de pourparlers entre le gouvernement néerlandais et le cabinet du roi, lors de la guerre de 1866. Lorsque la guerre éclata entre la Prusse et un certain nombre d'Etats confédérés, le grand-duché continua à faire partie de la Confédération dissoute. Son délégué participa aux réunions de la Diète et s'associa ainsi aux Etats qui étaient en guerre avec la Prusse. Des négociations furent entamées entre le gouvernement du roi et le ministre néerlandais à Berlin, qui, *ex mandato præsumpto*, était censé représenter le gouvernement grand-ducal. Un point n'était pas douteux : l'état de paix n'existait plus entre le Luxembourg et la Prusse. Mais nous n'avions aucun intérêt à nous faire la guerre ; nous nous entendîmes pour ne pas nous entretuer.

« Ces négociations ne menaçaient certes pas l'intégrité territoriale et l'indépendance des Pays-Bas... En insistant sur la nécessité d'incorporer le Limbourg dans la Confédération du Nord, nous aurions excité les susceptibilités du peuple néerlandais. Nous n'avons pas cru devoir agir dans ce sens. Ni le roi grand-duc, ni le gouvernement national, ni la population du grand-duché de Luxembourg ne nous ont jamais exprimé le désir d'être rattachés à la Confédération nouvelle. On pourrait, il est vrai, en invoquant un argument d'analogie résultant des traités de paix conclus avec Meiningen et Reuss, estimer qu'un traité de paix aurait dû être conclu avec le grand-duché. La déclaration de guerre qu'impliquait la participation du délégué luxembourgeois à la Diète dissoute n'a eu aucune suite ; elle n'a entraîné ni guerre, ni traité de paix... »

çais à La Haye sont contenues dans une note détaillée qui
lui fut envoyée le 27 février 1867 (1).

Après avoir établi que le grand-duché de Luxembourg était
affranchi de toute servitude provenant d'arrangements politiques surannés, le marquis de Moustier conclut que « le Luxembourg doit être considéré comme un État parfaitement indépendant, gouverné par un grand-duc qui se trouve en même
temps roi des Pays-Bas ».

Le but que la France doit avoir en vue, consiste dans la
renonciation par la Prusse à toute prétention sur le Limbourg
et dans le retrait de la garnison de Luxembourg. Deux voies
différentes permettent d'atteindre ce but. La Hollande a essayé
inutilement de négocier directement avec la Prusse ; le cabinet
de Berlin n'accueillit pas ses ouvertures. En faisant à Berlin
des démarches officielles pour appuyer les droits du roi grand-
duc, la France soulèverait des discussions où l'amour-propre
national serait mis en jeu des deux côtés ; ces démarches
pourraient aggraver les difficultés pendantes au lieu de les
aplanir. Reste donc la seule hypothèse d'une cession directe
du grand-duché à la France, cession à la suite de laquelle le
retrait de la garnison prussienne s'opèrera tout naturellement
et sans inutiles tiraillements.

Cette cession, conforme aux aspirations de la population,
pourrait devenir entre la France et la Prusse l'objet d'une
transaction honorable et amiable. Le marquis de Moustier
espérait qu'en acceptant de bonne grâce le fait d'une réunion
du grand-duché à la France, le cabinet de Berlin croirait
faire acte d'habile politique et aimerait à ménager à la France
une satisfaction morale et matérielle qui, en donnant aux relations des deux pays un degré plus marqué d'intimité, offrirait de nouveaux gages à la paix de l'Europe. « En se dé-
pouillant d'une principauté dont la possession était devenue

(1) *Staatsarchiv*, n° 2748.

difficile et précaire, le roi des Pays-Bas ferait un acte également
agréable à ses sujets hollandais, désireux de se dégager
de toute compromission avec le grand-duché, et à ses sujets
luxembourgeois qui craignaient vivement de se voir réunir à
la Confédération de l'Allemagne du Nord. La responsabilité
du roi grand-duc ne serait nullement mise en cause, parce
que la France se réserverait le droit d'ouvrir des négociations confidentielles et amicales avec le gouvernement prussien ».

Un réseau de propagande française et d'informations politiques avait été organisé dès les premiers jours du mois de
février dans le Luxembourg. M. de Saint-Paul, le secrétaire-
général du ministère de l'intérieur de France, était placé à la
tête de ce mouvement qui devait, suivant les conseils du
comte de Bismarck, faciliter et préparer l'annexion. On voyait
apparaître, dans le grand-duché, des Français de toutes qualités, des administrateurs et des employés de chemin de fer,
des banquiers, des officiers et jusqu'à des touristes que n'ef-
frayait pas l'hiver. Ils avaient pour mission de faire comprendre à des populations habituées à passer de Charybde en
Scylla, combien leur situation était précaire, et à leur démontrer les avantages de tout genre qu'elles tireraient d'une réunion définitive à la France. M. Rothan constate avec satisfaction que ces apôtres d'un nouveau genre « n'eurent pas grande
éloquence à dépenser pour convertir les habitants du grand-
duché, leurs sympathies étant entièrement acquises à la
France ».

Le diplomate français est, néanmoins, obligé d'avouer que
« le gouvernement luxembourgeois et surtout le prince Henri,
le lieutenant du roi, suivaient d'un œil inquiet et mécontent
cette singulière invasion..., qu'ils s'en plaignirent et qu'ils
donnèrent l'ordre à leur chargé d'affaires de Paris, de demander
instamment au gouvernement français de réfréner le zèle de

ses agents officieux et de ne pas leur permettre d'agiter le pays » (1).

La campagne annexionniste n'était donc pas aussi facile qu'on s'était d'abord plu à la représenter. L'attachement inaltérable des Luxembourgeois à leur autonomie nationale et à leur souverain légitime neutralisait leurs sympathies françaises.

Lorsque les négociations directes commencèrent à La Haye, l'agitation française changea de caractère.

Un fonctionnaire français, M. le baron Jacquinot, fut chargé par le ministre de l'intérieur de se rendre dans le grand-duché pour y sonder les esprits sur leurs dispositions envers la France pour le cas où il pourrait être question d'une réunion du Luxembourg à un autre Etat. De nombreux liens de parenté rattachaient l'envoyé français au grand-duché; son arrivée n'y passa pourtant pas inaperçue. Les nombreuses démarches qu'il fit auprès des personnages importants provoquèrent un vif mouvement d'attention et augmentèrent encore l'effervescence populaire.

Informé de la présence de M. Jacquinot à Luxembourg, le roi grand-duc manda à La Haye son ministre d'Etat, et lui enjoignit de faire des représentations au cabinet de Paris par l'entremise de M. de Lightenfeld. Le prince réitéra son intention de maintenir la situation actuelle du grand-duché.

M. de Lightenfeld se rendit auprès du marquis de Moustier; il fut mis au courant des négociations que M. Baudin était chargé d'ouvrir à La Haye, et des raisons qui poussaient la France à les entreprendre. La considération par laquelle M. de Lightenfeld termina son rapport au secrétaire du roi grand-duc jette un jour nouveau sur les intentions du gouvernement hollandais. « Sans vouloir influencer en rien la détermination du roi grand-duc, qui est parfaitement libre

(1) Rothau, *L'affaire du Luxembourg*, p. 66 et 67.

dans sa volonté, disait-il, je me permets seulement de certifier l'exactitude d'un fait allégué par M. de Moustier : c'est la nécessité morale pour l'empereur de ne pas souffrir la présence de forces prussiennes à Luxembourg. Dans maintes conversations que j'ai entendues sur ce sujet (sans m'en mêler), tout le monde est d'accord pour dire : le Luxembourg est le point noir à l'horizon ; si l'affaire du Luxembourg ne s'arrange pas, la guerre est inévitable. C'est aussi mon opinion ».

« Si l'idée de la cession prenait une certaine consistance, avait écrit le marquis de Moustier à M. Baudin, vous m'en rendrez compte immédiatement. » L'idée tarda à prendre consistance. L'affaire était loin d'aller toute seule.

La présence à Luxembourg d'un envoyé français dont les explications embrouillées de M. de Moustier à M. de Lightenfeld n'avaient pas pu dénier le caractère, sinon officiel, du moins officieux, avait vivement froissé le roi grand-duc. M. Jacquinot était arrivé à Luxembourg le 26 février, avant même que M. Baudin eût reçu l'ordre d'entrer en campagne. Sa présence faisait croire à la population luxembourgeoise que la cession du grand-duché était au moins sur le point d'être définitivement conclue. On se plaignait avec véhémence de la conduite et de la manière d'agir qu'à tort on imputait au souverain.

Le baron de Tornaco dut, par l'intermédiaire de M. de Lightenfeld, informer le gouvernement français que le ferme désir du roi était « de maintenir à son grand-duché la position qui lui était créée par les derniers événements, position qui concordait parfaitement avec les vœux et les intérêts des Luxembourgeois » (1). C'était décliner nettement les propositions françaises. La dépêche du prince Henri, du 6 mars, au

_____

(1) Dépêche de M. de Tornaco à M. de Lightenfeld, 5 mars 1867 ; citée par Servais, *op. cit.*, p. 70.

gouvernement grand-ducal est conçue dans les termes les plus énergiques.

Les premières ouvertures de M. Baudin furent accueillies avec froideur. Le roi se refusait à tout engagement avant que la population et les puissances signataires du traité de 1839 eussent été consultées. Il se prononça contre la conclusion d'un traité secret fait à l'insu des puissances et surtout de la Prusse, et se réserva l'entière liberté de ses déterminations et le temps de réfléchir plus longuement.

Telle fut, d'après M. Servais, la réponse du roi.

La dépêche de M. Baudin, du 19 mars, insinue que les résistances du roi auraient été moins vives. « Après une longue discussion, télégraphia-t-il le soir du 19 mars, j'ai nettement proposé un traité qui resterait secret jusqu'au vote de la population du grand-duché, une indemnité que nous tiendrions à honneur de rendre complètement satisfaisante pour Sa Majesté et un traité secret de garantie permanente de l'intégrité des Pays-Bas. J'ai insisté sur la nécessité de garder le secret et de laisser à la France le soin de tout régler avec la Prusse. Le roi m'a congédié en me disant : « Eh bien, je ne dis pas non ». .... J'avais déjà, dans le courant de la journée, amené M. van Zuylen à ces idées ».

Le roi grand-duc se trouvait dans une situation très critique. En n'informant pas la Prusse des négociations en cours, il commettait un acte contraire à sa nature loyale et risquait de compromettre la paix de l'Europe. En cédant aux demandes françaises, il donnait un douloureux gage de ses sentiments pacifiques. Le marquis de Moustier avait déclaré hautement que le gouvernement de l'empereur ne convoitait pas le grand-duché par désir de conquête ou d'agrandissement territorial, mais pour des raisons stratégiques et politiques majeures. Si les négociations venaient à échouer, l'amour-propre du peuple français, déjà surexcité au plus haut degré, le forcerait à faire la guerre dans un temps plus ou moins rapproché. Or, cette guerre ne pourrait être faite qu'aux dépens du grand-duc ; les Pays-Bas en seraient la première victime.

Ces considérations que M. de Lightenfeld avait consciencieusement rapportées à son gouvernement et que M. Baudin fit éloquemment miroiter aux regards de son royal interlocuteur, finirent probablement par vaincre les dernières hésitations du roi Guillaume. En présence de deux maux il faut choisir le moindre. Ne valait-il pas mieux renoncer à la possession du grand-duché de Luxembourg que de provoquer par une résistance obstinée une guerre sanglante et la perte du Luxembourg et du Limbourg ? Qui voudrait reprocher au roi de s'être arrêté à la première alternative ? Aux raisons que le marquis de Moustier et M. Baudin faisaient valoir en faveur de la cession, venait s'ajouter la pression exercée sur l'esprit du roi par le gouvernement et par le peuple néerlandais, acquis d'avance aux propositions françaises (1).

M. de Moustier félicita M. Baudin de son premier succès et fixa le chiffre de l'indemnité à payer au roi.

(1) Deux auteurs, également véridiques et dignes de foi, M. G. Rothan et Em. Servais, ont décrit les événements de cette période troublée. D'après M. Servais (*Le grand-duché de Luxembourg et le traité de Londres*, p. 75), M. Baudin n'aurait pas eu à se féliciter de son entretien avec le roi grand-duc. M. G. Rothan arrive à une conclusion différente (*L'affaire du Luxembourg*. p. 190 et s.). Certaines parties du récit de M. Servais semblent faire croire que l'auteur ignorait les termes précis de la dépêche de M. Baudin, du 19 mars 1867. L'omission de cette dépêche télégraphique dans les documents publiés en France n'autorise pas à conclure qu'elle contenait des indications contraires à l'opinion d'une cession spontanée du grand-duché par son souverain. Cette dépêche a un caractère d'authenticité indiscutable. L'historien von Sybel se rallie plutôt à la thèse de M. Rothan (*Die Begründung des deutschen Reiches durch Wilhelm* I, Bd VI, p. 104).

Toutefois, M. Baudin ne cache pas que le roi grand-duc avait commencé par dire qu'il n'admettrait jamais de négociations qu'à trois et au grand jour. Ce n'est « qu'après une longue discussion et de vives instances que le ministre français put développer les conditions précises de l'arrangement à intervenir ».

Les arguments invoqués par la France ne pouvaient manquer d'impressionner au plus haut point le roi Guillaume.

* *

Ces négociations confidentielles se heurtèrent bientôt à de nombreux obstacles. Le 14 mars, M. Thiers dénonça dans un retentissant discours les échecs de la politique impériale. En s'écartant de la vieille politique traditionnelle française, on avait imprudemment fait l'unité de l'Allemagne et l'unité de l'Italie. Les frontières de la France étaient menacées par deux Etats unifiés au lieu d'être protégées par une ligne de puissances de second et de troisième ordre. Dans l'opinion du grand orateur, il fallait, puisqu'il était impossible de revenir en arrière, accepter de bon gré ce qui était fait, mais défendre énergiquement qu'on allât plus loin.

M. Ollivier développa des considérations moins pessimistes. tandis que M. Rouher, le vice-empereur, se félicitait imprudemment du résultat acquis tant en Allemagne qu'en Italie. Ces vaines déclamations rendaient facile la tâche de M. Jules Favre, qui enferma le gouvernement de l'empereur dans un dangereux dilemme, dont l'Empire ne se releva jamais.

Au même moment, le comte de Bismarck fut mis sur la sellette par les députés de Carlowitz et Schraps, à la réunion du 18 mars du parlement de l'Allemagne du Nord. M. de Carlowitz lui reprocha d'avoir consenti à ce que le grand-duché de Luxembourg fût complètement séparé de l'Allemagne nouvelle. « Je suis bien éloigné, disait-il, de vouloir créer des embarras au gouvernement, qui a déjà à lutter contre d'assez grandes difficultés pour parvenir à constituer l'Allemagne ; mais vous devez me permettre, Messieurs, d'exprimer mes profonds regrets de voir que, selon toute apparence, une province allemande, qui était jusqu'à présent réunie à nous, sera prochainement perdue, et que l'Allemagne sera affaiblie par les grands événements de la dernière année en ce qui concerne son étendue territoriale..... Je désire seulement que le grand-duché reste uni à l'Allemagne par des liens, quelque faibles

9

qu'ils soient pour le moment, afin que ce pays ne soit pas entièrement perdu, ou ne soit pas prochainement soumis à la domination d'un puissant Etat voisin que je n'ai pas besoin de nommer ».

La réponse du comte de Bismarck fut très significative. « Nous n'avons jusqu'à présent, répondit-il, ni renoncé au Limbourg et au Luxembourg, ni agi pour les conserver ; nous ne voulons pas faire violence aux souverains, et si un des souverains qui sont actuellement nos confédérés avait refusé d'entrer dans la Confédération du Nord, la situation géographique de ses Etats aurait dû l'exiger bien impérieusement pour que nous eussions voulu exercer sur lui une pression. Nous n'avons en ce moment aucun intérêt de quelque espèce que ce soit, d'agrandir la mèche qui pourrait incendier l'Europe. Je le répète donc : de la part du grand-duché, aucune déclaration n'a été faite ; de la part du Limbourg, le désir a été exprimé de ne pas être incommodé... Le préopinant peut, du reste, résoudre lui-même la question luxembourgeoise en son nom privé, et s'il détermine le roi grand-duc à accéder à la Confédération, il aura du moins la gloire d'avoir soulevé une question européenne. Obtiendra-t-il un autre résultat ? Je me permets d'en douter ».

Il faut, sur un point, corriger le langage de M. de Bismarck. Le grand-duché de Luxembourg avait manifesté d'une manière non douteuse ses intentions relatives à l'entrée dans la Confédération de l'Allemagne du Nord. Il avait, au cours des négociations qui eurent lieu en juin et en juillet 1866, réclamé le retrait de la garnison prussienne ; ces réclamations tendaient évidemment à rompre les faibles liens politiques qui le rattachaient encore à l'Allemagne, si tant est que ces liens aient eu la moindre valeur juridique.

Dans sa dépêche du 12 octobre 1866, le gouvernement grand-ducal avait fait une déclaration non équivoque. L'arrangement proposé dans ce document tendait évidemment à

régler la situation du Luxembourg par rapport à son ancienne
alliée. Le comte de Bismarck oubliait cette dépêche ; il possédait une mémoire très complaisante, qui ne conservait le
souvenir des choses passées que pour autant que cela pouvait être utile. Or, comme vers cette époque Bismarck voulait
encore se prêter au désir de la France, les propositions du
gouvernement luxembourgeois étaient tombées dans le plus
profond oubli. Aucune réponse n'y avait été faite.

Maintes fois on a accusé Bismarck de duplicité dans cette
malheureuse affaire du Luxembourg. M. Rothan a eu le courage de réagir contre les opinions courantes et de rechercher
l'impartiale vérité. « On se demande, écrit-il, si dans cette
lutte diplomatique, engagée à seule fin de réconcilier deux
grands pays au prix de concessions réciproques, l'extrême
habileté ne l'a pas emporté sur l'extrême confiance, ou bien si
ces tentatives de rapprochement dont le succès eût vraisem-
blablement conjuré la catastrophe de 1870, n'ont pas été tra-
versées par les lois implacables de l'histoire, plus fortes que
la volonté des gouvernements » (1).

M. de Bismarck, qui n'hésita pas à avouer les corrections
apportées par lui à la fameuse dépêche d'Ems, a toujours protesté de sa sincérité en 1867. Au mois de mars 1868, il s'appliqua encore à démontrer au prince Napoléon qu'il aurait
toléré l'acquisition du Luxembourg par la France, si le cabinet impérial était parvenu à le placer en présence d'un fait
accompli. « Le Luxembourg ne vous eût pas échappé, dit-il,
si à La Haye on avait su brusquer le dénouement ».

Deux jours après le discours de Thiers, la *Gazette d'Etat*
de Berlin publiait en tête de ses colonnes le traité d'alliance
offensive et défensive conclu avec la Bavière le 21 août 1866.
Etait-ce là une réponse au discours patriotique et audacieux
du grand historien, qui avait excité les passions allemandes,

(1) Rothan : *op. cit.*, p. 179 et s.

déjà mises en émoi par l'interpellation du député de Carlowitz ?
Cette publication était-elle destinée à sauver le portefeuille
du prince de Hohenlohe, comme l'affirmait la presse officieuse
allemande ? Il n'est pas impossible qu'on ait voulu frapper
l'esprit du roi de Hollande, qu'on savait engagé dans de graves
pourparlers.

Dès le 9 mars, le comte de Bismarck avait annoncé au comte
Benedetti que l'union de toute l'Allemagne était un fait accompli. Et pourtant M. Rouher osa, dix jours plus tard, évoquer
à la tribune du Parlement la légende d'une Allemagne divisée
en trois tronçons.

Cette publication inopinée émut au plus haut point la timide
cour de La Haye. Le roi Guillaume, croyant que la cession du
grand-duché était réglée entre les cabinets de Paris et de
Berlin, s'était laissé amorcer par les avances de M. Baudin.
Des doutes poignants naquirent dans son esprit. Les rapports
de la France et de la Prusse pouvaient bien ne pas revêtir ce
degré de cordialité que leur attribuait M. Baudin. La cession
rêvée ne risquait-elle pas de compromettre la paix que, dans
l'esprit du roi grand-duc, elle devait assurer ?

« Le roi a malheureusement réfléchi, écrivit M. Baudin le
29 mars ; il voudrait faire régler la cession du Luxembourg
par les signataires du traité de 1839. Je réponds qu'il n'y faut
point songer et j'annonce d'avance votre refus. On voudrait
le consentement de la Prusse aussi explicite que possible,
d'autant plus explicite que la crainte de M. de Bismarck et de
la guerre est ravivée par la publication du traité avec la Bavière ».

Ce changement de front remit tout en question. Les plus
graves complications étaient à redouter si le roi grand-duc
maintenait ses dangereuses exigences. Le comte de Bismarck
s'était engagé à reconnaître le fait accompli ; il ne pouvait,
en présence des excitations de la presse allemande, consentir
par anticipation à la cession à faire. Sans parler de l'incident

de La Haye, Benedetti lui demanda quelle serait l'attitude de
la Prusse au cas où le roi des Pays-Bas s'adresserait directement au roi Guillaume. Bismarck répondit que le roi ne
pourrait acquiescer ouvertement à la cession du grand-duché.
Il se disait placé dans une situation telle que, si on l'in-
terrogeait, il serait forcé d'exprimer sinon des regrets, du moins
« un certain sentiment de tristesse ». Il ne demandait pas
mieux que de faire dire à La Haye une parole déterminante,
s'il pouvait compter sur la discrétion du roi des Pays-Bas ;
mais il craignait que, pour se disculper, ce prince n'hésiterait
pas à tout divulguer.

« Mais que répondriez-vous, demanda Benedetti, si le roi
grand-duc, au lieu de s'adresser au roi Guillaume, vous faisait personnellement interpeller ? Je répondrais, dit M. de Bismarck, que le roi peut disposer de ses droits de souverain sans
recourir à l'assentiment de la Prusse ; j'en dirais assez pour
faire sentir, pour qu'on veuille comprendre, que nous laisse-
rions faire ; mais je calculerais mes paroles de manière à pouvoir déclarer au Parlement sans me démentir que l'assentiment de la Prusse n'a pas été donné. Je répondrais, *avec un
certain sentiment de tristesse*, que si l'Allemagne avait lieu
de regretter la cession du Luxembourg à la France, elle aurait
mauvaise grâce d'en faire un grief au roi des Pays-Bas, qui
était le maître de céder ses droits de souveraineté à qui bon
lui semblait ».

Ces déclarations étaient moins cordiales que ne l'avait été
le langage antérieur du comte de Bismarck ; elles ne manquaient pas d'être relativement satisfaisantes.

A La Haye, la perplexité et l'indécision du roi grand-duc
augmentèrent de jour en jour. « M. van Zuylen manquait à la
fois de résolution et d'inclinations françaises », avait écrit
Baudin au début des négociations. Ces sentiments ne s'étaient
pas améliorés. A mesure que se multipliaient les difficultés
de tout genre, les ministres néerlandais, désireux de se débar-

rasser du Luxembourg à des conditions quelconques, se prirent à douter de la possibilité d'une telle cession. Le prince Henri reprochait à son frère les rares concessions que M. Baudin avait réussi à lui arracher péniblement.

Le 22 mars, le roi grand-duc fit part à M. Baudin de son intention bien arrêtée d'informer le roi de Prusse de son intention de céder le grand-duché et de s'enquérir si la Prusse n'y verrait aucun inconvénient. M. de Bismarck, pressenti par M. Benedetti, répéta que cette démarche serait inopportune et dangereuse, et que le roi n'assumerait jamais envers l'Allemagne la responsabilité de la cession. Il engagea le gouvernement français à redoubler d'efforts à La Haye pour empêcher cette démarche. A la cour néerlandaise « la défiance qu'inspirait M. de Bismarck était invincible ; le roi redoutait la situation qui lui était faite ; il tenait à ce que la Prusse fût informée de son intention de ne pas céder le grand-duché sans son assentiment. M. van Zuylen offrait ses bons offices auprès du gouvernement prussien et se disait prêt à aller lui-même à Berlin pour aplanir les voies ».

Le langage de la presse allemande était âcre et haineux. Les journaux faisaient vibrer la fibre nationale et prêchaient la haine de l'ennemi héréditaire. La *Gazette de Cologne*, qui toujours eut le verbe haut en parlant du grand-duché, trouva le 20 mars 1867 que la question méritait une attention toute particulière et que le droit du grand-duc de consentir à une cession du Luxembourg était pour le moins très douteux. Le *Times* préconisa l'accession du grand-duché à la Confédération de l'Allemagne du Nord. Pour exciter le sentiment national allemand, on reparla de la politique des frontières naturelles de la France. L'acquisition du Luxembourg ne constituait qu'une première étape. On rappela les récentes victoires de la Prusse, sa puissance militaire, la science de ses généraux ; on traça les grandes lignes du plan stratégique qui devait conduire à l'invasion de la France. Aux imposantes forces dont disposait l'Allemagne unifiée on opposa le décevant tableau de la désorganisation de l'armée française, décimée par d'aventureuses expéditions militaires.

La *Zeidler'sche Correspondenz*, qui ordinairement reproduisait les inspirations de M. de Bismarck, escomptait l'effet produit par les traités de la Prusse avec l'Allemagne du Sud. « De ces traités, disait la feuille officieuse, est sortie une Allemagne forte, qui a le sentiment de sa force et de sa sécurité ». De tumultueux meetings déclarèrent que le Luxembourg devait être réuni le plus tôt possible à l'Empire allemand, qu'il était du devoir de la Prusse de maintenir dans toute sa force le lien qui rattachait la petite province à la mère-patrie.

Le comte de Bismarck résista au flot montant des passions populaires. Jusque dans les milieux militaires, où le général de Moltke trônait en maître et voulait par tous les moyens conserver le droit de garnison, le ministre avait su se créer des alliés. Roon et Steinmetz se prononcèrent en faveur des projets français ou, du moins, ne voulurent pas d'une guerre immédiate contre la France. Ce n'est pas qu'ils aient eu de bien vives sympathies pour leur malheureux et imprudent voisin ; ils espéraient que la guerre nationale présenterait moins de dangers, lorsque par suite de la réorganisation militaire qui se poursuivait avec une fiévreuse activité dans l'Allemagne du Sud, les forces allemandes se seraient considérablement accrues.

« Toute la presse prussienne, écrivit Benedetti le 26 mars, s'occupe de l'affaire du Luxembourg dans un sens regrettable. M. de Bismarck pourrait de nouveau être interpellé et il lui serait difficile d'être aussi évasif que la première fois. Il est urgent qu'on prenne un parti à La Haye ».

De son côté le roi grand-duc s'était ressaisi. Dans une lettre que le prince d'Orange fut chargé de porter à Paris, il déclara que son intention était toujours de céder le Luxembourg à la

France. Il voyait dans cet arrangement un gage de paix.
C'est pourquoi l'assentiment de la Prusse lui paraissait absolument nécessaire ; il demanda à l'empereur Napoléon de négocier cette adhésion.

Cette lettre ramena l'espérance dans le cœur des ministres
français, qui avaient eu un moment d'angoisse et d'hésitation.
Le marquis de Moustier constata avec satisfaction que « le
roi semblait renoncer à l'initiative qu'il voulait prendre à
Berlin et qui eût pu avoir des conséquences regrettables » (1).

Cet espoir fut de courte durée. Avant même que la lettre
du roi grand-duc à l'empereur ne fut partie, le ministre de
Prusse à La Haye avait été mandé au palais. « Je vous ai fait
venir chez moi, avait dit le roi au comte Perponcher, parce
que je voulais vous dire que l'empereur des Français m'a fait
des propositions pour la cession du Luxembourg à la France.
Je n'ai rien voulu faire à l'insu de la Prusse ; il m'a donc
semblé que je ne pouvais mieux agir que de vous informer
franchement. J'ai écrit à l'empereur des Français que je m'en
remettais à sa loyauté pour qu'il s'entende avec le roi de
Prusse. Je vous prie donc d'en rendre compte au roi. Sa Majesté voudra apprécier, j'espère, la franchise avec laquelle
j'agis dans cette affaire » (2).

Le ministre néerlandais à Berlin reçut l'ordre de soumettre
au gouvernement prussien une convention par laquelle la
Prusse renoncerait au nom de l'Allemagne à se prévaloir des
rapports qui avaient existé entre les Pays-Bas et la Confédération germanique au sujet du Limbourg. M. de Bylandt
devait en outre obtenir de M. de Bismarck une pièce écrite
constatant qu'il n'existait entre la Hollande et le Luxembourg
aucune solidarité politique quelconque. Le gouvernement néerlandais offrait généreusement ses bons offices au gouverne-

_____

(1) Dépêche à M. Baudin, 28 mars 1867 ; *Staatsarchiv*, 1867, n° 2752.
 (2) Dépêche de M. de Moustier, 30 mars 1867 : *Staatsarchiv*, n° 2755.

ment prussien pour régler à la satisfaction des parties intéressées la question pendante.

Cette conduite contraria singulièrement les diplomates
français. Les négociations entreprises en vue de la cession
n'étaient assurées du succès que si le secret le plus absolu
était gardé pendant la période préparatoire. Le secret venait
d'être rompu d'une manière flagrante. « Tout cela me paraît
prématuré et regrettable, écrivit le marquis de Moustier à
M. Baudin, le 30 mars. Je souhaite qu'il n'en sorte aucun
fâcheux incident ».

On pouvait espérer un instant que les désirs de M. de
Moustier n'en allaient pas moins se réaliser. Au gouvernement luxembourgeois qui, le 12 octobre 1866, avait proposé
à la Prusse un projet de convention impliquant le maintien
de la garnison et une intime entente militaire et commerciale,
il fut répondu le 27 mars que la question devait être ajournée
à une date indéterminée. Le même jour, M. de Bismarck réitéra sa promesse de laisser faire la cession pourvu qu'on ne
la réputât pas faite de son consentement.

La même résolution se manifeste dans la réponse qu'il
fit à M. de Bylandt. « L'impression de M. de Bylandt, télégraphia Benedetti, est qu'on veut la transaction en restant
libre de la blâmer... M. de Bismarck ne lui aurait pas dissi-
mulé que cette affaire provoquait en Allemagne une vive agitation qui grandissait chaque jour et il lui aurait donné à
entendre qu'il importait de se hâter. En somme, M. de Bismarck a tenu le langage que j'ai toujours annoncé, et le ministre des Pays-Bas en a parfaitement saisi le sens véritable.
Il serait urgent maintenant de passer à la signature de la cession ».

A la communication faite par le roi des Pays-Bas au comte
Perponcher, le roi de Prusse répondit d'une manière évasive et
incolore ; il refusa d'exprimer un avis sans connaître la manière de voir des autres signataires des traités. Les bons

offices offerts par le cabinet de La Haye ne furent pas agréés par M. de Bismarck, parce que l'affaire du Luxembourg n'avait donné lieu à aucuns pourparlers entre la France et la Prusse. Il ressort clairement de toutes ces circonstances que la cour de Berlin ne voulait nullement contrarier le gouvernement de Paris. Le comte de Bernstorff, l'ambassadeur de Prusse à Londres, fit seul entendre une voix discordante; dès le 27 mars, lord Stanley était informé de ses dispositions peu conciliantes. Il est vrai que les violences de la presse prussienne s'accroissaient à mesure qu'on approchait de la solution définitive. « Mais dans l'impossibilité où l'on est de les réprimer, disait M. de Bismarck à Benedetti, il faut philosophiquement s'y résigner, sans les craindre ».

A La Haye, la dépêche prussienne du 27 mars avait calmé les esprits agités. Il n'est pas nécessaire de recourir aux influences occultes pour expliquer la tranquillité du roi et de son entourage. M. de Bylandt, favorable à la cession du grand-duché, envoyait des dépêches plutôt optimistes.

La lettre du roi fut remise à l'empereur Napoléon le 28 mars. Immédiatement M. Baudin fut mandé à Paris ; il en repartit pour La Haye avec des instructions suffisantes pour signer le traité de cession. Dans la matinée du 1er avril, il fit parvenir au roi la réponse de l'empereur : le consentement des deux souverains était échangé. On allait signer le traité lorsque M. van Zuylen, invoquant un vice de forme fondé sur la nécessité de faire intervenir M. de Tornaco dans le traité, demanda la remise de la signature au lendemain. C'était le moment des résolutions extrêmes. « Il faut se hâter, avaient télégraphié dans la nuit du 30 au 31 mars MM. de Bylandt et Benedetti, car l'esprit public se montre de jour en jour plus hostile à la cession du Luxembourg ». Deux dépêches de M. Benedetti du 31 mars avaient annoncé ce déchaînement des passions chauvines allemandes ; M. de Bismarck se sentait débordé par l'agitation répandue dans la presse et dans le Parlement (1).

Le 30 mars 1867, le *Moniteur officiel* de Luxembourg annonça qu'il n'était nullement question de céder le grand-duché à la France. Le gouvernement français demanda des explications sur la portée et l'origine de cette déclaration. M. van Zuylen promit de la faire désavouer.

Pendant qu'à La Haye des hésitations imprévues retardaient la conclusion de la cession, les choses empiraient en Allemagne. Ce n'est pas que le comte de Bismarck se soit dès ce moment opposé à la convention que lui-même avait encouragée et presque provoquée; il se souvenait encore de ses promesses. L'anxiété fut vive même au palais de la Wilhelmstrasse. Dans la soirée du 31 mars, le comte de Goltz se présenta tout effaré au Quai d'Orsay. Il annonça au marquis de Moustier que l'affaire du Luxembourg prenait, comme il l'avait prévu, une mauvaise tournure et l'engagea à tout rompre. Dans le courant de la journée, Benedetti avait fait savoir à M. de Bismarck que tout était probablement fini et que la France ne pouvait plus reculer. — M. de Moustier resta stupéfait devant cette démarche inattendue du diplomate prussien ; il ne put que lui dire que tout retour en arrière était impossible, la question devant être considérée comme terminée.

Le comte Benedetti avait été chargé d'annoncer le 1er avril à M. de Bismarck la signature du traité de cession. Il se rendit au palais du ministre. Après avoir présenté au comte de Bismarck, qui fêtait le cinquante-quatrième anniversaire de sa naissance, les félicitations d'occasion, il lui dit : « Excellence, je dois vous donner lecture d'une note que j'ai reçue de mon gouvernement ». M. de Bismarck, qui savait ce que contenait cette pièce, le pria de patienter, la séance du Reichstag étant commencée et sa présence y étant attendue.

(1) *Das Staatsarchir*, 1867, II, nos 2756, 2757.

En arpentant ensemble le jardin qui séparait l'ancien palais du parlement de la chancellerie, les deux diplomates causèrent de toutes sortes de choses, sauf de celles que M. Benedetti était chargé de communiquer au cabinet prussien.

Arrivé sur le seuil du palais, M. de Bismarck mit son interlocuteur au courant des dangers que présentait en ce moment la notification officielle du traité de cession. « Si nous nous quittons maintenant, dit-il, je pourrai dire dans un instant que je n'ai reçu jusqu'à présent aucune communication officielle concernant les bruits qui courent au sujet du Luxembourg, et que nous pourrons avoir confiance dans la prudence de l'empereur, qui certainement ne fera rien qui soit de nature à compromettre les bonnes relations entre les deux pays. — Si, au contraire, vous me forcez à recevoir votre dépêche, je dois avouer que la France a porté ses vues sur le Luxembourg, mais que le roi s'opposera de tout son pouvoir à la cession ; ce serait, dans l'état actuel des choses, la guerre immédiate » (1).

Le comte Benedetti n'insista pas. M. de Bismarck entra au Palais. En rentrant à l'ambassade de France, Benedetti trouva une dépêche de M. de Moustier qui s'était attardée en route. Le ministre français annonçait que le baron de Tornaco était mandé à La Haye, et que la signature de la cession serait sûrement donnée dans la journée. « Si cette dépêche, écrit M. Rothan, était arrivée une heure plus tôt, l'ambassadeur aurait dû accentuer ses réponses assez pour permettre au président du Conseil d'affirmer, qu'à l'heure où il parlait, le Luxembourg était cédé à la France, et, le lendemain sans doute, les calculs du parti militaire se seraient réalisés en s'appuyant sur le veto enthousiaste du Parlement. La guerre n'avait tenu, cette fois, qu'à un fil, il est permis de le dire sans jouer sur les mots » (2).

(1) Oscar Meding : *De Sadowa à Sedan*, p. 102; Sybel, *op. cit.*, p. 111.
(2) Rothan, *op. cit.*, p. 246.

* *

Dans la matinée du 1er avril, l'empereur reçut du Mexique des nouvelles alarmantes qui laissaient prévoir la fin tragique du malheureux empereur Maximilien. Quelques heures plus tard, il ouvrit solennellement l'Exposition universelle, et, dans un langage élevé, célébra les bienfaits de la paix et de l'union des peuples. A Berlin, M. de Bennigsen interpella le gouvernement sur les bruits qui couraient relativement à la cession du Luxembourg à la France. Le comte de Bismarck avait provoqué cette interpellation pour calmer les esprits agités. Bennigsen était chargé de présenter les répugnances de la nation allemande, qui s'insurgeait contre la cession à la France d'un pays qui, autrefois, avait appartenu à l'Allemagne. Le ministre devait répondre dans un sens pacifique et déclarer que la cession n'était pas faite (1).

M. de Bennigsen posa une double question : Le gouvernement royal sait-il si les négociations franco-hollandaises, dont se préoccupe si vivement l'opinion publique, ont réellement eu lieu ? Peut-il assurer au Parlement que, d'accord en cela avec les Etats confédérés, il est fermement résolu à hâter la réunion du Luxembourg à l'Allemagne, et à défendre énergiquement notre droit de garnison ?

Le député vanta, en termes dithyrambiques, les sentiments allemands de la population luxembourgeoise. A l'appui de ses dires, il donna lecture d'une lettre émanée d'un habitant du grand-duché, dans laquelle les Luxembourgeois étaient présentés comme un peuple entièrement allemand, fier de son origine allemande. M. de Bennigsen exprima l'espoir que cette petite province qui, pendant des siècles, avait appartenu à l'empire allemand, auquel elle avait donné des souverains,

(1) Sybel, op. cit., p. 108.

serait conservée à la grande patrie dont le signataire de la lettre avait vanté la grandeur et imploré le secours.

La réponse du comte de Bismarck fut mesurée, empreinte des sentiments les plus pacifiques. Dès les premiers mots, le ministre constata qu'après la dissolution de la Confédération germanique, le Luxembourg et son grand-duc jouissaient de la même souveraineté européenne que les Pays-Bas et leur roi. « Le Luxembourg n'a pas, dit-il, comme la plupart des Etats confédérés, profité de sa liberté pour entrer dans la Confédération nouvelle; cette union ne lui parut pas conforme à ses véritables intérêts... Le gouvernement du roi et les Etats confédérés ont donc dû se demander s'il convenait, dans ces circonstances, d'exercer une pression sur le grand-duché, qui appartenait déjà au Zollverein, en vue de le faire entrer dans le Nordbund. Après mûre réflexion, il se sont prononcés pour la négative. Nous voulions d'ailleurs, ajouta M. de Bismarck, en agissant ainsi, ménager les susceptibilités de la nation française. Le gouvernement prussien s'efforce de vivre en bons termes avec la France. Il a trouvé et trouve les motifs d'une pareille politique dans une appréciation équitable de l'influence que doivent exercer les relations politiques et amicales avec un puissant voisin, et c'est par les mêmes motifs que je m'abstiendrai de répondre par oui ou par non à la deuxième partie de l'interpellation.

« Les paroles de cette seconde partie conviennent parfaitement à une représentation placée sur le terrain national ; elles ne sont pas du domaine de la langue diplomatique qui est employée pour traiter les questions internationales aussi longtemps qu'elles peuvent être maintenues dans les voies pacifiques.

« Le gouvernement prussien ne suppose pas qu'il y ait quelque chose de définitivement conclu entre la Hollande et la France, mais il ne peut pas affirmer le contraire. La question a été mise en avant officiellement par un mot du roi de

Hollande, qui a demandé à l'ambassadeur de Prusse comment la Prusse accueillerait une cession de sa souveraineté. La Prusse a répondu qu'elle devait en laisser la responsabilité au roi de Hollande.

« Du côté de la Prusse, il n'y a aucune raison de faire une autre déclaration. La Prusse tiendra compte des vues des cosignataires des traités de 1839, de l'avis de ses confédérés allemands et de l'opinion publique représentée par le Reichstag.

« La Hollande a offert ses bons offices pour des négociations entre la Prusse et la France. Cette offre a été déclinée... Les gouvernements confédérés espèrent qu'on réussira à maintenir les droits de l'Allemagne par des moyens pacifiques, et que les bonnes relations avec les puissances étrangères seront maintenues... » (1).

La réponse à la première question posée par Bennigsen est un chef-d'œuvre de stratégie diplomatique et parlementaire. Henri de Sybel, qui ne fut pas toujours tendre envers le comte de Bismarck, le reconnaît. Cet historien croit qu'il est nécessaire, pour comprendre le langage du comte de Bismarck, de faire une distinction très subtile entre les négociations officielles au sens propre du mot et les négociations sans épithète. Des pourparlers concernant la cession du Luxembourg étaient engagés entre les cours de Berlin et de Paris ; il n'y avait pas de négociations officielles. Le marquis de Moustier employa quelques jours plus tard une distinction analogue à la tribune du Sénat français.

M. de Bismarck avait voulu apaiser par des paroles de paix l'opinion publique allemande. Ce résultat ne fut pas atteint. En terminant son discours, le ministre exprimait l'espoir que les droits non douteux d'un État et d'un peuple allemands ne

---

(1) Cfr. *Das Staatsarchiv*, 1867, 11, n° 2760; Rothan, *op. cit.*, p. 251; *Moniteur universel*, 3 avril 1867; von Sybel, *op. cit.*, p. 114-116.

seraient méconnus par aucune puissance étrangère. Ces paroles furent accueillies par de chaleureux applaudissements. Les membres du Parlement aussi bien que les fougueux organes de la presse politique ne voulurent pas comprendre que, dans l'opinion du comte de Bismarck, les droits de la Prusse sur le Luxembourg ne rentraient pas dans la catégorie des droits non douteux.

Le discours de M. de Bismarck eut un immense retentissement. La presse chauvine allemande exultait. Le parti militaire du comte de Moltke croyait l'occasion venue d'expérimenter *in anima vili* l'effet des nouveaux fusils des fantassins prussiens. Aucune proposition précise n'avait été soumise aux délibérations et au vote des membres du Reichstag. « La manière dont l'assemblée a accueilli l'interpellation et la réponse, avait dit le président, parle plus haut et plus clair que toute proposition qui pourrait être présentée ». L'ordre du jour constituait une manifestation des plus caractérisées contre l'annexion du Luxembourg à la France.

Il fallait atténuer l'effet de ces discussions chauvines. A Paris, tout était à la guerre. Les armements furent poussés avec la dernière énergie. Le maréchal Niel regagnait rapidement le temps perdu par le maréchal Randon. L'armée d'Afrique reçut l'ordre de se concentrer. On se préparait à une mobilisation immédiate. De Francfort, le consul Rothan avait depuis les premiers jours de mars dénoncé les préparatifs militaires de la Prusse; il avait personnellement entretenu l'empereur du danger menaçant. La situation était de la plus grande gravité.

Dans la soirée du 1er avril, le comte de Goltz se présenta au ministère des affaires étrangères. Il était chargé de remettre à l'empereur la réponse du roi de Prusse à l'invitation qui lui avait été adressée pour l'Exposition universelle. Le moment était mal choisi pour s'occuper de questions de courtoisie et de politesse internationales. L'astucieux diplomate rassura

M. de Moustier sur les sentiments de M. de Bismarck qui, sans oublier ses anciennes promesses, priait le gouvernement français de renvoyer la signature de l'acte de cession à une époque ultérieure, après la clôture de la session du Reichstag.

Ces communications furent accueillies très froidement. Aux yeux de M. de Moustier, le Luxembourg était terre française depuis que les souverains intéressés avaient échangé leur consentement. Le prince d'Orange avait apporté à Paris le consentement du roi grand-duc; M. Baudin avait remis à Guillaume III la lettre d'adhésion de l'empereur des Français. Il était décidé qu'un fonctionnaire français partirait dès le lendemain pour organiser l'administration française dans le Luxembourg. La nouvelle demande du cabinet de Berlin ne méritait pas d'être prise en considération.

C'était la guerre. « L'empereur semble ce matin, télégraphia le marquis de Moustier à M. Benedetti, décidé à ne pas reculer ». « Nous persistons, annonça-t-il à M. Baudin le lendemain, 3 avril, à considérer le roi comme personnellement engagé. Nous ne le compromettons pas, mais il faut qu'il ne fasse aucune nouvelle démarche comme celle qui a eu un si fâcheux résultat et dont M. de Bismarck se plaint amèrement. Il faut aussi que l'on ne permette pas que le prince Henri provoque dans le grand-duché des contre-manifestations ; cela est de la plus haute importance » (1).

Ces conseils venaient trop tard. Déjà le prince de La Tour d'Auvergne avait annoncé de Londres que le ministre de Prusse s'était informé de la manière de voir du cabinet anglais sur l'éventualité d'une cession du Luxembourg à la France. De semblables démarches avaient été faites auprès des puissances signataires du traité de 1839. S'il est vrai que lord Stanley était loin de s'opposer à la cession désirée par la France, il n'en fallait pas moins redouter l'effet de ces démar-

(1) Dépêche citée par Rothan, *op. cit.*, p. 258.

ches sur l'esprit du roi grand-duc (1). A Berlin, le comte de
Bismarck se plaignait des embarras en face desquels il se trouvait placé ; à chaque instant il revenait sur la communication
du roi des Pays-Bas qui n'avait pas laissé au gouvernement
prussien toute sa liberté d'action » (2).

Le *Temps* commenta dans une étude profonde et raisonnée
le discours de M. de Bismarck. Dans l'opinion de la feuille
parisienne, le discours éveillait presque invinciblement l'idée
d'une mystification : l'hilarité du Parlement, itérativement
constatée par le compte-rendu, était de nature à confirmer
cette impression. Le comte de Bismarck avait promis au
Reichstag de déférer, au cas où il en serait saisi, la question du
Luxembourg à ses alliés, aux signataires du traité de 1839; à
l'opinion publique allemande et au Reichstag. Poser la question en ces termes, c'était la résoudre. Il devenait dès lors impossible que la France pût avoir le grand-duché par voie
d'arrangement amiable. Une seule question se posait : l'acquisition du Luxembourg vaut-elle les risques et la peine d'une
grande guerre entre la France et la Prusse? Cette guerre ne
pouvait se faire que dans de désastreuses conditions. De cette
question aussi on pouvait dire que la poser c'était la résoudre.

A Mérimée, le confident de l'empereur Napoléon, l'affaire
du Luxembourg parut être une grande folie et constituer un
grand danger. Il croyait que « l'intérêt de la France désorganisée et divisée consistait à ne pas s'exposer pour acquérir
un petit pays, qui ne valait pas *les quatre fers d'un chien* » (3).

Mais déjà le roi grand-duc était retombé dans ses hésitations de la première heure. Il n'avait donné son consentement
à la cession que sous la condition de l'assentiment de la Prusse

(1) *Staatsarchiv*, 1867, II, nᵒ 2761.

(2) Dépêche de M. Benedetti à M. de Moustier, 2 avril 1867; *Staatsarchiv*,
nᵒ 2762.

(3) Lettre de Mérimée à Panizzi du 4 avril 1867; *Lettres à M. Panizzi*, t. II,
p. 279.

et en vue de maintenir la paix de l'Europe. Maintenir son consentement, c'était compromettre la paix, le retirer n'était-ce pas déchaîner la guerre? Les instances de M. van Zuylen l'auraient probablement amené à signer le traité définitif si M. de Perponcher, venant à la rescousse, ne l'eût rappelé au sentiment de son entière et grave responsabilité et attiré son attention sur l'état de l'opinion publique en Allemagne (1).

M. Baudin voulut intervenir ; on ne l'écoutait plus. L'empereur Napoléon n'avait pas encore recouvré son sang-froid. « M. de Bismarck, dit-il à l'historien de Sybel, a voulu me duper ; un empereur français ne se laisse duper par personne » (2).

La France n'était pas prête. Le marquis de Moustier eut le courage de se résoudre à une attitude expectante, et « de demeurer calme au milieu d'imprudentes excitations » (3). Dans son discours du 1er avril. M. de Bismarck avait fait des déclarations de principe que le gouvernement français avait intérêt à voir constater officiellement. Le ministre prussien avait reconnu :

1° Que l'ancienne Confédération germanique s'étant dissoute, chacun de ses membres a recouvré sa pleine souveraineté ;

2° Que le grand-duché et le grand-duc de Luxembourg ont joui, depuis cette dissolution, de la même souveraineté et de caractère européen que le roi et le royaume des Pays-Bas ;

3° Que le grand-duché de Luxembourg n'a pas jugé à propos d'entrer dans la Confédération du Nord et n'en fait pas partie ;

---

(1) Dépêche de M. Baudin, 3 avril 1867; *Staatsarchiv*, n° 2763.

(2) H. de Sybel, *op. cit.*, p. 119.

(3) Dépêche de M. de Moustier à Benedetti, 6 avril 1867: *Staatsarchiv*, n° 2765.

4° Que le motif de cette abstention a été surtout la répugnance bien arrêtée des différentes classes de la population ;

5° Que ce sentiment du grand-duché a trouvé son expression dans une dépêche adressée par son gouvernement au cabinet de Berlin, au mois d'octobre dernier, et dans laquelle il conteste à la Prusse le droit de tenir garnison à Luxembourg ;

6° Que le gouvernement prussien, après un examen consciencieux, n'a pas pensé qu'il dût exercer ni pression ni influence pour déterminer le grand-duché à entrer dans la Confédération du Nord.

M. de Moustier attacha également une grande valeur aux paroles par lesquelles M. de Bismarck avait déclaré vouloir, dans une juste appréciation des rapports qui doivent exister entre les deux nations française et prussienne, ménager les susceptibilités de la France. Ces paroles ne constituaient que de pures formules de courtoisie. Car, si la sincérité du comte de Bismarck nous paraît avoir été entière avant la séance du Reichstag et l'interpellation de Bennigsen, elle n'exista plus au cours des négociations postérieures. Après avoir pendant de longues semaines laissé déborder l'opinion publique allemande, le ministre prussien était dès la fin de mars résigné à la subir. En face du déchaînement des passions populaires, il lui était impossible d'endiguer le mouvement. Peut-être ne fût-ce pas sans une intime satisfaction qu'il se laissa entraîner par le courant qui le portait vers la guerre !

Pour confirmer le roi grand-duc dans son intention de maintenir les liens qui rattachaient le Luxembourg à sa couronne, M. de Bismarck n'hésita plus à déclarer que le Limbourg était dégagé de toute obligation envers l'Allemagne. Le langage amphibologique et imprécis de la dépêche du mois de février 1867 n'était plus de mise. La question luxembourgeoise avait contribué à résoudre le problème du Limbourg.

Dans une communication faite au Sénat français le 8 avril,

le marquis de Moustier « se déclara prêt à examiner de concert avec les autres cabinets de l'Europe, les clauses du traité
de 1839 ». Il promettait d'apporter dans ce loyal examen le
plus entier esprit de conciliation et exprimait l'espoir que la
paix ne saurait être troublée par cet incident (1).

Le péril était momentanément écarté, grâce au sang-froid
et à la sage modération du ministre qui, dans des moments
difficiles, sut contenir l'élan de ses sentiments patriotiques.
Les puissances étrangères rendirent hommage à la modération
et aux dispositions pacifiques du gouvernement français (2).

M. de Boigne, arrivé à Luxembourg dans la soirée du 2 avril
pour s'occuper sans retard de tout ce qui pouvait intéresser
le commerce et l'industrie du pays, rencontra de nombreux
obstacles. Dès les premiers jours il put se convaincre que la
cession du Luxembourg à la France était loin d'être un fait
accompli. Sur les instances du prince-lieutenant, le gouvernement luxembourgeois, après l'avoir fait interroger par un
magistrat, l'invita à s'abstenir de toute démarche de nature à
inquiéter l'opinion publique. M. de Boigne fut rappelé à Paris
vers le milieu du mois d'avril, lorsque toute illusion eut cessé.

L'affaire du Luxembourg entrait dans une phase nouvelle.
Le moment approchait où à l'inquiétude nationale qui n'avait
que trop duré, devait succéder une ère de calme et de paix,
juste récompense de la fidélité des Luxembourgeois à leurs
légitimes souverains.

---

(1) *Staatsarchiv*, 1867, II, n° 2767.

(2) Dépêche du prince de La Tour d'Auvergne, 10 avril 1867: *Staatsarchiv*,
n° 2769.

CHAPITRE IV

LA CONFÉRENCE DE LONDRES

—

L'empereur Napoléon mit plusieurs semaines à recouvrer
son sang-froid ; sa désillusion avait été trop pénible et trop
subite. Miné par une longue et incurable maladie qui portait
atteinte à ses facultés intellectuelles et l'empêchait de diriger
sûrement la politique gouvernementale, il eut de la peine à se

convaincre que l'insuffisance notoire de son armée ne lui permettait pas de lutter avec quelque chance de succès contre les troupes victorieuses du roi Guillaume. Le maréchal Niel hâtait fiévreusement la réorganisation de l'armée décimée par d'imprudentes aventures ; le marquis de Moustier reçut l'ordre « d'user de tous les stratagèmes de la diplomatie pour maintenir les choses en l'état pendant quelques semaines ».

Les sympathies populaires s'éloignaient manifestement du régime impérial ; à l'extérieur le prestige de l'Empire avait fait place à une méprisante défiance. Le temps n'était plus où l'empereur Napoléon, entouré d'une brillante couronne de diplomates, pouvait se croire l'arbitre des destinées de l'Europe ; son astre avait pâli. L'aigle royale des Hohenzollern planait à une hauteur à laquelle la France pendant quelque temps avait pu prétendre. Partout apparaissaient les signes précurseurs de la fin. En se retirant du pouvoir, Drouyn de Lhuys avait annoncé à un diplomate prussien que la barque allait à la dérive et que le naufrage était proche. Disraeli, qui lui aussi, se connaissait en hommes, prédit à son tour la fin de l'Empire. « Napoléon, dit le ministre anglais, est un homme perdu. Il est incapable de lutter contre la Prusse. La maladie déprime ses facultés intellectuelles et la situation intérieure se complique à un tel point qu'il est facile de prévoir que le dernier acte de la tragédie impériale approche du dénouement final ».

En l'appelant au pouvoir et en lui conférant bénévolement une autorité presqu'absolue, le peuple français avait espéré que l'empereur Napoléon réviserait les fameux traités de 1815 dans un sens favorable à la France. Napoléon avait contribué à la révision des traités de Vienne en les aggravant. En faisant le bilan de la politique impériale, Thiers ne trouvait que deux résultats appréciables : l'Italie une et indivisible, qui refusait désormais d'obéir aux volontés de son grand bienfaiteur et pouvait d'un jour à l'autre se joindre à ses ennemis ; la Prusse

agrandie et puissante, en mesure de lutter victorieusement
contre l'imprudent souverain dont la connivence avait facilité
l'unification de la plupart des régions « qui parlaient allemand ». L'opposition se fortifiait à mesure que déclinait le
prestige de la France.

Le gouvernement français s'était trop avancé pour pouvoir
tolérer le maintien d'une garnison prussienne dans la citadelle
de Luxembourg. Cette exigence était un minimum dont la
France ne pouvait se départir sans ternir son honneur national,
la guerre dût-elle en résulter. Prudemment et sagement, le
marquis de Moustier sut virer de bord au moment psychologique et écarter momentanément le péril. La diplomatie a été
la cause de bien des conflits ; dans cette difficile occurrence,
elle eut le bonheur d'éteindre le brandon qui déjà fumait.
Bismarck lui-même fut forcé d'avouer qu'à côté du parti militaire qui poussait vers la guerre et accroissait le danger (1),
il y avait en France un courant diplomatique offrant les plus
sérieuses garanties.

Le problème qui se posait était le suivant : Comment concilier la nécessité dans laquelle se trouvait la France d'obtenir
une satisfaction honorable, avec le refus de la Prusse de consentir la moindre compensation ? De part et d'autre on se
heurtait à une impossibilité absolue. L'honneur militaire ne
permettait pas au roi Guillaume d'évacuer une forteresse occupée depuis un demi-siècle par les troupes prussiennes. Le
même honneur militaire prescrivait à la France de poursuivre
cette évacuation même au prix d'une sanglante guerre.

Inquiètes et troublées, les puissances se groupèrent autour
des deux partenaires engagés à fond.

Le gouvernement anglais ne cachait pas ses sympathies
françaises. Une interpellation opportune de sir Robert Peel
fournit à lord Stanley l'occasion d'exposer les grandes lignes

---

(1) Discours de Bismarck au Reichstag, 18 octobre 1867.

de la politique étrangère du cabinet. Sir Robert Peel n'avait
pas ménagé ses critiques à la conduite du roi de Hollande et
aux visées ambitieuses de l'empereur des Français. « Au moment d'engager ces funestes pourparlers, dit-il, les deux souverains étaient seuls à espérer que la Prusse, gouvernée par
un des plus grands ministres qui aient jamais dirigé les destinées d'un pays, pût être amenée à renoncer à une forteresse et à un territoire allemands. L'intrigue ourdie entre les
cours de Paris et de La Haye était condamnée d'avance ; c'était
une grave faute de s'y engager sans regarder en arrière ».

La réponse de lord Stanley fut grave et modérée ; le langage non moins clair et précis que courtois du jeune ministre
contrastait avec le ton acerbe de la harangue du vieux parlementaire. Dès le début, lord Stanley constata que l'empereur
Napoléon, désireux d'acquérir le grand-duché de Luxembourg,
avait trouvé auprès du roi grand-duc un accueil favorable,
mais que le gouvernement néerlandais, convaincu que les liens
dynastiques existant entre la Hollande et le fief de son roi,
étaient loin de constituer un élément de prospérité, de puissance et de sécurité, n'avait pas cru devoir prendre part à des
négociations intéressant le roi, mais non le royaume des
Pays-Bas.

« La cession, dit lord Stanley, présupposait le consentement du peuple luxembourgeois, l'agrément des puissances
signataires du traité de 1839 et le paiement d'une modeste
indemnité pécuniaire. Comme le roi grand-duc renonçait bénévolement à ses droits, la garantie européenne, stipulée dans la
convention de Londres, était hors de cause. La Grande-Bretagne n'ayant jamais garanti l'intégrité territoriale de l'Allemagne, n'avait pas à intervenir dans la question. Le cession-
naire devait s'entendre avec le gouvernement allemand pour
faire agréer la transaction.

« Il ne nous appartenait pas davantage d'intervenir auprès du roi des Pays-Bas, ce souverain ayant subordonné

son consentement à l'adhésion de la Prusse. Les sentiments et les préférences de la population luxembourgeoise nous sont inconnus. Convaincus dès la première heure que l'opposition du cabinet de Berlin rendrait tout accord impossible, nous ne fûmes pas étonnés d'apprendre dans la journée d'hier que le projet était définitivement abandonné. Le ministre hollandais confirma le caractère officiel de cette communication.

« Ces événements n'empêchent pas que l'obligation de garantie que sciemment et en connaissance de cause nous avons assumée par rapport à la Belgique, ne reste entière..... » (1).

Les déclarations de lord Stanley sont conformes aux traditions anciennes de la politique britannique. Peu enclin à intervenir même indirectement dans les affaires du continent, le cabinet de Londres ne sortira de son fier isolement que si l'indépendance de la Belgique, qu'il protège d'un soin jaloux, est mise en cause. Tout en restant sur une prudente réserve, il est plutôt bien disposé pour la France, et consent même « à appuyer les négociations françaises le jour où le cabinet de Paris le croira utile... »

Le chef du Foreign Office reconnaissait le bien-fondé du droit de garnison que revendiquait la Prusse. Mais il ne pouvait nier que ce pays avait un intérêt particulièrement pressant à maintenir l'indépendance du grand-duché de Luxembourg. Les frontières des deux Etats étaient communes et les liens qui, autrefois, les rattachaient l'un à l'autre imposaient au chef du Nordbund l'obligation de ne pas perdre de vue l'ancien territoire fédéral.

En vue d'exécuter l'engagement pris dans la séance du Reichstag du 1er avril, le comte de Bismarck s'était adressé aux puissances signataires du traité des vingt-quatre articles. Le cabinet de Londres avait été invité à préciser la manière dont il interprétait le caractère impératif des stipulations de

(1) Séance de la Chambre des Communes, 6 avril 1867.

garantie, et à s'entremettre auprès du roi des Pays-Bas pour
empêcher la cession du Luxembourg.

Nous avons vu que le gouvernement britannique refusa de
se prêter aux désirs de la Prusse. L'obligation de garantie ne
pouvait être invoquée dans l'espèce, et l'intervention directe
auprès du roi grand-duc était inutile et inopportune en présence d'un consentement purement conditionnel.

La reine Victoria n'était pas mieux disposée pour la
Prusse que ne l'étaient ses ministres. Elle cédait à l'étrange
sympathie que lui inspirait l'empereur Napoléon : « Je connais peu de personnes, avait-elle écrit à un de ses confidents,
auxquelles je me sois sentie aussi instantanément portée à
me confier et à parler sans réserve... ; il a quelque chose de
mélancolique, de fascinant, d'engageant, qui attire à sa personne... » (1)

Le moment allait venir où la France devait faire appel à
ces sentiments amicaux, et invoquer l'appui de l'Angleterre
en vue d'assurer la paix de l'Europe.

La Hollande était satisfaite depuis que le comte de Bismarck lui avait garanti la libre possession du Limbourg.
Lorsque, dans la séance des Etats du 5 avril, M. Thorbecke
interpella M. van Zuylen sur les négociations en cours, le
ministre insinua que le Luxembourg, dont pourtant la Hollande avait autrefois tiré des subventions fort importantes,
était aussi étranger aux Pays-Bas que les provinces les plus
reculées de l'Afrique centrale, la Chine ou le Japon. Ce langage était peut-être très adroit ; il n'était pas généreux. « Il
est plus que temps maintenant, dit M. Thorbecke, de constater publiquement que la Hollande n'est nullement en jeu
dans le sort du Luxembourg, quel qu'il soit, que nous n'y
avons aucun intérêt, que nous ne savons rien et ne voulons
rien savoir des négociations relatives au Luxembourg.....

_____

(1) Cfr. Rothan, _op. cit._, p. 159.

Qu'est-ce que le Luxembourg ? Un ancien territoire allemand
qui a aussi pendant quelque temps appartenu à la France ;
un insignifiant coin de terre placé entre l'Allemagne, la France
et la Belgique. Mais quant à la Hollande, ce terrain n'a aucun
intérêt et nous n'avons pas à nous en préoccuper. Mais ce
qui nous intéresse grandement, c'est que nos relations avec
l'étranger ne souffrent pas de ce qui peut arriver au Luxembourg et que la Hollande ne soit pas entraînée dans ces
événements... »

M. van Zuylen ne manifesta pas des sentiments plus sympathiques. On s'était servi du Luxembourg pour obtenir la
libération du Limbourg ; cette libération était maintenant un
fait accompli ; les diplomates hollandais pouvaient se dessaisir du brillant atout dont auparavant ils n'hésitaient pas à
se prévaloir. Les sentiments altruistes de M. van Zuylen n'allaient pas au-delà de l'intérêt égoïste bien entendu. « La cession du Luxembourg, dit-il, sauvegarderait absolument l'intérêt de la Hollande. Après un examen sérieux de la question,
*le roi grand-duc est arrivé à la conviction que l'intérêt du
royaume exigeait la rupture du lien dynastique qui, quelque
faible qu'il soit, existe entre les deux pays* ». Les envoyés
néerlandais auprès des puissances étrangères reçurent l'ordre
de s'abstenir de toute intervention dans les affaires concernant le grand-duché.

Il serait futile de relever les exagérations voulues des
hommes d'Etat hollandais. La séparation qu'ils découvraient
subitement entre les deux pays soumis à un même souverain,
n'était pas aussi absolue qu'ils se plurent à la représenter.
M. Thorbecke savait que le Luxembourg avait autrefois
appartenu à l'Allemagne et à la France.

Il oubliait que le cabinet néerlandais avait prétendu déduire
des traités de 1815 un droit absolu à la possession du territoire que maintenant on ne connaissait plus que de nom. Les
négociations longues et pénibles auxquelles donna lieu le rè-

glement de la dette hollandaise ne se comprennent plus, si on tient le moindre compte des déclarations faites à la seconde Chambre des Pays-Bas dans les premiers jours d'avril 1867. Le parallèle est piquant et instructif.

Pour dégager sa responsabilité, le gouvernement de La Haye se fit donner des certificats de bonne conduite. Le comte de Bismarck et le marquis de Moustier s'y prêtèrent de bonne grâce. La France reconnut que les ministres hollandais avaient agi avec une impeccable correction. M. de Bylandt fut autorisé à télégraphier à La Haye, que la Hollande avait sauvé la paix de l'Europe. L'histoire est moins complaisante. La question du Luxembourg ne serait pas née si le gouvernement de La Haye n'avait consenti avec un empressement significatif à offrir le grand-duché en holocauste pour sauver le Limbourg et insisté dans toutes les occasions sur les avantages qui devaient résulter de la rupture des liens dynastiques rattachant le Luxembourg à la maison royale. Ponce-Pilate a trouvé de nombreux imitateurs dans le monde diplomatique. Comme le proconsul romain, M. van Zuylen lavait ses innocentes mains, Seuls les ingénus s'y laissèrent prendre. Avec une bienveillance excessive, M. Baudin rendit compte des sentiments du gouvernement auprès duquel il était accrédité (1).

Ce n'est pas la reconnaissance pour les services reçus qui engagea le comte de Beust à offrir au gouvernement français les bons offices de l'Autriche pour le règlement des difficultés pendantes. Seul le désir d'assurer la paix inspira le ministre de l'empereur François-Joseph. « Napoléon, écrit avec raison M. Rothan, n'avait fait que du mal à l'Autriche ; il avait médité, poursuivi et consommé ses désastres. Il était permis au cabinet de Vienne de savourer le plaisir des dieux ; il n'avait qu'à se croiser les bras. Mais c'était sacrifier l'avenir au passé ; il s'affaiblissait en laissant affaiblir la France ;

_____

(1) Dépêche au marquis de Moustier, 6 avril 1867, *Staatsarchiv*, n° 2766.

il se livrait à la Prusse et perdait sa dernière chance de relèvement (1) ».

Les deux partenaires cherchaient à s'entendre avec l'Autriche. La Prusse espérait que l'Autriche, oubliant sa blessure trop récente et à peine cicatrisée, se joindrait à elle, pour accabler l'ennemi héréditaire de l'Allemagne. L'empereur Napoléon spéculait sur l'aigreur que la campagne de Bohême avait laissée dans le cœur ulcéré de son impérial cousin. M. de Beust détrompa tour à tour la France et la Prusse. Il est des blessures qui ne guérissent pas dans le court espace de dix mois. Il est des rancunes et des ressentiments qui ne s'oublient pas du jour au lendemain. Une alliance austro-prussienne fut secrètement proposée au comte de Beust. La proposition fut rejetée avec froideur. « Une alliance, répondit le ministre, prévoit la défaite et la victoire. Je sais ce qui m'attend en cas de défaite, mais que m'offrirez-vous en cas de succès? Sans doute un exemplaire richement relié du traité de Prague! (2) ».

La Prusse ne se découragea pas à la suite de ce premier échec. Un diplomate bavarois, le comte de Tauffkirchen, fut envoyé à Vienne, muni de pouvoirs suffisants pour la signature immédiate d'un accord. Les nouvelles ouvertures n'eurent pas plus de succès. « Il y a à peine dix mois, s'écria le comte de Beust, lorsque l'envoyé allemand lui eut exposé ses projets, que l'empereur Napoléon a arrêté la Prusse aux portes de Vienne et sauvé par sa médiation, l'intégrité du territoire autrichien, et l'on vient aujourd'hui nous demander de nous liguer contre la France! Jamais l'empereur François-Joseph ne souscrira à une pareille monstruosité; il ne comprendra même pas qu'on ait osé lui en faire la demande (3) ».

(1) Rothan, *loc. cit.*, p. 278.
(2) Dépêche du comte de Beust à Wimpffen, 19 avril 1867 ; cf. von Sybel, *op. cit.*, p. 127.
(3) Cfr. Rothan, *loc. cit.*, p. 338 ; von Sybel, *op. cit.*, p. 127 et s.

Le cabinet de Paris ne fut pas plus heureux dans ses demandes d'alliance. Le comte de Tauffkirchen avait été éconduit
presque sans formes. Avec le duc de Gramont, les formes
employées furent moins rudes ; le résultat était le même.
« Vos derniers télégrammes, écrivit le comte de Beust à son
ambassadeur à Paris, dépeignent une situation des plus critiques. On serait alarmé à Paris de bruits d'alliance entre Vienne
et Berlin et vous me prévenez que l'empereur Napoléon pourrait bien faire une tentative pour se rapprocher de l'Autriche.
Rien, dans notre attitude, ne justifie ce désir ni ces inquiétudes. Le gouvernement impérial ne s'est engagé d'aucun
côté ; il conservera sa liberté d'action et d'appréciation. Il est
vrai que de Berlin et de Munich on nous a fait quelques
avances. Nous y avons répondu poliment et évasivement.
Vous verrez par la dépêche que j'ai adressée au comte de
Trautmannsdorf que mon langage ne compromet en rien la
pleine liberté que j'entends me réserver... » (1).

Mais si l'Autriche se refusa à toute alliance, elle prodigua
ses conseils et ses bons offices pour assurer la paix. M. de
Wimpffen modérait l'ardeur du comte de Bismarck et lui
dépeignait en termes éloquents et persuasifs les horreurs
de la guerre, que les généraux voulaient provoquer. « Si
nous voulions exercer une politique de représailles, disait
le comte de Beust, nous attiserions le feu au lieu de nous
appliquer à l'éteindre ; mais en conseillant à la Prusse de
se montrer accommodante, nous prouvons que nous sommes
à l'abri de pareilles suggestions. M. de Bismarck préfé-
rerait sans doute à nos bons offices une alliance étroite. Mais
il a l'esprit assez libre pour reconnaître qu'il nous devrait un
prix proportionné à notre assistance et que nous ne sommes
pas en situation de le stipuler. Ce serait à lui de nous l'offrir.
Il nous en coûterait, fierté à part, d'élever aucune prétention

(1) Dépêche du comte de Beust au prince de Metternich, 8 avril 1867.

qui serait de nature à amoindrir la grande situation que, depuis le traité de Prague, la Prusse a prise en Allemagne » (1).

La presse autrichienne secondait la sage modération du ministre. Elle prodiguait des deux côtés les conseils de la plus prudente réserve. A la France elle recommandait de ne pas perdre de vue qu'elle se trouvait en face d'une nation intelligente et égale en puissance. « La Prusse, écrivit la *Presse* de Vienne, ne doit pas se méprendre sur l'élan énergique de l'esprit français, et M. de Bismarck fera bien de ne pas tomber dans la faute de son adversaire de Paris par une application excessive du principe des nationalités » (2).

La Russie, hésitante et indécise, flottait à tous les vents. Le vice-chancelier de l'Empire, le prince de Gortschakoff, suivait une politique ondoyante et incertaine. Tandis que M. de Beust n'encourageait personne, le ministre russe encourageait tout le monde. A Berlin, il rappelait à chaque instant les liens intimes qui unissaient la cour de Prusse et la cour de Saint-Pétersbourg ; l'ambassadeur russe auprès de la cour prussienne affichait des tendresses exagérées pour l'allié des mauvais jours. Le souvenir de la célèbre entrevue qui eut lieu au tombeau du grand Frédéric, au plus fort des luttes napoléoniennes, était encore vivace ; il ne devait s'effacer qu'après les délibérations du congrès de Berlin, qui imposèrent des bornes à l'appétit du vainqueur de la Turquie. On insinuait à Paris, — et M. de Budberg s'acquittait merveilleusement de cette tâche, — qu'en politique il n'y a pas d'alliances éternelles ni de liens indissolubles. M. Rothan décrit admirablement l'évolution des nombreuses intrigues qui se produisirent en ce moment entre les cabinets français et russe (3). L'empereur Alexandre était plus froid encore que son ministre ;

(1) Lettre citée par Rothan, *op. cit.*, p. 291 et s.
(2) 16 avril 1867.
(3) Rothan, *op. cit.*, p. 314 et s.

il était sincèrement attaché à son oncle, le roi Guillaume de Prusse. Le rôle du baron de Talleyrand, l'ambassadeur français à Saint-Pétersbourg, était singulièrement difficile. « Nous sommes réduits, écrivait-il, mes collègues et moi, à faire de la pauvre diplomatie, car systématiquement la tâche nous est rendue, ici, plus difficile qu'ailleurs. A moins d'un hasard, nous devons la plupart du temps nous borner à observer la marche des événements et à les commenter de notre mieux. C'est un rôle dont la modestie m'a pesé plus d'une fois » (1).

Seul le prince de Reuss, qui représentait la cour de Berlin auprès du tsar, avait ses entrées au palais impérial, et se trouvait en mesure de jouer le rôle que jouait à Paris le comte de Goltz. De ce côté le gouvernement français ne pouvait concevoir de sérieux espoirs. Le revirement qui se produisit quelques semaines plus tard ne pouvait être prévu à l'avance. La cour de Saint-Pétersbourg aime les décisions inattendues et les brusques revirements.

Le comte de Bismarck s'isolait à Berlin. Tantôt il fraternisait ouvertement avec le parti militaire et se laissait entraîner par les flots désordonnés des passions populaires artificiellement surexcitées ; tantôt il se ressaisissait sur la pente rapide et dangereuse et se remettait à espérer que la paix n'était pas fatalement compromise. On ne fait pas injure au puissant ministre en lui supposant des hésitations très réelles. Et si d'un côté les lettres désobligeantes qu'il échangea au commencement du mois d'avril avec le comte Benedetti nous portent à croire qu'il ne voyait pas la guerre d'un trop mauvais œil, d'autres indices témoignent de son vif désir de maintenir avec la France des relations sinon cordiales, du moins satisfaisantes.

Le parti militaire brandissait l'épée victorieuse. Le général de Moltke supputait les chances de la victoire. « Nous avons actuellement cinquante chances pour nous, disait-il,

(1) Dépêche citée par Rothan, *op. cit.*, p. 331.

dans un an nous n'en aurons plus que vingt-cinq. » Les généraux de Roon et Steinmetz étaient plutôt favorables au maintien de la paix. Les partisans de la guerre n'osaient dévoiler
trop ouvertement leurs projets belliqueux. M. de Moltke lui-
même se méfiait des dispositions pacifiques du roi Guillaume.
Dans la seconde moitié du mois d'avril, un haut fonctionnaire
du palais parla au roi de la gravité de la situation et insinua
que la Prusse risquait d'être acculée à une guerre avec la
France. Justement ému par ces réflexions tendancieuses, le
roi répliqua avec sévérité qu'il ne s'était pas arrêté à cette
fatale idée et que devant personne il n'avait prononcé le mot
de *guerre*. « Bismarck et Roon, dit-il, n'ont pas encore osé
insinuer, au cours de ces désagréables négociations, que la
guerre pouvait résulter des complications actuelles ; je n'ai
même pas demandé au général de Roon si le matériel et les
munitions qui furent dépensés ou détériorés dans la dernière
campagne, sont remplacés... » (1).

La presse allemande était moins réservée ; elle attisait le
feu au lieu de chercher à le circonscrire. Les escarmouches
de plume ont souvent prélude aux fusillades réelles ; on en
percevait le cliquetis sur tous les points du territoire. Les uns
voulaient la guerre, parce qu'ils espéraient que la Prusse en
sortirait meurtrie et déconsidérée ; les autres la voulaient
pour parfaire et achever l'unification commencée.

La *Gazette nationale* de Berlin touchait les fibres patriotiques, et attirait l'attention sur les armements français et sur
le mouvement belliqueux qui, en France, commençait à gagner
du terrain. « Chaque jour, écrivit cette feuille, les cris de
guerre deviennent plus retentissants, plus sauvages, plus
vantards dans les journaux de Paris. Paris s'ennuie et c'est
pour cela que ces messieurs battent du tambour et font sonner
la trompette et qu'ils demandent qu'on attaque le quadrila-

(1) Von Sybel, *op. cit.*, p. 121 et s.

tère prussien. Ils ne songent pas que leur musique pourrait réveiller le lion de Waterloo (1).

« Ce langage, ces fanfaronnades sont indignes d'un grand peuple. A quoi sert-il de nous parler toujours d'Iéna ? N'est-ce pas à Rosbach qu'il a suffi d'un coup de baguette à Frédéric le Grand pour disperser l'armée française aux quatre vents ? Si les Français ont été une fois à Berlin, nous avons été deux fois à Paris. Ce sont là des souvenirs du temps passé dont on ne devrait pas évoquer la mémoire sur le papier..... Nous ne désirons pas la guerre, mais nous ne la craignons pas. Que les Français fassent de Metz un poignard contre l'Allemagne, nous ne pouvons les en empêcher. Les déclamations ne sauraient nous émouvoir ; c'est ce ton de la Gascogne que nous connaissons suffisamment par les mémoires et les romans français. L'*imperium* des Français est passé. »

D'autres feuilles proposaient de calmer l'effervescence du peuple français, en lui enlevant l'Alsace et la Lorraine.

Rien n'était capable de faire dévier le marquis de Moustier de la voie droite et franche qu'il avait choisie. Comme les rapports du comte de Bismarck avec l'ambassadeur français manquaient de cordialité, le comte Benedetti reçut l'ordre de s'abstenir de toute démarche inopportune et de se renfermer dans un prudent silence. Le gouvernement de l'empereur Napoléon était décidé à ne céder à aucune provocation, à aucun entraînement. Renonçant à toute initiative diplomatique, il se refusait à demander une concession quelconque au cabinet de Berlin ; il remit l'affaire entre les mains des puissances neutres en promettant d'accepter leur décision. C'était une politique prudente et avisée de laquelle on s'était malencontreusement écarté au lendemain de Sadowa.

Les États neutres répondirent aux désirs de la France. La paix fut sauvegardée. La politique d'agrandissement avait

(1) Numéro du 24 avril 1867.

fait son temps et compromis la situation ; on y renonça pour
se retrancher sur un terrain inexpugnable, que défendait
l'Europe tout entière. Si le cabinet de Paris n'insistait plus
sur l'exécution du contrat virtuellement intervenu entre l'empereur et le roi des Pays-Bas, et priait le gouvernement hollandais de laisser les choses en suspens, il n'en réclama que
plus vigoureusement l'évacuation de la forteresse du Luxembourg. C'était là, il est vrai, une bien médiocre consolation
pour le patriotisme français, mais mieux valait se contenter
de peu que de risquer dans une guerre, pour laquelle on
n'était pas prêt, le salut même du pays.

Les puissances neutres ne tardèrent pas à entrer en lice.
L'action du comte de Beust fut particulièrement décisive et
rapide. Il était réservé à ce Saxon protestant que la catholique
Autriche avait chargé de la direction supérieure de sa politique, de reconnaître que l'on ne pouvait assurer définitivement
la paix qu'en trouvant une solution capable de calmer les
esprits en France comme en Allemagne. C'est à cette méri-
toire et difficile besogne que M. de Beust appliqua toutes les
facultés d'une intelligence qui se complaisait volontiers dans
les problèmes diplomatiques les plus ardus.

Dès le 8 avril, il communiqua au prince de Metternich
deux propositions destinées à résoudre le problème. On pourrait, soit reconnaître publiquement la neutralité du Luxembourg sous la souveraineté du roi de Hollande, soit rattacher
le grand-duché à la Belgique qui, en échange de cet accroissement, céderait à la France le duché de Bouillon, Philippeville et Marienbourg. Ces bases de l'entente à intervenir
étaient raisonnables et ménageaient les susceptibilités françaises et l'amour-propre prussien. Dans chacune des deux
hypothèses, la Prusse devait évacuer la forteresse qu'elle
occupait sans droit.

Le prince de Metternich ne tarda pas à s'acquitter de sa
mission. Il lut les dépèches de M. de Beust au marquis de

Moustier dans une entrevue qui eut lieu le 14 avril 1867. La réponse du ministre français fut cordiale et conciliante. La France n'excluait aucun arrangement qui tiendrait un compte suffisant de sa dignité et de ses intérêts ; elle regardait l'évacuation de la forteresse de Luxembourg par les troupes prussiennes comme la condition essentielle de tout accord acceptable et s'en remettait aux puissances du soin de déterminer la Prusse à faire les concessions nécessaires. Personnellement, le marquis de Moustier inclinait vers la cession du Luxembourg à la Belgique ; cette annexion devait nécessairement plaire au gouvernement anglais et des avantages d'un autre genre, peut-être la conclusion d'une union douanière franco-belge, en pouvaient résulter. L'empereur repoussait la deuxième combinaison présentée par l'ambassadeur autrichien ; il ne voulait pas avoir l'air de chercher des compensations territoriales ou des rectifications de frontières. Dans une dépêche adressée le 17 avril à l'ambassadeur anglais à Paris, lord Stanley prit acte de la résolution de l'empereur Napoléon « *declaring that he has no desire of territorial agrandizement* » (1).

Le comte de Wimpffen avait reçu l'ordre de sonder le terrain à Berlin. Les propositions du comte de Beust furent communiquées à M. de Bismarck le 12 avril. Le ministre prussien se rejeta plutôt sur la seconde proposition de l'Autriche. « Monsieur de Bismarck, écrit le comte de Wimpffen, s'attacha à l'idée d'après laquelle le grand-duché serait réuni à la Belgique, qui abandonnerait à la France les territoires de Philippeville et de Marienbourg ; il la qualifia d'heureuse et la crut digne d'être prise en considération. Sur la demande, jusqu'à quel point la réalisation de cette idée dans l'intérêt de la paix serait agréable au cabinet de Berlin, il répondit qu'il ac-

---

(1) Dépêche du chef du Foreign Office à lord Cowley, 17 avril 1867. *Staatsarchiv*, 1867, n° 2778.

cepterait avec empressement les bons offices de l'Autriche, si
l'on parvenait à ce but sans exciter l'opinion publique en Allemagne et sans blesser l'Angleterre et la Russie » (1).

C'était retirer d'une main ce qu'on donnait de l'autre. Le
consentement de l'Angleterre et de la Russie était acquis d'a-
vance à toute combinaison capable d'assurer la paix. L'opinion
publique allemande constituait le grand écueil des propositions du comte de Beust. Il était au pouvoir du gouvernement
prussien de la contenir et d'endiguer le mouvement populaire. La réticence formulée par M. de Bismarck constituait
une véritable fin de non-recevoir. Le comte de Bernstorff qui,
dès le début des négociations, avait manifesté à l'égard de la
France des sentiments haineux et acerbes, donna un démenti
aux affirmations déjà peu encourageantes de M. de Wimpffen
et informa le gouvernement anglais que jamais la Prusse n'é-
vacuerait la forteresse litigieuse (2).

Le roi Léopold ne voulait pas du cadeau que les puissances
avaient un instant pensé à lui offrir. Au début, le gouvernement belge se montra moins hésitant que le roi. Le ministre
français à Bruxelles annonça que M. Rogier espérait voir la
France entrer dans les vues suggérées par le comte de Beust
et se rallier à l'idée d'une annexion du Luxembourg à la Belgique. Avant même que les propositions autrichiennes lui
fussent connues, M. van de Weyer, le ministre belge à Londres, avait exposé à lord Stanley les espérances d'un certain
nombre d'hommes politiques belges. Le ministre anglais n'a-
vait ni encouragé ni condamné ces espérances ; il s'était contenté de rappeler que dans la situation actuelle la seule question importante était celle de savoir si la Prusse consentait ou
non à évacuer la forteresse de Luxembourg (3). Quelques

(1) *Staatsarchiv*, n° 3133.
(2) *Staatsarchiv*, 1867, nos 2775, 2778, 2779, 2780.
(3) Dépêches de lord Stanley, 15 et 18 avril 1867. *Staatsarchiv*, nos 2774 et 2781.

jours plus tard, le 18 avril, M. van de Weyer informa lord
Stanley que M. Rogier n'acceptait pas l'annexion proposée par
l'Autriche. Ce refus ne provenait pas du désintéressement du
gouvernement belge, mais bien de l'obligation de céder à la
France quelques maigres compensations territoriales. Or, la
constitution belge interdit toute concession portant atteinte à
l'intégrité territoriale du royaume ; de nouvelles élections de-
viendraient nécessaires pour ratifier l'échange, et M. van de
Weyer estimait que les nouvelles Chambres s'opposeraient à
la cession (1).

*
* *

Après l'accalmie passagère qui s'était produite vers le milieu
du mois d'avril, la situation européenne de nouveau s'aggrava.
L'initiative du gouvernement autrichien avait provoqué un
échange de vues très intéressant ; l'opposition du cabinet de
Berlin, entraîné lui-même par l'opinion publique surexcitée,
la fit échouer.

Le marquis de Moustier eut le mérite de ne pas désespérer
de la paix. Tout en redoutant que les propositions diverses qui
s'entrecroisaient n'amenassent des complications dangereuses,
et en insistant sur la nécessité de l'évacuation de Luxembourg,
il recommandait à M. Benedetti d'être plus circonspect que
jamais et de s'abstenir de toute démarche auprès du comte
de Bismarck. « Nous devons, écrivait-il, garder une attitude
expectante et aussi dilatoire que possible. Vous avez bien
compris notre pensée, qui est de ne céder à aucune provocation, quelle qu'elle soit, et de rendre impossible au roi et au
parti militaire qui le domine de trouver le prétexte de guerre
qu'il semble vouloir chercher » (2).

Les mêmes dispositions pacifiques se retrouvent dans la cir-

(1) *Staatsarchir*, 1867, n° 2781 : dépêche de lord Stanley du 18 avril 1867.
(2) Dépêche citée par Rothan, *op. cit.*, p. 327.

culaire du 15 avril 1867 qui fut envoyée aux ambassadeurs
français près les cours de Londres, de Vienne, de Saint-Pétersbourg et de Florence. Ne se contentant plus des bons offices
des puissances européennes, M. de Moustier demanda directement la médiation du cabinet de Londres et l'intervention
du gouvernement russe. Il était impossible qu'une telle politique ne fût pas approuvée par les puissances neutres. Le
prince de Gortschakoff reconnut qu'il était difficile de joindre
à une courtoisie plus parfaite des sentiments plus modérés et
donna à entendre que l'empereur Alexandre s'emploierait volontiers à faciliter au besoin une solution équitable et de nature à offrir à la France des bases acceptables d'arrangement (1).

Le 17 avril, le gouvernement prussien opposa encore un
refus catégorique aux demandes formulées par les puissances. « Le moment est venu, dit le roi dans le discours de
clôture du Reichstag, où notre patrie allemande, par sa puissance d'ensemble, par sa concorde, est en état de faire respecter ses droits et sa dignité. Le sentiment national dont le
Reichstag a recueilli l'expression élevée, a trouvé un puissant
écho sur tous les points du territoire germanique… » Le même
jour où le roi Guillaume prononçait cette inquiétante harangue,
Bismarck annonça au gouvernement britannique « qu'il ne
pouvait s'occuper des propositions du comte de Beust que
dans la mesure où le sentiment public de l'Allemagne le lui
permettait ; que sur ce point il ne pouvait se guider que sur
son expérience, mais que, pour autant qu'il en pouvait juger,
cette condition préalable n'étant pas remplie, il était réduit à
maintenir le *statu quo…* » (2)

Quelques jours s'étaient écoulés depuis ces déclarations
peu rassurantes, lorsque subitement le vent changea de

---

(1) Dépêche du baron de Talleyrand, 18 avril. *Staatsarchiv*, nᵒˢ 2782, 2783.
(2) Dépêche de lord Stanley à lord Loftus, 18 avril, *Staatsarchiv*, nᵒ 2780.

direction. L'opinion allemande se radoucit. Bismarck se mit à calmer les velléités belliqueuses de son entourage, et à envisager plus froidement l'idée d'une conférence européenne. Peut-être l'échec du comte de Tauffkirchen contribua-t-il pour une large part au brusque changement? En face de l'Europe, la Prusse eut le verbe moins hautain. L'effacement de la France avait préparé l'accalmie. Les Etats neutres se mirent à espérer que la paix pourrait être maintenue.

Sans marcher sur les brisées de l'Autriche, le prince de Gortschakoff s'entremit auprès de la cour de Berlin ; il entendait donner à l'Europe et à l'opinion publique russe le spectacle d'une intime entente franco-russe à Constantinople. Gortschakoff regardait vers l'Orient en s'occupant de l'Occident. Le marquis de Moustier avait les regards fixés sur l'Occident en parlant du Levant. De part et d'autre, les mobiles étaient différents ; cette action combinée aboutit à un résultat heureux, au maintien de la paix. Dès le 20 avril, le baron de Talleyrand pouvait annoncer à son gouvernement que l'empereur Alexandre travaillait chaleureusement à la solution pacifique de la question du Luxembourg et que les nouvelles qu'il recevait étaient favorables... » (1). L'ambassadeur russe à Londres estimait, lui aussi, que la paix pouvait être maintenue si l'Angleterre et l'Autriche voulaient bien, d'accord avec la Russie, exercer une pression suffisante à Berlin... » (2).

A son tour, le gouvernement britannique prit une part active aux négociations. La reine Victoria envoya une lettre pressante au roi de Prusse; lord Stanley stimulait le zèle de son ambassadeur. Sortant de la retraite absolue dans laquelle elle vivait depuis la mort du prince Albert, la reine Victoria intervint vigoureusement en faveur de la paix. Cette interven-

(1) Dépêche au marquis de Moustier du 21 avril 1867, *Staatsarchiv*, nᵒ 2787.
(2) Dépêche du prince de La Tour d'Auvergne, *Staatsarchiv*, nᵒ 2788.

tion s'expliquait d'autant plus facilement qu'elle connaissait les différentes phases par lesquelles avait passé l'affaire du Luxembourg avant qu'elle ne fût devenue une cause de perturbations et de discordes. D'après les comptes-rendus des journaux de l'époque, la reine aurait conjuré le roi de Prusse, en considération des relations intimes de l'Angleterre et de la Prusse, et des liens qui unissaient les deux familles, d'épargner à l'Europe les horreurs d'une sanglante guerre et de tenir compte des justes susceptibilités des puissances voisines. Elle aurait fait observer qu'en cas de guerre, l'Angleterre ne pourrait même pas donner un appui moral à la Prusse, mais que, désapprouvant la politique prussienne, son gouvernement conserverait une neutralité absolue...

Lord Loftus fut chargé d'insister auprès du comte de Bismarck sur les dangers de la guerre, qui menaçait d'éclater ; la marine française ravagerait les côtes allemandes et les finances de la Prusse seraient exposées à une crise fort ruineuse. Le gouvernement britannique voyait avec un profond regret que la Prusse semblait décidée à rompre la paix pour un objet aussi peu important que l'était le droit de garnison qu'elle prétendait posséder malgré la rupture des conventions et des traités relatifs à l'ancienne Confédération germanique (1).

Lord Stanley avait prévu l'absence possible du comte de Bismarck. Dans ce cas, l'ambassadeur anglais devait s'adresser directement au roi Guillaume : « *In case count Bismarck should be absent from Berlin, your Excellency may use your discretion as to speaking to the King of Prussia direct in the sense of this despatch...* » (2).

Lorsque lord Loftus se présenta au palais de la Wilhelmstrasse, le comte de Bismarck avait disparu, sans laisser ni ins-

(1) Dépêches de lord Stanley à lord Loftus, 17, 18, 19 avril 1867. *Staatsarchiv*, 1867, nos 2779, 2780, 2784.

(2) Dépêche du 19 avril 1867, *Staatsarchiv*, no 2784.

tructions ni adresse ; les uns le disaient parti pour la campagne ;
d'autres le croyaient à Paris conférant avec l'empereur des
Français ; d'autres encore affirmaient qu'il se concertait sur
les confins de la Pologne avec le prince Gortschakoff. L'astucieux ministre voulait probablement laisser au roi Guillaume
le soin d'agréer ou de repousser les demandes présentées au
nom du gouvernement britannique.

Après une éclipse de cinq jours, Bismarck rentra à Berlin
dans la soirée du 25 avril. Le lendemain eut lieu chez le
prince royal un concert auquel le roi assista avec toute sa
cour. Le corps diplomatique s'y trouva au complet. Rothan
décrit de la manière la plus originale cette fête et les divers
incidents qui s'y rattachèrent. Nous ne pouvons mieux faire
que de reproduire ce beau morceau d'éloquence diplomatique.
« Bismarck et Benedetti, écrit M. Rothan, s'observèrent de
loin sans chercher à se rapprocher. En s'abordant, ils n'auraient pu que récriminer. Le ministre reprochait à l'ambassadeur d'avoir méconnu sa pensée, travesti ses paroles, et
l'ambassadeur, plus courtois, regrettait, sans le cacher, les
défaillances de mémoire du président du conseil. M. Benedetti était du reste, ce soir-là, l'objet des prévenances de la
cour ; le prince royal, le prince Frédéric-Charles et le duc de
Cobourg protestaient à l'envi des sentiments conciliants de la
Prusse. Le roi, toujours affable et chevaleresque, paraissait
dégagé de toute arrière-pensée inquiétante, et la reine Augusta, avec sa grâce idéale, s'appliquait en redoublant d'amé-
nité à panser des blessures qu'elle savait saignantes.

« Le roi Léopold était le lion de la fête... Il tranquillisait
l'ambassadeur de France sur l'issue du conflit ; c'était l'a
gneau s'efforçant de calmer les appréhensions du loup.

« L'ambassadeur d'Angleterre, seul, était sombre et agité.
Il avait en poche depuis cinq jours des instructions pressantes
que la fugue de Bismarck avait laissées en souffrance. Il attendait, avec une impatience nerveuse, pour s'en acquitter, que

le roi voulût bien lui adresser la parole. Lord Loftus avait la
ténacité britannique ; il était loyal, rond d'allures, mais il
n'avait pas la main légère ; il ne glissait pas, il appuyait. Il
ne connaissait que les instructions de son gouvernement ; il
les faisait sonner très haut, il ne les oubliait dans aucune circonstance de sa vie. La politique l'obsédait ; il en parlait toujours et partout. Il harcelait ses collègues de questions et si,
malgré cela, il n'était pas le diplomate le mieux renseigné, du
moins il se flattait de l'être. Le roi, qui évitait toujours avec le
plus grand soin de causer politique, ne put, cette fois, échapper à l'entretien. A la première parole insignifiante qu'il lui
adressa, lord Loftus lui représenta que son gouvernement désirait une solution pacifique et qu'il n'accepterait pas une conférence si la Prusse ne consentait au préalable à évacuer la
forteresse. Il ajouta, en réponse à une objection de Sa Majesté qui disait que son gouvernement avait à tenir compte
de l'état de l'opinion publique en Allemagne, qu'il fallait
prendre en considération l'opinion européenne de préférence
à l'opinion allemande » (1).

« J'observais le roi, écrivit M. Benedetti ; il m'était facile de
constater que Sa Majesté n'accueillait pas avec faveur les
observations de l'ambassadeur ». Lord Loftus n'en resta pas
moins convaincu que ses paroles avaient produit une salutaire
impression. Il n'en pouvait être autrement. L'ambassadeur
avait été pressant et énergique ; il se savait soutenu par
un gouvernement décidé à appuyer ses propositions par tous
les moyens.

Le 27 avril, M. d'Oubril vint à son tour auprès du comte
de Bismarck pour plaider la cause de la paix. L'ambassadeur
russe avait la main plus légère que son collègue anglais ; l'i-
nitiative du gouvernement russe, venant après les pressantes
sollicitations du cabinet de Londres, ne pouvait laisser aucun

(1) Rothan, *op. cit.*, p. 346 et s.

doute dans l'esprit de M. de Bismarck. Il lui devenait difficile
de décliner des propositions que soutenaient tous les gouvernements européens. Hautain et acerbe lorsqu'il se trouvait en
face des réclamations de la France, il était forcé de se plier
aux demandes de l'Europe. Déjà il repoussait avec moins d'é-
nergie l'idée d'une conférence européenne.

Es ist Frühling geworden in Deutschland, dira plus
tard un membre du Parlement douanier de l'Allemagne du
Nord. Ce printemps avait ses orages et ses jours sombres. La
presse allemande continuait de surexciter le sentiment populaire et à prêcher la guerre patriotique ; son langage était
moins âpre qu'il ne l'avait été au début du mois d'avril ; il manquait encore de cordialité. M. d'Oubril signala au comte de
Bismarck le retentissement regrettable que cette campagne
avait en France et en Europe. Le ministre se croisait les bras
et laissait faire ; il déclinait toute responsabilité. L'attitude
de la Prusse restait incertaine et dangereuse ; elle ne pouvait
encore se faire à l'idée du sacrifice que les puissances étaient
unanimes à exiger d'elle. Le 26 avril, lord Loftus manda encore à son gouvernement que le cabinet de Berlin persistait à
envisager la guerre avec confiance et la considérait comme
le moyen le meilleur pour conduire la question du Luxembourg vers sa solution définitive.

Dans une conversation qu'il eut quelques jours plus tard
avec le comte de Wimpffen, M. de Bismarck manifesta des
sentiments plus pacifiques. Tout en laissant considérablement
à désirer au point de vue de la précision, ils tranchaient
avantageusement sur l'équivoque des déclarations antérieures.
L'opinion publique allemande ne constituait plus une fin de
non-recevoir absolue. Bismarck promettait d'accepter l'invitation à une conférence diplomatique qui lui serait adressée
par les puissances médiatrices. Sans consentir à ce que le
programme des discussions fût fixé d'avance, il s'engagea à
respecter la décision arrêtée d'un commun accord. Il ne refusait

plus de céder au roi grand-duc ce qu'il déclarait ne pouvoir accorder directement à la France. La garantie de la neutralité luxembourgeoise par les puissances était à la base de tout arrangement. Ce langage était rassurant ; le maintien de la paix redevenait possible.

Un nouveau revirement faillit compromettre les résultats acquis. M. de Bismarck inclinait vers la paix. Le roi Guillaume ne variait plus. Mais le parti militaire gagnait de puissants appuis. On incrimina les intentions du ministre trop envahissant qui dominait la Prusse et la confédération de l'Allemagne du Nord. On ne pouvait méconnaître les succès de la politique bismarckienne ; on dénigra les capacités administratives du diplomate. Cette alerte ne fut pas de longue durée. Sur un mot d'ordre, la presse allemande rentra dans la voie de la modération. Du jour au lendemain, les voix belliqueuses se turent pour faire place à un concert de pacifiques déclarations. L'insistance des puissances neutres avait fini par avoir raison des hésitations des hommes d'Etat berlinois, de la mauvaise volonté du comte de Bernstorff, de la politique cauteleuse et tortueuse du comte de Goltz qui, de Paris, attisait le feu et fournissait aux généraux leurs meilleures armes. M. de Bismarck déclara officiellement à M. d'Oubril qu'il acceptait, moyennant certaines conditions, la réunion de la conférence et que la Prusse était prête à renoncer à son droit de garnison.

Le 26 avril, le baron de Talleyrand informa M. de Moustier « que le prince de Gortschakoff venait de recevoir le consentement de la Prusse à l'ouverture d'une négociation collective à Londres sur la base de la neutralisation du grand-duché de Luxembourg, placé dorénavant sous la garantie de l'Europe... » (1). En communiquant au chancelier russe la décision

(1) Dépêche du baron de Talleyrand à M. de Moustier, 26 avril ; *Staatsarchiv*, n° 2795.

du cabinet de Berlin, le prince de Reuss n'avait pas fait expressément allusion au retrait de la garnison. Le prince Gortschakoff n'insistait pas sur cette omission ; il considérait l'adhésion de la Prusse comme impliquant son consentement à l'évacuation, puisque, par suite de l'arrangement proposé, la place de Luxembourg devait perdre toute son importance stratégique (1).

Le gouvernement de Florence voulut se joindre aux autres puissances européennes. Ce ne fut pas l'intérêt de la France qui le guida. Déjà les rapports entre Florence et Paris étaient moins fréquents ; les événements de l'année 1866 avaient suffisamment montré ce que la France pouvait attendre de la puissance que l'empereur Napoléon continuait à considérer comme son alliée naturelle. Le souvenir des services rendus par la France à la cause italienne s'effaçait devant le souvenir des bienfaits plus récents que l'Italie avait retirés du concours et de l'appui de la Prusse. Si la guerre était venue à éclater, la France aurait pu tout au plus compter sur la neutralité du roi Victor-Emmanuel. En politique, la reconnaissance constitue un mobile des plus faibles, si tant est que ce sentiment y doive être pris en considération. « J'ai pu constater, écrivit le baron de Malaret, le 21 avril 1867, chez les membres du gouvernement du roi, une sympathie que je crois réelle, mais qui est visiblement contenue par le désir de ne pas se compromettre... On répète volontiers qu'en cas de conflit les intérêts de l'Italie ne se trouveraient pas directement menacés. Il n'est pas besoin d'une grande clairvoyance pour comprendre que le gouvernement italien, laissé à ses propres inspirations, ne songe pas à nous témoigner ses sympathies autrement que par des vœux ».

Le comte Usedom, fort influent à Florence, avait la conviction que, par reconnaissance envers la Prusse aussi bien que

(1) Dépêche du baron de Talleyrand, 27 avril, *Staatsarchiv*, n° 2798.

par intérêt, l'Italie ne sortirait pas, quel que soit le cours des événements, de la plus stricte neutralité (1).

L'Italie voulait prendre part à la médiation, parce que cette politique lui assurait de sérieux avantages et préparait son admission définitive au rang des grandes puissances. Napoléon se prêta aux désirs de la cour de Florence; il était frappé d'un aveuglement dont la lumière la plus éblouissante ne pouvait avoir raison; il perdait toute sa clairvoyance dès que le nom de l'Italie était prononcé.

Après avoir par ses opportunes sollicitations préparé la réunion de la conférence de Londres, le gouvernement britannique y mit un instant obstacle en réclamant des engagements explicites de la part du cabinet de Berlin, engagements que M. de Bismarck tardait à donner, parce qu'il voulait paraître à Londres libre de tout engagement. De ce côté aussi, les difficultés finirent par s'aplanir. En présence de la tension extraordinaire des rapports de la France et de la Prusse, il était impossible d'ajourner la solution.

Le 28 avril 1867, le marquis de Moustier pria derechef le gouvernement de La Haye de s'abstenir de toute démarche intempestive avant que les puissances ne fussent définitivement tombées d'accord sur la procédure à suivre dans les périlleuses négociations. Le lendemain, il consentit à ce que le roi de Hollande prît l'initiative et invitât les puissances à se réunir à Londres (2). Lord Stanley invita le roi grand-duc, en sa qualité de souverain territorial, à convoquer la conférence pour le 7 mai suivant. Les cabinets de Berlin et de Saint-Pétersbourg auraient préféré des invitations collectives faites par les puissances; la ténacité anglaise finit par avoir raison de toutes les hésitations.

---

(1) Dépêche de Francfort du 3 mai 1867 reproduite par Rothan, *op. cit.*. p. 369.

(2) *Staatsarchiv*, 1867, vol. II, nᵒˢ 2803 et 2804.

* *

Pendant que la question luxembourgeoise faisait l'objet des discussions de la diplomatie européenne et menaçait de rompre la paix continentale, la population indigène ne resta pas inactive. Le rappel de M. de Boigne avait dissipé quelques inquiétudes. Mais on comprit bien vite que l'indépendance était plus compromise que jamais, et qu'au cas d'une guerre, le petit pays, qui en formait l'enjeu, ne pourrait sortir indemne.

On s'inquiétait des périls réels; on y ajouta des dangers imaginaires. Les moindres complications énervaient le peuple luxembourgeois qui, depuis les événements de 1866, n'avait pu retrouver le calme et la sécurité. Les inquiétudes qui précédèrent la rupture des négociations franco-hollandaises avaient été fort vives; les dépêches que le cabinet du roi et le prince Henri des Pays-Bas envoyèrent à Luxembourg avaient fini par les calmer. Le 3 avril, on recommençait à respirer librement. Le lendemain, on était rejeté dans l'incertitude. « Nous devons malheureusement constater, écrivit une des principales feuilles politiques du grand-duché, le 4 avril, que l'autonomie nationale est loin d'être assurée. Dans sa réponse à Bennigsen, le comte de Bismarck voulait simplement calmer l'effervescence populaire et montrer que le gouvernement prussien avait conscience de sa lourde responsabilité. La France s'est trop avancée pour pouvoir reculer sans déshonneur; peut-être désire-t-elle transformer l'incident actuel en une vaste question européenne et provoquer une guerre immédiate dont nous ne pouvons espérer sortir sans danger... »

L'atmosphère s'éclaircit le lendemain, les télégrammes de La Haye étant plus optimistes. On se réjouit de ce que les journaux allemands sérieux osaient affirmer que la résolution du roi de ne céder aucun pouce de terre allemande ne s'appliquait pas au Luxembourg. L'indépendance nationale étant

12

l'objet de tous les vœux, on se plaignait de la France, qui avait voulu y porter atteinte ; on maudissait les visées égoïstes du gouvernement néerlandais, qui en offrant de sacrifier le Luxembourg pour sauver le Limbourg, avait fait naître l'incident. Le refus de la Hollande de s'occuper désormais des affaires grand-ducales auprès des cours étrangères donna lieu à de violentes et passionnées récriminations. Un conseiller d'Etat, M. Jonas, fut envoyé à Paris pour y représenter le Luxembourg ; M. Fohr fut accrédité auprès de la cour de Prusse.

Les projets les plus divers furent imaginés pour assurer l'avenir du pays. Les uns se ralliaient à la combinaison mise en avant par le *Journal des Débats*. La feuille parisienne avait proposé une alliance défensive du Luxembourg, de la Belgique et de la Hollande ; la forteresse de Luxembourg aurait été occupée par une garnison commune et placée sous la garantie directe des grandes puissances. Les autres, impressionnés surtout par les pétitions adressées par les chambres de commerce de Trèves, Cologne et Coblence, se prononçaient en faveur d'une convention analogue à celles que la Bavière, le Wurtemberg et le grand-duché de Bade avaient conclues avec la Prusse. La Prusse aurait garanti l'intégrité du territoire luxembourgeois et conservé le commandement suprême des troupes.

Dans la seconde quinzaine de mai, une campagne assez vive fut menée en faveur de l'annexion du Luxembourg à la Belgique. Cette annexion qui, comme nous l'avons vu, faisait partie des propositions du comte de Beust, trouva fort peu de partisans. « Si nous avions à choisir entre la Belgique et la France, écrivit le 20 avril un des organes les plus autorisés de la presse indigène, nous préférerions mille fois l'annexion à l'empire français. L'annexion à la Belgique constitue un danger plus grand encore que la perte de notre indépendance ». Après avoir un instant caressé le projet d'adjoindre le Luxembourg à leur patrie, les hommes d'Etat belges y renoncèrent à cause des compensations qu'ils auraient dû con-

sentir à la France ; ils ne se refusaient pas à accepter un cadeau purement gratuit ; ils ne voulaient point d'un échange
qui leur paraissait onéreux et inopportun. La presse belge finit
elle-même par envisager la question avec sang-froid et reconnut que l'annexion rêvée aurait été fatale au Luxembourg
comme à la Belgique (1). Une pétition demandant l'annexion
à la Belgique ne recueillit qu'un nombre insignifiant de signatures ; elle fut saisie par la police.

Les virulentes diatribes des journaux français et prussiens
augmentaient le trouble. Le gouvernement grand-ducal lui-
même ne savait ou du moins paraissait ne pas savoir à quels
dieux se vouer. Les armements se poursuivaient sans relâche.
Les ouvrages de défense de la citadelle de Luxembourg furent
réparés et agrandis. Tout, jusqu'au ton hautain des officiers de
la garnison prussienne, présageait la guerre.

Lorsque la nouvelle de la réunion d'une conférence diplomatique parvint à Luxembourg, elle ne dissipa pas toutes les
craintes. C'était bien la seule voie qui pouvait amener la paix ;
mais n'était-ce pas acheter trop cher l'indépendance nationale
que de lui sacrifier le bien-être et la prospérité, en compromettant à jamais l'avenir économique et commercial du grand-
duché ? Les habitants de la ville de Luxembourg estimaient à
tort que le retrait de la garnison prussienne déprécierait les
propriétés urbaines et accumulerait ruines sur ruines. Réuni
d'urgence dans la journée du 3 mai, le conseil communal de
la capitale rédigea une protestation qui devait être envoyée
au roi grand-duc. « Si les grandes puissances, disait ce document, pour conserver à l'Europe les bienfaits de la paix, déci-
dent l'*inoccupation* ou bien la démolition de la forteresse, elles
feront succéder ici la ruine à la prospérité, le dénûment à
l'aisance, et elles doivent à la ville de Luxembourg un juste
dédommagement... »

<hr>

(1) *La Voix du Luxembourg*, 20 avril 1867 (journal d'Arlon).

Allant plus loin encore que les représentants de la ville, un journaliste luxembourgeois osa écrire que la garnison prussienne était non seulement une source de prospérité, mais encore une garantie d'indépendance, et que la question de l'occupation de la forteresse par les troupes allemandes n'aurait dû être agitée qu'au point de vue des intérêts du Luxembourg. On eut le grand tort d'oublier que les intérêts de la capitale n'étaient pas les seuls qui méritaient d'être pris en considération. L'avenir montra que la sollicitude des édiles luxembourgeois s'égarait en s'opposant aux mesures dont la ville de Luxembourg devait tirer les plus précieux avantages. Une commission spéciale fut chargée par le conseil communal de présenter la pétition au roi grand-duc et de se rendre éventuellement à Londres pour y défendre les intérêts de la cité menacée. Les délégués furent reçus par le prince Henri des Pays-Bas, qui s'efforça de calmer leurs trop vives appréhensions. De La Haye, la délégation se rendit à Londres où elle espérait trouver auprès des représentants des puissances européennes un accueil plus chaleureux qu'auprès de la famille souveraine. Le marquis d'Azeglio promit de soutenir à la Conférence les propositions qui pourraient être faites en vue de sauvegarder les intérêts de la ville de Luxembourg. C'était là une promesse diplomatique, infiniment moins précieuse que ne l'étaient les affirmations réfléchies et bienveillantes du prince Henri.

Lord Stanley fut moins affirmatif que le ministre du roi Victor-Emmanuel. En considération de l'immense avantage résultant de l'empêchement d'une guerre imminente et de la nécessité de hâter la conclusion de la paix, il déclara ne pouvoir revenir sur les mesures déjà adoptées par la Conférence. La demande d'indemnité formulée par les délégués n'avait, suivant l'opinion du ministre anglais, aucune chance d'être prise en considération. Toutefois, lord Stanley promit de soutenir toute proposition pratique qui pourrait être présentée en faveur de la ville, pourvu que la paix n'en fût pas compromise. Les délégués ne purent rencontrer les autres membres de la Conférence. Ce fut pourtant le comte de Brunnow qui fit adopter une disposition additionnelle destinée à sauvegarder les intérêts de la ville de Luxembourg.

La réunion de la Conférence étant décidée, il ne fallait pas perdre de temps dans de vains préparatifs ni s'attarder à des questions d'intérêt secondaire. Il fallait saisir l'occasion qui se présentait et écarter par de vigoureux efforts le spectre sanglant qui, depuis trop longtemps, troublait l'Europe. L'invitation fut envoyée à temps aux puissances intéressées ; ce document porte la date du 1er mai et la signature du baron de Tornaco, le président du gouvernement luxembourgeois.

La détermination du programme de la Conférence donna lieu à quelques difficultés et risqua un instant de faire échouer l'entreprise. Fidèle aux traditions de sa politique, la Grande-Bretagne cherchait à éluder l'obligation de garantie qui devait constituer une des bases de l'entente. Elle se souciait peu de souscrire à un engagement qui était de nature à nécessiter tôt ou tard une intervention armée dans les affaires du continent. Dans la séance du 30 avril, un membre de la Chambre des communes interpella le gouvernement au sujet de la garantie que les puissances voulaient introduire dans le traité. Le ministre refusa de discuter la question soulevée. Il fit toutefois remarquer que l'obligation de garantie impliquée dans le traité de 1839 concernait le Luxembourg aussi bien que la Belgique, et insista sur l'urgence des délibérations auxquelles les puissances allaient être conviées.

Dès le 22 mars, le prince Henri avait indiqué les grandes lignes de l'arrangement destiné à clore le douloureux incident. Au moment même où le projet de cession faisait entre les cours de Paris et de La Haye l'objet de négociations actives et suivies, le prince-lieutenant qui, à aucun moment, ne désespéra de la paix, avait communiqué au gouvernement grand-ducal la solution « qui lui paraissait être en rapport avec la gravité de la situation ». Cette dépêche prévoyait les points suivants :

1° l'évacuation de la forteresse par les troupes prussiennes ;

2° l'occupation de la forteresse par les troupes luxembourgeoises, le souverain rentrant dans la plénitude de ses droits ;

3° le territoire du grand-duché, déclaré neutre, serait reconnu comme tel par les puissances signataires du traité de Londres du 19 avril 1839, en vertu d'un traité à conclure ;

4° l'indépendance et l'autonomie complètes du grand-duché seraient reconnues par les mêmes puissances.

Pour obtenir ce résultat heureux pour le grand-duché et satisfaisant pour l'amour-propre de tout le monde, le prince s'était en même temps déclaré prêt à supporter les sacrifices que la situation pourrait réclamer. En donnant cette preuve évidente de sa sagacité politique et de son absolu désintéressement, il invitait le gouvernement grand-ducal à formuler des propositions nettes et précises, de nature à être soumises à l'agrément des puissances. Cet appel ne fut pas entendu. Retenu par la considération des charges qui résultaient du projet et convaincu qu'il n'avait pas l'influence nécessaire pour faire prévaloir ses vues, le gouvernement s'abstint dans les négociations qui compromettaient la sécurité et l'indépendance nationales. Le ministre Servais reprocha plus tard à ses prédécesseurs de s'être volontairement privés d'une initiative dont ils auraient eu à se féliciter.

Il faut pourtant convenir que le projet du prince Henri n'aurait eu guère de chances d'être pris en considération à l'époque où il fut élaboré.

Le frère du roi Guillaume n'avait pas prévu la démolition de la forteresse, dans laquelle il se proposait de maintenir une force armée de 1,800 à 2,000 hommes. Sauf cette disposition, le projet du 22 mars est en tous points semblable aux stipulations qui furent adoptées à Londres.

Le 3 mai, lord Stanley soumit aux puissances un projet de convention destiné à servir, au besoin, de base aux discussions (1). Ce projet prévoyait l'évacuation de la citadelle et le démantèlement des ouvrages défensifs. Il interdisait l'aliénation du grand-duché par le roi grand-duc sans le consentement des Etats signataires du traité à conclure, mais restait muet au sujet de la neutralité du grand-duché. Cette omission volontaire ne passa point inaperçue.

Après un premier et fugitif examen, le marquis de Moustier déclara à lord Cowley qu'il n'avait aucune objection sérieuse à présenter à l'encontre du projet de lord Stanley. Il est fort possible que cet examen n'avait porté que sur le court résumé télégraphique que le chef du Foreign Office avait envoyé à l'ambassadeur. La rédaction détaillée des articles du projet donna lieu à d'assez nombreuses critiques. Le gouvernement français ne s'opposait pas à l'ensemble du projet anglais, et M. de Moustier admettait personnellement la rédaction qui lui était soumise. Il faisait toutefois remarquer qu'aucune mention n'était faite de la neutralisation du Luxembourg, quoique cette clause eût constitué une des bases sur lesquelles devaient porter les discussions de Londres et une des conditions de l'acceptation de la conférence par les puissances. M. de Moustier prévoyait que la Prusse protesterait contre cette omission (2).

Le gouvernement français aurait souhaité que le traité futur interdît plus formellement au roi grand-duc d'autoriser le passage à travers le grand-duché de troupes étrangères. Cette clause lui semblait être de la plus haute importance, parce que, fortifiée ou non, la ville de Luxembourg restera toujours une importante et forte position militaire : *Luxem-*

(1) Circulaire de lord Stanley, *Staatsarchiv*, 1867, n° 2811.

(2) Dépêche du marquis de Moustier à lord Cowley, 4 mai 1867, *Staatsarchir*, n° 2813.

burg was a wery strong and important military position whether fortified or not (1).

Les critiques du comte de Bismarck furent bien autrement sévères. Le ministre prussien s'étonna de l'absence d'une mention quelconque concernant la neutralité luxembourgeoise, dont les puissances devaient assumer la garantie expresse. Or, cette disposition qu'aussi bien que la Prusse la France devait désirer, avait déterminé le gouvernement de Berlin à consentir éventuellement au retrait de la garnison et devait rendre cette concession acceptable aux yeux de l'opinion publique allemande. Les autres objections dont lord Loftus rendit compte dans une dépêche du 4 mai, concernent l'ordre adopté par le projet de lord Stanley. Dans l'opinion du comte de Bismarck, le retrait de la garnison prussienne et le démantèlement de la forteresse étaient les conséquences de la neutralisation du grand-duché et de la garantie européenne, et non pas les causes déterminantes et antécédentes de ces stipulations. Ce fut en vain que le 7 mai lord Loftus tenta une dernière fois de convertir le comte de Bismarck aux vues qui guidaient le cabinet de Londres et le poussaient à refuser toute nouvelle obligation de garantie.

Lord Stanley rédigea un nouveau projet, un peu plus hardi que le premier; il était réservé aux diplomates réunis en conférence de faire justice de cette seconde proposition, aussi insuffisante que la première.

Le comte de Beust était trop diplomate dans l'âme pour que l'omission commise par le gouvernement anglais eût pu lui échapper. Il se prononça en faveur d'un texte très court, en trois ou quatre articles. Les plénipotentiaires du roi grand-duc proposeraient la neutralité du grand-duché et demanderaient une garantie analogue à celle que le traité de Londres a assurée à la Belgique. Le ministre prussien ne ferait dès lors

---

(1) Dépêche de lord Cowley à lord Stanley, *Staatsarchiv*. n° 2818.

aucune difficulté à renoncer, au nom de son gouvernement, au droit de garnison. Sur ces divers points. l'opinion de M. de Beust était conforme à celle du comte de Bismarck (1).

*
* *

La Conférence se réunit le 9 mai 1867. Sur la proposition du comte Apponyi, la présidence fut confiée au plénipotentiaire anglais, lord Stanley. Le second projet élaboré par le ministre britannique avait été soumis aux plénipotentiaires avant la réunion de la Conférence ; il devait former la base des négociations et être examiné article par article.

D'après le témoignage de M. Servais, qui représentait le Luxembourg à la Conférence, « les diplomates réunis à Londres ne paraissaient pas très rassurés ; la Prusse avait continué à maintenir l'attitude qu'elle avait prise à la fin des nombreuses négociations ; on n'avait pas obtenu d'elle, pendant le cours des pourparlers auxquels donna lieu la rédaction du projet de traité, qu'elle consentît à évacuer la forteresse de Luxembourg... On était dans l'attente d'une déclaration du plénipotentiaire prussien qui mît fin à l'incertitude dans laquelle on se trouvait sur les intentions de son gouvernement... » (2).

Comme la Conférence avait été réunie sur l'invitation du roi grand-duc, les représentants luxembourgeois furent appelés à exposer les considérations qui avaient justifié cette démarche. On espérait que le baron de Tornaco, qui avait signé la lettre d'invitation, pourrait donner un rapide historique de la question. et faire connaître les vœux des populations intéressées.

Resté en dehors des négociations antérieures, et n'ayant aucun agent diplomatique spécialement accrédité à Londres, le

(1) Dépêches de l'ambassadeur anglais à Vienne. 3 et 6 mai 1867, *Staats-archiv*, nᵒˢ 2820 et 2821.

(2) Servais, *op. cit.*, p. 144 et s.

gouvernement luxembourgeois n'était pas au courant des événements qui avaient abouti à la réunion de la Conférence. Le baron de Tornaco eut le courage de l'avouer.

Une première escarmouche eut lieu au cours de la discussion générale du projet de lord Stanley. D'après l'article 2, le « grand-duché de Luxembourg, dans les limites déterminées par l'acte annexé aux traités du 19 avril 1839, sous la garantie des cours de la Grande-Bretagne, d'Autriche, de France, de Prusse et de Russie, formera désormais un Etat perpétuellement neutre.

« Il sera tenu d'observer cette même neutralité envers tous les autres Etats.

« Les Hautes Parties contractantes s'engagent à respecter le principe de neutralité stipulé par le présent article ».

Le comte de Bernstorff n'avait aucune objection à présenter contre l'ensemble du projet, mais il y remarquait une lacune qu'il croyait devoir signaler, « parce qu'elle en diminuait l'efficacité, celle de la garantie européenne de la neutralité du grand-duché, qui faisait partie du programme sur la base duquel son gouvernement avait accepté l'invitation de prendre part à la conférence ». Ces paroles impliquaient le consentement de la Prusse au retrait de sa garnison. Elles faisaient craindre en même temps que les intérêts opposés que les plénipotentiaires étaient chargés de défendre, fussent difficiles à concilier.

Les plénipotentiaires autrichien, français, hollandais et russe, constatèrent, de leur côté, que la neutralité du Luxembourg, sous une garantie collective, constituait une des bases des négociations. La situation de lord Stanley devenait singulièrement difficile. En obéissant aux injonctions prussiennes, il s'exposait aux récriminations de la Chambre des communes; en y résistant, il compromettait la paix de l'Europe. Les subterfuges auxquels il eut recours ne lui permirent pas d'éluder les objections. Il fit remarquer « qu'en vertu des traités du

19 avril 1839, le grand-duché de Luxembourg se trouvait déjà sous la garantie européenne, et que les termes du projet qui portaient sur la neutralité à établir, étaient identiques avec ceux qui constataient la neutralité de la Belgique dans l'article 7 de l'annexe au traité signé à Londres, le 19 avril 1839 ». Le comte de Bernstorff répondit que la garantie consentie au traité des vingt-quatre articles concernait l'intégrité territoriale et non la neutralité du grand-duché de Luxembourg.

On adopta finalement une formule capable de contenter à la fois les députés de Sa Gracieuse Majesté et les exigences de la Prusse. La garantie, au lieu d'être individuelle comme l'était celle de la Belgique, sera collective. Il était réservé à de douloureux événements d'interpréter cette clause ambiguë dans un sens favorable au grand-duché de Luxembourg. Nous aurons l'occasion d'y revenir. Le plénipotentiaire prussien proposa de compléter l'article 2 du projet Stanley par la phrase suivante : « Ce principe est et demeure placé sous la sanction de la garantie collective des puissances signataires du présent traité, à l'exception de la Belgique qui est elle-même un Etat neutre ». Le baron de Brunnow et le comte Apponyi se rallièrent incontinent à la proposition du comte de Bernstorff. Le prince de La Tour d'Auvergne manquait d'instructions spéciales relativement à la garantie collective; mais tout en reconnaissant que l'engagement pris par les puissances de respecter la neutralité du Luxembourg, avait, dans la situation donnée, une valeur presque égale à une garantie formelle, il ne contestait pas le bien-fondé des observations de l'ambassadeur de Prusse. M. van de Weyer voulut jouer le rôle de pacificateur; à ses yeux, la garantie de la neutralité du Luxembourg ressortait de l'ensemble des traités conclus en 1839.

Dans la séance du 9 mai, lord Stanley adhéra, au nom du gouvernement de Sa Majesté britannique, à l'amendement proposé par le comte de Bernstorff et accepta le principe de la garantie collective. C'était une victoire importante que les délégués célébrèrent à leur manière. Avec cette concession, l'Angleterre faisait un pas décisif. Rien, désormais, ne l'empêchait de signer le traité tout entier et de pousser les négociations avec la dernière vigueur.

L'article 4 du projet prévoyait l'évacuation de la forteresse par les troupes prussiennes. Le comte de Bernstorff en demanda la remise pour prendre les ordres de son gouvernement. Ce retard imprévu ne manqua pas d'inquiéter les représentants des puissances. Il n'était guère possible que le cabinet de Berlin eût pu oublier de munir son délégué d'instructions suffisantes pour résoudre cette difficulté. Et pourtant le comte de Bismarck avait été désagréablement impressionné par le manque d'instructions des plénipotentiaires luxembourgeois, relativement à la démolition de la forteresse; il avait déclaré au chargé d'affaires du grand-duché à Berlin, « que la Prusse désapprouvait cette conduite et y voyait la preuve de l'intention de laisser traîner les choses en longueur ».

Le plénipotentiaire prussien lui-même maintenant retardait le cours des négociations. A Luxembourg on travaillait aux fortifications avec une ardeur nouvelle; on y travaillait même pendant une partie de la nuit. Cette coïncidence des négociations qui devaient assurer la paix et des préparatifs belliqueux témoigne des scrupules qui, jusqu'au dernier moment, assaillirent le comte de Bismarck.

A la seconde séance de la Conférence, les instructions du comte de Bernstorff étaient encore en souffrance. Le baron de Brunnow se fit l'interprète des sentiments des plénipotentiaires, en exprimant l'espoir que « Sa Majesté le roi de Prusse voudrait satisfaire aux vœux de l'Europe, en facilitant la solution la plus prompte de cette question ». Cet espoir se réalisa à la séance du 11 mai 1867; le comte de Bernstorff prit l'engagement que l'évacuation aurait lieu immédiatement après l'échange des ratifications.

Hypnotisés par l'énormité des frais qu'allait entraîner le démantèlement de la forteresse, les plénipotentiaires luxembourgeois tentèrent d'alléger le fardeau qu'on voulait leur imposer et d'en rejeter le poids sur les puissances qui étaient intéressées au maintien de la paix. Ils n'osèrent pas invoquer le fameux argument tiré de l'expropriation pour cause d'utilité publique, que la perspicacité des édiles de la capitale avait découvert; ils se contentèrent d'appuyer sur les considérations d'équité. L'amendement proposé par le baron de Tornaco fut rejeté; il n'eut qu'un succès d'estime. Sur la demande du baron de Brunnow, on ajouta pourtant à l'article 5 du traité une disposition additionnelle qui prévoyait certaines lésions d'intérêt. Les puissances exprimèrent le désir que les travaux requis pour transformer la forteresse en ville ouverte fussent effectués avec tous les ménagements que réclamaient les intérêts des habitants de la ville.

Le traité fut signé le 11 mai 1867. Le 12 et le 13 mai, les ouvriers continuaient de travailler aux fortifications de Luxembourg, quoique le démantèlement fût décidé à Berlin et à Londres. Les travaux furent arrêtés le 15 mai. Il n'est pas chose facile de découvrir pourquoi le comte de Bismarck, l'homme aux résolutions rapides et hardies, ne se décida qu'à la dernière heure. Peut-être voulait-il peser sur les délibérations du congrès de Londres et activer la marche des délibérations ! Il n'est pas impossible qu'il ait désespéré de la paix jusqu'au moment de la signature de l'acte du 11 mai.

Nous croyons nécessaire de transcrire les dispositions du traité du 11 mai, qui mit fin au provisoire sous lequel le Luxembourg avait vécu pendant plus de soixante-dix ans :

Article 1er. — Sa Majesté le roi des Pays-Bas, grand-duc de Luxembourg, maintient les liens qui attachent ledit grand-duché à la maison d'Orange-Nassau, en vertu des traités qui ont placé cet Etat sous la souveraineté de Sa Majesté le roi grand-duc, ses descendants et successeurs.

Les droits que possèdent les agnats de la maison de Nassau sur la succession du grand-duché, en vertu des mêmes traités, sont maintenus.

Les Hautes Parties contractantes acceptent la présente déclaration et en prennent acte.

Article 2. — Le grand-duché de Luxembourg, dans les limites déterminées par l'acte annexé aux traités du 19 avril 1839, sous la garantie des cours de la Grande-Bretagne, d'Autriche, de France, de Prusse et de Russie, formera désormais un Etat perpétuellement neutre.

Il sera tenu d'observer cette même neutralité envers tous les autres Etats.

Les Hautes Parties contractantes s'engagent à respecter le principe de neutralité stipulé par le présent article.

Ce principe est et demeure placé sous la sanction de la garantie collective des puissances signataires du présent traité, à l'exception de la Belgique, qui elle-même est un pays neutre.

Article 3. — Le grand-duché de Luxembourg étant neutralisé, aux termes de l'article précédent, le maintien ou l'établissement de places fortes sur son territoire devient sans nécessité comme sans objet.

En conséquence, il est convenu d'un commun accord que la ville de Luxembourg, considérée par le passé, sous le rapport militaire, comme forteresse fédérale, cessera d'être une ville fortifiée.

Sa Majesté le roi grand-duc se réserve d'entretenir dans cette ville le nombre de troupes nécessaires pour y veiller au maintien du bon ordre.

Article 4. — Conformément aux stipulations contenues dans les articles 2 et 3, Sa Majesté le roi de Prusse déclare que ses troupes actuellement en garnison dans la forteresse de Luxembourg recevront l'ordre de procéder à l'évacuation de cette place immédiatement après l'échange des ratifications du présent traité. On commencera simultanément à retirer l'artillerie, les munitions et tous les objets qui font partie de la dotation de la dite place forte. Durant cette opération, il n'y restera que le nombre de troupes nécessaires pour veiller à la sûreté du matériel de guerre et pour en effectuer l'expédition qui s'achèvera dans le plus bref délai possible.

Article 5. — Sa Majesté le roi grand-duc, en vertu des droits de souveraineté qu'il exerce sur la ville et forteresse de Luxembourg, s'engage, de son côté, à prendre les mesures nécessaires afin de convertir la dite place forte en ville ouverte, au moyen d'une démolition que Sa Majesté jugera suffisante pour remplir les intentions des Hautes Parties contractantes, exprimées dans l'article 3 du présent traité. Les travaux requis à cet effet commenceront immédiatement après la retraite de la garnison. Ils s'effectueront avec tous les ménagements que réclament les intérêts des habitants de la ville.

Sa Majesté le roi grand-duc promet en outre que les fortifications de la ville de Luxembourg ne seront pas rétablies à l'avenir et qu'il n'y sera maintenu ni créé aucun établissement militaire.

Article 6. — Les puissances signataires du présent traité constatent que la dissolution de la Confédération germanique ayant également amené la dissolution des liens qui unissaient le duché de Limbourg, collectivement avec le grand-duché de Luxembourg à la dite Confédération, il en résulte que les rapports dont il est fait mention aux articles 3, 4 et 5 du traité du 19 avril 1839, entre le grand-duché et certains territoires appartenant au duché de Limbourg, ont cessé d'exister, les dits territoires continuant à faire partie intégrante du royaume des Pays-Bas.

Article 7. — Le présent traité sera ratifié, et les ratifications en seront échangées à Londres dans l'espace de quatre semaines ou plus tôt si faire se peut.

Le traité porte les signatures suivantes : Baron de Tornaco, Emmanuel Servais, comte Apponyi, van de Weyer, prince de La Tour d'Auvergne, lord Stanley, marquis d'Azeglio, baron Bentink, comte de Bernstorff et baron de Brunnow.

* *

La paix était assurée ; l'Europe respira plus librement. On pouvait de nouveau en toute liberté vaquer aux occupations pacifiques. L'Exposition de Paris attendait les augustes visiteurs que la tension politique avait jusque-là retenus dans leurs capitales. L'horizon politique s'était éclairci ; c'est à peine si des esprits perspicaces y percevaient un nuage imperceptible, que les rayons du soleil empêchaient de voir à l'œil nu. La France avait gagné la seconde manche ; elle avait perdu la première ; la Prusse s'était pliée en maugréant aux désirs des puissances qui lui avaient interdit d'aller plus loin. L'empereur Napoléon espérait en l'avenir ; le roi Guillaume quittait à regret une forteresse que ses troupes avaient longtemps possédée. Et lorsqu'un mois après la conclusion du traité de Londres, le roi Guillaume serrait affectueusement la main de son impérial cousin, l'amicale étreinte cachait de funestes projets. Le comte de Bismarck voulait récupérer sa popularité quelque peu compromise par l'arrangement auquel il s'était prêté à contre-cœur. Napoléon seul avait tout oublié ; il ne se doutait pas, dit M. Rothan, « que la main qu'il serrait si affectueusement briserait sa couronne ». On s'était promis de se revoir. On se revit dans la plaine de Sedan, toute fumante du sang des enfants de la France. Du château de Babelsberg, le roi Guillaume envoya à son bon frère et ami ses vœux les plus sincères pour la famille impériale et pour la France. L'histoire a d'émouvants contrastes.

Le Parlement luxembourgeois fut convoqué en session extraordinaire pour ratifier le traité de Londres. Dans un cha-

leureux discours d'ouverture, le prince Henri qui, dans des
moments difficiles, avait espéré contre toute espérance, félicita
le gouvernement grand-ducal et le peuple luxembourgeois du
résultat obtenu. « Ce traité, dit-il, est un événement heureux
pour le grand-duché et un gage de paix pour l'Europe. Il consacre votre indépendance et votre autonomie, il assure votre
liberté commerciale, il répond aux vœux des fidèles populations luxembourgeoises.... »

Le roi grand-duc développa les conclusions du discours de
son frère et lieutenant dans une proclamation adressée à son
peuple (1). Il exprimait la conviction que dans l'ère nouvelle
qui s'ouvrait, le Luxembourg trouverait de nouveaux éléments
de prospérité et de progrès. Un arrêté royal grand-ducal du
5 juillet marqua l'inauguration du nouvel état politique par
un acte de grâce et de clémence. Lorsque vers la fin du mois
de juin les premiers détachements de la garnison prussienne
quittèrent la forteresse sans montrer ni regret, ni aigreur, les
habitants, découragés un instant par la pensée des lourdes
charges qui allaient leur incomber, sentirent que c'était la fin
définitive de l'horrible cauchemar qui trop longtemps avait paralysé l'élan national.

Les succès que la politique du comte de Bismarck avait rem-
portés sur d'autres terrains, le garantissaient contre d'impor-
tunes récriminations. Lorsque, quelques mois après le traité
de Londres, le député Bebel fit entendre une voix discordante,
le puissant ministre n'eut pas de peine à imposer silence au chef
du socialisme naissant. Dédaignant les imputations de l'interpellateur, M. de Bismarck repoussa la commune erreur d'après
laquelle le Luxembourg aurait été détaché de l'Allemagne
nouvelle. « Le grand-duché de Luxembourg, dit-il, se trouve
exactement dans la même situation que celle où il se trouvait
depuis la rupture du lien fédéral ; il est régi par la même

(1) *Das Staatsarchiv*, 1867, II, n° 2824.

13

constitution, gouverné par la même dynastie. Nous n'avons renoncé qu'au droit de garnison que nous possédions en vertu des traités antérieurs... Ce droit de garnison était fort douteux... Peut-être aurions-nous agi autrement si nous avions pu nous prévaloir d'un droit certain et indiscutable... Notre droit d'occuper la forteresse de Luxembourg, en opposition avec la volonté bien arrêtée du souverain, était éteint... En envoyant 30,000 ou 80,000 hommes à la mort pour défendre un droit inexistant, nous aurions encouru une responsabilité devant laquelle l'interpellateur et ses amis n'auraient peut-être pas reculé, mais qu'un légitime souverain, conscient de ses devoirs, ne prend pas sur lui sans y être contraint » (1).

Ces aveux du comte de Bismarck nous laissent rêveurs. Que serait-il advenu, si le marquis de Moustier ne se fût opposé avec la dernière énergie au courant populaire qui l'entraînait vers la guerre, si le gouvernement français, se basant sur l'inconsistance du droit qu'invoquait la Prusse, eût insisté sur le retrait immédiat de la garnison prussienne ? Cela aurait été la guerre atroce et sanglante pour la défense d'une prétention insoutenable, le sacrifice de milliers d'hommes, provoqué par un prétexte futile ! Si le comte de Bismarck avait écouté les justes demandes du gouvernement luxembourgeois, l'incident de 1867 ne se serait jamais produit. Les déclarations du 24 septembre 1867 sont en opposition évidente avec les considérations qu'aux mois de juin et de juillet 1866, le comte de Perponcher avait été chargé de faire valoir à l'encontre des prétentions du baron de Tornaco. Il appartient à l'histoire de dégager les responsabilités des acteurs du lugubre drame dont nous avons suivi les nombreux épisodes. La part qui revient au comte de Bismarck n'est pas légère. La politique tortueuse et injuste suivie par le cabinet de Berlin a assuré l'indépendance complète du grand-duché

_____

(1) Reichstag de l'Allemagne du Nord, séance du 24 septembre 1867.

de Luxembourg, qui faillit en devenir l'innocente victime ;
elle n'en est pas moins condamnable. La probité doit régner
dans le domaine politique comme dans le domaine privé.

La solution luxembourgeoise constituait pour le cabinet des
Tuileries à la fois un échec et un succès. La Prusse avait reculé devant l'Europe coalisée. Le marquis de Moustier pouvait, à bon droit, se féliciter du résultat atteint et se réjouir
de l'attitude amicale et équitable des puissances.

D'un autre côté, le traité de Londres marque un grave
échec de la politique française. On avait sérieusement tenté
de réunir le Luxembourg à la France ; un fonctionnaire français avait été envoyé à Luxembourg pour y organiser l'administration nouvelle ; la parole des souverains avait été échan-
gée. On dut se contenter de la renonciation par la Prusse à
un droit qui, de l'aveu même du comte de Bismarck, n'existait pas. C'était un résultat plutôt maigre de négociations
longues et pénibles ; ce résultat n'en était pas moins précieux.
Avant la guerre, le comte de Bismarck aurait, de gaieté de
cœur, ratifié l'annexion ; il l'aurait fait à Nikolsbourg et peut-
être encore à Berlin au commencement du mois d'août 1866 ;
peut-être même l'aurait-il encore laissé faire en avril 1867,
sans l'intempestive démarche du roi des Pays-Bas. Le cabinet
de Paris n'avait pas saisi l'occasion favorable ; il essaya de
réparer les fautes commises lorsque la constellation politique
n'était plus la même. Il faut battre le fer quand il est chaud.
Les ministres de l'empereur Napoléon avaient négligé de le
faire.

La France accueillit le traité de Londres sans de trop vives
critiques, mais sans enthousiasme. John Lemoine salua dans
le *Journal des Débats* la réhabilitation des conférences diplomatiques. Dans la *Revue des Deux-Mondes* du 14 mai 1867,
E. Forcade commenta les résultats politiques de l'arrangement de Londres dans un sens plutôt optimiste et favorable.
L'autonomie et la neutralisation du Luxembourg, le maintien

de l'union personnelle qui lie cette province à la maison ré-
gnante des Pays-Bas, une garantie des puissances européennes couvrant cet état de choses, c'étaient là autant de
stipulations capables de supprimer toute cause de collision
entre la France et la Prusse. L'évacuation de la forteresse
devait satisfaire pleinement la France. La solution du problème
réveilla les espérances du parti libéral, qui redoutait d'être
entraîné dans une guerre dont il ne connaîtrait pas les causes.
Le langage dithyrambique du *Moniteur officiel* ne trouva
guère d'écho dans les masses populaires.

Dès la séance du lundi 13 mai, le marquis de Moustier
communiqua au Parlement les résultats de la conférence de
Londres. Le ministre représenta le traité du 11 mai comme
« entièrement conforme aux sentiments du gouvernement
impérial ». D'après la déclaration officielle « la nouvelle convention fait cesser une situation créée contre la France dans de
mauvais jours et maintenue pendant cinquante ans ; elle
donne à la frontière du nord la garantie d'un nouvel Etat
neutre. Non seulement elle supprime les causes d'un conflit
imminent, mais encore elle donne de nouveaux gages à l'affer-
missement des bons rapports de la France avec ses voisins et
à la paix de l'Europe... »

Le Sénat donna quelques marques d'approbation. Le corps
législatif resta muet. Jules Favre demanda la communication
du dossier pour pouvoir discuter les graves événements dont
l'assemblée venait de prendre connaissance. Le Livre jaune
publié en juin répondit aux vœux du corps législatif. Un débat approfondi eut lieu le 15 juillet à l'occasion de la discussion du budget de la guerre. Jules Favre critiqua amèrement
la politique étrangère suivie depuis quelques années par le
gouvernement impérial ; il prit pour point de départ le chiffre élevé du crédit extraordinaire de 117 millions de francs,
dépensé pour faire face à certaines mesures de précautions.
D'après le fougueux interpellateur, l'affaire du Luxembourg

n'avait été soulevée que « pour donner à l'opinion française
un os à ronger, une compensation aux lourdes fautes commises au cours de l'unification allemande et à l'occasion de la
guerre de Bohême ».

Jules Favre avait touché juste. Le vice-empereur crut de
son devoir de répondre aux accusations qui l'atteignaient directement. Il le fit dans des termes modérés et choisis, s'ap-
pesantissant sur les incidents qui pouvaient disculper le gouvernement, éludant les autres. L'évacuation de la forteresse
par la Prusse fut représentée comme un résultat de la plus
haute importance. C'était un résultat négatif, mais qui avait
sa valeur. Le général de Moltke devait trouver des arguments
du même genre pour excuser le recul de la Prusse, qui n'a-
vait « au Luxembourg qu'un intérêt également négatif, celui
d'empêcher la France de s'y établir ». De part et d'autre les
hommes d'Etat affichaient les sentiments les plus modestes.
Moins diplomatique que les membres du gouvernement impérial, le maréchal Canrobert voyait d'un mauvais œil le traité
du 11 mai ; il le considérait comme une défaite de la diplomatie française.

Au parlement belge, la discussion relative à l'affaire du
Luxembourg donna lieu à de posthumes et théoriques regrets.
Un sénateur, M. Dumortier, rappela que le Luxembourg,
longtemps uni aux provinces Belgiques, en avait été séparé
malgré lui par les événements de 1830 et par les conventions
de 1839. « Il fallait neutraliser le Luxembourg, dit-il, quoi
donc de plus simple que de le réunir à la Belgique, qui est
neutre, sous la garantie de l'Europe ? J'avais donc le ferme
espoir de voir nos frères du Luxembourg rentrer dans la famille belge, dont ils n'auraient jamais dû être séparés. Je dois,
Messieurs, exprimer ici le regret profond que j'éprouve,
comme tous les patriotes, que ce but n'ait pu être atteint... »

Le ministre Rogier ne se perdit point dans les déclamations
vagues et dans les inutiles regrets. Il considérait seulement

les avantages que la Belgique avait retirés des événements récents. La paix était compromise; or si la Belgique pouvait perdre dans une guerre franco-prussienne, elle n'y pouvait rien gagner; cette guerre était évitée. Pour la première fois, le gouvernement belge avait été représenté dans un congrès politique. Dans la réunion du 11 mai, M. van de Weyer avait même obtenu une déclaration sauvegardant entièrement le droit des autres Etats neutres de conserver, et au besoin d'améliorer leurs places fortes et leurs autres moyens de défense. A quoi bon évoquer, maintenant que la question était résolue, les rêves ambitieux qu'on avait un instant formés, et qui tendaient à réunir les frères égarés au foyer commun?

La presse viennoise partagea les espérances et la satisfaction du comte de Beust. Elle considérait le traité de Londres comme un douloureux compromis que la force des choses avait imposé aux parties intéressées. La France n'était pas prête; son armée était désorganisée et mal armée; elle ne pouvait compter sur aucune alliance; une issue malheureuse de la guerre aurait renversé le trône de l'empereur Napoléon. La Prusse ne pouvait partir en campagne. Si les Etats du Nord de l'Allemagne avaient terminé leurs armements, il n'en était pas de même des Etats du Sud. Le Hanovre ne s'était pas encore fait aux mœurs prussiennes; le particularisme y régnait en maître. Le moindre revers des armées de la Prusse aurait enhardi les mécontents et provoqué une guerre de partisans (1).

Faut-il dire un mot des discussions qui eurent lieu aux Chambres hollandaises? Les Hollandais seuls ne connaissaient pas le Luxembourg. Français, Belges et Allemands considéraient les Luxembourgeois comme des compatriotes égarés, désireux de rentrer au bercail. Pour les sujets du roi grand-duc, c'étaient des étrangers qu'on avait à la vérité vaguement entrevus dans une fugitive rencontre, mais dont on gardait

---

(1) *Neue freie Presse*, 12 mai 1867,

un exécrable souvenir. La fière arrogance du cabinet de La Haye se manifesta jusque dans les discussions de la conférence de Londres. où la séparation la plus complète des intérêts du Luxembourg de ceux de la Hollande faisait l'objet des constants efforts du baron Bentink. L'article 6 consacra la réunion définitive du Limbourg aux autres provinces de la monarchie.

Dans les discussions qui eurent lieu au sein du parlement anglais, la question de la garantie assumée par lord Stanley fit l'objet de tous les débats. Nous aurons bientôt à revenir sur ce point.

L'avenir se chargea de montrer que le traité de 1867 fut surtout favorable au Luxembourg et à la France. Les Luxembourgeois auraient, bien qu'à contre-cœur, accepté la nationalité française qu'on voulait leur octroyer. Le compromis du 11 mai leur permit *de rester ce qu'ils étaient*. Fortement attachés à leur petite patrie, ils aiment le noble pays qui voulait les englober dans son sein. Si en 1867 les vues du gouvernement français avaient pu aboutir, la France aurait aujourd'hui un ami de moins. Il n'est pas permis de supposer que la Prusse eut épargné en 1871 l'ancienne forteresse fédérale ; elle se serait souvenue de ce berceau de souverains allemands, de l'étroit nid de rochers qu'on calomnia un instant, parce qu'on ne pouvait le garder. Le Luxembourg aurait partagé le sort des provinces cédées par le traité de Francfort.

C'est parce que la France avait jeté son dévolu sur le petit duché que celui-ci ne fut pas contraint de prendre part à la guerre allemande et d'entrer dans le Nordbund. Cet isolement absolu le conduisit rapidement à l'indépendance. A l'insu de leur auteur, les paroles prononcées à la tribune du Sénat français, le 13 mai 1867, étaient l'expression de la pure et simple vérité. La France pouvait à bon droit se féliciter du résultat acquis. Mais on ne connaissait pas l'avenir. On se souvenait de Waterloo ; on ne pensait pas à Sedan ni à Metz.

CHAPITRE V

L'EXÉCUTION DU TRAITÉ DE LONDRES

—

SOMMAIRE. — L'évacuation de la forteresse par les troupes prussiennes : les lenteurs inévitables d'une telle opération ; l'ordre royal prussien du 14 août 1867 ; les adieux de la garnison ; l'opinion publique
luxembourgeoise ; les démarches de la municipalité de la capitale ;
une université catholique.
Le démantèlement de la forteresse : l'opportunité du démantèlement ;
les premiers travaux ; les demandes de la ville de Luxembourg ; la
loi du 16 mai 1868 ; les résultats de la démolition de la forteresse ;
les craintes des habitants de la ville ; le roi grand-duc, arbitre des
puissances ; l'incident diplomatique de 1869 ; la guerre de 1870 et le
démantèlement de Luxembourg ; une concession de chemins de fer ;
les réclamations de la Prusse ; MM. Klein et von Goetze ; la déclaration du 22 mai 1883.
L'organisation militaire : les avant-projets du traité de 1867 ; neutralité
forte et neutralité impuissante ; l'interprétation de Geffcken ; les arguments du ministre d'Etat du Luxembourg ; la situation militaire ;
la chute du baron de Tornaco ; la loi du 18 mai 1868 ; miliciens et volontaires ; la loi du 16 février 1881 ; le régime actuel.
La couronne grand-ducale : les droits des agnats ; l'inaliénabilité ; les
droits d'aînesse et de masculinité ; la succession néerlandaise ; le
pacte de famille ; la régence du duc de Nassau ; l'avènement du grand-
duc Adolphe ; la famille grand-ducale ; l'extinction de la descendance
mâle ; la loi salique.

A l'imitation des traités de Vienne qui avaient donné à la
Confédération germanique une charte internationale, dont les
modifications étaient en dehors des prérogatives de la Diète,
le traité du 11 mai 1867 fixa d'autorité les grands contours de
l'organisation politique du grand-duché de Luxembourg. La
Prusse déchira le pacte fédéral, lorsqu'elle se crut la force
nécessaire pour imposer sa volonté aux Etats confédérés et

faire agréer son usurpation par les puissances signataires des traités de 1815. Aucune puissance ne protesta efficacement contre la violation arbitraire et unilatérale des conventions internationales. Il n'est guère probable que le grand-duché de Luxembourg songe jamais à enfreindre les stipulations qui garantissent son indépendance et constituent le gage le plus sûr de sa liberté nationale.

Toute convention engendre des droits et des obligations. Le traité du 11 mai 1867 prévoit des obligations positives et des obligations négatives, des obligations communes à toutes les puissances et d'autres qui sont spéciales à une seule partie intervenante.

Etant assuré d'une neutralité perpétuelle et permanente, le grand-duché doit observer « cette neutralité envers toutes les puissances » (article 2, §§ 1 et 2 du traité de Londres). De leur côté, les puissances sont tenues de respecter la neutralité luxembourgeoise, placée sous leur garantie collective. La Belgique, étant elle-même un Etat neutre, ne peut garantir la neutralité d'autrui.

Le roi grand-duc s'engagea, par l'artic'e premier du traité, « à maintenir les liens rattachant le Luxembourg à la maison d'Orange... », et à ne pas porter atteinte aux droits successoraux des agnats de Nassau. Il promit, en outre, de prendre les mesures nécessaires pour convertir la forteresse de Luxembourg en ville ouverte, et de n'y maintenir ni d'y créer aucun établissement militaire. En dehors de l'obligation négative de ne pas violer la neutralité de Luxembourg et de sa participation à la garantie collective, la France n'eut pas à assumer de charges particulières. Après avoir jeté ses regards sur le grand-duché, qu'un instant elle avait cru sien, elle se contenta de renoncer implicitement à ses convoitises et aux stipulations officieuses intervenues entre l'empereur Napoléon et le roi des Pays-Bas.

L'étude de la neutralité et de l'obligation de garantie fera l'objet d'un chapitre spécial. Nous n'avons donc ici qu'à passer en revue les obligations secondaires imposées aux diverses puissances par le traité du 11 mai 1867.

*
* *

L'évacuation de la forteresse par les troupes prussiennes qui, depuis un an, l'occupaient sans droit, constitue un des plus importants succès de la conférence de Londres. Cette concession faisait, depuis les premiers jours d'avril, l'objet unique des demandes de la France; c'était l'enjeu du dangereux débat.

L'article 6 du traité enregistre la déclaration du roi de Prusse « que ses troupes, actuellement en garnison dans la forteresse de Luxembourg, recevront l'ordre de procéder à l'évacuation de cette place, immédiatement après l'échange des ratifications du traité... »

Les ratifications furent échangées à Londres le 31 mai 1867. Dans la matinée du 25 mai, un premier bataillon d'artillerie avait quitté la forteresse. Le gouvernement prussien tenait à honneur de s'acquitter loyalement d'un engagement qu'il n'avait pris qu'à son corps défendant et presque malgré lui.

D'immenses quantités de matériel et de munitions furent ou évacuées ou brûlées. Certaines propriétés particulières ayant été endommagées au cours de la destruction des munitions inutiles ou avariées, le général de Hanneken se chargea bénévolement de la réparation des dégâts (16 juillet 1867). L'évacuation de l'importante place ne pouvait se faire du jour au lendemain. Le traité de Londres porte que « durant l'évacuation de l'artillerie, des munitions et des autres objets faisant partie de la dotation de la forteresse », la Prusse pourra maintenir à Luxembourg le nombre de troupes nécessaires pour veiller à la sûreté du matériel de guerre et pour en effectuer l'expédition. La lenteur des opérations provoqua quelques

plaintes dans les premiers jours de juillet. Les rapports entre
la garnison et la population n'en restèrent pas moins courtois
et amicaux.

Au lendemain du vote de la loi approuvant le traité du
11 mai, le gouvernement abrogea les servitudes militaires relatives au rayon de la forteresse ; les réserves concernant
l'obligation de démolir furent déclarées éteintes.

Un ordre du cabinet royal de Berlin, daté du 14 août 1867,
supprima, à partir du 3 septembre suivant, le gouvernement
militaire de Luxembourg et appela à d'autres fonctions les officiers attachés au service de la place. Cette décision fut communiquée le 2 septembre au gouvernement grand-ducal par le
gouverneur prussien, le général de Brauchitsch. Dans la matinée du même jour, deux bataillons prussiens quittèrent la
ville. Le départ du dernier bataillon, fixé au 9 septembre,
donna lieu à une manifestation pacifique, empreinte de la
plus grande cordialité.

Au milieu d'un grand afflux de la population, les autorités
militaires luxembourgeoises et la municipalité se rendirent sur
la place Guillaume, où les soldats prussiens avaient été rangés
en ordre de bataille, sous les ordres de leur colonel. Le bourg-
mestre de la ville fit ses adieux aux troupes et les félicita de la
bonne tenue qu'elles avaient conservée jusqu'à la dernière
heure. Les soldats poussèrent un triple hourrah à la prospérité
de la ville qu'ils allaient quitter pour toujours. En se rendant
à la gare d'embarquement, ils défilèrent devant le prince Henri,
qui, entouré des membres du cabinet grand-ducal, se tenait
sous le porche de l'hôtel du gouvernement.

Lorsque le dernier détachement eut quitté la ville, l'enthousiasme populaire ne connut plus de bornes. Luxembourg
prit enfin conscience de sa liberté et de son indépendance ; il
devenait maître de ses destinées ; son sort maintenant était
entre ses propres mains. Dans l'après-midi du 9 septembre,
les troupes nationales, venues de Diekirch et d'Echternach,

entrèrent dans la ville, sous le commandement du colonel van Heemskerk. Cette entrée fut une véritable entrée triomphale ; des bouquets étaient suspendus aux baïonnettes des soldats, étonnés d'un tel accueil. C'est à cet instant seulement que la population commença à entrevoir les immenses avantages résultant du traité de Londres. « C'est au moment seulement, dit M. Servais (1), où l'évacuation fut terminée, que l'impression du résultat obtenu fut vive. Ces grands bâtiments, ces casernes, ces arsenaux, ces magasins ouverts et vides, ces nombreux forts déserts, l'attirail de guerre, les hommes armés disparus partout, tout cela était propre à frapper l'imagination. On se plaisait à visiter les lieux dont une consigne sévère défendait autrefois l'accès, à se rappeler la destination à laquelle ils avaient servi. En les parcourant, on éprouvait pleinement le sentiment de l'indépendance, de la sécurité, qu'on venait d'acquérir, de la délivrance pour toujours des maux de la guerre ».

Dans le discours du trône du 28 octobre 1867, le prince Henri constata « que l'évacuation de la forteresse de Luxembourg par la garnison prussienne, grâce à la bonne discipline des troupes et à la sagesse des populations, s'était effectuée avec un ordre remarquable, malgré les difficultés inhérentes à une opération de sa nature si compliquée... »

Mise en émoi par les premiers bruits d'évacuation qui se répandirent au commencement du mois de mai, la municipalité de Luxembourg ne resta pas inactive lorsque cette évacuation fut devenue un fait accompli. Ses efforts antérieurs n'avaient obtenu qu'un succès d'estime ; les démarches nouvelles auront-elles un résultat meilleur ? Auprès des diplomates européens qu'ils étaient allés implorer à Londres, les délégués luxembourgeois avaient trouvé un accueil poli et des paroles encourageantes, mais aucun secours effectif. Les au-

---

(1) Servais, *op. cit.*, p. 188 et 189.

torités nationales, la Chambre des députés et le gouvernement se laisseront-ils plus facilement émouvoir ? On l'espérait, sans trop y croire.

La présence d'une garnison prussienne rapportait à la population urbaine 1,276,454 thalers par an. C'est ce revenu sur lequel elle se croyait un droit évident que la ville de Luxembourg voulait s'assurer d'une autre manière. Les soldats luxembourgeois, qui maintenant occupaient les vastes casernes, dépensaient moins que les soldats prussiens ; les officiers de l'ancien contingent, réduits à la portion congrue, vivaient moins luxueusement que les officiers allemands, dont la majorité appartenaient à la noblesse terrienne et fortunée.

Avant l'évacuation de la forteresse, les bataillons de chasseurs étaient casernés dans les petites villes de Diekirch et d'Echternach. Si la ville de Luxembourg obtenait une compensation à raison du retrait des troupes prussiennes, les villes de Diekirch et d'Echternach ne tarderaient pas à soulever des prétentions analogues. Cette évidente connexité n'échappa point aux représentants des trois villes. Au cours des discussions parlementaires qui aboutirent à l'approbation législative du traité de Londres, la question fut débattue par les avocats des localités intéressées ; elle n'eut aucune suite, le moment paraissant mal choisi pour l'octroi de compensations de ce genre.

Quelques mois plus tard, le conseil municipal de Luxembourg se rejeta sur une entreprise bien autrement féconde, capable de créer à la ville une nouvelle source de revenus. Les catholiques allemands avaient conçu le projet de fonder une université strictement confessionnelle. La discussion de cette création était réservée à un congrès qui devait siéger à Innsbruck le 9 septembre 1867. Il n'est pas étonnant que la municipalité de Luxembourg, qui veillait avec un soin jaloux au bien-être moral et matériel de ses administrés, ait tenté d'intervenir auprès des chefs du mouvement catholique allemand.

La langue allemande est en honneur dans la capitale du Luxembourg ; la langue française y est parlée par nombre d'habitants. Grâce à son exceptionnelle situation topographique, la ville paraissait prédestinée à devenir le siège d'un établissement universitaire. L'ancien collège des Jésuites qui avait existé à Luxembourg avant la révolution de 1789, était rapidement arrivé à une prospérité inespérée. L'évacuation de la forteresse rendait libres les bâtiments militaires qu'une transformation peu coûteuse aurait permis d'affecter à leur nouvelle destination. Le gouvernement grand-ducal allait pouvoir disposer des économies réalisées sur le budget militaire. En ajoutant quelques crédits peu importants aux fonds recueillis en Allemagne, on aurait pu, sans trop de peine, assurer le fonctionnement d'un établissement d'enseignement supérieur. Le recrutement du corps professoral n'aurait pas présenté la moindre difficulté. De tout temps, les Luxembourgeois se sont voués avec empressement aux études supérieures. La création d'une université aurait offert un important débouché à l'élite intellectuelle du pays.

Un délégué de la municipalité, M. Simonis, fut chargé de plaider la cause de la ville auprès de l'assemblée allemande. Ses conclusions furent accueillies avec une faveur marquée. L'assemblée se réjouit de la bonne aubaine qui se présentait à elle ; elle décida de « faire de l'ancienne place de guerre un asile de la paix, une citadelle de la science ». Ces beaux projets ne se réalisèrent pas. La décision d'Innsbruck ne reçut aucune exécution ; dès le milieu d'octobre, le projet était abandonné.

Une autre tentative d'assurer des compensations au commerce urbain ne fut pas plus heureuse. Les foires mensuelles de Luxembourg se tenaient depuis de longues années sur le glacis de la forteresse. On voulut les transférer à l'intérieur de la ville. Cette proposition se heurta à l'opposition du gouvernement grand-ducal, plus soucieux des intérêts généraux du pays que des intérêts des négociants de la capitale.

.
. .

Les puissances réunies à la conférence de Londres ayant reconnu et garanti la neutralité du grand-duché de Luxembourg, « le maintien ou l'établissement de places fortes sur son territoire devenait sans nécessité comme sans objet ». Les fortifications de Luxembourg étaient désormais inutiles, puisqu'en acceptant les bienfaits de la neutralité perpétuelle, le roi grand-duc renonçait au droit de participer à une guerre quelconque. En excitant les convoitises des Etats voisins, la forteresse devenait un danger et risquait de provoquer des incidents diplomatiques et des complications internationales. Son entretien aurait nécessité des frais considérables, hors de proportion avec les ressources d'un Etat dont la population ne dépassait pas 200,000 habitants. Il était impossible de maintenir un corps de troupes suffisant pour assurer l'occupation de la place.

Le démantèlement de la forteresse constituait une nécessité politique internationale ; les circonstances particulières au grand-duché de Luxembourg et les besoins de son Trésor l'imposaient impérieusement. C'était une des bases des discussions de la conférence de Londres, une condition indispensable de l'arrangement destiné à clore le douloureux incident qui avait menacé de rompre la paix du continent. La démolition des ouvrages défensifs de la forteresse est prévue par les articles 3, § 2 *in fine*, et 5, § 1, du traité du 11 mai 1867. Aux termes de ces dispositions, « la ville cessera d'être une ville fortifiée... Sa Majesté le roi grand-duc s'engageait à prendre les mesures nécessaires, afin de convertir ladite place forte en ville ouverte, au moyen d'une démolition que Sa Majesté jugera suffisante pour remplir les intentions des Hautes Parties contractantes... »

Les textes que nous venons de reproduire indiquent le but que les puissances avaient en vue : convertir la ville en ville

ouverte, — et les moyens d'atteindre ce but : une démolition,
que le roi grand-duc jugera suffisante. C'est sur le souverain
territorial que les puissances se sont reposées du soin de contrôler les travaux à faire et d'en déterminer l'étendue et l'importance. Les travaux devaient s'effectuer avec tous les ménagements « que réclamaient les intérêts des habitants de la
ville ».

Le gouvernement prussien s'était loyalement acquitté des
obligations qu'il avait contractées en vertu du traité du 11 mai.
L'évacuation s'était effectuée régulièrement, sans donner lieu
au moindre incident. Le roi grand-duc imita cet exemple. Le
dernier bataillon prussien avait à peine quitté la ville, que les
démolisseurs se mirent à l'œuvre (10 septembre). L'article 5,
§ 1, du traité portant que « les travaux commenceront immédiatement après la retraite de la garnison », recevait sa pleine
et entière exécution.

Conscient de la lourde responsabilité qui lui incombait, le
gouvernement grand-ducal n'avait pas attendu que l'évacuation fût terminée pour préparer le démantèlement. Au projet
de loi destiné à approuver le traité du 11 mai, il avait joint
une proposition législative qui provoqua, au sein du Parlement, d'orageuses discussions. En vertu de cette proposition,
qui devint la loi du 20 juin 1867, « le gouvernement fut autorisé à faire faire immédiatement des études et des projets de
travaux, à l'effet de convertir la forteresse de Luxembourg en
place ouverte... et à exécuter les travaux les plus urgents,
sauf à justifier ultérieurement devant l'assemblée des Etats
des dépenses faites dans ce but... »

Les travaux de démolition furent retardés par les incessantes réclamations de l'administration communale de Luxembourg. La conférence de Londres, émue par les démarches
de la municipalité, avait engagé le roi grand-duc à tenir
compte, dans l'exécution des travaux à faire, des intérêts de
la ville. Le plénipotentiaire russe avait exprimé l'espoir que

les habitants pourraient compter sur la sollicitude du roi ; les autres plénipotentiaires partageaient la conviction du baron de Brunnow. Les populations intéressées ne tardèrent pas à se prévaloir de ces bienveillantes déclarations, et à en exagérer l'importance.

Dans l'audience accordée le 6 mai 1867 aux délégués du conseil communal de Luxembourg, le prince Henri leur avait assuré, au nom du roi grand-duc « que les intérêts de la ville seraient sauvegardés, que les plénipotentiaires luxembourgeois avaient reçu l'ordre de les défendre au sein de la Conférence, et qu'enfin Sa Majesté le roi entendait abandonner à la ville, à titre de dédommagement, la propriété de tous les bâtiments et des terrains dépendant de la forteresse » (1). Les discussions qui eurent lieu dans la session extraordinaire de l'assemblée des Etats, au mois de juin 1867, n'ayant pas satisfait le conseil communal de Luxembourg, le collège échevinal se rendit auprès du prince pour obtenir la confirmation des promesses de La Haye ; le prince s'engagea à faire tout ce qui était en son pouvoir pour que les promesses antérieures pussent « le plus tôt possible obtenir leur réalisation complète » (2).

On put croire, un instant, que la municipalité renoncerait aux compensations territoriales pour se contenter d'avantages d'un autre genre. Un conseiller fit remarquer qu'on arriverait plus rapidement au but en demandant que l'Etat, en supprimant l'octroi, dont les frais de perception s'accroîtraient nécessairement par suite du démantèlement, allégeât le trésor municipal par l'octroi d'importantes subventions pécuniaires. Le gouvernement paraissait disposé à se prêter à un compromis de ce genre (3). Son concours financier pouvait être impor-

(1) Rapport de MM. Eberhard, Simonis et Aschman, Joris, *op. cit.*, p. 59 et s.
(2) Déclaration du collège échevinal du 29 juin 1867.
(3) Communication du 25 septembre et rapport au Conseil communal du 24 octobre 1867.

tant, puisque le domaine de la forteresse s'étendait sur une superficie de 176 hectares 70 ares 33 centiares.

Ce projet rencontra une vive opposition. Le conseil exigea qu'en plus du concours financier destiné à compenser le découvert résultant de la suppression de l'octroi, le gouvernement abandonnât à la ville les terrains dépendant de l'ancienne forteresse. Des demandes aussi exagérées ne pouvaient être prises en considération. Le consentement du gouvernement à la suppression de l'octroi présupposait l'abandon de toute prétention sur les bâtiments et sur les terrains des fortifications. En interprétant les propositions de l'Etat dans un sens cumulatif, le conseil communal s'exposait à un échec certain.

Dans une communication officielle, le directeur général de l'intérieur reprocha à l'administration municipale d'avoir mal interprété les intentions et les promesses du roi grand-duc, et mal rapporté les paroles du prince-lieutenant. « Jamais, écrivit le baron de Blochausen, il n'a été question d'abandonner à la ville de Luxembourg les bâtiments occupés autrefois par la garnison et situés, soit dans la ville, soit dans les faubourgs... Lorsqu'il s'est agi du don... des terrains et constructions constituant les anciens travaux de défense de la place, Sa Majesté entendait formellement que ces terrains ne seraient abandonnés à la ville que sous l'obligation de faire procéder immédiatement aux travaux de démantèlement et de conversion de la forteresse en place ouverte, par l'industrie privée, mais sous la surveillance et la direction du gouvernement, qui reste responsable de l'exécution du traité de Londres... » Le gouvernement était pourtant disposé à abandonner à la ville certains bâtiments et emplacements dont elle pourrait avoir besoin, tels que des locaux pour écoles, abattoirs, marché-couvert, promenade publique, etc. (1).

Un groupe de députés défendit énergiquement au sein de

(1) Lettre de M. le baron de Blochausen, 13 novembre 1867.

l'assemblée des États les droits et les prétentions de la ville.
A l'appui de ces droits, on invoqua les promesses royales,
d'anciens droits de propriété et des considérations d'équité.
Une commission du conseil municipal avait recherché des titres
anciens qui remontaient à des dates fort reculées et devaient
confirmer les revendications de la ville. Dans la séance de la
Chambre du 16 mai, M. André affirma que la forteresse, construite sur le terrain communal avec les deniers de la ville,
avait été entretenue jusqu'à la fin du xviiie siècle par le trésor
urbain. A l'argument tiré du code civil, qui faisait rentrer les
forteresses dans le domaine de l'État, le fougueux député répondit en accusant le législateur de 1804 d'avoir ainsi procédé à une véritable expropriation. MM. Würth et Metz invo-
quèrent, en outre, les frais faits autrefois par la ville pour se
rédimer des servitudes militaires et les dépenses nouvelles
auxquelles elle allait être contrainte à la suite des travaux de
démantèlement.

Après des pourparlers longs et aigres-doux, la question de
principe fut enfin résolue par la loi du 16 mai 1868. Cette loi
accorda à la ville un certain nombre d'immeubles provenant
de l'ancienne forteresse ; ces immeubles devaient être affectés
à des destinations d'utilité publique, après que le gouvernement aura été entendu en son avis. Sur la moitié du prix de
vente des immeubles désignés dans l'article 3 de la loi, la ville
recevait le droit de prélever une somme de 436,856 fr. 60 ;
ce prélèvement constituait le remboursement d'un certain
nombre de dépenses d'intérêt public faites par le trésor urbain.
Un amendement ajouté à l'article premier du projet de loi
accorda aux villes de Diekirch et d'Echternach la jouissance
des bâtiments qui servaient autrefois au casernement du contingent national. L'État se réservait la faculté de les reprendre
sous des conditions déterminées par la loi.

Cette loi opportune termina le différend qui s'était élevé
entre la ville de Luxembourg et l'État. Des conventions ulté-

rieures réglèrent les questions de détail dans un sens analogue. Les discussions qui se reproduisirent dans la suite furent moins vives, parce que déjà les hommes les plus timorés constataient que le démantèlement, loin de nuire à la ville, lui apportait un surcroît de prospérité. Dès la première année qui suivit la conférence de Londres, les constructions nouvelles dépassèrent celles qui avaient été faites pendant la dernière période décennale. Le revenu net de l'octroi s'accrut assez rapidement. Les recettes brutes sont indiquées par le tableau suivant :

1865.	140,688 fr. 58
1866.	149,971 fr. 40
1867.	151,664 fr. 47
1868.	150,475 fr. 34
1869.	159,574 fr. 38
1870.	165,267 fr. 39

La recette brute diminua d'un millier de francs de 1867 à 1868. Cette perte fut plus que compensée par la diminution des frais de recouvrement, qui atteignirent 28,056 fr. 76 en 1867, et seulement 21,743 fr. 20 en 1868. La différence existant entre ces deux chiffres s'explique par ce fait que la ville devait annuellement rembourser aux autorités militaires prussiennes une somme correspondant aux droits perçus sur la consommation de la garnison. Ces remboursements furent de 8,309 fr. 29 en 1865, de 7,928 fr. 94 en 1866 et de 7,344 fr. 90 en 1867.

Les travaux de démolition se poursuivirent lentement et avec méthode ; le plan général fut exécuté point par point. Peu à peu la ville, débarrassée de la ceinture de pierres qui l'étreignait depuis des siècles, respira plus librement ; à la place des ouvrages improductifs s'élevèrent de belles maisons de rapport et d'élégantes demeures bourgeoises. De nouvelles rues furent tracées sur les ruines de la forteresse. Quoique les plaintes des commerçants de quelques quartiers fussent encore fort nombreuses, les habitants de la ville de Luxembourg comprirent vite que le démantèlement de la forteresse était le plus grand bienfait que l'Europe avait pu leur concéder.

En 1867, la population de la ville était de 13,926 habitants; elle atteignit 14,551 habitants en 1874 et 20,796 en 1899. La rapide progression des recettes budgétaires de la capitale du Luxembourg est un indice de sa prospérité croissante. Le budget municipal accuse dans les années qui suivirent le démantèlement les chiffres suivants :

Années.	Recettes budgétaires.
1866.	430,533 fr. 78
1867.	303,568 fr. 66
1874.	728,097 fr.
1885.	571,666 fr. 65
1900.	1,019,041 fr. 25

La comparaison de ces chiffres est très instructive. La ville participa dans les recettes provenant de la vente du domaine de l'ancienne forteresse pour une somme totale de 466,845 fr. Les casernes d'artillerie qui lui furent cédées à titre gratuit ont une valeur vénale taxée à 227,440 fr.

De même que la ville, le gouvernement de Luxembourg avait redouté un instant que le démantèlement de la forteresse n'entraînât la ruine du pays tout entier à raison des grandes dépenses qu'il devait occasionner. Cette conviction se retrouve jusque dans les dépêches diplomatiques échangées entre les cabinets européens. Le marquis de Moustier l'avait exprimée, dans une conversation qu'il eut dans les premiers jours de mai avec l'ambassadeur anglais lord Cowley. Au sein de la conférence de Londres, les diplomates regrettèrent cette triste éventualité, mais se déclarèrent incapables d'y apporter aucun remède efficace. Lorsque MM. de Tornaco et Servais tentèrent de rejeter les frais du démantèlement sur les puissances dans l'intérêt desquelles les travaux devaient être faits, ils ne trouvèrent aucun sérieux appui. Lord Stanley objecta que la question ne pouvait guère être posée. Le comte de Bernstorff se rallia à l'opinion du président de la réunion ; l'amendement de M. de Tornaco fut enterré séance tenante. L'événement a montré que la proposition du comte de Brunnow, insérée dans l'article 5, § 1er *in fine* du traité, était plus favorable au grand-duché que ne l'aurait été l'amendement du ministre luxembourgeois. La souveraineté du Luxembourg était mieux sauvegardée par la disposition transactionnelle et charitable du baron de Brunnow qui, en dispensant les puissances de concourir aux frais du démantèlement, leur ôta tout prétexte d'intervenir dans l'exécution des travaux et de contrôler leur degré d'achèvement.

Au lieu d'engager les finances nationales et de compromettre l'avenir du grand-duché, le démantèlement devint avantageux et profitable, même au point de vue purement pécuniaire. Au cours des discussions qui eurent lieu à plusieurs reprises à la Chambre luxembourgeoise, quelques députés essayèrent de rejeter la moitié des frais du démantèlement sur le duché de Limbourg qui, comme le Luxembourg, avait fait partie de la Confédération germanique. Il est heureux que leur proposition n'ait pas été accueillie par le Parlement. En obligeant le Limbourg à supporter une part des frais de démolition, on aurait dû en même temps lui assurer une part dans les bénéfices de l'opération; or, les bénéfices furent plus considérables que les dépenses.

De 1868 à 1894, les travaux faits en exécution du traité de Londres coûtèrent 1,983,041 fr. Sur cette somme, 454,241 fr. furent employés à la création de voies publiques et à la mise en valeur des terrains à bâtir. L'entretien des ouvrages d'art n'ayant aucun caractère stratégique et des murs de soutènement absorba, pendant le même espace de temps, une somme de 127,624 fr. De 1868 à 1873, 431,568 fr. furent employés aux travaux de démolition; 901,622 fr. furent payés aux particuliers à titre d'indemnité ou consacrés à des travaux faits sur les terrains provenant des fortifications.

Les recettes de la vente des terrains de la forteresse se montèrent de 1868 à 1894 à un total de 1,635,088 francs. Les dépenses et les ventes faites après l'année 1894 ne peuvent guère entrer en ligne de compte. Les terrains qui restent à vendre ont une superficie d'environ 20 hectares. Les bâtiments de la forteresse qui sont restés aux mains de l'Etat ont une valeur approximative de 2,516,979 fr. 25 (1).

Le roi Guillaume des Pays-Bas était intervenu dans le traité du 11 mai en sa double qualité de grand-duc de Luxembourg

(1) Voici la liste des bâtiments restés en possession de l'Etat grand-ducal, avec leur valeur vénale suivant taxation :

1) Ecole protestante.	8.412 fr.	50
2) Eglise protestante	112.000	»
3) Caserne de cavalerie au Pfaffe thal	140.003	50
4) Caserne de Vauban (somme payée par l'assurance). .	102.407	25
5) Hôtel du gouvernement	269.510	»
6) Hôtel des postes en ville (ancienne direction du génie).	142.914	»
7) Tour occupée par le gardien Leurs	7.980	»
8) Magasins de la Hoehl.	16.450	»
9) Portes d'Eich et des Bons-Malades	8 200	»
10) Tours jumelles de la descente du Pfaffenthal	6.400	»
11) Casernes du Saint-Esprit.	553.952	»
12) Ancien lazaret militaire (prison des hommes).	355.578	»
13) Maison d'éclusier (logement Quaring).	2.753	»
14) Ancien corps de garde (place d'armes)	12.480	»
15) Casernes du Rham	525.350	»
16) Direction des douanes (rue du Saint-Esprit).	41.337	»
17) Ancienne Banque nationale	157.152	»
18) Tour poivrière (Clausen)	4.100	»
Valeur totale.	2.516.979 fr.	25
Casernes d'artillerie cédées à la ville.	227.440	»
Valeur totale des bâtiments avec dépendances, provenant de l'ancienne forteresse, au moment où ils furent cédés	2.744.419	25

et de souverain hollandais. Les Pays-Bas avaient assumé l'obligation de respecter la neutralité du Luxembourg et de la garantir contre toute atteinte. En sa qualité de souverain territorial, le roi devait diriger les travaux au mieux des intérêts de ses sujets tout en tenant compte des intentions des puissances garantes. Toute tentative soit collective, soit individuelle, émanant des Etats signataires du traité du 11 mai, d'intervenir dans les travaux ou de les contrôler, constituait une usurpation répréhensible, contraire à l'esprit comme à la lettre du traité. Les premiers projets élaborés par le Foreign Office prévoyaient le contrôle des puissances. La rédaction soumise à la conférence avait omis l'institution de commissaires spéciaux qui détermineraient les ouvrages à détruire et surveilleraient l'exécution du démantèlement. Les droits du souverain territorial, qui d'ailleurs avait donné maintes preuves de son inébranlable loyauté, étaient entiers et absolus.

Les travaux de démantèlement donnèrent néanmoins lieu à quelques incidents internationaux. Nous ne croyons pas qu'il soit nécessaire de rapporter les admonestations peu amicales de la presse allemande, qui ne cessait de se plaindre de la lenteur des travaux de démolition ; le ton de la *Gazette de Cologne* fut particulièrement amer (1). Il ne manqua pourtant pas de voix autorisées pour reconnaître la vérité et rendre hommage à la correction du gouvernement luxembourgeois.

Dans une dépêche du 19 janvier 1869, le comte de Bismarck se plaignit de ce que les travaux prescrits par le traité de Londres n'avaient encore reçu qu'un commencement d'exécution et n'avaient pas altéré, d'une façon sensible, le caractère des fortifications ; il exprima, en même temps, l'espoir que « le gouvernement grand-ducal n'hésiterait pas à prendre des mesures énergiques et décisives pour en presser l'accomplissement ».

(1) Cfr. numéro du 1er juillet 1868.

Ces plaintes ne reposaient sur aucun fondement sérieux.
Loin de procéder avec tous les ménagements que la conférence
de Londres avait recommandés, le gouvernement avait travaillé vigoureusement et activé les travaux autant qu'il était
en son pouvoir. Une large route avait été ouverte pendant
l'été de l'année 1868 au nord de la place. Un officier prussien, M. Coster, avoua dans une brochure publiée dans les
premiers mois de l'année 1869, que de ce côté la ville pouvait être considérée comme étant une ville ouverte. On ne
pouvait détruire les murs de soutènement qui entourent la
ville du côté des vallées de l'Alzette et de la Pétrusse. Les
fortifications naturelles résistent à l'action des démolisseurs.
M. Föhr, le chargé d'affaires du grand-duché à Berlin, présenta au ministre des affaires étrangères de Prusse les regrets
du gouvernement grand-ducal, au sujet de l'erreur dans laquelle le cabinet de Berlin était tombé à la suite de rapports
tendancieux.

Quelque temps après l'échange de ces dépêches, un officier
supérieur prussien arriva à Luxembourg pour se rendre compte
du degré d'achèvement des travaux. Le ministre d'Etat grand-
ducal ayant fait remarquer qu'aucun contrôle de ce genre n'e-
tait réservé aux Etats signataires du traité de neutralité, le
délégué du cabinet prussien protesta des bonnes intentions de
son gouvernement qui, sans manifester la moindre défiance à
l'encontre du Luxembourg, voulait simplement s'assurer de
l'état des travaux. Après avoir visité les lieux, l'officier prussien n'hésita pas à déclarer que les résultats déjà obtenus
étaient considérables et que les travaux étaient bien plus
avancés qu'il ne se l'était figuré d'après les renseignements
qui lui étaient parvenus (1). La *Gazette de Cologne* saisit l'occasion qui s'offrait si opportunément à elle, de revendiquer
pour tout Etat, qu'il fût ou non intervenu dans les délibéra-

(1) Compte-rendu des séances de la Chambre luxembourgeoise, mars 1869.

tions de Londres, le droit de s'assurer de l'avancement des travaux de démantèlement (1).

Cette prétention était insoutenable. La direction des travaux appartenait exclusivement au roi grand-duc. C'est seulement au cas où le souverain territorial, oublieux de ses devoirs, n'aurait pas satisfait aux obligations qu'il avait assumées, que les puissances auraient peut-être pu, par une action collective, lui rappeler les termes et l'esprit du traité du 11 mai. La démarche du gouvernement prussien s'explique par des considérations politiques. La guerre de 1870 était prévue et décidée dans les milieux militaires de Berlin. On tenait à s'assurer que l'ancienne forteresse fédérale n'offrait plus aucun secours aux armées françaises, au cas toujours possible où elles envahiraient, au mépris des traités les plus solennels, le territoire neutre du grand-duché.

Au cours des discussions de Londres, le baron de Brunnow avait exprimé l'opinion que la ville devait être considérée comme ville ouverte dès que les ponts-levis seraient changés en ponts fixes. Il est oiseux de discuter si un tel démantèlement eût été considéré comme suffisant par les puissances intéressées. D'importants ouvrages avaient été détruits depuis le 10 novembre 1867. Dès l'année 1869, la ville était ouverte ; le traité du 11 mai était exécuté. Pendant les deux années 1868 et 1869, le gouvernement grand-ducal dépensa en travaux de démolition 132,300 francs ; le prix de la vente des domaines de la forteresse atteignit 337,346 francs. C'est avec raison que M. Servais écrivit au chargé d'affaires du Luxembourg, à Berlin, qu'au mois de février 1869, la forteresse n'existait plus (2).

Le 3 mai 1870, le prince Henri déclara dans le discours

---

(1) Numéro du 30 avril 1869.

(2) Réponse du ministre Servais à l'interpellation de M. Würth, mars 1869 ; dépêche à M, Föhr du 16 février 1869 ; Comptes-rendus parlementaires de 1869.

prononcé à l'ouverture de la session parlementaire, « que le gouvernement n'avait rien négligé pour remplir de la manière la plus loyale les obligations résultant du traité de Londres, et que les travaux de démolition avaient complètement ouvert la ville partout où elle n'était pas défendue par sa position naturelle ».

Les diplomates de Londres avaient reconnu la neutralité perpétuelle du Luxembourg sous la double condition suspensive que celui-ci s'acquitterait des obligations imposées par l'état de neutralité et procéderait aux travaux de démantèlement reconnus nécessaires. Lorsqu'au mois de juillet 1870 éclata la funeste guerre franco-allemande, le gouvernement grand-ducal fit savoir aux puissances qu'il avait été satisfait à toutes les obligations du traité et que la ville de Luxembourg avait cessé d'être une ville fortifiée. La condition suspensive était accomplie. Le cabinet de Saint-Pétersbourg ne voulut pas se prononcer sur l'achèvement des travaux, « l'article 5 du traité de Londres ayant réservé cette faculté au roi grand-duc ». M. de Westmann estimait d'ailleurs que la neutralité du Luxembourg dépendrait moins du degré d'avancement du démantèlement que de l'observation par le grand-duché des devoirs imposés par son état de neutralité (1). Après avoir pris connaissance de la communication du gouvernement grand-ducal, le cabinet de Paris déclara « qu'il n'avait jamais douté de l'empressement et de la bonne foi que le gouvernement de Sa Majesté le roi grand-duc apportait malgré les ressources restreintes dont il pouvait disposer, à l'exécution du traité de Londres du 11 mai 1867 » 2). La réponse du gouvernement anglais à la dépêche de M. Servais fut également fort satisfaisante ; elle exprimait l'espoir que « le Luxembourg ayant

(1) Dépêche du 18 juillet 1870 ; Comptes-rendus parlementaires, 1870-1871, p. 167.

(2) Dépêche de M. Baudin à M. Servais, 21 juillet 1870 ; Comptes-rendus parlementaires, loc. cit.

rempli la tâche à lui imposée par le traité de 1867, il n'y avait pas lieu de craindre que sa neutralité fût violée par l'une ou l'autre des puissances signataires du traité... » (1).

Le démantèlement n'en continua pas moins après que la guerre eut pris fin par la victoire des armées allemandes, mais ces travaux étaient principalement des travaux d'embellissement.

La question du démantèlement donna lieu à un dernier incident international. Une loi des 22 juillet-24 août 1877 accorda à la Société des chemins de fer et minières Prince-Henri la concession d'une ligne devant relier directement Luxembourg à la France et aboutir à Mont-Saint-Martin et à Longwy. Le gouvernement allemand s'opposa à cette concession; la construction de la voie concédée aurait permis à la France de jeter, en cas de guerre, de nombreuses troupes dans la ville de Luxembourg, et de la remettre, moyennant quelques travaux insignifiants, en état de résister à une attaque prussienne.

Le projet momentanément abandonné fut repris en 1880, lorsque la situation politique s'était éclaircie. De nouveau, la France se déclara prête à construire immédiatement l'embranchement destiné à relier le réseau de l'Est à la voie luxembourgeoise. Pour écarter toute équivoque, le gouvernement luxembourgeois demanda que l'état des travaux de démantèlement fût constaté par un officier du génie allemand, contradictoirement avec un officier du génie français. Une dépêche de M. Barthélemy Saint-Hilaire, du 22 décembre 1880, prescrivit au commandant français Klein de se contenter de dresser et de signer le procès-verbal de constat des lieux. Les exigences de l'officier allemand, M. von Goetze, furent très grandes. Il était impossible de nier que la

---

(1) Dépêche de M. E.-A.-J. Harvis, ministre anglais à La Haye, septembre 1870; Comptes-rendus parlementaires, *loc. cit.*, p. 170.

ville était désormais une ville ouverte et que le gouvernement luxembourgeois avait fait plus que n'exigeait le traité de Londres. De nouveaux travaux furent faits en vue de ménager les susceptibilités de l'état-major allemand ; on dut ouvrir les baies du pont de Clausen, abattre des pans de mur qui avaient été conservés pour l'utilité des habitants et démolir le fort Charles. Le bastion Berlaimont, qu'on avait utilisé en 1865 pour y installer le bassin de la conduite d'eau, fut détruit en 1890.

Ces travaux furent consciencieusement exécutés. Le gouvernement luxembourgeois ne voulait pas fournir le moindre prétexte à des récriminations même non justifiées. Chargé par les puissances de surveiller les travaux de démantèlement et d'en déterminer l'étendue, le roi grand-duc prit alors une mesure décisive et radicale. A la suite d'un rapport détaillé qui lui fut présenté par le major Crespin, commandant de la force armée du Luxembourg, et après s'être personnellement rendu compte de l'état des lieux, que, malgré son grand âge, il avait tenu à parcourir, il déclara officiellement « qu'en exécution des dispositions de l'article 5 du traité de Londres, il avait été pleinement satisfait aux obligations résultant pour le grand-duché de Luxembourg dudit traité, et que les intentions des Hautes Parties contractantes avaient été loyalement remplies.... » La dernière incidente : « *que les intentions des Hautes Parties contractantes avaient été loyalement remplies* » fut insérée dans la déclaration du 22 mai 1883 sur la demande expresse du roi ; la rédaction proposée par le gouvernement grand-ducal au roi Guillaume constatait seulement que les obligations résultant du traité de Londres avaient reçu leur pleine et entière exécution. Cette initiative du loyal souverain atteste une fois de plus combien le dernier prince d'Orange était attaché aux traditions d'honneur de son illustre dynastie.

Cette déclaration fut communiquée aux puissances intéressées. Aucune protestation ne fut soulevée. La ville de Luxembourg était maintenant une ville ouverte. L'article 3 §§ 1 et 2 et l'article 5 impliquent une obligation positive et une obligation négative. La première était remplie. En vertu de l'obligation négative, le roi grand-duc s'était engagé à ne pas établir de nouvelles places, et à ne pas reconstruire les fortifications détruites. Cette disposition est spéciale à la neutralité luxembourgeoise et ne peut être étendue aux autres États neutres. La déclaration signée à Londres le 11 mai 1867 le constate expressément. Le grand-duché de Luxembourg n'enfreindra pas cette clause restrictive. Un État de 200,000 habitants doit s'interdire le luxe de construire et d'entretenir des forteresses et de créer des établissements militaires, capables d'inquiéter les peuples voisins.

**

L'article 3, § 3, du traité de Londres, réserve au roi grand-duc le droit d'entretenir dans la ville de Luxembourg le nombre de troupes nécessaires pour veiller au maintien du bon ordre.

Cette limitation des droits du souverain territorial se retrouve dans tous les projets soumis aux délibérations des puissances. D'après l'article 2 *in fine* du premier projet de lord Stanley « *The King of Holland engages …to limit the amount of military force hereafter to be stationed in the city to the number required for the maintenance of public order…* » L'article 3 du projet communiqué aux plénipotentiaires à la première réunion de la conférence est conçu dans des termes à peu près analogues : « …Il est convenu, d'un commun accord, que la ville de Luxembourg… restera uniquement le chef-lieu de l'administration civile du pays… Sa Majesté promet de n'entretenir dorénavant dans cette ville que le nombre de troupes nécessaires pour y veiller au maintien du bon ordre » (1).

Il était inutile de limiter les droits du souverain territorial d'une manière aussi minutieuse. Tout Etat, quelque peu étendu qu'il soit, possède une administration militaire; cette administration siège dans la capitale du pays et dépend du pouvoir central. La reléguer dans une ville de province constitue une vexation inutile et une inutile augmentation des frais d'entretien et de direction. Aussi revint-on avec raison sur la rédaction première en vue d'accroître les prérogatives du gouvernement grand-ducal et de lui rendre un droit dont aucun Etat n'est privé. La disposition finale du § 2 de l'article 3 du deuxième projet de lord Stanley disparut au cours des discussions de Londres. La rédaction du dernier paragraphe du même article semblait impliquer une nouvelle restriction des pouvoirs du roi grand-duc. La forme promissoire fut écartée par l'amendement du baron de Brunnow, qui forme l'article 3 du traité.

Il importe de préciser le sens exact de ces diverses restrictions.

En droit commun, tout Etat neutre a non seulement le droit mais encore le devoir de s'opposer même par les armes à la violation de ses droits. « Le territoire des neutres est inviolable. Les belligérants ne doivent, sous aucun prétexte, en franchir les frontières ; s'ils le tentent, le neutre doit s'y opposer par les armes. En cela, il n'enfreint pas les devoirs de la neutralité ; il les accomplit » (2).

Tout en reconnaissant le droit et le devoir des Etats neutres de défendre leur neutralité par tous les moyens, Heffter limite cette faculté au strict nécessaire (3). L'Etat neutre devant

___

(1) Circulaire de lord Stanley du 3 mai 1867, *Staatsarchiv*, n° 2812; Projet annexé au premier protocole de la conférence de Londres.

(2) Funck-Brentano et Sorel, *Précis du droit des gens*, p. 368.

(3) *Das europäische Völkerrecht der Gegenwart*, 8 éd. Geffcken, p. 318, note de Geffcken, pp. 318, 320, 321.

s'opposer par la force à toute tentative préjudiciable à ses
droits, certain auteurs ont été conduits à méconnaître la
valeur de toute neutralité qui ne serait pas appuyée sur
des forces militaires imposantes (1). « Pour que la neutralité
de la Belgique soit assurée en temps de guerre, écrit un auteur belge, il ne suffit pas que les puissances qui pourraient la
violer soient portées par leur intérêt à la respecter, il faut encore, et c'est là une condition tout aussi indispensable, que la
Belgique elle-même sache la maintenir et la défendre sérieusement et fortement. A cet effet, deux choses sont nécessaires,
d'abord, la force morale du gouvernement... et ensuite sa
force matérielle, représentée par des forces militaires suffisantes, capables et prêtes à agir avec cette promptitude et
cette unité d'impulsion qui assure le succès » (2). Chaque fois
qu'il s'est agi de renforcer l'armée et d'obtenir du Parlement
de nouveaux crédits pour l'établissement et l'entretien de
places fortes, les hommes d'Etat belges ont rappelé le mot du
roi Léopold Ier, que « la neutralité de la Belgique doit être
sincère, loyale et forte » (3).

La neutralité du Luxembourg ne serait qu'une expression
vide de sens, le traité de Londres serait une vaine parodie, si
le grand-duché était obligé de défendre son territoire les
armes à la main. Cette obligation s'arrête là où s'arrêtent les
ressources dont dispose l'Etat neutre. Les quelques bataillons
luxembourgeois ne peuvent évidemment pas s'opposer au
passage d'une armée comprenant des centaines de régiments,
plusieurs centaines de mille hommes. Et si le général suisse
Herzog a pu désarmer les troupes du général Bourbaki, qui
avaient franchi la frontière helvétique, ce fut grâce à l'importance militaire des armées fédérales et aux dispositions

(1) Kleen, *Lois et Usages de la neutralité*, Paris, 1898, p. 95 et s.
(2) Arendt, *Essai sur la neutralité de la Belgique*, p. 67.
(3) Paul Eyschen, *Das Staatsrecht des Groszherzogthums Luxemburg*,
p. 40.

pacifiques du général français qui ne se serait pas prêté à une violation expresse du droit des gens moderne des peuples civilisés. L'Etat neutre qui ne peut résister aux flots envahisseurs doit au moins protester contre la violence à laquelle il cède malgré lui. Geffcken indique lui-même cette exception à la règle générale (1).

La force des choses imposera toujours cette dernière politique au grand-duché de Luxembourg. Enserré entre deux puissantes nations, dont les armées se chiffrent par millions d'hommes, il ne pourra jamais opposer une résistance quelconque aux troupes belligérantes qui voudraient franchir ses frontières. En introduisant le service personnel le plus absolu, il pourrait à peine réunir quelques rares régiments. A cette impossibilité matérielle de se défendre efficacement, est venue s'ajouter une impossibilité morale. En réduisant ses forces militaires à leur strict minimum, en interdisant au roi d'entretenir d'autres troupes que celles qui sont nécessaires pour maintenir l'ordre et la sécurité, les diplomates ont évidemment voulu créer au grand-duché de Luxembourg une situation particulière. Il est impossible qu'ils aient maintenu pour le Luxembourg l'obligation de droit commun de veiller à la conservation de sa neutralité, tout en le privant de tout moyen de défense.

Comparativement aux armées de l'Allemagne unifiée, les contingents fédéraux suisses n'ont qu'une importance secondaire; mais retranchés sur d'inaccessibles hauteurs et protégés par les accidents de terrain et par des fortifications habilement construites, ils peuvent victorieusement s'opposer à la marche d'une armée même très supérieure en nombre. La situation n'est pas différente en Belgique. Le Luxembourg est réduit à compter uniquement sur la bienveillance des puissances qui, en le déclarant neutre, l'ont en même temps

(1) Note 4 sur Heffter, *op. cit.*, p. 322.

privé de toute défense. Le roi grand-duc a même dû se réserver expressément le droit d'entretenir assez de troupes pour assurer l'ordre public ; les fortifications de la capitale ont été démolies et il est interdit d'en construire de nouvelles et d'entretenir, de créer ou de maintenir aucun établissement militaire. C'est un désarmement absolu et complet (1).

Le professeur Geffcken estime que la restriction contenue dans l'article 3 du traité de Londres ne s'applique qu'à la ville de Luxembourg et non pas au pays tout entier, de sorte que le gouvernement grand-ducal aurait la faculté d'entretenir une force militaire aussi importante que le permet la population nationale. Seuls, la création et le maintien de places fortes seraient interdits par le traité de neutralité. La prohibition des établissements militaires ne concernerait que les places fortes. La déclaration signée à la demande du plénipotentiaire belge, le 11 mai 1867, et certaines expressions employées par les rédacteurs du traité, semblent favoriser cette interprétation.

Le ministre d'Etat du grand-duché de Luxembourg a contesté la théorie présentée par le savant jurisconsulte allemand (2). S'il est vrai que les limitations apportées par le traité de 1867 à la souveraineté territoriale doivent être interprétées dans un sens restrictif, il n'en faut pas moins convenir que la thèse soutenue par M. Eyschen repose sur des bases presqu'inattaquables. La destruction des fortifications du Luxembourg, l'interdiction de créer aucun établissement militaire quelconque, semblent bien être de simples corollaires découlant du principe de la neutralité, sanctionné par l'article premier du traité. La neutralité luxembourgeoise est une neutralité désarmée et impuissante, la neutralité de la Belgique

(1) Dʳ Paul Heilborn, *Rechte und Pflichten der neutralen Staaten*, Berlin, 1888, p. 76.

(2) *Das Staatsrecht des Groszherzogthums Luxemburg*, 1890, Fribourg-en-Brisgau, p. 41 et 42.

et la neutralité suisse sont des neutralités fortes, capables
d'inspirer le respect aux agresseurs. La garantie des puissances signataires du traité de Londres doit être d'autant plus
efficace qu'elle est plus nécessaire.

Le corps des chasseurs luxembourgeois, qui remplaça au
mois de septembre 1867 les troupes prussiennes dans la
forteresse, était composé de quelques bataillons. A la dissolution de la confédération germanique, le contingent luxembourgeois comprenait 2,403 hommes, tant en service actif que
dans la réserve. Pour des raisons d'économie, les gendarmes
avaient été, dès l'année 1843, incorporés dans le contingent
fédéral ; ces réformes avaient réalisé l'unité du commandement
militaire. L'artillerie et la cavalerie avaient été supprimées en
1846.

Le traité de Londres ayant restreint les droits du roi grand-
duc, on pouvait espérer que les charges militaires allaient
subir un important et utile allègement. L'impôt du sang et la
conscription n'avaient jamais été goûtés par les populations
luxembourgeoises. Lorsque quelques semaines après l'évacuation de la forteresse, un arrêté royal grand-ducal du 28 septembre 1867 réorganisa l'administration militaire en maintenant
un effectif à peu près égal à l'effectif antérieur, l'exaspération
publique fut portée à son comble. Cet arrêté prévoyait un
effectif de 31 officiers et de 1,532 sous-officiers et soldats.
Pour justifier cette imprudente mesure, le gouvernement se
retrancha derrière le danger causé par les menées d'une petite
fraction annexionniste et antipatriotique, et derrière la nécessité de mettre un terme à de trop passionnées discussions.

Ces excuses ne furent pas admises par le parlement. On accusait le gouvernement d'avoir, au cours des négociations
antérieures au traité de Londres, suivi une politique vague et
indécise, et de n'avoir su prendre son parti ; on attribuait le
résultat final à la force des choses et à l'accord des puissances,
non à l'initiative du gouvernement grand-ducal. La réforme

militaire aliéna au cabinet de Tornaco les sympathies de ses derniers partisans. Il fut mis en échec au commencement de décembre 1867. Son chef avait tenté de se ressaisir et de conjurer la crise, en se ralliant à une mesure transactionnelle destinée à donner satisfaction aux amis et aux adversaires du régime militaire introduit par l'arrêté de septembre. Au lieu de rapporter l'arrêté, le baron de Tornaco avait proposé de le laisser en vigueur jusqu'au 1er janvier 1869; le gouvernement aurait ainsi disposé du temps nécessaire pour préparer la réforme définitive.

Ce projet échoua. La succession du baron de Tornaco échut à M. Emmanuel Servais, le second délégué du grand-duché à la conférence de Londres.

La réorganisation militaire donna dans la suite lieu à de nombreuses difficultés et provoqua d'orageux débats. Les officiers étrangers qui dominaient dans l'ancien contingent s'opposaient à la diminution de l'effectif des troupes. Ils avaient l'oreille du prince Henri des Pays-Bas qui, lui aussi, désirait maintenir un corps d'une certaine importance. Le peuple luxembourgeois, ennemi des dépenses exagérées et du faste militaire, réclamait impérieusement la réduction des charges publiques; ses intérêts furent soutenus vigoureusement au sein de l'assemblée des Etats. La voix populaire demandait la suppression de la conscription et l'institution d'un corps de volontaires, comprenant 250 à 300 hommes. Un député, M. Paul Eyschen, proposa cette réforme dès le mois de mars 1868, afin d'alléger les charges budgétaires et de calmer l'effervescence populaire. Les crédits militaires prévus par la loi de finances de 1867 se montaient à 497,400 francs.

Les discussions qui aboutirent au vote de la loi du 18 mai 1868 furent fort vives. La majorité de la commission parlementaire s'était prononcée en faveur de la création d'un corps de volontaires. La minorité, qui trouva de précieux appuis dans le parlement, objecta que l'on ne trouverait probable-

ment pas assez de volontaires pour assurer le maintien de
l'ordre, que la suppression de la conscription et de la milice
énerverait la discipline et paralyserait dans le pays les sentiments militaires et patriotiques. Les discussions aboutirent
à un compromis qui tint compte des arguments des partisans de la conscription militaire. La loi maintint le système
des miliciens tout en prévoyant l'incorporation des volontaires
qui pourraient se présenter. Afin de faciliter les engagements,
leur durée fut réduite à trois ans et l'accès de certaines carrières fut ouverte aux soldats libérés. L'effectif réel, prévu par
la loi du 18 mai 1868, comprenait 18 officiers et 587 sous-
officiers et soldats ; il ne fut jamais atteint. Au plus fort de
la guerre franco-allemande, le nombre de soldats présents sous
les drapeaux était inférieur au chiffre normal.

Dans les années qui suivirent la guerre, l'industrie luxembourgeoise prit un essor inespéré ; elle accaparait tous les
bras disponibles. Les engagements volontaires ne furent pas
nombreux ; les partisans de la conscription se réjouissaient de
ce que la loi avait tenu compte de leurs préférences.

Il était réservé à la loi du 16 février 1881 de couronner
l'œuvre ébauchée en 1868. Désireux de réaliser des économies budgétaires et de faire participer les classes moins for-
tunées aux bienfaits de la neutralité, le législateur supprima
le corps des chasseurs et suspendit provisoirement la conscription. Le corps de volontaires comprend 6 officiers. 2 sous-
adjudants, 165 sous-officiers, caporaux et soldats, 3 ouvriers.
80 soldats de réserve et un corps de musique composé de
29 hommes. Cet effectif peut être éventuellement porté à
250 hommes. D'après les lois de 1881 et de 1885, la compagnie de gendarmes comprend 3 officiers, 2 adjudants,
34 sous-officiers et une centaine d'hommes.

En plus de l'instruction militaire, les volontaires reçoivent
une instruction générale fort avancée ; les cours scolaires alter-
nent avec les exercices physiques. A leur libération, beaucoup

de volontaires entrent dans la gendarmerie, dans les administrations de la poste, des chemins de fer ou des douanes. La vie de caserne prépare aux carrières les plus diverses; au lieu de déprimer l'esprit des jeunes soldats, elle les élève et stimule leur zèle, en faisant miroiter à leurs yeux un avenir honorable et envié.

Cette organisation militaire paraît répondre aux vues des puissances signataires du traité du 11 mai. Le corps des volontaires assure l'ordre public; il ne constitue évidemment pas un établissement militaire bien dangereux pour la sécurité des pays voisins. Malgré son effectif très réduit, il peut rendre de réels services au cas où la guerre viendrait à éclater entre les pays voisins. La loi de 1881 fonctionne à la satisfaction de tous et n'a pas jusqu'ici du moins donné lieu à la moindre critique. Il n'est malheureusement pas très probable que les puissances européennes imitent jamais l'exemple donné par le grand-duché de Luxembourg.

L'industrie luxembourgeoise a pris, dans ces dernières années, un tel développement qu'il est fort douteux que le grand-duché puisse se contenter de l'effectif actuel. Le canton d'Esch-sur-l'Alzette a une population ouvrière qui dépasse 20,000 personnes. Comme le retour à la conscription froisserait les sentiments populaires, il est probable qu'on facilitera les engagements volontaires.

***

Une troisième obligation imposée par le traité de Londres au roi grand-duc consiste dans le maintien des liens dynastiques qui attachent le Luxembourg à la maison d'Orange-Nassau et dans la reconnaissance formelle des droits successoraux des agnats de Nassau.

La cession du Luxembourg à la France avait donné lieu à de longs pourparlers dont la divulgation inopportune avait

compromis la paix. Pour empêcher le retour de pareilles éventualités, les puissances résolurent de sanctionner solennellement l'inaliénabilité du grand-duché, déjà inscrite dans la
constitution nationale (1). Le projet communiqué aux ministres anglais près des cours européennes, par la dépêche télégraphique de lord Stanley du 3 mai, interdisait au roi grand-
duc d'aliéner la ville de Luxembourg sans le consentement
« *of all the Powers* ». Cette disposition se retrouve dans le
projet détaillé du cabinet anglais... « *His Majesty the King*
Grand Duke engages for himself and for his successors not
to alienate in favour of any Power whatever the said city
of Luxemburg, unless with the common consent of all the
Powers parties to the present Treaty... » (2).

Le marquis de Moustier fit remarquer à l'ambassadeur anglais, lord Cowley, que ce texte laissait entière la liberté du roi
grand-duc d'aliéner le reste du grand-duché, à l'exception de
la capitale (3). Cette lacune fut comblée dès avant l'ouverture
de la conférence. Le texte annexé au procès-verbal de la première séance étend l'inaliénabilité au grand-duché tout entier et atténue la forme impérative du projet primitif. L'inaliénabilité n'est plus directement imposée au roi grand-duc ;
elle est implicitement contenue dans l'engagement de maintenir les liens dynastiques existants.

Le § 2 de l'article 1er du traité rappelle et confirme les
droits successoraux des agnats de Nassau à la couronne
grand-ducale. Cette clause est d'autant plus significative qu'elle
a été insérée sur la demande expresse du plénipotentiaire hollandais. Elle pourrait au premier abord paraître superflue et
oiseuse, le maintien des liens dynastiques existants impli-

(1) Constitution du 9 juillet 1848, art. 1 ; Constitution du 27 novembre 1856,
art. 1 ; Constitution du 17 octobre 1868.

(2) Dépêche télégraphique et Circulaire de lord Stanley du 3 mai 1867, *Staats-*
archiv, nos 2811 et 2812.

(3) Dépêche de lord Cowley, 5 mai 1867, *Staatsarchiv*, no 2818.

quant la reconnaissance des droits de la branche aînée de la
maison de Nassau. Il était nécessaire de confirmer ces droits
qu'une doctrine récente déclarait caducs. Renchérissant sur
les théories abusives des anciens légistes, adulateurs du pouvoir, quelques auteurs prussiens déniaient en effet aux princes
dépossédés à la suite de la guerre de 1866 le droit d'acquérir,
même par succession, aucun Etat de l'ancienne confédération.
L'annexion du duché de Nassau aurait, d'après ces auteurs,
eu pour résultat de substituer *ipso facto* la maison royale
de Prusse aux droits successoraux du duc Adolphe. Cette thèse
insoutenable et absurde ne mérite pas l'honneur d'une réfu-
tation juridique ; en l'écartant par une disposition expresse
et claire, la conférence de Londres a coupé court à toutes les
discussions présentes et futures.

L'article 1ᵉʳ du traité de Londres rappelle seulement les
traités de 1815, qui ont placé le grand-duché sous la souveraineté du roi des Pays-Bas ; le pacte de famille de la maison
de Nassau n'y est pas mentionné. Cette omission n'entraîne
aucune conséquence juridique opposable aux droits des agnats,
car les traités de 1815 transfèrent expressément « le droit et
l'ordre de succession établis entre les deux branches de la
maison de Nassau par l'acte de 1783, dit *Nassauischer Erbverein*, des quatre principautés de Nassau-Dillenburg, Siegen,
Hadamar et Dietz au grand-duché de Luxembourg » (1).

Destiné dans l'esprit des princes contractants à empêcher
la déchéance de leurs descendants ou l'émiettement de leurs
possessions patrimoniales, le traité du 30 juin 1783 constitue
entre les diverses branches de la maison de Nassau une véritable *societas omnium bonorum* soustraite à toutes les éventualités.

Les droits d'aînesse et de masculinité sont traditionnels
dans la maison de Nassau, dans la branche ottonienne aussi

(1) Traité du 31 mai 1815, article 6 ; traité du 9 juin 1815, article 71.

bien que dans la branche aînée. Les sept princes qui apposèrent leur signature à l'acte du 30 juin rappellent cet ancien usage et le confirment de la manière la plus formelle (article 24, § 3). Les articles 26, 27, 28, 29 et 30 prévoient le cas où l'une ou l'autre des lignes collatérales viendra à s'éteindre. Les possessions de la branche éteinte dans la ligne mâle accroîtront *ipso jure* aux branches survivantes, suivant un ordre déterminé par le pacte de famille. Les biens de la branche d'Orange-Nassau seront recueillis par les princes de Nassau-Sarrebruck, même si les trois autres lignes existent encore au moment de la dévolution. Les princesses de Nassau sont tenues *pro ipso jure renunciatis*; elles sont, en outre, tenues de renoncer formellement à toute succession territoriale, soit au moment de leur mariage, soit après l'accomplissement de leur dix-huitième année.

Le royaume des Pays-Bas est en dehors des stipulations du pacte de 1783; il n'a été créé qu'en 1815, et l'article 30 du traité de succession limite expressément la dévolution agnatique aux possessions situées en Allemagne. La couronne néerlandaise se transmet suivant l'ordre indiqué par l'acte de constitution des Provinces-Unies (1). La loi fondamentale des Pays-Bas, décrétée le 24 août 1815, « défère la couronne royale à Sa Majesté Guillaume-Frédéric, prince d'Orange-Nassau, et héréditairement à ses descendants légitimes... La couronne est héréditaire par droit de primogéniture, de sorte que le fils aîné du roi, ou son descendant mâle, succède par représentation. A défaut de descendant mâle par mâle du fils aîné, elle passe à ses frères ou à leurs descendants mâles par mâles, également par droit de primogéniture et de représentation. A défaut de descendant mâle par mâle de la maison d'Orange-Nassau, les filles du roi sont appelées par ordre de primogéniture... » (2).

(1) Traité du 31 mai 1815, art. 1; traité du 9 juin 1815, art. 65.
(2) Loi fondamentale des Pays-Bas, articles 12, 13, 14, 15 et 16.

L'article premier de la constitution hollandaise incorpora illégitimement le grand-duché au royaume des Pays-Bas, en réservant toutefois ses relations avec la confédération germanique. Cette disposition unilatérale dans laquelle les agnats n'avaient aucune part, ne pouvait porter préjudice à leurs droits. La convention du 27 juin 1839, qui intervint à la suite du morcellement du grand-duché entre les princes de Nassau, confirma leurs droits réciproques : « *Die Rechte der Walramischen Linie des Hauses Nassau auf das übrigbleibende Groszherzogthum... bleiben in ihrer ursprünglichen Kraft und unter den nœmlichen Garantien welche durch die Wiener Congressacte geleistet worden sind, bestehen* ».

La constitution luxembourgeoise du 9 juillet 1848 consacrait également les droits des agnats de Nassau ; elle n'a subi sur ce point que des modifications de formes peu importantes (art. 3).

Les articles 6, 7 et 8 de la charte fondamentale du 17 octobre 1868 règlent la régence conformément aux principes posés dans les articles 32 et 33 du pacte de famille. Ces dispositions ont reçu une application récente. Au cours de l'hiver 1888-1889, le roi Guillaume III fut atteint d'une grave maladie qui le mit dans l'impossibilité de s'occuper des affaires publiques. À la suite d'une déclaration des médecins du roi, la régence des Pays-Bas fut confiée à la reine Emma. Le pacte de famille conférait la régence du grand-duché de Luxembourg à l'agnat le plus proche, au prince Adolphe de Nassau. Dans une proclamation du 6 avril 1889, celui-ci informa la Chambre luxembourgeoise de son intention de prêter le serment prescrit par l'article 8 de la constitution de 1868. La prestation de serment eut lieu dans la séance du parlement du 9 avril suivant.

Le roi grand-duc revint à la santé. À la fin d'avril il était suffisamment rétabli pour reprendre lui-même les rênes du gouvernement. La régence cessa au Luxembourg à partir du 3 mai. Le duc Adolphe quitta le pays dans l'après-midi du samedi 4 mai.

L'état du roi ayant de nouveau empiré, le prince Adolphe revint à Luxembourg le 5 novembre 1890. Guillaume III mourut le 23 novembre suivant, ne laissant qu'une fille mineure, la reine Wilhelmine des Pays-Bas. En vertu des traités existants et des textes constitutionnels, le duc Adolphe de Nassau monta sur le trône grand-ducal. Le changement de souverain ne provoqua aucun changement de régime. On peut dire, en modifiant un mot célèbre, qu'il n'y eut qu'un Luxembourgeois de plus. La loyauté à toute épreuve, le gouvernement sage, modéré et honnête du roi Guillaume, lui avaient valu les sympathies et l'affection de ses sujets. Le grand-duc Adolphe est resté fidèle aux traditions des princes de Nassau et d'Orange.

Son fils unique, le prince Guillaume-Alexandre de Nassau, est né le 22 avril 1852 ; quatre princesses sont nées de son mariage avec la princesse Marie-Anne de Bragance, fille de don Miguel, infant de Portugal.

Il est inutile de se préoccuper, dès à présent, de la succession future au trône grand-ducal. Malgré son grand âge, le grand-duc Adolphe a gardé une vigueur exceptionnelle; il est, après le pape Léon XIII, le souverain le plus âgé du monde entier; les années paraissent ne pas avoir de prise sur son vigoureux tempérament.

L'article 42 du pacte de famille a d'ailleurs prévu le cas d'une extinction complète de la descendance mâle de la maison d'Orange. Voici cette intéressante disposition : « *Da übrigens auch der Fall mœglich ist, welchen jedoch der Allerhœchste gnædiglich abwenden wolle, dasz Unser ganzer Nassauischer Mannesstamm erlœschen mœchte, so lassen wir es in Ansehung derer jeweilen existirenden Tœchter, bey dem von solchen geleisteten, auch künftig und zu ewigen Tagen zu leistenden unbedingten Verzicht, ohne Vorbehalt einiger Regredientschaft, bewenden, verbinden Uns, setzen, ordnen und wollen demnach, dasz in solchem Falle eine Tochter und zwar, wann deren mehrere vorhanden, die Erstgeborene, oder in deren Mangel die næchste Erbin des letzten Mannesstammes, mit Auschlusz aller anderen entfernterer, zur Succession berufen seyn solle, es wære dann dasz Wir oder Unsere Nachkommen auf solchen Fall anders übereingekommen wæren, oder sonstige Vorsehung gethan hætten, als welches zu thun Wir Ihnen und Uns hiermit ausdrücklich vorbehalten, fort Unsere und Unserer Nachkommen respective Tœchter und Erben zur Festhaltung einer solchen Vorsehung Kraft dieses verbunden haben wollen* ».

Le pacte de famille déroge ainsi, pour le cas de l'extinction complète des mâles, aux prescriptions de la loi salique. Nous espérons que les dispositions de l'article 42 du pacte de 1783 ne recevront, de longtemps, une application pratique.

CHAPITRE VI

NEUTRALITÉ ET GARANTIE

—

La principale innovation réalisée par le traité de Londres consiste dans la neutralité perpétuelle que les puissances signataires ont reconnue et imposée au grand-duché. Les autres clauses de l'acte du 11 mai rappellent des conséquences médiates ou immédiates de la neutralité et introduisent des obligations spéciales, importantes et capitales au point de vue politique, mais secondaires sous le rapport du droit.

D'après l'article 2 du traité, « le grand-duché de Luxembourg, dans les limites déterminées par l'acte annexé au traité du 19 avril 1839, sous la garantie des cours de la Grande-Bretagne, d'Autriche, de France, de Prusse et de Russie, formera désormais un *Etat perpétuellement neutre.*

« Il sera tenu d'observer cette neutralité envers tous les autres Etats.

« Les Hautes Parties contractantes s'engagent à respecter le principe de neutralité stipulé par le présent article.

« Ce principe est et demeure placé sous la sanction de la *garantie collective* des puissances signataires du présent traité, à l'exception de la Belgique qui est elle-même un Etat neutre ».

Cette importante disposition est à la base de toute la politique extérieure du grand-duché; son influence se fait sentir jusque dans la sphère du droit interne. Elle consacre la neutralité perpétuelle, et la met sous l'égide des grandes puissances européennes. L'étude de la neutralité et de la garantie collective fera l'objet du présent chapitre.

* *

L'Etat neutre, *medius in bello, qui neutrarum partium est*, est celui qui ne prend aucune part à la guerre. « La neutralité, écrit Calvo, est la non-participation à une lutte engagée entre deux ou plusieurs autres nations » (1). Cette définition courte et concise est aujourd'hui presqu'universellement admise. Geffcken la reproduit textuellement lorsqu'il écrit : « *Der Zustand unparteiischer Nichttheilahme gegenüber einem bestehenden Kriegszustande heisst Neutralitæt* » (2). D'autres auteurs ajoutent à cette définition fort simple des considérations accessoires et en éclaircissent la signification par des explications circonstanciées mais superflues. D'après Richard

---

(1) *Le droit international théorique et pratique*, 3e édition, Paris, 1880, vol. III, p. 367.
(2) Holtzendorff, *Handbuch des Völkerrechtes*, vol. IV, p. 605.

Kleen, « la neutralité est la situation juridique dans laquelle un Etat pacifique est autant que possible laissé en dehors des hostilités qui ont lieu entre des Etats belligérants et s'abstient lui-même de toute participation ou ingérence dans leur différend, en observant vis-à-vis d'eux une stricte impartialité » (1).

La neutralité n'est pas une continuation pure et simple de l'état de paix (2). Les intérêts de toutes les nations sont solidaires; les troubles qu'amène toute guerre nuisent à tous les membres de la grande famille internationale. La guerre bouleverse les relations que les Etats neutres entretenaient avec les belligérants ou même entre eux; le commerce neutre est exposé à de brusques soubresauts et à des revirements inattendus. Etant restés étrangers aux querelles des belligérants, les neutres pâtissent malgré eux des combats qui en sont issus. L'impartialité absolue ne peut constituer un caractère essentiel de la neutralité. Les Etats neutres sont portés par leurs traditions, leurs mœurs, leur système économique, leur constitution sociale, la nature de leurs ressources, leur état intellectuel et moral, leur mode de gouvernement, à souhaiter que la guerre prenne plutôt telle issue que telle autre.

En suivant leur tempérament, ils ne sortent pas de la neutralité au sens propre du mot. La neutralité n'est nullement compromise par le seul fait qu'une nation manifeste des sympathies non équivoques en faveur d'un belligérant. Dans un discours prononcé le 10 mai 1900 à la *Primrose-League,* lord Salisbury déclara « ne pouvoir parler en termes assez élevés de la neutralité méticuleuse et correcte observée au cours de la guerre sud-africaine par tous les gouvernements du monde ». Et pourtant le chef du Foreign Office n'ignore pas que les sympathies européennes sont acquises aux deux républiques qui luttent pour l'indépendance et la liberté. La prétendue

(1) Kleen, *op. cit.,* p. 73.
(2) Heffter, *op. cit.,* p. 315 et s.

neutralité bienveillante ne diffère en rien de la neutralité apathique ou indifférente; si elle venait à se gérer d'après des principes particuliers, la puissance neutre sortirait de la réserve que lui impose la guerre. En demandant dans son mémoire du 30 août 1870 que l'Angleterre observât une neutralité bienveillante à l'égard de la Prusse, le comte de Bernstorff s'écartait des véritables principes qui régissent cette difficile matière.

Il n'appartient pas aux Etats neutres d'apprécier la justice des prétentions élevées par les puissances belligérantes. En le faisant ils porteraient atteinte à la souveraineté des Etats intéressés. Ils ne doivent, dans aucun cas, régler leur conduite d'après des considérations rentrant dans le domaine de la justice abstraite. Dans notre chapitre V nous avons indiqué l'obligation dans laquelle se trouve placé un Etat neutre de défendre par tous les moyens sa neutralité menacée. La neutralité armée est la neutralité *en acte;* en prenant les armes pour parer à toutes les éventualités, la puissance neutre accomplit un devoir; elle ne viole aucune obligation. Les célèbres conventions de 1780 et de 1800 marquent un progrès et non un recul du droit des gens.

La neutralité est un état de fait, qui ne comporte ni distinctions ni limites; on est neutre ou on ne l'est pas; la neutralité imparfaite n'existe pas. L'Etat neutre obligé, en vertu de conventions antérieures à la guerre, de porter secours à l'un des belligérants ou de l'appuyer d'une manière quelconque, participe aux opérations belliqueuses. Cette doctrine absolue et rigoureuse a été méconnue par les anciens auteurs. Un auteur récent, M. Richard Kleen, admet encore qu'un Etat neutre peut porter secours à l'allié d'un belligérant, sans cesser d'être neutre (1). Nous ne croyons pas que cette situa-

(1) Kleen, *op. cit.*, p. 118 et 119.

tion, même en tenant compte des circonstances les plus diverses, rentre dans les cas d'une neutralité douteuse.

Le droit moderne n'admet plus les divisions de la neutralité en neutralité bienveillante ou hostile, en neutralité parfaite ou imparfaite. La neutralité est conventionnelle ou naturelle, permanente ou temporaire, conditionnelle ou pure et simple.

La neutralité conditionnelle est subordonnée à une condition déterminée. Les termes, les conditions et les limites de cette neutralité sont spécifiés dans des engagements internationaux synallagmatiques (1). Elle peut ne concerner qu'une seule guerre ou s'étendre à toutes les guerres. Dans le premier cas, elle ne diffère en rien de la neutralité parfaite ordinaire; dans le deuxième cas, elle porte le nom de neutralité permanente. Il peut arriver qu'en vertu de stipulations internationales préexistantes, certaines parties du territoire d'un belligérant soient placées en dehors de la guerre ou que certaines choses soient soustraites au droit commun. Ainsi en est-il, — pour ne citer qu'un seul exemple, — de la neutralité du Chablais et du Faucigny, introduite par l'article 92 de l'acte final du congrès de Vienne. En vertu de ce texte, « les provinces du Chablais et du Faucigny et tout le territoire de Savoie au nord d'Ugine, appartenant à Sa Majesté le roi de Sardaigne, feront partie de la neutralité de la Suisse, telle qu'elle est reconnue et garantie par les puissances. En conséquence, toutes les fois que les puissances voisines de la Suisse se trouveront en état d'hostilité ouverte ou imminente, les troupes de Sa Majesté le roi de Sardaigne qui pourraient se trouver dans ces provinces se retireront et pourront, à cet effet, passer par le Valais, si cela devient nécessaire; aucunes autres troupes armées d'aucune autre puissance ne pourront traverser ni stationner dans les provinces et territoires susdits, sauf celles que la Confédération suisse jugerait à propos d'y

_____

(1) Calvo, *op. cit.*, p. 444.

16

placer, bien entendu que cet état de choses ne gêne en rien l'administration de ce pays, où les agents civils de S. M. le roi de Sardaigne pourront aussi employer la garde municipale pour le maintien du bon ordre ».

Les territoires ainsi neutralisés furent cédés à la France par le traité du 24 mars 1860. Cette servitude a donné lieu, en 1860 et en 1883, à des échanges de notes diplomatiques.

Les explications précédentes étaient nécessaires pour préciser le sens du mot *neutralité*. La neutralité reconnue par le traité de Londres au grand-duché de Luxembourg étant une neutralité perpétuelle, il importe d'étudier maintenant la portée exacte et le caractère de cette situation juridique, qu'on ne connaissait guère avant le commencement du xixᵉ siècle.

La neutralité permanente ou perpétuelle est « celle par laquelle un Etat — ordinairement contre des garanties d'inviolabilité pour sa neutralité — s'oblige une fois pour toutes envers d'autres Etats à rester neutre en général et pendant toutes les guerres » (1).

En théorie pure, la neutralité permanente ne diffère de la neutralité pure et simple que par des modalités accidentelles ; c'est une neutralité parfaite et conventionnelle, qui s'applique à toutes les guerres futures. Elle peut ne s'étendre qu'aux guerres qui surgiront entre certains Etats et non aux autres. Tel était le cas de la neutralité de Cracovie, qui ne concernait en quelque sorte que les trois puissances voisines.

La neutralité ordinaire ne porte aucun préjudice à la souveraineté de l'Etat neutre ; en proclamant sa neutralité, celui-ci exerce ses droits souverains ; il ne les abandonne pas. L'Etat perpétuellement neutre ne jouit, sous certains rapports, que d'une souveraineté amoindrie. Il ne renonce pas, comme on l'a souvent prétendu, au droit de faire la guerre ; « ce serait là, écrit Bluntschli, renoncer à avoir une existence in-

(1) Kleen, *op. cit.*, p. 85.

dépendante » ; mais il se prive du droit de participer à toute
guerre qui ne porte pas directement atteinte à sa neutralité.

Les restrictions apportées à la souveraineté nationale par
les traités de neutralité perpétuelle varient suivant les différents Etats. L'Etat neutre peut être complètement libéré de
tout devoir de défense, même sur son propre territoire, pour
être placé à tous égards sous la protection des puissances
garantes. Nous avons indiqué les obligations spéciales que le
traité de 1867 a imposées au grand-duché de Luxembourg.
Seule, l'interdiction du droit de participer à des guerres étrangères est commune à tous les Etats neutres ; elle est de l'essence de la neutralité perpétuelle.

La neutralité perpétuelle paraissant incompatible avec le
droit, inhérent à tout Etat souverain de décider lui-même des
moyens de défendre son indépendance, son intégrité et ses
droits, M. Kleen la condamne comme contraire aux principes
élémentaires du droit des gens (1). Que la neutralité perpétuelle restreigne la liberté de l'Etat neutralisé et amoindrisse
en quelque sorte sa souveraineté et son indépendance dans
un de leurs principaux attributs, rien n'est plus certain. Mais
il est inexact d'affirmer que « cette renonciation volontaire ou
forcée nuit à l'émancipation politique de l'Etat neutre et est
en contradiction ouverte avec la fin même de l'Etat comme
tel ». Le droit international connaît des Etats souverains sans
épithète et des Etats mi-souverains. Or, la neutralité perpétuelle ne fait pas déchoir un Etat souverain dans la classe des
Etats mi-souverains ; elle constitue une modalité restrictive
et non pas une modalité destructive de la souveraineté.

La neutralité permanente marque-t-elle un progrès ou bien
un recul du droit international ? L'auteur que nous venons
de citer voit en elle une situation anormale que le droit doit
condamner. L'opinion publique considère la neutralité perma-

(1) *Op. cit.*, p. 95 et s.

nente comme une des plus précieuses garanties de la paix
internationale. En renonçant à une politique militante qui
pourrait aboutir à la guerre, l'Etat neutre se couvre de l'égide
protectrice du droit; il ne recourra à la force que pour défendre son existence et son indépendance nationale qu'une attaque directe aura mises en péril.

La reconnaissance des Etats neutres par les autres puissances est une garantie de paix et de sécurité. Lorsque, le 8 mai
1867, le marquis de Moustier rendit compte au Parlement
français des résultats de la conférence de Londres, il constata avec satisfaction que la France avait maintenant sur sa
frontière de l'Est un nouvel Etat neutre. La Belgique fut neu-
tralisée pour ne pas exciter les convoitises des puissances voisines. Les traités des barrières avaient érigé une espèce d'Etat-
tampon sur la frontière septentrionale du royaume français ;
c'était une situation compliquée et peu franche qui donnait lieu
à des discussions sans nombre. La souveraineté des provinces
belges appartenait à l'Autriche. Les Provinces-Unies étaient
autorisées à tenir garnison dans les principales places; elles
avaient le droit de recourir aux moyens de contrainte les plus
énergiques pour s'assurer le subside stipulé pour l'entretien
de la garnison. « Cette combinaison, écrit un auteur belge très
estimé (1), ne garantit ni les intérêts de l'équilibre européen,
ni la sécurité des Pays-Bas qui furent, malgré la barrière,
envahis par la France dans la guerre commencée en 1744. La
pensée qui lui servait de base était incomplète, surtout parce
qu'elle n'employait, pour assurer ces deux points, que des
moyens militaires et parce qu'elle négligeait tout à fait de
garantir par des stipulations de droit public, reconnues et
consenties par les puissances intéressées, l'inviolabilité d'un
territoire que les armes seules ne pouvaient pas défendre suffisamment ».

(1) Arendt, *Essai sur la neutralité de la Belgique*, p. 6.

Les traités de 1815 reproduisirent, avec les changements que l'évolution des doctrines politiques rendait nécessaires, le système des barrières. « Les provinces méridionales furent réunies à la Hollande, afin de les faire concourir à l'établissement d'un juste équilibre en Europe et au maintien de la paix générale » (1).

Dans le premier chapitre de ce travail, nous avons indiqué les causes qui provoquèrent le rapide effondrement de l'édifice élevé péniblement par les diplomates de Vienne. Il fallut chercher un moyen plus efficace pour garantir les provinces belges contre les agressions des Etats voisins, qui jetaient sur elles des regards pleins de convoitise. On ne pouvait les attribuer ni à la France, ni à la Confédération germanique. Les différences de mœurs, de traditions et d'aspirations nationales étaient trop saillantes pour qu'on eût pu s'arrêter à la dernière combinaison. Les intérêts de son commerce et les souvenirs historiques empêchaient l'Angleterre de se prêter à toute transaction préjudiciable à l'indépendance des riches provinces belges ; elle ne pouvait les adjoindre à ses possessions ; elle ne voulait et ne pouvait permettre à aucun autre Etat de s'en emparer.

Les diplomates de Londres furent plus heureux que ne l'avaient été les négociateurs des traités de Ryswick et de Vienne. « La Hollande rentra dans le droit commun des Etats indépendants, et l'hypothèque de droit public dont le royaume des Pays-Bas avait été grevé, fut reportée en entier sur la Belgique déclarée Etat indépendant et perpétuellement neutre » (2).

La neutralité permanente fournit le moyen pour résoudre au mieux des intérêts de tous le problème international, dont la solution n'avait pas été trouvée au cours des siècles précé-

---

(1) Dix-neuvième protocole de la Conférence de Londres, du 19 février 1831 ; Martens, *Nouveau Recueil...*, t. X, p. 198 ; Arendt, *loc. cit.*

(2) Arendt, *op. cit.*, p. 7.

dents. Ces faits répondent aux arguments abstraits et théoriques qu'on peut accumuler pour prouver l'illégitimité et l'inopportunité de la neutralité perpétuelle. L'inviolabilité du territoire belge, reconnue par les puissances, n'a jamais été mise en péril; aucune puissance n'y a porté atteinte. Les négociations qui eurent lieu entre les cabinets de Paris et de Berlin au cours de l'unification allemande, n'ont jamais constitué un danger bien sérieux pour l'indépendance de la Belgique. Il est évident que les ressources militaires dont dispose ce pays garantissent et assurent sa neutralité; on ne peut médire d'une institution qui, au milieu des graves événements de 1870 et 1871, a donné des preuves de sa réelle valeur.

La neutralité suisse remonte à une date bien reculée. Jusqu'à la fin du xviii⁰ siècle la République helvétique resta à peu près en dehors des nombreuses guerres qui ensanglantèrent l'Europe. Sa situation géographique lui facilitait cette tâche parfois difficile et périlleuse. Le traité du 29 septembre 1803 la plaça sous le protectorat de la France. Napoléon s'engageait par ce traité à « employer ses bons offices pour procurer la neutralité de la Suisse, et pour lui assurer la jouissance de ses droits envers les autres puissances ». La neutralité solennellement affirmée par ce traité était une neutralité plus que bienveillante, qui ressemblait de bien près à une alliance défensive et offensive. La France se réservait le droit de maintenir sous les armes un contingent de 16,000 soldats suisses; ce chiffre pouvait être porté à 24,000, si le territoire continental français venait à être attaqué.

Les troupes du prince de Schwarzenberg ne tinrent aucun compte de cette singulière neutralité, et traversèrent le territoire suisse par Bâle, Lauffenbourg et Schaffhouse, pour se diriger sur Huningue et Belfort. L'article 84 de l'Acte final du congrès de Vienne reconnut et proclama la neutralité perpétuelle de la République helvétique, et la plaça sous la garantie des puissances. Cette neutralité perpétuelle dura peu de temps. Elle était violée avant même qu'elle n'eût été solennellement stipulée (1). Une convention du 27 mai 1815 autorisa les troupes alliées à traverser, avec la permission de la diète, le territoire suisse. La neutralité suisse reçut son caractère définitif par une déclaration signée à Paris, le 20 novembre 1815, par la France et les quatre puissances alliées ; elle fut garantie comme nécessaire au maintien de l'équilibre européen sur les bases adoptées par l'Acte de Vienne du 9 juin (2).

Cette situation juridique découle pour ainsi dire naturellement de la configuration politique et territoriale de la Suisse. Placée entre des nations également fortes et belliqueuses, disposant d'excellentes fortifications naturelles et en possession des points stratégiques les plus importants de l'Europe centrale, elle constitue le passage naturel des armées des États voisins. Sa neutralisation la garantit contre toute agression et rend plus difficiles les guerres européennes ; elle met la France et l'Autriche dans l'impossibilité presque complète de se faire la guerre.

Des considérations analogues ont porté les puissances européennes à reconnaître la neutralité perpétuelle du grand-duché de Luxembourg. Malgré le démantèlement de l'ancienne forteresse, la ville de Luxembourg restera toujours une importante position stratégique, « *a very strong and important position, whether fortified or not* » (3). Le Luxembourg est la zone d'invasion la plus naturelle et la plus facile de l'Allemagne, en France, sur Paris, par les vallées de l'Alzette, du Chiers et de la Marne. Les nombreuses voies ferrées qui le relient aux États voisins, permettraient de jeter rapidement d'énormes masses de troupes dans la capitale et de menacer

(1) Hilty, *Die Neutralität der Schweiz in ihrer heutigen Auffassung*, p. 35.
(2) Hilty, *op. cit.*, p. 46 et s.
(3) Dépêche Cowley du 5 mai 1867, *Staatsarchiv*, n° 2818.

les frontières françaises ou allemandes. « On ne saurait guère
citer de villes placées au centre d'un réseau de chemins de
fer, écrit un officier français fort distingué, d'où il soit possible de jeter plus rapidement, dans toutes les directions, des
troupes en aussi grand nombre » (1). Le général belge
Brialmont reconnaît la valeur stratégique du grand-duché de
Luxembourg et appuie ses conclusions sur les arguments les
plus irréfutables (2).

Si, à côté de ces raisons générales, on tient compte de la
tension des rapports politiques qui existait en 1867 entre les
cours de Paris et de Berlin, on comprend que les puissances
aient songé à la neutralisation du territoire grand-ducal. En
créant ce nouvel Etat neutre, elles ont diminué les chances
de la guerre qui ne pouvait tarder à éclater entre la France
et la Prusse ; elles ne réussirent malheureusement pas à l'écarter à jamais.

Il ne nous paraît pas nécessaire d'insister sur les avantages
que la Belgique, la Suisse et le Luxembourg ont tirés de la
situation juridique spéciale dans laquelle les puissances les
ont placés.

La neutralisation de certains territoires marque un heureux
progrès dans le droit des gens. M. Kleen se laisse entraîner
par des considérations trop pessimistes lorsqu'il affirme
« qu'en alléguant pour motif d'une neutralité perpétuelle
« la paix européenne » ou le « bien de l'Etat neutre »,
on n'allègue que des mots vides de sens... et qu'il n'y a
pas une seule neutralisation qui ait jusqu'ici assuré la paix ou
épargné au neutre les dangers de la guerre ou les charges
militaires (3).

La neutralisation du Luxembourg était le seul moyen pos-

(1) L. Gélinet, *Le grand-duché de Luxembourg vis-à-vis de la France et de l'Allemagne*, Jouvet, Paris, p. 17.
(2) Général Brialmont, *Projet de défense de la ligne de la Meuse*, 1887.
(3) Kleen, *op. cit.*, p. 101.

sible d'empêcher la guerre immédiate entre la France et la
Prusse ; or cette guerre aurait évidemment mis fin à l'indépendance du grand-duché. L'étude des incidents diplomatiques
qui se sont produits au cours de la guerre de 1870 nous mon-
trera que les garanties impliquées dans le traité de Londres
ont sauvé l'autonomie luxembourgeoise de la situation la
plus périlleuse dans laquelle puisse se trouver un Etat neutre,
faible et dénué de toutes ressources militaires. C'est grâce à
sa neutralité permanente que le Luxembourg a pu réduire ses
forces militaires à un chiffre insignifiant et se contenter d'un
corps de volontaires.

La Suisse ne pourrait peut-être pas maintenir son organisation militaire actuelle si son intégrité nationale n'était placée
sous la garantie des puissances européennes. Chaque Etat a
le droit de rester neutre aussi longtemps qu'il n'offense aucun autre Etat ; cette neutralité naturelle est garantie par le
droit des gens ; aucune puissance ne peut porter atteinte à la
souveraineté d'une autre. Il n'en est pas moins vrai que les
garanties supplémentaires qui résultent des traités de neutralité, peuvent à l'occasion rendre de très réels services. Lorsqu'un Etat puissant vient à oublier que la force ne prime pas
le droit et tente d'empiéter sur le droit d'autrui, il n'est pas
inutile que l'Etat menacé puisse, en dehors de son droit naturel et inaliénable de résister à la violence et de protester
contre l'agression dont il est l'innocente victime, invoquer le
secours et l'appui des puissances moins faibles que lui, qui
ont garanti sa neutralité perpétuelle.

La neutralité perpétuelle ne donne évidemment pas une
sécurité absolue. Sa valeur s'accroîtra à mesure que s'accroîtra le respect des droits des Etats faibles et que diminueront
les abus de la force brutale. Les guerres récentes prouvent
malheureusement que ce moment n'est pas encore arrivé et
que les forts ne résistent pas toujours à la tentation d'opprimer
les faibles et de s'enrichir à leurs dépens.

Malgré les dispositions du traité de Londres, qui garantissent de la manière la plus formelle la neutralité du grand-duché, le gouvernement luxembourgeois voulut, en 1870, s'assurer des garanties nouvelles. Il s'adressa aux deux belligérants pour les inviter à confirmer le maintien de la neutralité issue du traité du 11 mai 1867. Le chargé d'affaires du Luxembourg à Paris informa M. Servais dès le 16 juillet que « la France respectera la neutralité luxembourgeoise aussi longtemps que la Prusse la respectera ». Une réponse analogue fut donnée le lendemain par le comte de Bismarck à M. Föhr. Les autres Etats neutres, auxquels le gouvernement luxembourgeois avait envoyé une note spéciale constatant l'état des travaux de démantèlement de la forteresse, répondirent également dans le sens le plus optimiste. Le cabinet de Saint-Pétersbourg espérait qu'aucune des puissance signataires du traité de Londres ne se départirait ni de la garantie stipulée par cet acte, ni des devoirs qui en découlent (1). D'après M. E. A. J. Harvis, le représentant du Foreign Office à La Haye, « il n'y avait pas de meilleure garantie pour la neutralité luxembourgeoise que l'accomplissement, par le grand-duché, de ses obligations d'Etat neutre » (2).

Le gouvernement grand-ducal voulut s'entendre avec la Belgique pour éviter toute violation de sa neutralité. Le cabinet de Bruxelles resta sourd à toutes les ouvertures; il ne voulut pas se solidariser avec un Etat plus faible que l'était la Belgique, et exposé au coups des deux adversaires. Cette politique égoïste et opportuniste était peut-être la meilleure.

Malgré les déclarations loyales des deux belligérants, le Luxembourg resta sous le poids d'une inquiétude fort vive. Prévoyant une invasion des troupes françaises, le conseil municipal de la capitale siégea en permanence pendant la nuit du

(1) Dépêche de M. de Westmann, ministre russe à La Haye, 18 juillet 1870, Comptes-rendus parlementaires, 1870.

(2) Dépêche du 5 septembre 1870, Compte-rendus parlementaires, 1870.

16 juillet 1870 ; il avait préparé une proclamation pour engager les habitants à rester calmes au moment de l'entrée des
Français dans la ville. La France ne viola pas la neutralité
luxembourgeoise. Quelque temps après cette première alerte,
la rumeur publique signala l'irruption prochaine et simultanée
des armées belligérantes sur le territoire grand-ducal ; des
dépêches tendancieuses annonçaient l'arrivée des Prussiens à
Wasserbillig et celle des Français aux environs de Bettembourg. De hauts fonctionnaires administratifs furent chargés
de protester contre l'agression, si elle venait à se produire,
et de l'empêcher si c'était possible. Le territoire luxembourgeois ne fut pas violé.

Pour tranquilliser le pays, M. Servais convoqua la Chambre,
le 18 juillet 1870, et lui communiqua les dépêches rassurantes reçues des puissances belligérantes. Ayant dans la suite
eu connaissance des traités de garantie que le cabinet de Londres
désirait conclure avec la France et avec la Prusse, M. Servais
fit des démarches pour que le Luxembourg fût compris dans
ces conventions nouvelles. Il lui fut répondu que le Luxembourg était suffisamment garanti par le traité de Londres (1).

Le ministre tenait à s'entourer des garanties le plus complètes et à s'assurer contre toutes les éventualités qui ne pouvaient manquer de se produire. Le grand-duché était faible
et désarmé ; c'était le roseau qui pliait sous les rafales de la
tempête ; un coup de vent pouvait l'abattre ; il cherchait à
s'abriter du mieux qu'il pouvait.

*
* *

L'expression de neutralité perpétuelle pourrait prêter à une
équivoque qu'il importe de dissiper. La neutralité au sens
propre du mot commence et cesse avec la guerre. Les devoirs

(1) Dépêche Bernstorff, 7 août 1870. Comptes-rendus parlementaires luxembourgeois. 1870.

des Etats neutres correspondent aux devoirs parallèles de belligérance. En temps de paix, il n'y a pas de neutralité proprement dite. « La prétendue perpétuité de la neutralité, écrit avec raison M. Pillet (1), est simplement une allusion à la promesse que certains Etats ont faite de rester neutres pendant toutes les guerres qui pourraient éclater à l'avenir » (2). La neutralité perpétuelle est une neutralité essentiellement militaire. Au cours des discussions de la conférence de Londres, les plénipotentiaires de l'Autriche, de la France et de la Russie rappelèrent incidemment ce caractère de la neutralité luxembourgeoise (3).

La neutralité perpétuelle a pourtant, en dehors de sa perpétuité, quelques particularités qui la distinguent de la neutralité ordinaire et naturelle. L'Etat neutre ne pouvant participer à aucune guerre future, ne peut contracter des alliances qui pourraient le forcer à contrevenir à ses obligations de neutralité (4). Il ne peut concéder des avantages conventionnels, ni s'engager dans des traités dont l'exécution impliquerait une participation involontaire aux hostilités. Les alliances offensives lui sont interdites. Il peut conclure des traités politiques qui n'exigent aucune exécution armée. Wheaton permet aux Etats neutres de contracter des alliances défensives destinées à défendre leur intégrité territoriale et leur neutralité.

Obligés de s'opposer à toute agression, les Etats perpétuellement neutres peuvent prendre toutes les mesures pour rendre leur résistance aussi sérieuse que possible. Aucune raison juridique ne nous paraît s'opposer à ce qu'ils accroissent les garanties existantes par une alliance nouvelle, pourvu toutefois que cette alliance n'implique pas l'obligation

---

(1) *Op. cit.*, p. 278.

(2) Cpr. Arendt, *op. cit.*, p. 53 et s.

(3) Protocole de la troisième séance du 9 mai 1867, *Staatsarchir*, n° 2742.

(4) Cpr. Arendt, *op. cit.*, p. 91 et s.

d'une défense réciproque. Entre deux Etats neutres, toute alliance défensive devient impossible. La Belgique ne pourrait garantir la neutralité suisse. Le traité de Londres l'a expressément dispensée de l'obligation de garantie assumée par les autres puissances signataires.

La guerre n'interrompt pas le libre exercice du commerce des Etats neutres entre eux et avec les belligérants. Rien ne s'oppose, par conséquent, à ce qu'un Etat neutre contracte des alliances commerciales avec les nations voisines. Les obligations qui en résultent ne peuvent mettre obstacle au strict accomplissement des devoirs de la neutralité.

Le Luxembourg fait partie de l'union douanière allemande depuis 1842. Le ministre d'Etat de Tornaco déclara au cours des discussions de Londres que le grand-duché ne pouvait laisser porter atteinte à sa faculté de conclure des traités de commerce avec les Etats voisins et de maintenir les traités existants. Le comte de Bernstorff estima que la question ainsi soulevée était étrangère aux délibérations de la conférence, et que le traité projeté ne portait aucune atteinte aux liens commerciaux présents et futurs dans lesquels le Luxembourg était ou serait engagé. En présence de l'unanimité des membres de la conférence qui considéraient la liberté commerciale du Luxembourg comme entière et complète, le baron de Tornaco retira son amendement.

Les traités d'union douanière ne compromettent pas la situation d'un Etat perpétuellement neutre. Ils n'engendrent aucune obligation incompatible avec la neutralité perpétuelle, mais ils tendent à modifier petit à petit le caractère national et surtout la vie économique d'un peuple. « Les habitants des pays, écrivent MM. Funck-Brentano et Sorel (1), qui font partie d'une union douanière, entretiennent entre eux des relations de plus en plus fréquentes ; ils ne sont pas, les uns à

(1) *Op. cit.*, p. 168.

l'égard des autres, dans la condition d'étrangers, car ils ont des intérêts communs que leurs gouvernements respectifs **gèrent en commun, ils échangent leurs idées** en même temps que leurs produits ». La guerre que soutient un **membre** de l'union douanière atteint tous les autres dans leur intérêt privé et provoque de grands bouleversements.

La Prusse n'avait négligé aucune démarche pour engager le roi grand-duc à adhérer à l'Union douanière (1). Cette adhésion fut donnée par le traité du 8 février 1842, signé à La Haye au nom du souverain par le baron Frédéric de Blochausen. Le grand-duché ne fut pas admis à participer aux discussions d'ordre intérieur qui avaient lieu annuellement entre les membres de l'Union. La Prusse représentait le Luxembourg dans ces réunions. L'article secret joint au traité de renouvellement du 31 décembre-2 avril 1847 autorisa le grand-duché à charger un membre quelconque de l'Union de présenter ses vœux aux conférences douanières.

Le revenu net de l'Union est partagé entre les membres conformément au chiffre de la population. Comme, à raison de l'étendue de ses frontières, la surveillance est plus difficile au Luxembourg que dans d'autres pays, il lui fut attribué par le traité des 20-25 octobre 1865 un préciput de 15,000 marks par an; cette somme fut abaissée en 1872 à 9,300 marks; elle ne fut plus payée à partir de l'année 1882. Le Zollverein a transformé les conditions économiques du Luxembourg. Des industries nouvelles se sont créées; elles ne tarderaient pas à péricliter si les débouchés actuels venaient à leur être fermés; la transition serait pénible et accumulerait de nombreuses ruines sur toute la surface du territoire. En augmentant la prospérité générale, l'accession du Luxembourg à l'Union douanière a peut-être nui à la stabilité économique du pays. Les susceptibilités nationales sont suffisamment sauve-

(1) Calvo, *op. cit.*, t. 1, p. 654 et s.

gardées par les stipulations douanières ; l'Allemagne n'a imposé
au Luxembourg aucun sacrifice trop pénible pour l'amour-
propre des habitants. Et si le directeur du service est de nationalité prussienne ou allemande, les employés se recrutent
principalement dans la population indigène ; la nomination du
personnel ne donne guère lieu à des froissements entre le
gouvernement luxembourgeois et le ministère des finances du
royaume de Prusse.

L'influence de la situation douanière se fait sentir d'une
manière non équivoque dans la politique intérieure. La législation nationale doit être adaptée aux dispositions en vigueur
dans les autres Etats du Zollverein. Les articles 2 et 3 du
traité du 8 février 1842 prévoient les changements qui doivent
être introduits à la suite de l'entrée du Luxembourg dans
l'Union. L'article 3 de la loi luxembourgeoise du 23 janvier
1854 a dû dispenser les personnes appartenant à des Etats de
l'Union douanière allemande de l'application de la loi du 1ᵉʳ janvier 1850 sur le colportage. La législation sur le sel fut rema-
niée à la suite de changements opérés par les Etats allemands (1).
La loi luxembourgeoise du 21 mars 1896, relative à l'impo-
sition des eaux-de-vie, fut votée à la suite d'une pression
exercée par le gouvernement de Berlin ; elle a d'ailleurs produit les résultats les plus satisfaisants.

Les traités de commerce et, parmi eux, surtout, les traités
d'union douanière, doivent être conclus pour une durée assez
longue ; le commerce d'un pays ne peut prospérer qu'à la
condition de vivre sous un régime stable et d'être assuré du
lendemain. Le premier traité ne dura que de 1842 à 1847 ; il
fut remplacé par le traité du 2 avril 1847. L'article 3 de cette
dernière convention prévoit une prorogation par tacite recon-
duction allant de douze à douze ans ; chaque membre de l'Union

(1) Rapport du gouvernement grand-ducal au prince-lieutenant du 25 octobre
1867, Comptes-rendus parlementaires, 1867.

avait le droit de dénoncer le traité deux ans avant l'échéance. Les mêmes dispositions se retrouvent dans les traités des 26-31 décembre 1853 et des 20-25 octobre 1865. Ce dernier traité ne devait expirer qu'en 1877. Le traité du 11 juin 1872, qui concéda à la Prusse l'exploitation des lignes de la société Guillaume-Luxembourg prorogea implicitement la durée de l'Union douanière jusqu'au 31 décembre 1912.

Les chauvins prussiens se serviront toujours du spectre de l'Union douanière pour effaroucher le Luxembourg, fier de son autonomie nationale. Les journaux allemands agitèrent ce spectre en 1866 et en 1867, lorsque le grand-duché manifesta le désir de rester en dehors du Norddeutsche Bund. Ils reparlèrent de l'exclusion du Luxembourg au cours des événements de 1870 et de 1871. Le maintien de l'Union douanière fut un des grands arguments que les délégués prussiens firent valoir en 1872 pour obtenir la concession de l'exploitation du réseau Guillaume-Luxembourg.

Si le grand-duché de Luxembourg a un intérêt évident à maintenir les liens qui le rattachent actuellement à l'Allemagne, celle-ci désire non moins vivement qu'aucun changement ne vienne troubler les relations existantes. Les chambres de commerce de Trèves, de Cologne et de Coblence se sont prononcées dans ce sens au moment de la crise qui survint au printemps de l'année 1867.

.*.

Les traités de neutralité sont généralement accompagnés de garanties spéciales, par lesquelles les Etats signataires s'engagent à respecter et à défendre au besoin la situation juridique nouvelle. L'Etat neutre ne renonce pas gratuitement à son droit naturel de pouvoir participer librement aux hostilités qui peuvent éclater sur ses frontières. Les Etats n'assument guère d'obligation sans équivalent

Les traités de neutralisation imposent généralement aux puissances qui y concourent, le devoir de défendre l'Etat neutre contre les violations dont il pourrait être victime. Ils précisent la manière dont cette défense devra s'effectuer et l'obligation juridique qui incombe à chaque garant.

La guerre suspend ou annule les traités conclus entre les puissances belligérantes; elle n'a aucune influence sur les traités de garantie conclus précisément en vue de la guerre. L'Etat neutre étant dans l'impossibilité d'intervenir dans les hostilités, n'est pas directement atteint par les conséquences qu'entraîne la rupture de la paix. Les belligérants restent tenus envers lui de toutes les obligations résultant des traités de garantie. Car ces obligations ont été contractées par eux vis-à-vis d'un tiers, et les droits qui en découlent pour ce tiers ne sauraient être modifiés ou détruits par des contestations postérieures auxquelles celui-ci reste étranger (1).

La garantie de la neutralité luxembourgeoise a donné lieu à d'orageux débats, tant au cours des discussions antérieures à la conférence de 1867 qu'après le traité de Londres. La neutralité perpétuelle constituait le seul moyen de consolider la paix menacée par les négociations de la France en vue d'acquérir le grand-duché, et par le refus de la Prusse d'évacuer la forteresse de Luxembourg; elle formait une des bases des discussions de la conférence de Londres. Cette neutralité n'aurait été qu'un vain mot si les puissances signataires du traité de neutralisation n'en avaient garanti le maintien d'une manière non équivoque. La première combinaison présentée par le comte de Beust à l'agrément des puissances proposait de déclarer le Luxembourg « territoire neutre, à l'instar de la Belgique » (2). La même garantie était impliquée implicite-

(1) Cpr. Arendt, *op. cit.*, p. 54.

(2) Dépêche de M. de Beust à l'ambassadeur autrichien à Berlin, 9 avril 1867, *Staatsarchir*, n° 3132.

ment dans la proposition autrichienne d'incorporer le Luxembourg à la Belgique. La neutralité perpétuelle du royaume belge se serait fatalement étendue à la nouvelle province.

Le prince de Gortschakoff estimait que la conférence projetée ne pourrait faire œuvre utile qu'en neutralisant le Luxembourg et en le faisant participer à la garantie accordée à la Belgique par les traités de 1831 et 1839. Il proposa au gouvernement anglais de réunir une conférence, dont les discussions porteraient sur la neutralisation et sur « *the extension to the Duchy of the garantee now enjoyed by Belgium* » (1).

Le 25 avril, le comte de Wimpffen écrivit que M. de Bismarck était prêt à appuyer auprès du roi Guillaume la solution proposée par le gouvernement russe, pourvu que la neutralité du Luxembourg fût garantie par les grandes puissances (2). Quoique, le 26 avril 1867, le comte de Bismarck se soit encore prononcé en faveur d'une discussion collective dont les bases n'auraient été arrêtées par les puissances qu'au cours des pourparlers préliminaires, il informa, dans la même journée, le prince de Gortschakoff « qu'il consentait à l'ouverture d'une négociation sur la base de la neutralisation du grand-duché, placé dorénavant sous la garantie de l'Europe (3).

La même décision se retrouve au cours de l'entretien que le comte de Bernstorff eut, le 27 avril, avec lord Stanley. Le comte de Bismarck avait donné son consentement à la réunion sous des conditions précises, que le comte de Wimpffen s'empressa de communiquer au gouvernement de Vienne. « *Prussia is prepared to concede the evacuation and the razing*

(1) Dépêche de lord Stanley aux ambassadeurs anglais près les cours de Paris et de Berlin, 24 avril 1867, *Staatsarchiv*, n° 2790.

(2) Dépêche du 25 avril 1867, *Staatsarchiv*, n° 3152.

(3) Dépêche du baron de Talleyrand au marquis de Moustier. 26 avril 1867, *Staatsarchiv*. n° 2795.

of fortress, if the Conference expresses as the result of its discussions the wish that she should do so, and at the same time gives an european guarantee for the neutrality of Luxemburg, such as now exists in the case of Belgium » (1).

Le gouvernement britannique désirait de tous ses vœux que la question si inopportunément soulevée reçût une prompte et radicale solution. Il hésita à assumer une garantie nouvelle qui pourrait, le cas échéant, l'impliquer dans les affaires continentales. Dès le 30 avril 1867, le comte Apponyi rendit compte au comte de Beust des tergiversations et des hésitations avec lesquelles le chef du Foreign Office se trouvait aux prises. « Sa Seigneurie, écrivit-il, a été moins affirmatif dans ses réponses, lorsque je lui ai demandé s'il était bien entendu que l'Angleterre assumerait sa part dans la garantie de la neutralité du Luxembourg. Il m'a dit que je devais savoir combien toute obligation de ce genre était impopulaire en Angleterre et quelles fortes objections une nouvelle garantie à assumer rencontrerait, par conséquent, dans l'opinion publique. Par ces motifs, et se considérant personnellement comme le *truster* des intérêts britanniques, il ne pouvait prendre l'engagement de défendre la neutralité du Luxembourg, les armes à la main, si telle était l'interprétation donnée au mot garantie. Mais il pense que ce mot peut être évité et qu'un engagement pris par les grandes puissances de respecter la neutralité du Luxembourg pourrait suffire. Ce serait là une garantie morale que l'Angleterre est prête à partager et qui atteindrait le même but, puisqu'elle mettrait la neutralité à l'abri de toute atteinte ; à quoi serviraient d'ailleurs, le cas échéant, les 40,000 ou 60,000 hommes de l'Angleterre contre les puissances qui en ont 400,000 ou 500,000?

« Nous n'avons jamais eu la prétention, poursuivit lord

---

(1) Dépêches de lord Stanley aux ambassadeurs anglais à Paris et à Berlin, 27 avril 1867, *Staatsarchiv*. nᵒˢ 2801, 2799.

Stanley, de jouer sur le continent le rôle de puissance militaire. Nous sommes un Etat maritime, nous avons de grands intérêts commerciaux et politiques à défendre en Belgique, et c'est ce qui explique la garantie que nous avons assumée quant à ce royaume, qui à nos yeux, se résume dans la position d'Anvers; mais le Luxembourg n'a pas pour nous la même importance, et voilà pourquoi nous voudrions nous borner, dans cette affaire, au minimum d'engagements indispensable pour assurer le maintien de la paix.

« Je fis observer à lord Stanley que, M. de Bismarck ayant mis à l'évacuation la condition de la neutralisation garantie par les puissances, il était à craindre que la réserve faite par l'Angleterre ne pût peut-être soulever des difficultés. La réponse fut qu'il comprenait parfaitement que, si la Prusse n'était pas de bonne foi dans ses intentions pacifiques, elle pourrait profiter de ce prétexte, mais il se flatte qu'il n'en sera pas ainsi et qu'il n'y aura pas lieu à discuter cette délicate question sur laquelle l'Angleterre ne pourrait guère faire de concessions » (1).

Le gouvernement autrichien ne se laissa pas émouvoir par les raisons de politique intérieure, qui passionnaient le ministre anglais. Le 3 mai, le comte de Beust indiqua dans une conversation qu'il eut avec l'ambassadeur anglais à Vienne, les grandes lignes de la procédure à suivre dans les délibérations de Londres. Il proposa « *that the Dutch Plenipotentiary should open the proceedings by proposing the neutralization of the grand-duchy of Luxemburg, and placing the territory under a guarantee similar to that of Belgium...* » (2).

Les mêmes idées se retrouvent dans les instructions que le comte de Beust envoya dans la même journée du 3 mai à son ambassadeur à Londres. Il rappelle dans ce docu-

(1) *Staatsarchiv*, n° 3166.
(2) Dépêche de Bloomfield à lord Stanley, 3 mai 1867. *Staatsarchiv*, n° 2820.

ment que les puissances se sont mises d'accord pour placer le Luxembourg dans les mêmes conditions de neutralité et sous les mêmes garanties que celles assurées à la Belgique par les traités de Londres de 1831 et 1839, que la conférence devra régler la question dans ce sens et consigner le résultat de ses délibérations dans un acte formel placé sous l'égide du droit public européen. Le représentant du roi des Pays-Bas devra expliquer qu'il serait dans l'intérêt de l'Europe de mettre le grand-duché à l'abri de toute contestation possible, en proclamant sa neutralité à l'instar de celle de la Belgique et en plaçant cette neutralité sous la garantie des grandes puissances... Le plénipotentiaire prussien déclarerait que la Prusse est prête à retirer ses troupes de la forteresse, si la conférence proclamait la neutralité du grand-duché et plaçait cette neutralité sous la garantie collective des grandes puissances (1).

Lord Stanley n'avait pas renoncé à ses projets ; il se refusait toujours à assumer la garantie que les puissances voulaient lui imposer. L'article 3 du projet communiqué par lui aux puissances européennes par la dépêche du 3 mai, stipulait que la ville de Luxembourg, dont la possession était assurée au roi grand-duc par le traité du 19 avril 1839, ne pouvait être aliénée sans le consentement des puissances signataires du traité à conclure (2).

Cette omission volontaire ne passa pas inaperçue. Le comte de Bismarck la signala à l'ambassadeur anglais lord Loftus. La déclaration de la neutralité luxembourgeoise et les garanties européennes destinées à la couvrir, étaient les principales raisons qui permettraient à la Prusse de consentir au retrait de sa garnison. Ces stipulations devaient calmer l'opinion publique allemande. Elles constituaient les conditions indispensables

(1) Dépêche du 3 mai 1867, *Staatsarchiv*, n° 2821.
(2) *Staatsarchiv*, 1867, n°ˢ 2811, 2812.

et les bases de l'arrangement, que la France. l'Autriche et la Russie ne renonceraient pas à réclamer (1).

M. de Bismarck avait déclaré à lord Loftus qu'il ne pouvait comprendre pourquoi le cabinet de Londres avait omis les clauses les plus essentielles du traité dans le projet soumis aux puissances. L'ambassadeur anglais se chargea d'éclairer sa religion. Il lui indiqua les raisons qui portaient l'Angleterre à refuser d'assumer de nouvelles garanties territoriales et insinua qu'un texte vague, analogue à celui qui sanctionnait la neutralité des îles Ioniennes, pourrait peut-être concilier les intérêts en présence. L'article 2 du traité du 14 novembre 1863 stipule « que les parties contractantes s'engagent à respecter la neutralité des îles Ioniennes », mais elles ne la garantissent pas.

Cette proposition ne satisfaisait pas le gouvernement prussien. L'engagement purement moral de respecter . la neutralité luxembourgeoise lui paraissait absolument insuffisant ; il se déclara obligé de demander une protection plus efficace, en vue d'assurer la sécurité de ses frontières ; or cette protection ne pouvait résulter que d'une garantie formelle des puissances européennes (2).

Des objections analogues avaient été présentées par le marquis de Moustier. Le ministre français redoutait que l'omission d'une garantie européenne ne contribuât à faire échouer les négociations ; il savait que la Prusse insisterait sur cette condition capitale (3).

Les discussions en restèrent là. Toutes les puissances avaient un intérêt égal à hâter la réunion de la Conférence ; un retard insignifiant pouvait compromettre la paix.

Le gouvernement anglais avait élaboré une proposition

(1) Dépêche de lord Loftus du 4 mai 1867, *Staatsarchiv*, n° 2816 ; cfr. chap. IV passim.

(2) Dépêche de lord Loftus du 7 mai 1867, *Staatsarchiv*, n° 2822.

(3) Dépêche de lord Cowley du 5 mai 1867. *Staatsarchiv*, n° 2818,

transactionnelle, qui fut soumise aux représentants des puissances. L'article 2 du nouveau projet consacrait expressément la neutralité perpétuelle du grand-duché de Luxembourg et rappelait la garantie européenne contenue dans le traité du 19 avril 1839. Les hautes parties contractantes devaient s'engager à respecter le principe de neutralité stipulé par les premiers paragraphes de l'article.

Dès la première réunion de la conférence, le comte de Bernstorff signala l'omission de la clause de garantie ; il exprima l'espoir que, toutes les puissances représentées à la conférence ayant admis et accepté le programme dont la neutralité et la garantie européenne formaient une partie essentielle, il serait suppléé à cette omission lors de la discussion des articles du traité. L'opinion de l'ambassadeur allemand fut appuyée par les plénipotentiaires de la France, de l'Autriche, des Pays-Bas et de la Russie.

Lord Stanley essaya d'éluder l'objection en déclarant que les traités antérieurs avaient déjà placé le Luxembourg sous une garantie européenne et que des sûretés supplémentaires n'étaient pas nécessaires. L'analogie qu'il chercha à établir entre l'article 2 de son projet et l'article 7 de l'acte annexé au traité du 19 avril 1839 n'était qu'une analogie apparente et partielle. Le traité de 1839 plaçait la Belgique sous la garantie des puissances signataires ; le projet soumis aux délibérations de la conférence n'prévoyait aucune obligation de ce genre. La garantie résultant du traité des vingt-quatre articles ne vise que la possession du grand-duché, et non pas sa neutralité. Le comte de Bernstorff exigea avec raison que cette lacune fût comblée (1).

Lord Stanley se trouvait acculé dans une impasse ; il n'en put sortir comme il l'aurait souhaité et dut céder devant l'in-

---

(1) Lord Derby avoua quelques semaines plus tard que « *the guarantee of neutrality is different from the guarantee of possession* ». Il rejeta ainsi la thèse soutenue le 7 mai par son fils, lord Stanley.

sistance des membres de la conférence. Dans la séance du
9 mai, il adhéra, au nom du cabinet britannique, au principe
de la garantie collective. L'amendement présenté avec tant
d'à-propos par le comte de Bernstorff forme le paragraphe
final de l'article 2 du traité du 11 mai. La neutralité luxembourgeoise fut placée sous la garantie collective des puissances
signataires du traité, à l'exception de la Belgique qui, en sa
qualité d'Etat neutre, ne pouvait souscrire à de tels engagements.

La garantie que les puissances imposèrent au cabinet britannique est une garantie collective; la neutralité belge est
placée sous une garantie sans épithète. On a prétendu que la
première était moins efficace que la seconde et n'engageait pas
la responsabilité des puissances garantes. « La garantie que
nous avons assumée, dit lord Stanley dans la séance du parlement anglais du 14 juin 1867, ne constitue qu'une garantie
collective. Ce point est important. Si la neutralité ainsi garantie vient à être violée, toutes les puissances signataires du
traité doivent être convoquées et intervenir au moyen d'une
intervention collective. Aucune puissance ne peut être appelée
seule et séparément. C'est là, si je puis m'exprimer ainsi, un
cas de responsabilité limitée. Nous sommes tenus à honneur
de veiller, de concert avec les autres puissances signataires, à
ce que ces arrangements soient maintenus. Si les autres puissances se joignent à nous, il est certain que la neutralité ne
sera pas violée. Si ces puissances, engagées exactement comme
nous, refusent de se joindre à nous, nous ne sommes pas
tenus de suppléer toutes les autres. Une telle garantie a évidemment le caractère d'une sanction morale des arrangements
qu'elle sauvegarde, plutôt que celui d'une obligation éventuelle de faire la guerre; elle donnerait sans nul doute un
droit de faire la guerre, mais elle n'en imposerait pas nécessairement l'obligation ».

Le père de lord Stanley, lord Derby, interpréta la clause de garantie d'une manière analogue dans la séance de la Chambre des lords du 4 juillet suivant. « Une garantie personnelle, dit-il, oblige chaque individu en particulier à faire tous ses efforts pour maintenir l'objet de la garantie. La garantie collective repose sur l'engagement d'honneur de toutes les parties intéressées ; mais aucune n'a pour devoir particulier de se charger de son accomplissement... En cas de garantie collective, tandis que toutes les puissances s'engagent à respecter la neutralité du territoire en question, aucune n'est obligée d'agir dans l'intérêt des autres ; chacune a le droit d'intervenir si elle le juge conforme à ses intérêts... »

Lord Houghton répliqua à lord Derby qu'en présence d'une telle interprétation, les discussions de la conférence n'avaient été qu'une vaine parodie, puisque la garantie stipulée devenait inefficace au seul cas où elle était nécessaire. La neutralité du Luxembourg n'est pas menacée par la Suède et par la Norvège. L'unanimité des puissances garantes ne sera jamais atteinte. En se chargeant d'une telle obligation, les signataires du traité du 11 mai n'auraient pas même assumé une responsabilité limitée ; un engagement de cette nature n'aurait aucune valeur.

D'après l'interprétation donnée par lord Stanley, la garantie collective n'entraîne qu'une obligation morale de respecter la neutralité garantie. La proposition de lord Loftus de se contenter d'un engagement de ce genre avait été repoussée par le comte de Bismarck. Toutes les dépêches diplomatiques échangées au cours des négociations préliminaires parlent d'une obligation sérieuse, semblable en tous points à celle qui résulte du traité du 19 avril 1839. Le projet de lord Stanley, qui ne contenait pas cette obligation de garantie, fut complété par l'amendement du comte de Bernstorff. Pourquoi donc le gouvernement britannique hésita-t-il si longtemps avant de souscrire à la clause de garantie, pourquoi intervint-il si activement auprès du comte de Bismarck pour faire prévaloir l'adoption d'une obligation purement morale, si le traité du 11 mai n'implique pas de rigoureux devoirs? En présence des déclarations faites au parlement anglais par lord Stanley et lord Derby, ces angoisses et ces démarches ne s'expliquent plus.

Le duc de Cleveland déclara dans la séance de la Chambre des lords, du 20 juin 1867, qu'il n'avait pas appris sans étonnement, ni sans peine, par quels futiles moyens le gouvernement tentait d'éluder l'obligation de garantie qu'il n'avait pu éviter. Dans l'opinion de lord Granville « les explications de lord Stanley portaient à croire que la Prusse et les diplomates les plus distingués de l'Europe auraient été l'objet d'une *must complete mystification*. Aux yeux du duc d'Argyll, la conférence n'aurait été qu'une indigne tromperie et une vulgaire farce, *a sham and a farce* (1).

Les nobles lords avaient mal accueilli les singulières explications de lord Stanley; ils les avaient stigmatisées dans les termes les plus amers. L'Europe ne leur réserva pas un accueil plus sympathique. A Berlin, elles provoquèrent une vive irritation; le gouvernement prussien ne voulait pas laisser amoindrir la garantie accordée à la neutralité luxembourgeoise (2). Le ministre luxembourgeois, Emmanuel Servais, considéra les explications de lord Stanley comme des expédients d'un ministre en détresse devant la Chambre (3). M. de Martens les rejeta comme contraires aux faits et aux textes les plus clairs; Geffcken les condamna comme illogiques et sophistiques (4).

---

(1) Discours reproduits par M. Paul Eyschen, *op. cit.*, p. 35 et s., et Geffcken-Holtzendorff, *op. cit.*, p. 100 et ss.

. (2) Cpr. E. Banning, *Défense de la Belgique*, p. 33, cité par M. P. Eyschen, *op. cit.*, p. 36.

(3) *Le grand-duché de Luxembourg et le traité de Londres*, p. 167.

(4) Le chapitre que M. Eyschen a consacré dans son *Staatsrecht*, à l'étude de la garantie et de la neutralité, épuise complètement le sujet: nous ne pouvons qu'y renvoyer nos lecteurs.

La Prusse se trouvait le plus directement atteinte par les fallacieuses subtilités de lord Stanley. Elle ne jugea pas à propos de protester contre la méconnaissance d'un droit évident. Mais dans un discours prononcé le 24 septembre 1867 à la diète de l'Allemagne du Nord, M. de Bismarck exposa sans ambages la manière de voir du gouvernement qu'il dirigeait : « En échange de la forteresse du Luxembourg, dit-il, nous avons obtenu une compensation consistant dans la neutralisation du pays et dans une garantie qui se maintiendra, — je garde cette conviction, *malgré toutes les chicanes*, — le jour de l'échéance suprême. Au point de vue militaire, cette garantie constitue pour nous une entière compensation pour le droit de garnison auquel nous avons renoncé » (1).

Dans un avis fortement motivé du 6 janvier 1871, le Conseil d'Etat de Luxembourg réfuta la singulière théorie du gouvernement britannique et précisa la portée de l'obligation collective assumée par les puissances. « Ce serait faire injure aux puissances, lisons-nous dans cet avis, que de discuter l'interprétation humoristique d'après laquelle, si une des puissances garantes refusait à garantir, les autres seraient *de plano* dégagées... » (2). Les puissances réunies à la conférence de Londres voulaient garantir sérieusement la neutralité du grand-duché de Luxembourg. Elles refusèrent de se contenter de l'engagement moral, contenu dans le projet de lord Stanley. Or, pour que la garantie stipulée par l'article 2 puisse avoir quelque effet, elle doit obliger les puissances garantes non pas seulement à respecter le principe de neutralité, mais à le défendre énergiquement. Il n'y a aucune différence fondamentale entre la garantie de la neutralité et de l'intégrité de la Belgique et la garantie de la neutralité luxembourgeoise. Le même traité a assuré au roi grand-duc la possession du grand-

(1) Discours du comte de Bismarck, édition Reclam, t. III, p. 189.
(2) Reproduit par MM. Funck-Brentano et Sorel, *op. cit.*, p. 508, en note.

duché de Luxembourg et garanti l'intégrité territoriale belge. Les traités du 19 avril 1839 et du 11 mai 1867 identifient la situation internationale des deux Etats neutres.

La garantie collective ne diminue nullement l'obligation des garants ; elle leur impose le droit et le devoir de ne rien entreprendre séparément, de ne pas recourir à une exécution isolée de la garantie, avant de s'être mis réciproquement en mesure d'associer leurs efforts et d'agir collectivement. Si l'un d'eux ne veut ou ne peut agir, l'obligation de chacun n'en reste pas moins entière (1). « Les Etats garants, écrit Calvo, doivent être tous ensemble requis d'intervenir. Ils doivent alors examiner en commun l'affaire et intervenir en commun, s'ils le jugent nécessaire ou possible. S'ils ne peuvent se mettre d'accord, chacun d'eux est autorisé et et obligé à faire exécuter le traité, conformément à l'interprétation qu'il croit devoir lui donner de bonne foi (2) ». D'après F. de Martens, « les co-garants sont obligés, en cas de garantie collective, d'exécuter en commun l'obligation qu'ils ont assumée ; s'ils ne peuvent tomber d'accord, chacun reste tenu d'intervenir à ses propres risques et pour son compte personnel » (3).

La différence qui existe entre la garantie collective et la garantie pure et simple assumée par plusieurs Etats n'est qu'une différence de procédure. Si la neutralité luxembourgeoise est violée, les garants doivent s'entendre pour intervenir en commun ; la défense de la neutralité belge n'implique aucune consultation préalable ; chaque garant peut et doit intervenir séparément. La garantie collective dans laquelle lord Stanley et lord Derby ne voyaient qu'un simple engagement moral, est plus efficace que la garantie individuelle.

(1) Milanovitsch, *Les traités de garantie au XIX⁰ siècle*, Paris, Arthur Rousseau, 1888, p. 56.

(2) *Dictionnaire de droit internat.*, sous *Garantie* ; Eyschen. *op. cit.*, p. 36.

(3) Voelkerrecht, t. I, p. 423.

* *

Les auteurs de droit des gens et les publicistes contemporains ont souvent médit de la garantie soit individuelle, soit
collective. Le mot de Frédéric-le-Grand « que les garanties
sont, comme l'ouvrage de filigrane, plus propres à satisfaire
les yeux, qu'à être de quelque utilité », a été répété un peu
dans toutes les langues. « *It was a familiar phrase of lord
Palmerston* », dit Gladstone dans un discours prononcé le
12 août 1872, « *that wile a guarantee gave a right of inter-
ference, it did not constitue an obligation to interfere...* ».

Les traités de garantie aussi bien que tous les autres traités
ne survivent pas aux intérêts qui les ont fait naître. Toutefois,
les Etats se garderont généralement de violer leur parole
solennellement engagée ; ils ne peuvent se soustraire aux obligations de garantie sans manquer aux devoirs du droit des
gens, sans s'exposer aux reproches les plus justifiés.

Que la violation de la neutralité vienne de l'Etat garanti,
d'un garant ou d'un tiers, les puissances garantes doivent se
réunir, se concerter sur les moyens de rétablir la situation antérieure et examiner les responsabilités encourues et
les conséquences qui en découlent. Cette consultation doit pré-
céder l'exécution militaire et même les simples représentations
diplomatiques. « L'examen et l'appréciation des faits qui
constitueraient la violation de la neutralité par un Etat neutre
et feraient perdre à celui-ci le bénéfice de sa neutralité, ont été
attribués virtuellement aux puissances signataires des traités
et interdits au jugement unilatéral de chaque puissance intéressée. Car ce qui a inspiré la pensée de créer des garanties
européennes et de voir dans ces garanties des gages de paix
dans le sens le plus éminent du mot, ce fut précisément la
prévision d'écarter tout conflit particulier entre un pays neutre et un autre Etat » (1).

(1) Dépêche du comte de Beust du 22 décembre 1870, *Staatsarchiv*, n° 4218.

Si l'obligation de garantie peut assurer ce résultat heureux, on doit évidemment conclure avec Gentz « que l'on aurait tort de négliger les garanties. Car elles fournissent au moins à ceux qui veulent faire leur devoir et remplir leurs engagements un moyen légal d'agir, lorsque les circonstances les y appellent » (1).

La garantie collective est, sous ce rapport, préférable à la garantie individuelle et à tous les autres cautionnements. « Même sans l'accord des garants, écrit Bluntschli, chaque garant puise, dans la garantie collective, le droit de procéder isolément, lorsque l'ordre juridique garanti lui paraît menacé. Et c'est surtout en pratique que ce droit aura, pour déterminer un Etat à coopérer au maintien de l'état de choses existant, la même force que le devoir assumé par la garantie individuelle » (2).

La guerre de 1870 a fourni l'occasion d'expérimenter pratiquement la valeur des obligations de garantie contenues dans les traités de neutralisation de la Belgique et du Luxembourg. L'Angleterre signa dans la première moitié du mois d'août des traités supplémentaires destinés à assurer la neutralité belge, que les événements belliqueux menaçaient de mettre en péril. Ces conventions réglaient simplement l'exécution des traités de 1831 et de 1839, ils n'impliquaient aucune obligation nouvelle. Aussi les autres puissances purent-elles à bon droit se refuser à y souscrire, la violation de la neutralité belge étant suffisamment prévue par les stipulations antérieures.

La neutralité luxembourgeoise ne fut pas confirmée par de nouveaux accords, malgré la demande du ministre d'Etat grand-ducal. Cette neutralité était, suivant une dépêche du comte de Bernstorff, assurée par le traité de 1867. Par sa

(1) Cité par M. Paul Eyschen, op. cit., p. 39.
(2) Cfr. Eyschen, loc. cit.

dépêche du 3 décembre 1870, le comte de Bismarck se plaignit auprès du gouvernement luxembourgeois que la neutralité du grand-duché avait été violée par la France et par le Luxembourg. Se faisant juge dans sa propre cause, il déclara que le gouvernement allemand ne se croyait plus obligé de prendre en considération, dans les opérations de ses armées, la neutralité du grand-duché, et se réservait de faire valoir les réclamations répondant aux dommages que lui avaient fait subir les prétendues violations de la neutralité ; il se réservait également de prendre les mesures nécessaires pour se garantir contre le renouvellement de faits analogues.

Le ministre d'Etat du Luxembourg protesta contre cette réclamation injuste en fait et en droit. Il rétablit minutieusement l'exactitude des faits et prouva que le grand-duché ne s'était rendu coupable d'aucune violation de sa neutralité. Passant ensuite à l'examen de la question juridique, il déclara que la manière d'agir du comte de Bismarck était contraire à l'esprit du traité de 1867. « Une telle stipulation, écrit-il, n'aurait aucune valeur, si chacune des puissances qui y ont adhéré pouvait cesser de reconnaître la neutralité et procéder isolément comme s'il s'agissait d'un Etat dont la position n'aurait pas été réglée par un accord international ». M. Servais estimait qu'un accord international devait intervenir avant toute action qui changerait les conditions de l'existence du grand-duché. La dépêche de M. de Bismarck et la réponse du cabinet grand-ducal furent communiquées aux puissances signataires du traité de 1867.

L'Angleterre et l'Autriche répondirent aux communications qui leur furent faites. Sans se prononcer définitivement sur la valeur des arguments invoqués par le gouvernement grand-ducal, ces deux puissances insistèrent sur la nécessité d'une délibération commune de tous les Etats intéressés. L'affaire n'eut aucune suite. La conduite de Bismarck fut stigmatisée par la science allemande et par les feuilles indépendantes de tous les pays. « La question, écrivit le professeur Geffcken, ne pouvait être résolue unilatéralement. La Prusse n'avait pas le droit de déclarer et elle n'a pas déclaré que la neutralité du Luxembourg était devenue caduque » (1).

Cet incident, que le gouvernement prussien ne voulut pas exploiter, démontre que le devoir de sa propre défense peut, chez un Etat garant, primer l'obligation de garantie. Il y a des nécessités de guerre qui imposent une action prompte et décisive; cette action ne peut être subordonnée aux délibérations des puissances. Pour montrer les conséquences inacceptables auxquelles pourrait conduire l'application trop rigoureuse des principes régissant la garantie, le comte de Bismarck se plaça, dans sa réponse aux remontrances des gouvernements anglais et autrichien, dans l'hypothèse d'une violation du territoire belge par l'armée du maréchal de Mac-Mahon, qui, refoulé de Sedan, aurait tenté de secourir l'armée de Metz en violant la neutralité belge et la neutralité luxembourgeoise. « Avec la meilleure volonté, écrit-il, le gouvernement belge aurait été dans l'impossibilité d'empêcher une armée de 100,000 hommes de mettre ce projet à exécution. Le gouvernement anglais croit-il qu'en pareil cas nous aurions dû nous adresser aux puissances signataires du traité et convenir avec elles, par négociations diplomatiques, de ce qu'il y avait à faire, laissant en même temps nos troupes de Metz exposées aux attaques de l'armée ennemie?... Un général anglais hésiterait-il sur ce qu'il y aurait à faire dans cette circonstance? »

Il est évident que les traités de garantie n'ont plus aucune valeur et ne peuvent inspirer le moindre respect lorsque les stipulations les plus solennelles sont foulées aux pieds et que le règne de la force brutale est rétabli de la manière la plus absolue. De telles éventualités — il faut du moins l'espérer — ne se reproduiront pas dans les temps modernes.

(1) Geffcken, Holtzendorff, *op. cit.*, t. IV, p. 642.

Loin de porter atteinte à la neutralité du grand-duché, les événements de 1870 l'ont confirmée. Le comte de Bismarck aurait été moins circonspect si ses réclamations intéressées n'avaient pas été présentées devant l'opinion publique européenne et soumises au jugement des grandes puissances. Les organes de la presse chauvine allemande (1) demandaient à grands cris l'annexion du petit État qui avait été détaché de la *mère-patrie*. Les rumeurs les plus dangereuses furent répandues. L'historien Treitschke lui-même entra en lice pour revendiquer au nom de la grande Allemagne les provinces qui en avaient été séparées dans des temps moins heureux. On insinua que les changements que la victoire prussienne rendait nécessaires, ne se concilieraient pas avec la situation peu franche du Luxembourg, que la brebis égarée devait enfin, après une longue absence, rentrer au bercail commun. Ces vœux que le puissant ministre du Nordbund, le créateur de l'Allemagne, encourageait secrètement ne furent pas exaucés, parce que l'Europe, qui avait garanti la neutralité du Luxembourg, veillait au maintien des traités.

Le gouvernement anglais lui-même avait renoncé à l'interprétation fantaisiste de lord Stanley. L'ouvrage de filigrane qu'en 1867 les puissances avaient tissé, avait donné des preuves de sa solidité et de sa consistance; il n'avait pas seulement satisfait les yeux, il avait été de quelque utilité. Sa solidité s'accroît avec le temps.

Lorsque la France, vaincue, dut se plier aux douloureuses exigences de son vainqueur, les Luxembourgeois tremblèrent un instant pour leur indépendance. On craignit que l'Allemagne ne voulût annexer le grand-duché et le réunir au nouvel empire. S'il faut en croire le récit de Moritz Busch, le prince de Gortschakoff aurait conseillé au gouvernement prus-

(1) *Norddeutsche Allg. Zeitung*; correspondance de Gœttingen, 11 septembre 1870.

18

sien d'annexer le Luxembourg et de renoncer à la possession de Metz et d'une partie de la Lorraine (1). Le ministre allemand aurait refusé de s'enrichir aux dépens d'autrui ; on ne lui connaissait pas des scrupules de ce genre. Le Luxembourg put jouir en paix de son indépendance, que les puissances avaient su sauvegarder au milieu de la crise la plus grave qu'aucun pays ait jamais traversée. La cession de l'exploitation des chemins de fer luxembourgeois à l'Etat allemand devait constituer la rançon de la liberté reconquise.

(1) *Tagebuchnotizen* de Bismarck, 29 janvier 1871.

CHAPITRE VII

LES DEVOIRS DE LA NEUTRALITÉ
ET LA GUERRE DE 1870

—

SOMMAIRE. — Le devoir d'impartialité : les manifestations de sympathie ; la presse neutre ; M. de Bismarck et M. d'Anethan ; les correspondants étrangers à Luxembourg ; les plaintes de la Prusse ; la
réponse de M. Servais.
Le devoir d'abstention : les progrès du droit des gens ; la guerre cubaine.
L'assistance indirecte : l'abus du territoire neutre ; le passage innocent ;
le transport des prisonniers ; les incidents de 1870 ; différence entre
la neutralité luxembourgeoise et les neutralités suisse et belge ; l'incident de Schengen ; l'incident de Rumelange.
La dépêche prussienne du 3 décembre 1870 : réfugiés, évadés, blessés
et malades ; la réponse du gouvernement grand-ducal ; les gouvernements étrangers.
Nouvelles alarmes : lettre autographe du roi de Prusse ; la dépêche du
6 janvier 1871 ; la mission de M. d'Ernsthausen ; le baron de Cussy ;
l'internement des réfugiés ; la Déclaration de Bruxelles ; la Conférence
de la paix ; les réserves de M. Eyschen ; le transport des blessés par
le territoire neutre ; les enrôlements en pays neutre ; le départ des
sujets des belligérants.
La responsabilité indirecte de l'État neutre : le commerce neutre ; les
restrictions par les lois nationales ; le commerce des vivres ; la défense
d'exporter des vivres et des fourrages ; le matériel des chemins de
fer ; l'amendement de MM. Bernaert et Eyschen à La Haye.
L'incident de Thionville : appréciation des arguments invoqués par le
comte de Bismarck et M. Emmanuel Servais.
Les droits des neutres ; la charité luxembourgeoise ; sa récompense.

Un Etat neutre a des droits et des devoirs multiples ; les
uns proviennent de la souveraineté qui appartient à chaque
membre de la grande communauté internationale ; les autres
dérivent de sa neutralité.

En temps qu'Etat souverain, il a le droit de gérer librement ses affaires, de poursuivre librement et en pleine indépendance son but social. L'étendue de ses frontières et l'importance des forces militaires qu'il peut mettre sur pied n'affectent en rien l'étendue de ses devoirs et n'augmentent pas ses droits. Dans sa maison, charbonnier est roi. Que la maison soit délabrée ou opulente, que son propriétaire jouisse 'un e grande aisance ou qu'il se débatte sous l'étreinte de la misère, il n'est loisible à personne d'en franchir le seuil. L'indépendance nationale est pour les Etats ce que la liberté individuelle est pour les personnes du droit privé.

Le droit de commerce et le droit du respect mutuel découlent en ligne directe de la souveraineté. Les droits d'un Etat s'arrêtent là où commencent les droits des autres ; ils n'ont pas d'autres limites juridiques. Si ces droits sont méconnus ou simplement menacés, l'Etat peut s'opposer par tous les moyens à la violence dont il est l'involontaire victime.

Les droits et les devoirs des Etats sont modifiés, augmentés ou amoindris par les conventions internationales et par les divers événements qui affectent la vie d'une nation. Les traités de neutralité, dont nous avons spécialement à nous occuper, engendrent des obligations et des droits communs à tous les Etats neutralisés et d'autres qui sont particuliers à tel ou à tel Etat. Les devoirs spéciaux imposés au grand-duché de Luxembourg par le traité de Londres ont été exposés dans le chapitre V de cet ouvrage ; il ne nous reste plus qu'à préciser les droits et les devoirs généraux de la neutralité perpétuelle.

En temps de paix, aucun Etat n'a le droit d'intervenir dans les affaires d'autrui. L'intervention à jet continu, prévue par le traité de la Sainte-Alliance, était contraire au droit international. En vertu de sa souveraineté, un Etat peut concéder à un autre des avantages de tous genres, des réductions de tarifs, des privilèges juridiques, des concessions commerciales ou politiques. La guerre limite cette liberté primitive.

« La guerre est, d'après MM. Funck-Brentano et Sorel, l'acte politique par lequel les Etats ne pouvant concilier ce qu'ils croient être leurs devoirs, leurs droits et leurs intérêts, recourent à la lutte armée, et demandent à cette lutte de décider lequel d'entre eux étant le plus fort pourra en raison de sa force imposer sa volonté aux autres » (1). Il importe que dans cette lutte les chances de succès ne soient inclinées dans un sens ou dans un autre par l'intervention d'une puissance tierce. La neutralité consiste précisément à tenir la balance égale entre les parties intéressées, à ne pas favoriser l'un au détriment des autres, à ne pas mettre obstacle à l'exercice de leur souveraineté.

Or, on peut enfreindre ces devoirs, soit directement en participant aux hostilités en cours, soit indirectement, en accordant à un belligérant des facilités qu'on refuse à l'autre. La neutralité engendre donc deux devoirs primordiaux, le devoir d'abstention et le devoir d'impartialité. C'est sous cette double rubrique que les auteurs de droit des gens ont pris l'habitude de ranger les obligations des Etats neutres (2).

L'impartialité neutre, qui n'est en définitive qu'une conséquence directe et qu'une condition indispensable de l'obligation d'abstention, consiste, d'après M. Kleen (3), « en ce que l'Etat neutre accorde ou refuse à l'un des belligérants ce qu'il accorde ou refuse à l'autre, dans la même mesure ou sous les mêmes conditions, bien entendu en ce qui concerne indirectement la guerre ».

Les circonstances dans lesquelles s'exerce le devoir d'impartialité n'ont avec la guerre qu'un rapport médiat et indirect. L'impartialité ne concerne pas les opérations belliqueuses proprement dites : l'abstention la plus rigoureuse y est de

---

(1) *Op. cit.*, p. 233.

(2) Pillet, *op. cit.*, p. 284 et s.; Kleen, *op. cit.*, p. 208 et s.; Heffter, *op. cit.*, p. 320.

(3) *Op. cit.*, p. 212.

rigueur. Elle ne s'étend, d'un autre côté, qu'aux seules choses
qui peuvent influer sur le sort des armes. Pour tout ce qui
ne concerne pas la guerre, le neutre garde son entière et complète liberté et jouit des droits qui lui appartiennent en temps
de paix. L'inégalité qui existait avant le début des hostilités
entre le neutre et l'un ou l'autre des belligérants et qui résultait, soit de conventions, soit de la situation naturelle des
choses, ne peut donner lieu à aucune réclamation, pourvu toutefois qu'elle n'aggrave en rien la situation d'une des parties
en tant que partie en guerre.

Les avantages humanitaires ou philanthropiques ne tombent
pas sous les lois de la neutralité. Le neutre peut secourir les
blessés d'un belligérant et fermer ses ambulances aux blessés
de l'autre. Cette conduite partiale ne témoignerait certes pas
d'une grande bienveillance pour le belligérant exclu de la participation aux avantages accordés à son adversaire; elle serait
peu courtoise, mais elle ne pourrait donner lieu à aucune protestation justifiée, puisqu'elle ne léserait aucun droit et ne mo-
difierait pas la situation réciproque des puissances belligérantes.

Un appui purement moral, des témoignages de sympathie,
des pourparlers amiables faits en faveur d'un belligérant par
un Etat neutre, appartiennent également à la catégorie des
actes indifférents. « Dans certains cas, écrit avec raison
M. Kleen (1), on devrait même regarder comme un devoir
humain et international de sympathiser avec un Etat dont le
droit est lésé par un abus de force, et de l'encourager mora-
lement ». Les excitations d'une presse passionnée et sans scrupules ont souvent donné lieu à de provocantes et dangereuses
manifestations. Elles ne constituent pas une intervention
directe dans les hostilités. On ne viole pas la neutralité par des
paroles ou par des sentiments, mais seulement par des actes
et par des faits.

(1) *Op. cit.*, p. 218.

Les sympathies ne se commandent pas. « Il ne doit pas être seulement permis, écrit Rolin-Jaeqemyns (1), mais il est désirable, au point de vue du droit international, que toutes les opinions favorables ou contraires à l'une ou à l'autre des puissances belligérantes se manifestent dans les pays neutres avec la plus entière liberté... Engagés dans la procédure violente et brutale qu'on appelle la guerre, les Etats intéressés perdent trop facilement la mesure exacte dans l'appréciation des choses ».

Le gouvernement neutre doit courtoisement s'abstenir de manifester des sympathies trop ouvertes ou de critiquer la conduite d'un belligérant. Lorsque, pendant la guerre de Sécession, le gouvernement anglais s'écarta de ces règles, il s'attira les protestations du cabinet de Washington. « *We may anticipate with certainty*, avait dit Gladstone dans un discours prononcé à la Chambre des communes dans la séance du 8 octobre 1862, *the success of the Southern States, so far as regards their separation from the North...* » Aux réclamations adressées au cabinet de Londres à l'occasion de ces peu bienveillantes paroles, celui-ci répondit hautement que « *the matter in dispute is action and not motive, therefore the discussion is irrelevant* ». Les Etats-Unis ne pouvaient, en droit strict, incriminer cette réponse discourtoise. Un Etat faible aurait répondu avec moins de morgue. Quoique, d'après Bluntschli, « un Etat puisse éprouver une vive sympathie pour une des parties belligérantes et donner une libre expression à son mauvais vouloir pour l'autre partie, sans cesser d'être neutre » (2), il n'en faut pas moins condamner les déclarations de sympathie ou de blâme proférées par un Etat neutre à l'adresse d'un belligérant.

(1) *Revue de droit international et de législation comparée*, 1870, II, p. 700.

(2) Das moderne Völkerrecht, § 753.

En présence des manifestations hostiles du gouvernement d'un Etat neutre, les puissances belligérantes sont pour ainsi dire désarmées et impuissantes ; elles le sont bien plus encore lorsqu'il s'agit des opinions défavorables émises par les organes de la presse. Elles ne connaissent que l'Etat neutre et ses journaux officiels, et ne doivent même pas « prononcer le nom des autres journaux dans une communication officielle » (1).

Au cours de la guerre franco-allemande, l'attitude de la presse européenne donna lieu à de nombreuses plaintes émanées du gouvernement prussien. Le 8 octobre 1870, le ministre des affaires étrangères de Prusse se plaignit auprès du cabinet de Bruxelles du langage hostile des journaux belges et insinua que cette conduite était peu conforme aux devoirs de la neutralité. Le gouvernement belge contesta le bien-fondé de cette réclamation et se retrancha derrière les dispositions constitutionnelles nationales qui garantissaient la liberté de la presse et privaient les pouvoirs publics de tout moyen d'agir. A ces remarques d'ailleurs fort dignes, le baron d'Anethan crut devoir ajouter que les journaux incriminés ne représentaient ni l'opinion publique belge, ni la nation et qu'ils faisaient attribuer à la Belgique des sentiments et des préférences qu'elle n'avait pas (2).

Pendant la guerre de 1870, la situation du grand-duché de Luxembourg était fort périlleuse ; c'était celle de l'agneau sans défense qui se trouve égaré au milieu de loups rapaces. Il fallut contenir les sympathies populaires qui allaient vers la France et ne pas prêter le flanc même à des critiques nullement justifiées. Le gouvernement eut la conscience de sa lourde responsabilité. La direction du télégraphe reçut l'ordre d'arrêter toutes les dépêches qui auraient pu compromettre la neutralité. Des avertissements furent donnés aux adminis-

(1) *Etoile belge*, 4 janvier 1871.
(2) *Revue de droit international et de législation comparée*, 1870, II, p. 711.

trations publiques, aux directeurs de la société concessionnaire de l'exploitation des voies ferrées, au vice-consul français, aux rédacteurs des feuilles politiques. Un journaliste
français qui ameutait la population par des apostrophes trop
virulentes fut expulsé. Les rédacteurs de l'*Avenir* furent con-
damnés à plusieurs reprises (13 août et 17 décembre 1870).
Tout ce qui aurait pu susciter des réclamations fut l'objet de
poursuites judiciaires. Et si, malgré toutes ces sages mesures,
l'Allemagne se plaignit des violences de la presse luxembourgeoise et de l'hostilité des populations, si les journaux allemands engagèrent une campagne haineuse contre le Luxembourg, « ce maudit nid », et contre les Luxembourgeois, « ces
grossiers demi-barbares, qui voudraient nommer les zouaves
et les turcos leurs amis et leurs frères » (1), il en faut conclure
que les faibles ont toujours tort quand ils ont l'audace de ne
pas se vouer corps et âmes aux intérêts des forts. Des reproches peut-être moins brutaux, — parce qu'ils s'adressaient à
des nations moins faibles, — mais également amers, furent
adressés par la presse prussienne aux journaux belges et anglais (2).

Dans sa fameuse dépêche du 3 décembre 1870, le comte de
Bismarck, cédant peut-être à son insu aux sollicitations de la
presse allemande, reprocha au gouvernement grand-ducal
l'hostilité que le peuple luxembourgeois manifestait à l'encontre de l'Allemagne; cette hostilité aurait été, d'après les rapports tendancieux parvenus à Versailles, tellement violente,
qu'elle aurait dégénéré en voies de fait exercées contre des
fonctionnaires allemands. Le ministre luxembourgeois, Emmanuel Servais, réfuta point par point ces injustes allégations. Il
déclara ignorer complètement les faits incriminés. « Les Alle-

---

(1) *Volkszeitung* de Trèves du 17 août 1870.
(2) Interpellation de M. Metz, 2 mars 1871 ; réponse de M. Vannérus, directeur-général des finances, 3 mars 1871 ; Comptes-rendus parlementaires, 1870,
p. 449 et ss.

mands expulsés de France, écrit-il, qui ont traversé notre pays et qui manquaient souvent du nécessaire, ont obtenu toute l'assistance dont ils avaient besoin pour continuer leur voyage... Aucun pays de l'Europe n'a proportionnellement fait autant de sacrifices que le grand-duché pour porter des secours aux blessés allemands... Cette charité qu'on a montrée contredit péremptoirement les accusations de quelques malveillants et doit au moins valoir pour racheter les faits qui pourraient avoir été commis sur le territoire luxembourgeois par des indi-·vidus isolés... Les seuls délits que nous n'avons pas fait répri-mer sont ceux commis sur notre territoire le long des fron-tières par des sujets allemands; ils ont été assez nombreux, comme l'attestent les procès-verbaux qui en ont été dressés. Nous avons pensé qu'ils devaient être attribués à des circons-tances passagères et qu'il n'y avait pas lieu de s'en préoc-cuper » (1).

Les manifestations de sympathie, émanées d'une nation faible, constituent presque des cas de lèse-nation; elles com-promettent l'avenir et l'indépendance du pays. Le danger était singulièrement accru par les fausses nouvelles que des rédacteurs, aveuglés par leur patriotisme exalté ou par une haine irréfléchie, envoyaient aux journaux allemands. Le gou-vernement luxembourgeois avait demandé au début des hos-tilités que les Etats signataires du traité de Londres envoyas-sent à Luxembourg des représentants attitrés pour rétablir dans des rapports officiels et véridiques la vérité outragée chaque jour par les correspondants des journaux étrangers. Lord Granville avait décliné cette offre, « parce qu'il avait la con-fiance la plus entière dans la loyauté du gouvernement grand-ducal et qu'il était convaincu de son intention de ne pas res-ter en deçà de ses obligations » (2). Les attaques de la presse

---

(1) Réponse de M. Servais, Comptes-rendus parlementaires luxembourgeois, 20 décembre 1870.

(2) Dépêche de M. J.-E.-A. Harvis, ministre anglais à La Haye, 5 sept. 1870.

allemande justifiaient cette démarche qui, au premier abord, pourrait paraître timorée.

Les événements de 1870 contribuèrent à préciser les droits des puissances belligérantes relativement aux excitations de la presse. Le gouvernement neutre doit appliquer la législation en vigueur ; tout ce qu'il fait de plus constitue une imprudence et une faiblesse. Lorsque la justice répressive fait son devoir et s'acquitte scrupuleusement de sa mission, les belligérants perdent jusqu'au droit de faire des représentations purement amicales. Une déclaration insérée dans le *Staatsanzeiger* consacra expressément ces principes.

La neutralité perpétuelle ne diminue pas les libertés intérieures de l'Etat neutralisé. La liberté ne peut pas être la rançon de la sécurité.

Si le devoir d'impartialité admet des degrés et des modalités, le devoir d'abstention est absolu et indivisible ; il ne comporte ni restrictions, ni exceptions. Il est impossible de concéder aux belligérants des avantages identiques ; des prestations égales en apparence profitent inégalement aux parties intéressées. Les anciens auteurs ne tenaient pas suffisamment compte de l'essence même de la neutralité ; ils ne considéraient que les intérêts des neutres et ceux des belligérants, et autorisaient sous des conditions nettement déterminées une intervention directe dans les hostilités. La justice évidente de la cause d'un belligérant, des raisons de politique supérieure, ou enfin l'égalité des prestations fournies, justifiaient à leurs yeux certaines interventions que la science contemporaine condamne à juste titre. Klüber estimait encore que le neutre pouvait fournir des secours égaux aux diverses parties en présence, dès que celles-ci s'engageaient à tolérer cette manière d'agir. La neutralité n'admet pas ces tempéraments, qui en modifient l'essence.

Les Etats seuls sont les sujets passifs et actifs des droits et des devoirs résultant de la neutralité. Les personnes privées sont en dehors du domaine du droit international public ; leur liberté n'est pas atteinte par les règles impératives dont l'observation s'impose aux Etats souverains. Les sujets d'un Etat neutre peuvent, sous la réserve des lois intérieures, s'enrôler dans les armées des belligérants, équiper des navires de guerre, expédier de la contrebande de guerre vers les ports bloqués, faire le commerce des armes, des munitions et du matériel de guerre. Ils ne sont, en principe, tenus d'aucune responsabilité directe vis-à-vis des belligérants et ne répondent de leurs actes que devant les juridictions nationales. Mais la responsabilité de l'Etat peut être engagée par les actes de ses ressortissants et provoquer des demandes en réparation ou même la guerre. Avant d'examiner les cas où cette responsabilité est mise en jeu, il faut étudier les principes qui doivent diriger la conduite de l'Etat lui-même et les règles dont la violation constitue des cas de responsabilité directe.

Le devoir d'abstention est violé si l'Etat neutre assiste directement ou indirectement un belligérant. Il se rend coupable d'une assistance directe en fournissant à un Etat en guerre des troupes auxiliaires, des armes, des munitions, des subsides, des navires, ou généralement tout ce qui peut être utile dans la poursuite des hostilités. Pendant de longs siècles, les cantons suisses envoyèrent aux belligérants des corps auxiliaires; les cas n'étaient pas rares où les soldats suisses servaient dans les deux camps ennemis et s'entre-tuaient mutuellement. « Le goût pour les expéditions aventureuses, écrit un magistrat suisse, séduisait la jeunesse, et les familles aristocratiques gouvernantes avaient toujours plusieurs de leurs membres sous les drapeaux » (1). Ces pratiques sont tombées en désuétude. Depuis 1859 les lois fédérales interdisent sous des peines sévères aux citoyens suisses de s'enrôler dans d'autres troupes que dans celles de la Confédération.

(1) Bury, *Revue de droit international et de législation comparée*, 1870, II, p. 637.

Les Etats neutres se rendent rarement coupables d'une violation directe de leur neutralité ; l'assistance directe est peu fréquente dans les temps modernes. La guerre serbe et la guerre gréco-turque en fournirent pourtant quelques exemples (1). En 1898, lorsque la guerre hispano-américaine était imminente, certains Etats ont accompli des actes qui constituaient presque des cas de violation directe de la neutralité. A la veille de la déclaration de guerre, l'Italie céda à la république américaine deux croiseurs cuirassés, *le Garibaldi* et *le Varese*, le Brésil lui vendit deux croiseurs construits en Angleterre et une soixantaine de torpilles fabriquées à Fiume. Ce n'étaient pas là des violations directes du droit international, puisque la neutralité ne commence qu'avec la guerre ; c'étaient des actes peu courtois dont les neutres doivent s'abstenir dans l'intérêt de la paix et du maintien des bonnes relations internationales (2).

L'assistance indirecte résulte généralement d'une simple tolérance ; elle existe même sans que l'Etat neutre ait posé aucun acte positif. Sa principale application se trouve dans la violation du territoire neutre. Le neutre a le devoir et le droit de s'opposer à ces violations ; il doit les empêcher au besoin par les armes.

D'après Geffcken, le savant commentateur de Heffter, le premier devoir de l'Etat neutre réside dans l'obligation de défendre son territoire. Les belligérants doivent arrêter le combat dès qu'ils ont franchi la frontière neutre. Ils ne peuvent continuer sur le territoire neutre une lutte engagée en pays ennemi ou sur la haute mer. L'opinion contraire de

---

(1) Les soldats et les officiers russes prirent une part prépondérante à la guerre de 1876. Dans la guerre gréco-turque les officiers allemands assistèrent efficacement les armées de la Porte ottomane ; il serait peut-être hasardeux d'affirmer que cette assistance constituait une violation directe des devoirs de la neutralité.

(2) Le Fur, *Etude sur la guerre hispano-américaine de 1898*, Paris, Pédone, 1899, p. 134 et s.

Bynkershoeck est aujourd'hui universellement abandonnée. Klüber autorisait les belligérants à pénétrer sur le territoire neutre au cas d'une nécessité absolue. Il n'accordait dans ce cas à l'Etat neutre d'autre droit que celui de réclamer des indemnités proportionnelles au dommage subi (1).

L'erreur des belligérants qui, croyant se trouver sur le territoire ennemi, choisissent le territoire neutre comme champ de bataille ne suffit pas pour justifier l'inaction de la puissance neutre. « S'il arrive par erreur, écrit M. Pillet (2), dans la chaleur du combat par exemple, que la frontière soit franchie par les troupes des deux parties, le neutre auquel le territoire appartient doit s'empresser de les inviter à cesser tout combat et à réintégrer le territoire sur lequel il leur est loisible de poursuivre leur action. Il ne devrait pas hésiter, le cas échéant, à employer la force pour obtenir ce résultat qui seul peut sauvegarder son indépendance et sa neutralité ».

Une pareille erreur ne peut plus guère se produire de nos jours, parce que les territoires des Etats européens sont très exactement délimités ; les belligérants se garderont de prendre le territoire neutre comme lieu de combat. Les abus moins patents se présentent plus fréquemment : ils peuvent consister soit dans un simple passage à travers le territoire neutre, soit dans des enrôlements militaires effectués soit ouvertement, soit à l'insu du souverain territorial.

Le passage dit passage innocent, *transitus innoxius*, était autrefois permis aux puissances en guerre. F.-G. de Martens dispense les Etats neutres de s'y opposer par la force ; il admettait même que les neutres étaient en droit de le permettre

---

(1) *Droit des gens moderne de l'Europe*, par Klüber, éd. Ott, p. 406 et s. ; Kleen, *op. cit.*, p. 484 et s. ; Frédéric de Martens, *Voelkerrecht*, Berlin, 1886, p. 559 et s. ; Georges Bry, *Précis de droit international public*, p. 571 et s. ; Holtzendorff, *Handbuch des Voelkerrechts*, article de Geffcken, t. III, p. 634 et s. ; Pillet, *Les lois de la guerre*. p. 286 et s. ; Le Fur, *op. cit.*, p. 136 et s.

(2) *Op. cit.*, p. 287.

formellement en vertu de traités antérieurs, soit à tous les belligérants indistinctement, soit à un seul d'entre eux. D'après cette doctrine le Portugal n'aurait pas violé sa neutralité en permettant aux troupes anglaises d'attaquer les derrières des commandos transvaaliens, après s'être opportunément servies du chemin de fer de Beïra. Ces pratiques sont en opposition formelle avec les théories les moins controversées de la science contemporaine.

L'interdiction du passage ou même du stationnement des troupes ennemies sur le territoire neutre souffre quelques exceptions en cas de guerre maritime. Les eaux territoriales des Etats neutres sont ouvertes également à tous les belligérants; il leur est seulement interdit d'y stationner pour surveiller et attaquer les navires ennemis. L'entrée des ports neutres leur est permise sous des conditions déterminées, ordinairement pour un temps très restreint. Pendant la guerre hispano-américaine, la Chine seule a pris des mesures extrêmes et interdit l'entrée de ses ports aux navires de guerre des deux parties. La République helvétique observa, en 1870, les principes du droit international relatifs à ce passage dit innocent de la manière la plus loyale et la plus rigoureuse (1). Elle interdit aux soldats des deux puissances belligérantes l'emploi des chemins de fer suisses, qui les auraient transportés plus rapidement à leur destination. Les personnes sans armes et sans uniforme furent admises à traverser le territoire suisse. Les conscrits alsaciens qui voulurent au cours

(1) L'ordonnance suisse pour le maintien de la neutralité contient à ce sujet les dispositions suivantes : « Art. 1er. Les troupes régulières ainsi que les volontaires des Etats belligérants qui tenteraient de pénétrer sur le territoire de la Confédération ou de le traverser en corps ou isolément seront, en cas de besoin, repoussés par la force. — Art. 2. Le passage des gens aptes au port d'armes par le territoire suisse pour se rendre du territoire de l'une des puissances sur le territoire de l'autre, est interdit. Les individus de cette catégorie seront envoyés dans l'intérieur de la Suisse, à moins qu'ils ne préfèrent retourner sur leurs pas » (*Revue de droit intern.*, 1870, II, p. 640, 641).

des hostilités traverser la Suisse pour gagner les départements du sud de la France se virent opposer un refus formel.

Les Etats neutres ne doivent pas permettre l'évacuation des prisonniers de guerre par leur territoire (1). En 1859, la Bavière méconnut cette obligation et provoqua les justes protestations de la France en permettant le transport des prisonniers français par ses chemins de fer. Les prisonniers deviennent libres dès qu'ils arrivent sur le territoire neutre.

Ces dispositions donnèrent lieu à de fort vives discussions au cours de la guerre franco-allemande. Le 6 décembre 1870, des francs-tireurs français enlevèrent sur le territoire belge une malle-poste prussienne qui faisait le service des dépêches de l'Allemagne et traversait la Belgique pour se rendre à Sedan. Grâce à l'intervention des autorités belges, la malle-poste fut reprise aux soldats français et remise à la Prusse. Les conducteurs, qui avaient été faits prisonniers, furent relâchés à Mézières sur un ordre émané du préfet français des Ardennes. La valeur des objets dont ils étaient nantis, fut restituée intégralement. Au cours de l'enquête prescrite par les autorités françaises, il fut constaté que la malle-poste était escortée sur tout son parcours par des uhlans prussiens en uniforme. La neutralité belge était donc violée à la fois par les deux belligérants ; l'erreur des francs-tireurs était plus qu'excusable, puisque le cortège qui escortait la malle-poste, devait évidemment leur faire croire qu'ils se trouvaient sur le territoire français et non pas sur une terre neutre.

La neutralité suisse fut violée par un corps de francs-tireurs français, placés sous les ordres du capitaine Huot (2).

Les prétendues violations de la neutralité auxquelles le territoire luxembourgeois aurait servi de théâtre donnèrent lieu à un échange de notes diplomatiques entre le gouvernement

---

(1) Bluntschli, *op. cit.*, § 769.
(2) *Revue de droit international et de législation comparée*, 1871, III, p. 361, chronique de Rolin-Jàeqemyns.

grand-ducal et le comte de Bismarck. Dès le début de la guerre,
la Suisse put mettre sur pied des troupes suffisantes pour
parer à toutes les éventualités et veiller efficacement au maintien de sa neutralité. La déclaration de guerre parut dans le
Journal officiel de l'empire français le 15 juillet 1870. Dès le
lendemain le gouvernement suisse déclara son intention de rester
neutre et « de repousser les armes à la main toute force militaire étrangère qui voudrait emprunter son territoire ». Le 18
juillet, 40,000 hommes garnissaient les frontières de la république, de Schaffhouse à Bâle et à Porrentruy. Après avoir confié le commandement des troupes au général Herzog, l'assemblée fédérale autorisa en outre le conseil fédéral à « lever toutes
les troupes nécessaires pour maintenir la neutralité de la Suisse,
pour pourvoir à la sûreté de son territoire, et pour prendre
toutes les mesures qu'il jugerait opportunes » (1). Ces imposantes forces militaires permirent au général Herzog de maintenir la neutralité suisse et d'écarter les dangers qui ne man-
quèrent pas de se présenter. La convention conclue le 1er février
1871 entre le général français Clinchant et les autorités militaires suisses en est une preuve manifeste.

La Belgique échelonna des troupes sur ses frontières. L'armée était divisée en deux corps placés sous le commandement
des généraux Chazal et Enens. Les élèves des écoles militaires
et les soldats de la réserve reçurent l'ordre de rejoindre leurs
régiments. Malgré la déclaration de neutralité, communiquée
à la première heure aux gouvernements de Paris et de Berlin,
les Pays-Bas se mirent en mesure de défendre énergiquement
l'inviolabilité de leur territoire. Les classes de 1866 et des
années suivantes furent incorporées dans l'armée active. Le
commandement suprême des trois corps d'armée qui furent
ainsi réunis fut confié au prince royal. La marine hollandaise
dut veiller au maintien de la neutralité maritime.

(1) Arrêté de l'assemblée fédérale de Berne, art. 3 et 4 ; *Revue de droit
international et de législation comparée*, 1870, II, p. 639.

La grand-duché de Luxembourg se trouvait dans une situation très précaire. Sa situation géographique l'exposait aux coups des deux adversaires. Ses forces militaires, naturellement insignifiantes, se chiffraient à quelques centaines d'hommes. La conférence de Londres les avait réduites à un nombre à peine suffisant pour veiller au maintien du bon ordre et de la sécurité intérieure. Le gouvernement grand-ducal se trouvait dans l'impossibilité presqu'absolue de repousser les tentatives qui pourraient être faites à l'encontre de la neutralité nationale. Lorsque le danger devint pressant, le corps des chasseurs fut dirigé vers les frontières; mais que pouvait-on attendre d'une protection aussi impuissante?

Les difficultés ne tardèrent pas à se produire. Quelques soldats français ayant franchi la frontière luxembourgeoise pour acheter du tabac et des vivres, le gouvernement prussien éleva des plaintes intéressées et accusa le Luxembourg de manquer aux devoirs que lui imposait sa neutralité. Une enquête rapidement conduite démontra l'inconsistance de ces accusations. Le cabinet de Paris interdit à ses soldats de franchir la frontière luxembourgeoise même sans armes et sans uniforme. La réclamation élevée par le gouvernement luxembourgeois avait reçu satisfaction.

Cet incident avait sa source dans la dénonciation d'un des nombreux journalistes anglais, qui rôdaient dans tout le grand-duché, à la recherche de nouvelles tendancieuses. Les feuilles allemandes accueillaient avec avidité tous les renseignements qui étaient de nature à créer des embarras au grand-duché de Luxembourg. Elles avaient annoncé à grand fracas que le territoire luxembourgeois avait été violé par une centaine de soldats français appartenant au camp de Sierck. Les dangers réels étaient singulièrement accrus par ce reportage fantaisiste, souvent inexact.

A leur tour des détachements allemands, venus d'Audun-le-Tiche, franchirent la frontière luxembourgeoise aux environs de Rumelange. Le chargé d'affaires du Luxembourg à Berlin se plaignit auprès du gouvernement prussien : la violation de la neutralité provenait d'une erreur des troupes prussiennes. L'affaire fut réglée à la satisfaction de tous les intéressés. Le 4 septembre, M. de Thiele écrivit à M. Foehr « qu'après en avoir référé au ministre de la guerre, il était en mesure de donner l'assurance que de pareils faits ne se reproduiraient pas ». « Si cet incident a pu être vidé ainsi, ajouta-t-il, sans embarras, c'est dû, je me plais à le constater, au jugement calme et juste de M. Servais, qui ne s'est pas départi de la conviction qu'il est bien loin des vues du gouvernement prussien, d'autoriser l'atteinte même la plus légère aux droits des pays neutres (1) ».

La dépêche prussienne du 3 décembre formula des accusations plus précises et plus graves. « Dans les derniers temps, écrivit le comte de Bismarck, la violation de la neutralité a pris des proportions qui ne permettent plus au gouvernement royal de garder le silence. Après la reddition de Metz, des soldats et des officiers français ont traversé en masse le grand-duché pour entrer en France sans passer par les lignes allemandes.

« A Luxembourg, le vice-consul français, qui y réside, a organisé dans la gare même du chemin de fer un bureau complet chargé de pourvoir les évadés de ressources et de papiers pour les aider à continuer leur voyage vers la France, dans le but de reprendre du service dans l'armée du Nord.

« Le nombre des combattants ramenés de cette manière aux forces françaises s'élève, d'après les rapports qui me sont parvenus, à plus de 2,000 hommes.

« Le gouvernement grand-ducal n'a pris aucune mesure pour empêcher le passage ; les militaires français n'ont été ni

_____

(1) Dépêche citée par M. Servais, dans sa réponse à la note prussienne, du 3 décembre 1870; Comptes-rendus parlementaires, 21 décembre 1870, p.298.

internés ni empêchés de rentrer en France, dans le but avoué
de prendre part à la guerre contre l'Allemagne…. Il est incontestable que ce passage par le grand-duché, dans le but
de rallier l'armée active de la France, l'intervention officielle
du fonctionnaire français, la tolérance du gouvernement
grand-ducal à l'égard de ces faits, constituent une violation
flagrante de la neutralité du grand-duché ».

Renchérissant sur les accusations du comte de Bismarck, la
presse allemande reprocha au gouvernement luxembourgeois
d'avoir ouvertement pris parti pour la France (1). Les populations du grand-duché protestèrent contre ces dangereuses
calomnies. « La Prusse a été indignement trompée, lisons-
nous dans une protestation du temps, sur la conduite de notre
gouvernement et des populations luxembourgeoises. Tous,
nous savons qu'aucune infraction aux devoirs que nous impose notre neutralité n'a été commise; tous, nous savons combien notre gouvernement a usé de vigilance, de prudence et
de sagesse pour prévenir toute espèce de complications possi-
bles et pour nous justifier des fausses alarmes et des faux
bruits répandus par les ennemis de notre patrie (2) ».

Le représentant du Luxembourg à Berlin fut chargé de se
rendre auprès du comte de Bismarck pour aplanir les difficultés ; le puissant ministre refusa de le recevoir à Versailles.
Les réponses données par M. de Thiele étaient peu rassurantes. Le prince Henri, qui était à Luxembourg lorsqu'arriva la note de M. de Bismarck, mit tout en œuvre pour
sauver l'indépendance nationale menacée. Il télégraphia immédiatement à l'empereur de Russie et demanda son appui ;
cet appui lui fut assuré pour le cas où le gouvernement
grand-ducal arriverait à se laver des reproches qui lui étaient
adressés. Le duc de Saxe-Weimar, beau-frère du prince Henri

(1) *Gazette de la Croix*, citée par Joris, *op. cit.*, p. 328.
(2) Joris, *op. cit.*, p. 329.

et du roi de Prusse, fut prié d'intervenir en faveur du grand-duché. La réponse adressée par le roi Guillaume au prince Henri, son parent, était conçue dans les termes les plus affables ; elle laissait supposer que le temps des résolutions extrêmes n'était pas arrivé, mais qu'au Luxembourg il se tramait de noirs projets contre l'Allemagne.

Les voies étant ainsi préparées, le ministre Servais crut le moment venu de répondre point par point à la note du 3 décembre. Il nia que le vice-consul français se fût livré à des manœuvres qui auraient pu engager la responsabilité du gouvernement grand-ducal ; malgré une surveillance très active, on n'avait relevé aucun fait coupable à la charge du baron de Cussy.

M. Servais ne pouvait nier que des évadés français eussent traversé le grand-duché, mais il contesta le chiffre élevé indiqué par le comte de Bismarck. « C'étaient, dit-il, principalement des officiers, des élèves de l'école d'application, des gardes-mobiles, des employés des administrations attachés à une armée, des médecins et des infirmiers des ambulances, enfin des blessés rétablis. La plus grande partie des hommes de cette catégorie, appartenant à l'armée de Metz, ont passé par Luxembourg, où beaucoup de personnes ignoraient qu'ils étaient libres de se rendre où ils voulaient. De là des impressions et des bruits inexacts... »

Pour se justifier des accusations de M. de Bismarck, M. Servais affirma qu'en raison de la situation géographique du Luxembourg et de la position des armées allemandes, aucun militaire français n'avait pu pénétrer du Luxembourg en France, et que tous s'étaient dirigés sur la Belgique qui, étant elle-même un Etat neutre, les avait sans doute traités selon « les dispositions au sujet des militaires appartenant aux armées des puissances belligérantes ». Les militaires français avaient tous traversé le territoire luxembourgeois sans s'y arrêter, sans y former aucun rassemblement et sans être en uniforme ; ils n'avaient même pas obtenu les secours que l'Etat accorde souvent aux étrangers sans ressources.

Il était impossible de contrôler les allées et venues des militaires français qui s'étaient rendus en Belgique ; la nature accidentée et boisée du pays, le peu de longueur du trajet à faire rendaient toute surveillance difficile. M. Servais déclina toute responsabilité à l'endroit des militaires qui s'étaient rendus en Belgique et des prisonniers de guerre évadés d'Allemagne. Invoquant les dispositions du traité de Londres qui avaient limité les forces militaires du Luxembourg, il déclara que le grand-duché « ne pouvait être tenu d'interner les milliers d'individus qui pourraient s'évader lorsque des armées entières comprenant plus de cent mille hommes sont faites prisonnières de guerre.

« Les soldats français, ajouta M. Servais, n'avaient pas été mieux traités que les soldats allemands. Des uhlans montés et équipés ont pénétré dans différentes localités luxembourgeoises, sans qu'on s'en soit préoccupé ; les détachements allemands qui sont arrivés à Rumelange ont pu librement rejoindre leurs corps. Des soldats blessés à Audun-le-Tiche ont pu regagner le théâtre de la guerre après avoir été guéris, grâce aux bons soins de la population luxembourgeoise ; des soldats isolés ont assez souvent traversé le grand-duché même en armes, pour se rendre soit en France à l'armée en campagne, soit en Allemagne ».

Cette dépêche fut généralement bien accueillie par les cabinets étrangers ; quelques organes de la presse allemande rendirent hommage à la modération et à l'impartialité du gouvernement grand-ducal.

Il faut convenir que le gouvernement grand-ducal garda au cours des événements de 1870 la plus stricte impartialité envers les deux parties en guerre. La dépêche dont nous venons de donner un rapide résumé prouve que c'est surtout l'Allemagne qui bénéficia de cette neutralité plutôt bienveillante,

Dans l'appréciation de la conduite observée par le grand-duéhé au cours de la guerre, il faut tenir compte de la situation militaire du pays et des grands progrès réalisés depuis 1870 par la science du droit. Les devoirs des neutres ont été précisés par les efforts d'une pléiade d'hommes de bien qui cherchent par tous les moyens à atténuer les maux de la guerre ; c'est surtout à l'Institut de droit international que revient le mérite d'avoir apporté quelque clarté dans ces difficiles matières.

Dès le début de la guerre, la Suisse avait indiqué les principales règles qu'elle était résolue à observer. D'après l'article 5 de l'ordonnance concernant le maintien de la neutralité, les réfugiés et les déserteurs devaient être internés à l'intérieur du pays. En Belgique, « les autorités de la frontière reçurent l'instruction de ne laisser entrer les militaires français ou allemands qu'à la condition, s'ils sont officiers, de s'engager par écrit à ne pas quitter la Belgique, et s'ils sont simples soldats, d'être internés (1) ». Les blessés étaient gardés jusqu'à la fin de la guerre, si après la guérison ils étaient reconnus aptes au service ; au cas contraire, on les laissait rentrer dans leur patrie. Les progrès du droit des gens ont fait admettre le devoir des Etats neutres d'interner les réfugiés belligérants qui arrivent sur leur territoire. Le désarmement leur ôte pour ainsi dire tout caractère militaire, et l'internement, qui est une simple mesure politique, les empêche de rejoindre leurs corps et de participer aux hostilités après avoir été sauvés de la captivité par l'hospitalité de l'Etat neutre.

Le neutre ne doit pas fournir de subsides ni de secours d'aucune espèce à un belligérant; il le ferait si, après avoir offert un asile aux soldats menacés dans leur liberté, il les

(1) *Revue de droit international et de législation comparée*, 1870, III, p. 355.

laissait regagner librement le territoire ennemi ou leur patrie.
Or, pour empêcher que le réfugié puisse participer à nouveau
aux hostilités, il ne suffit pas de l'empêcher de rentrer directement chez lui ; les facilités de transport sont tellement per-
fectionnées qu'il importe peu à un soldat français de sortir de
la Belgique par la frontière hollandaise ou de rentrer directement en France (1). Calvo cite encore l'opinion d'un certain
nombre d'auteurs qui estiment que le neutre satisfait à ses
devoirs en empêchant le réfugié de rejoindre les armées de
sa patrie. On ne saurait donc blâmer M. Servais d'avoir, en
1870, adopté cette opinion moins sévère et de s'être contenté
d'une solution moins rigoureuse.

La neutralité de la Belgique pouvait d'ailleurs le confirmer
dans la bonne foi que le comte de Bismarck lui-même n'osa
mettre en doute. Le droit contemporain n'admettrait plus ces
mesures trop bénignes. La situation du grand-duché de
Luxembourg s'en trouve, il est vrai, singulièrement aggra-
vée. Si une armée aussi nombreuse que celle qui fut désarmée en Suisse au mois de février 1870 était venue échouer
sur les frontières luxembourgeoises au lieu de se trouver
acculée contre les montagnes helvétiques, on ne voit pas bien
comment le Luxembourg aurait pu non pas seulement la désarmer, mais l'interner loin du théâtre des hostilités. Pourquoi ne chercherait-on pas à accorder une tolérance particulière au Luxembourg ? Pourquoi ne l'autoriserait-on pas à
laisser les frontières ouvertes aux réfugiés qui voudraient se
rendre en Belgique ? Il est vrai que ce pays pourrait s'opposer
à cette singulière invasion.

« Lorsque les Etats à neutralité permanente, écrivent
MM. Funck-Brentano et Sorel (2), ne disposent ni des forces

(1) *Revue de droit international et de législation comparée.* 1871. III.
p. 556 et s. ; Calvo, *op. cit.*, t. III. p. 468 et s. ; Holtzendorff Geffcken. *op. cit.*,
t. IV, p. 662 et 663.

(2) Funck-Brentano et Sorel, *op. cit.*, p. 364.

suffisantes pour protéger leur frontière et arrêter les réfugiés, ni des ressources propres à les interner et à les nourrir..., ils ont naturellement recours aux puissances garantes, auxquelles ils peuvent demander secours et assistance ». La faculté de recourir aux garants que les savants auteurs reconnaissent aux Etats neutres, dérive logiquement des traités de garantie. Il serait anti-juridique et injuste d'imposer à un Etat des devoirs et des obligations qu'il serait dans l'impossibilité matérielle de remplir.

La différence faite par M. Servais entre les blessés guéris et les réfugiés proprement dits, n'est plus admise en droit international. Les uns et les autres appartiennent aux armées belligérantes; ils doivent être traités de la même manière. Les blessés guéris, reconnus inaptes au port d'armes, doivent être laissés en liberté; ils peuvent librement regagner leur patrie.

En refusant d'interner les prisonniers français évadés d'Allemagne, le gouvernement luxembourgeois ne manquait pas aux devoirs de la neutralité. « Les officiers et les soldats des belligérants qui ont été faits prisonniers par l'ennemi, qui s'évadent et se réfugient sur le territoire neutre, ne doivent être ni arrêtés ni internés. Ils ont gagné leur liberté à leurs risques et périls; l'ennemi qui n'a pu les retenir, ne pourrait, s'ils reprenaient part à la guerre et s'ils étaient de nouveau faits prisonniers, leur appliquer aucune répression; il leur reconnaît donc le droit absolu de leur liberté » (1).

Geffcken reconnaît implicitement cette liberté des Etats neutres (2). « Si un belligérant, écrit-il, essaie de débarquer des prisonniers sur le territoire neutre, le neutre peut s'y opposer; s'il ne le fait pas, il ne peut empêcher le départ de ces hommes. Peu importe que ces prisonniers se soient engagés envers le belligérant à ne plus prendre part aux opérations belli-

(1) Funck-Brentano et Sorel, *loc. cit.*
(2) Holtzendorff, IV, p. 674, § 148, *in fine*.

queuses ou qu'ils soient libres de tout engagement; le neutre
n'a pas à s'en préoccuper ».

La même solution doit évidemment être admise pour le cas
où les prisonniers sont arrivés de leur propre gré sur le territoire neutre. Calvo dénie aux Etats neutres le droit d'interner
les prisonniers évadés, et voit avec raison une violation évidente de la neutralité dans le fait de l'Etat qui rendrait les
évadés au belligérant ennemi (1). Les prisonniers évadés sont
dans une situation analogue à celle dans laquelle se trouvent
les miliciens d'un belligérant; leur liberté est pleine et entière.
L'Etat neutre n'y peut pas porter atteinte. Au cours de la
guerre franco-allemande, la Belgique interna les évadés. Un
officier français interné à Liège, ayant demandé sa libération
immédiate sans l'obtenir, s'adressa aux tribunaux belges;
ceux-ci se déclarèrent incompétents.

Le gouvernement luxembourgeois n'aurait pu excuser sa
faute, si faute il y avait eu, en alléguant qu'il avait favorisé
également les sujets allemands et les sujets français. Une violation de la neutralité en faveur d'un belligérant n'est pas
couverte par une violation consentie en faveur de l'autre (2).

Le gouvernement grand-ducal était à peine remis de la pénible impression qu'avait produite la note du 3 décembre que
déjà de nouveaux orages apparaissaient à l'horizon. Dans les
premiers jours de janvier 1871, un officier prussien venu de
Versailles apporta une lettre du roi de Prusse adressée au
prince Henri des Pays-Bas. Suivant le résumé qu'en donne
M. Servais (3), « le roi Guillaume se plaignait dans cette
lettre dans les termes les plus amers de la conduite des
Luxembourgeois; il parlait de faits récents, sans les pré-

(1) Calvo, *op. cit.*, III, p. 168 et 160. Cpr. Den Boer Portugael, *Oorlogtsrecht te land en ter zee, rechten en pflichten der neutralen*, 2 druk. Breda 1882. § 300.
(2) Holtzendorff, Geffcken, IV, p. 663.
(3) *Autobiographie*, p. 71.

ciser, qui caractérisaient une véritable hostilité à l'égard de l'Allemagne, d'odieuses attaques à la neutralité ; il s'élevait contre les associations qui se seraient formées dans le Luxembourg pour favoriser l'évasion des prisonniers français qui se trouvaient entre les mains des Allemands ; il insistait sur les conséquences que ces agissements devaient entraîner, sur la nécessité de leur répression ».

L'officier qui avait apporté cette lettre menaçante était tellement sous l'impression de l'opinion malveillante que le gouvernement prussien avait des habitants du grand-duché de Luxembourg, qu'il n'osa quitter l'hôtel dans lequel il était descendu pour ne pas s'exposer aux insultes de la population.

Une nouvelle note du comte de Bismarck arriva à Luxembourg, le 12 janvier 1871, peu de temps après le départ de l'envoyé prussien. Plus encore que la note du 3 décembre, celle du 6 janvier reposait sur des informations absolument erronées. M. de Bismarck disait avoir appris par des informations dignes de foi que, dans le but de donner aux militaires français les moyens de regagner une armée, un comité s'était formé à Grevenmacher. Il indiquait les noms des divers membres de ce comité. « A Wasserbillig, écrivit M. de Bismarck, le chef de station Serta tient un véritable magasin d'habillement à la disposition des militaires français ; à Grevenmacher, des agents de police, au lieu d'arrêter et d'interner les militaires français, leur ont donné des conseils et fait des recommandations pour leur procurer des déguisements ».

Pour régler les diverses questions pendantes, le comte de Bismarck proposa d'envoyer à Luxembourg un plénipotentiaire spécial chargé de s'entendre avec le gouvernement en vue d'empêcher le retour des faits incriminés. Le gouvernement grand-ducal accepta la proposition du ministre allemand au sujet de l'envoi d'un plénipotentiaire ; il attribua les réclamations contenues dans la note du 6 janvier, à la fausseté

des rapports que le gouvernement allemand recevait de
Luxembourg. L'enquête prescrite en vue d'éclaircir les accusations portées contre le grand-duché devait prouver très clairement que « le comité de Grevenmacher n'était qu'une inven-
tion de quelques méchants individus » (1). La réponse de
M. Servais fut communiquée aux puissances signataires du
traité de Londres.

Le plénipotentiaire prussien, M. d'Ernsthausen, arriva à
Luxembourg le 26 janvier 1871. Il demanda que tous les militaires français qui se présenteraient sur le territoire grand-
ducal fussent internés, que le Luxembourg cédât à l'Allemagne l'exploitation de ses chemins de fer, l'administration
des postes et des télégraphes ou lui payât une indemnité de
deux millions de thalers, que l'exéquatur fût retiré au vice-
consul de France, et enfin que des poursuites fussent inten-
tées aux deux gendarmes luxembourgeois qui auraient cherché à favoriser l'entrée sur le territoire grand-ducal de deux
militaires français.

Depuis la première note de M. de Bismarck, les soldats
français qui franchissaient la frontière luxembourgeoise
avaient été internés. La note du 6 janvier et les instructions
du plénipotentiaire prussien devenaient donc sans objet.
M. Servais promit de poursuivre les deux gendarmes coupables d'un crime imaginaire, et d'intenter un procès à la
compagnie de l'Est français en vue de résilier le bail de cette
société. Il dut également consentir au retrait de l'exéquatur
du vice-consul de France à Luxembourg. Cette dernière
concession paraît constituer une faiblesse injustifiée, puisque le baron de Cussy n'était coupable d'aucun acte contraire à la neutralité luxembourgeoise. Cette faiblesse était
bien excusable à un moment où l'indépendance nationale était
menacée par le vainqueur de la France. Les considérants de

(1) Servais, *Autobiographie*, p. 72.

l'arrêté royal grand-ducal qui mit fin à la mission de M. de
Cussy sont conçus dans les termes les plus courtois et les plus
modérés. Le ministre de France à La Haye protesta contre
cette mesure ; l'incident n'eut pas d'autre suite. M. Servais
refusa courageusement d'abandonner à l'Allemagne la cession de l'exploitation des chemins de fer et l'administration
des postes et des télégraphes. De telles concessions auraient
constitué un grand pas vers l'absorption du Luxembourg
dans la *patrie allemande*, vers la réalisation des vœux de la
presse allemande. Nous verrons comment la Prusse sut obtenir, par le traité de Francfort et les conventions postérieures,
l'exploitation des chemins de fer que M. Servais lui refusa au
mois de janvier 1871.

Le gouvernement allemand ne fit pas de nouvelles protestations. Les renseignements que M. d'Ernsthausen était en
état de lui fournir auraient pu l'éclairer sur les sentiments
véritables de la population luxembourgeoise. La presse anglaise commença maintenant à accuser le grand-duché de violer la neutralité en faveur de l'Allemagne. La *Saturday Re-
view* raconta l'aventure de quelques commerçants luxembourgeois, qui s'étaient vu demander leurs passeports par deux
officiers allemands sur le territoire même du Luxembourg (1).
Il est inutile d'insister davantage sur ces inventions fantai-
sistes et invraisemblables.

En 1870, l'obligation d'un État neutre d'interner les réfugiés était encore niée par certains auteurs de droit des
gens. Au parlement belge, des voix autorisées s'élevèrent pour protester contre la conduite du gouvernement de
Bruxelles (2). Cette obligation est aujourd'hui universellement
admise. Peu de temps après la conclusion de la paix, la conférence de Bruxelles élabora un projet destiné à régler les

(1) Cité par Joris, *op. cit.*, p. 362.
(2) Heilborn, *op. cit.*, p. 16 et s.

diverses questions qui se rattachent aux lois de la guerre. D'après les articles 53 et 54 du projet de 1874, « l'Etat neutre qui reçoit sur son territoire des troupes appartenant aux armées belligérantes les internera autant que possible loin du théâtre de la guerre. Il pourra les garder dans des camps et même les enfermer dans des forteresses et dans les lieux appropriés à cet effet. Il décidera si les officiers peuvent être laissés libres en prenant l'engagement sur parole ne ne pas quitter le territoire neutre sans autorisation.

« A défaut de convention spéciale, l'Etat neutre fournira aux internés les vivres, les habillements et les secours commandés par l'humanité. Bonification sera faite à la paix des frais occasionnés par l'internement ».

La conférence de La Haye a adopté ces dispositions équitables. Dans la séance du 6 juin 1899, le ministre d'Etat du grand-duché de Luxembourg crut devoir signaler la situation particulière que le traité de Londres avait faite à son pays par rapport à cette obligation d'interner les blessés. « Ce traité, dit M. Eyschen, a désarmé le gouvernement luxembourgeois et ne lui permet d'entretenir que le nombre de troupes nécessaires pour veiller au maintien du bon ordre. Il en résulte que le Luxembourg ne saurait assumer les mêmes obligations que les autres Etats ». Il fut donné acte à M. Eyschen, sur sa demande, de sa déclaration, qu'il entend réserver à son pays tous les droits qui découlent du traité de Londres du 11 mai 1867 et spécialement des articles 2, 3 et 5 de ce traité.

L'article 59 de la déclaration de La Haye règle la situation des blessés transportés dans un Etat neutre et le passage des blessés d'un belligérant par le territoire de cet Etat. Il est conçu dans les termes suivants : « L'Etat neutre pourra autoriser le passage sur son territoire des blessés ou malades appartenant aux armées belligérantes, sous la réserve que les trains qui les amèneront ne transporteront ni personnel ni matériel de guerre. En pareil cas, l'Etat neutre est tenu de prendre les mesures de sûreté et de contrôle nécessaires à cet effet.

« Les blessés ou malades amenés dans ces conditions sur le territoire neutre par un des belligérants et qui appartiendraient à la partie adverse devront être gardés par l'Etat neutre, de manière qu'ils ne puissent de nouveau prendre part aux opérations de guerre ». L'article 60 de la déclaration applique aux malades et aux blessés internés sur le territoire neutre les dispositions philanthropiques de la convention de Genève.

L'article 59 reproduit purement et simplement la disposition afférente du projet de Bruxelles.

Le dernier alinéa de l'article 59 a été ajouté au projet de 1874 sur la proposition de M. Bernaert et de M. le général Mounier. Une première rédaction portait que « une fois admis sur le territoire neutre, les malades ou blessés ne pouvaient être rendus qu'à leur pays d'origine ». Ce texte donnait lieu à une équivoque ; il semblait impliquer pour l'Etat neutre l'autorisation de restituer sur-le-champ les blessés et les malades à leur pays d'origine. Cette équivoque n'était qu'apparente, car les blessés guéris de leurs blessures deviennent naturellement des réfugiés dans le sens juridique de cette expression. Il n'était pourtant pas inutile de couper court à toute discussion ultérieure.

Dès le début de la guerre de 1870, le gouvernement prussien s'adressa aux gouvernements belge et luxembourgeois à l'effet d'être autorisé à évacuer ses blessés et ses malades par ces deux pays neutres. Les batailles qui eurent lieu autour de la forteresse de Metz avaient multiplié le nombre des blessés. Les devoirs d'humanité semblaient prescrire aux gouvernements neutres d'autoriser ce transport. Aussi, le Luxembourg autorisa-t-il le passage demandé par la Prusse, malgré l'opposition du ministre de la guerre de France. En cas de guerre, les considérations philanthropiques cèdent souvent le pas aux considérations militaires. En utilisant les chemins de fer des Etats neutres pour le transport de ses blessés, le gouvernement prussien put se servir de ses propres voies ferrées pour transporter de nouvelles troupes et des munitions sur le théâtre de la guerre.

Le cabinet de Bruxelles s'adressa au Foreign Office, pour savoir si une telle permission n'était pas contraire à la neutralité. Le gouvernement anglais vit, dans l'octroi de la permission demandée, une violation de la neutralité au cas où la France s'y opposerait. Cette opposition lui ayant été notifiée par le cabinet de Paris, la Belgique refusa de prêter ses chemins de fer au transport des blessés allemands. La conduite bienveillante du gouvernement luxembourgeois ne lui valut pas la reconnaissance de la Prusse. M. Servais le rappela avec raison dans sa note du 12 décembre 1870. La déclaration de La Haye aura pour effet, non pas d'obliger les Etats neutres à consentir au passage des blessés par leur territoire, mais bien de leur permettre d'accéder aux demandes qui leur seront faites sans s'exposer à des récriminations injustes de la partie qui se croira lésée par cette concession humanitaire.

Les Etats neutres peuvent intervenir indirectement dans les hostilités en tolérant sur leur territoire les enrôlements militaires faits sur l'instigation d'une puissance belligérante. Les Etats contemporains n'autorisent plus l'enrôlement de leurs sujets par un belligérant. Une telle tolérance constituerait une violation évidente de la neutralité. Lorsqu'en 1855, les agents britanniques établirent aux Etats-Unis des bureaux d'enrôlement, le gouvernement de Washington vit dans cette mesure *an act of usurpation against their sovereign rights* (1). Les déclarations de neutralité édictées en 1870 interdisent formellement les enrôlements militaires.

(1) Déclaration reproduite par Geffcken, Holtzendorff, t. IV, p. 658.

L'Angleterre défendit à ses sujets de s'engager dans les armées belligérantes sans autorisation préalable du gouvernement. L'enrôlement des sujets suisses dans une armée étrangère est prohibée par une loi fédérale de 1859. Le conseil fédéral rappela, dans une circulaire du 1er août 1870, le devoir des autorités cantonales de surveiller attentivement et de réprimer, avec la dernière énergie, toute tentative d'enrôlement qui pourrait être faite sur le territoire de la république. Dans les derniers mois de l'année 1870, les feuilles publiques invitèrent les Français résidant en Suisse à s'inscrire en vue de former le corps des francs-tireurs du Mont-Blanc. Ces appels s'adressaient à tous ceux qui voulaient s'intéresser à l'œuvre, par souscription ou autrement. Le conseil fédéral chargea les autorités genevoises de s'opposer sérieusement à ce que des corps de francs-tireurs fussent constitués sur le territoire suisse et aux publications qui pourraient être lancées à cet effet. Les Français avaient naturellement le droit de rentrer isolément dans leur pays et de participer à la guerre (1). Une proclamation émanée de l'*Internationale* fut lancée, le 4 septembre 1870, pour inviter les socialistes de tous les pays à venir combattre l'Allemagne monarchique sous les drapeaux français. Ce manifeste qui, d'ailleurs, n'eut aucun résultat, fut confisqué par les autorités cantonales de Neuchâtel.

Si les Etats neutres ne peuvent autoriser les belligérants à établir des bureaux de recrutement sur leur territoire, ils sont tenus de permettre aux sujets des puissances en guerre de quitter leur territoire pour se rendre sous les drapeaux. Les belligérants eux-mêmes ont pris l'habitude de permettre aux ressortissants de la puissance ennemie de retourner dans leur patrie en vue de participer aux hostilités. Ils ne léseraient aucun devoir strict en s'opposant à ce départ. Les neutres

_____

(1) *Revue de droit international et de législation comparée*, 1871, III, p. 359; 1870, II, p. 640.

20

sortiraient de leur neutralité s'ils interdisaient le départ des soldats des belligérants. Le consul français à Luxembourg était tout désigné pour faire parvenir les communications nécessaires à ses nationaux et pour engager ceux qui avaient déserté en temps de paix à retourner en France. En tolérant cette initiative, le gouvernement grand-ducal ne pouvait être taxé de partialité à l'encontre de la Prusse.

Lorsque le comte de Bismarck lui reprocha d'avoir toléré l'établissement d'un véritable bureau de recrutement sur son territoire, M. Servais répondit que cette légende était due aux rapports tendancieux de quelques journalistes.

Le 25 juillet 1870, les déserteurs français résidant au Luxembourg furent invités à se réunir dans un endroit désigné par les journaux en vue de demander au gouvernement français l'autorisation de rentrer en France et de servir dans l'armée. Le gouvernement grand-ducal invita les organisateurs de cette réunion à s'adresser directement au vice-consul de France qui ne manquerait pas de plaider leur cause auprès des autorités compétentes. Dans la seconde moitié de décembre, le baron de Cussy informa les militaires français déserteurs ou insoumis qui habitaient le Luxembourg que ceux qui auraient l'intention de rejoindre leurs régiments pouvaient se présenter au vice-consulat, où un sauf-conduit, qui les mettra à l'abri de toute poursuite, leur serait délivré pour rentrer en France. Cette mesure licite, conforme aux prescriptions du droit international, ne pouvait provoquer la moindre protestation de la part du cabinet de Berlin.

* *

La responsabilité d'un Etat neutre peut être engagée par les actes de ses ressortissants. S'il est difficile de lui imposer l'obligation de s'opposer à tous les actes de ses sujets qui pourraient être considérés comme des services rendus aux belligérants, il faut au moins reconnaître qu'il viole sa neutralité en n'empêchant pas les actes qui pourraient le compromettre vis-à-vis des puissances en guerre. Il n'est pas facile de préciser les cas dans lesquels la responsabilité indirecte de l'Etat neutre peut être mise en jeu par les actes individuels de ses ressortissants.

Dans la pratique des Etats contemporains, l'enrôlement des sujets neutres dans les armées belligérantes est communément interdit. Les autorités nationales doivent s'opposer aux efforts que les belligérants pourraient tenter dans ce sens sur le territoire neutre. Mais les Etats sont dans l'impossibilité matérielle d'empêcher leurs ressortissants de rejoindre librement les armées et d'entrer au service militaire d'une partie belligérante. Les législations intérieures règlent généralement les conséquences qu'un tel enrôlement entraîne au point de vue de la nationalité. Les déclarations de neutralité punissent sévèrement les individus qui contreviendraient aux dispositions légales et rappellent les interdictions existantes.

L'armement et la vente des navires de guerre à une puissance belligérante a donné lieu à des incidents retentissants. L'affaire de l'Alabama a occasionné de longs pourparlers qui ont abouti à la condamnation de la conduite suivie par l'Angleterre au cours de la guerre de Sécession. Ces questions sont prévues par les *règles* de Washington, contenues dans le traité conclu en cette ville par l'Angleterre et les Etats-Unis le 8 mai 1871. L'Institut de droit international a adopté ces règles avec de légères améliorations de rédaction. Les belligérants sont autorisés à effectuer dans les ports neutres les réparations nécessaires pour pouvoir regagner le port national le plus proche; la même règle est adoptée pour les vivres et le charbon que les navires appartenant aux puissances belligérantes peuvent embarquer dans les ports des Etats neutres. Ces dispositions concilient autant que possible les considérations humanitaires et les nécessités de la guerre.

Le droit international interdit à l'Etat neutre de vendre aux belligérants des armes et des munitions. La question s'obscurcit dès que nous considérons le commerce des armes et des munitions effectué non plus par l'Etat, mais par ses sujets. Anciennement, aucune restriction n'était apportée à ce commerce. Peu à peu les opinions moins bénignes gagnèrent du terrain. On considéra que dans le commerce des armes, du matériel et des munitions de guerre, l'intention de nuire à l'un des belligérants l'emportait sur le but purement commercial de l'opération. Calvo voit, dans le fait de l'Etat qui ne s'oppose pas à ce commerce, une violation flagrante de la neutralité, au moins dans le cas où la vente est faite en gros. Bluntschli défend une thèse analogue (1).

Il est difficile de déterminer où cesse la vente en gros et où commence la vente en détail. La quantité plus ou moins grande des marchandises vendues ne peut modifier le caractère licite ou illicite de l'opération. Aussi les auteurs les plus récents condamnent-ils l'Etat neutre qui tolère la vente des munitions, du matériel de guerre et des armes. Au début de la guerre de 1870, la plupart des Etats européens interdirent ce commerce à leurs sujets et prohibèrent formellement l'importation, l'exportation et le transit des armes et des munitions. Il en fut ainsi notamment de la Belgique, de la Suisse, des Pays-Bas, de l'Autriche, du Danemark, de l'Italie et de l'Espagne. Le grand-duché de Luxembourg maintint sous ce rapport les principes les plus rigoureux du droit international ; les arrêtés royaux grands-ducaux du 12 décembre 1870 et du 27 janvier 1871 sont conçus dans les termes les plus énergiques.

Un incident survenu au cours de la guerre montre combien scrupuleusement le gouvernement grand-ducal entendait rem-

---

(1) Bluntschli, *Le droit international codifié*, §§ 765, 766; Calvo, *op. cit.*, § 2624.

plir les devoirs résultant de sa situation d'Etat perpétuellement neutre. Vers le mois de novembre 1870, une maison
liégeoise s'offrit pour acheter un stock de vieux fusils qui en-
combraient les arsenaux de Luxembourg. Cette vente ne présentait aucun caractère illicite, la Belgique étant elle-même
un Etat neutre, et le commerce des puissances neutres entre
elles étant entièrement libre pendant les guerres dans lesquelles elles n'interviennent pas. Le représentant du grand-duché à Berlin fut chargé de s'enquérir auprès du cabinet de
Prusse, si ce marché ne donnerait lieu à aucune réclamation.
M. de Thiele exprima la crainte que ces armes ne fussent destinées, dans l'esprit des acheteurs, à être envoyées en France
après avoir subi d'insignifiantes transformations et conseilla
au gouvernement grand-ducal de retarder la conclusion si la
vente n'était pas urgente (1).

Le commerce des armes donna lieu à d'assez vives récriminations entre le comte de Bernstorff et le gouvernement
anglais. Nous pouvons nous dispenser d'entrer dans des détails
au sujet de ce commerce, qui n'a donné lieu à aucune réclamation entre le Luxembourg et la Prusse. Les sujets anglais
en tirèrent en 1870 de très importants bénéfices ; le gouvernement britannique refusa d'interdire l'exportation des armes
et des munitions. Les Etats-Unis se sont rendus coupables, au
cours de la guerre franco-allemande, d'une violation évidente
de leurs devoirs de neutralité en vendant au gouvernement
de la défense nationale 240,000 fusils neufs ; l'Allemagne ne
souleva aucune plainte, quoiqu'elle en eût certainement eu
le droit.

Les neutres interdisent généralement l'exportation des armes et des munitions ; les belligérants ne sont nullement en
droit de leur en imposer l'obligation.

(1) Dépêche Foehr, 28 novembre 1870 ; Comptes-rendus parlementaires,
21 décembre 1870, p. 298 et s.

Il est fréquent qu'au cours des hostilités l'un ou l'autre des belligérants se trouve dans la nécessité de se procurer des ressources destinées à subvenir aux frais de la guerre. Les Etats neutres ne peuvent souscrire aux emprunts de ce genre ; une telle souscription impliquerait un secours fourni à un belligérant au détriment de l'autre. Les corps constitués, les sociétés qui ont des attaches officielles doivent également s'abstenir de participer à ces opérations financières. Mais la liberté des sujets neutres reste entière. Le belligérant qui se prétendrait lésé ne pourrait élever la moindre réclamation. L'Etat neutre ne doit pas autoriser officiellement les emprunts de guerre ; il n'est pas obligé de les interdire. Les emprunts réalisés pendant la guerre de 1870 par les deux belligérants ne donnèrent lieu à aucune plainte.

*
* *

Les Etats neutres ont le devoir de s'abstenir de toute intervention directe ou indirecte dans les hostilités et de ne pas favoriser un belligérant au détriment de l'autre. Ce devoir est limité par le but même de la neutralité ; il laisse subsister la plus entière liberté pour tout ce qui ne concerne pas la guerre. Le commerce des Etats neutres entre eux ou avec les belligérants reste donc libre, au moins en principe. Les restrictions indiquées plus haut ne concernent que quelques opérations commerciales qui ont un rapport plus direct avec les hostilités. Les belligérants peuvent évidemment régler leurs rapports commerciaux comme ils l'entendent ; mais les considérations militaires prévaudront souvent sur la liberté naturelle.

Sur le territoire neutre, les opérations commerciales demeurent entièrement libres ; l'Etat n'est même pas tenu de s'opposer à ce que ses sujets se livrent, naturellement à leurs risques et périls, au commerce des armes et des munitions, aux opérations de la contrebande de guerre ; cette tolérance n'est pas contraire au droit international strict. Les bel-

ligérants sont réduits à se défendre eux-mêmes contre l'im-
mixtion des sujets neutres dans les hostilités; ils confisque-
ront les marchandises saisies et traiteront les neutres en
combattants; les solutions plus rigoureuses ne sont pas admises. Le droit moderne a expressément sanctionné la liberté
du commerce neutre maritime en adoptant la règle que la
marchandise neutre est libre sous pavillon ennemi.

Le commerce des vivres a souvent donné lieu aux récriminations les plus passionnées. Plus d'une fois, les belligérants
ont tenté d'y apporter des restrictions sévères en vue d'empêcher l'approvisionnement de leurs adversaires. La pratique
internationale n'impose pas aux Etats neutres le devoir de pros-
crire ce commerce et ne l'imposera sans doute jamais. Ce serait
pousser jusqu'à l'exagération les conséquences de la neutralité; la guerre serait aussi préjudiciable aux neutres qu'aux
belligérants. L'Etat neutre peut restreindre ce commerce; il
manquerait au devoir d'impartialité en le permettant à l'égard
d'un belligérant et en l'interdisant à l'égard de l'autre. Cette
conduite serait discourtoise; elle provoquerait des réclamations justifiées. Les Etats faibles se guideront toujours d'après
d'autres principes.

Au début de la guerre franco-allemande, un grand nombre
d'Etats européens prohibèrent l'exportation et le transit des
chevaux. Un arrêté belge du 17 juillet 1870 interdit ce commerce. Une loi belge du 9 septembre 1870 défendit l'exportation et le transit des marchandises suivantes : armes de
toutes espèces, munitions de guerre, effets d'habillement, de
campement, d'équipement et de harnachement militaires, chevaux autres que poulains, bâtiments à voile et à vapeur, machines et parties de machines destinées à la navigation, agrès
et apparaux de navires, et tous autres objets de matériel naval
et militaire, avoine, foin, paille et autres fourrages (1).

(1) *Revue de droit international et de législation comparée*. 1870, II,
p. 704, 705.

Le gouvernement luxembourgeois ne crut pas devoir interdire l'exportation de vivres et de fourrages. Les mesures prises en Belgique provoquèrent au grand-duché une excitation générale. La récolte s'annonçait comme devant être mauvaise. La fermeture du grand port d'importation d'Anvers était de nature à causer une grave disette. La Prusse interdit l'exportation du blé et des animaux de boucherie. Le traité du Zollverein fut suspendu. Vers la fin de juillet, la France ferma également ses frontières à toute exportation de vivres. Le Luxembourg se trouva dans le plus complet isolement. Ses stocks de marchandises s'épuisaient à la suite des nombreux achats effectués par la France et par la Prusse. Les Français achetèrent surtout du sucre, de la bière, des produits agricoles, des bestiaux et d'énormes quantités de chevaux. Le bétail, les viandes et les denrées coloniales furent expédiés en Prusse par milliers de wagons. L'agriculture luxembourgeoise réalisa d'importants bénéfices; la demande, artificiellement accrue, provoqua une hausse énorme des prix. Le parlement dut se préoccuper de l'approvisionnement du pays. Des discussions passionnées eurent lieu à la Chambre luxembourgeoise au lendemain de la déclaration de guerre; le gouvernement prit des mesures pour atténuer le danger et ne partagea pas les opinions trop pessimistes.

Vers la fin de novembre 1870, les rapports commerciaux entre la Belgique furent subitement arrêtés. Un communiqué officiel, émanant de l'administration des chemins de fer belges, informa le public que les compagnies n'acceptaient plus de transports de provisions à destination du Luxembourg et au delà (1); les autres marchandises à destination du Luxembourg étaient acceptées comme par le passé. La mesure était plus grave que ne le fait croire un examen superficiel du texte

(1) *Indépendance belge* du 2 décembre, discours de M. Paul Eyschen à la Chambre luxembourgeoise du 3 décembre. Comptes-rendus parlementaires, 1870, p. 278 et s.

officiel. Par provisions, les chemins de fer belges entendaient les céréales sans exception, les denrées alimentaires et coloniales de toute nature, le sel, le sucre, les huiles, les farines et enfin tout ce qui constitue l'alimentation proprement dite.

Ces mesures vexatoires étaient la réponse de la Belgique à la politique singulière et injuste suivie depuis quelque temps par la direction prussienne des chemins de fer de Sarrebruck. D'après les résultats d'une enquête faite dans les premiers jours de décembre 1870, cette administration avait retenu en Allemagne 3,600 wagons appartenant à la compagnie française de l'Est, qui exploitait les lignes luxembourgeoises, et 1,200 wagons appartenant à l'Etat ou à des compagnies belges. « Sur les wagons de la compagnie de l'Est, on effaça le mot EST, qu'on remplaça par les initiales K. St. B. (Königliche Staatsbahn). On n'osa pas changer les dénominations qui figuraient sur les wagons belges, mais on ne les renvoya pas » (1).

Les représailles exercées par la Belgique s'expliquaient facilement ; le grand-duché en fut l'innocente victime. A la suite de démarches très actives faites par le gouvernement grand-ducal, les relations commerciales furent rétablies entre le Luxembourg et la Belgique, dans les premiers jours du mois de décembre.

La conduite adoptée par la direction des chemins de fer de Sarrebruck était contraire aux principes élémentaires du droit des gens et aux stipulations expresses des conventions les plus solennelles.

Dans un contrat conclu au mois de septembre 1870, cette administration, dont le caractère officiel ne pouvait faire l'objet du moindre doute, s'était engagée formellement à considérer tous les wagons provenant du grand-duché et appartenant soit à la compagnie de l'Est, soit à d'autres compa-

---

(1) Discours de M. Würth du 3 décembre 1870, Comptes-rendus parlementaires, p. 281.

gnies comme provenant d'un Etat neutre et à les renvoyer immédiatement après le déchargement.

L'article 38 du projet de Bruxelles de 1874 proclame l'inviolabilité de la propriété neutre au cas de l'occupation du territoire ennemi. L'administration de Sarrebruck ne respecta même pas la propriété neutre, qui ne se trouvait pas sur un territoire envahi. Les wagons, appartenant aux compagnies ou à l'Etat belges, étaient protégés par toutes les garanties dont jouit en temps de paix la propriété privée ou publique. Ces injustes confiscations apportèrent au commerce luxembourgeois et au commerce belge des dommages très considérables : l'encombrement qui se produisit dans les gares fut tel qu'à un moment la circulation dut être presque complètement interrompue.

Se souvenant de ces événements, MM. Bernaert et Eyschen firent adopter à la conférence de La Haye une disposition en vertu de laquelle « le matériel du chemin de fer provenant d'un Etat neutre, qu'il appartienne à ces Etats ou à des sociétés ou personnes privées, doit leur être retourné aussitôt que possible par les belligérants (1) ». Les auteurs de cet amendement avaient proposé d'ordonner la restitution immédiate de ce matériel et d'en interdire l'emploi pour les besoins de la guerre. La rédaction définitive fit disparaître la forme trop impérative du premier projet.

*
**

Il nous reste à parler du plus grave incident qui survint au cours de la guerre franco-allemande et faillit un instant compromettre l'indépendance nationale du grand-duché.

Dans la nuit du 24-25 septembre 1870, la forteresse de Thionville fut ravitaillée par un train de vivres venu du grand-duché. Ce train avait été préparé à l'insu du gouvernement

---

(1) Article 54 de la déclaration de La Haye.

luxembourgeois par MM. Beley et Eugène Salentiny, ingénieurs de la compagnie de l'Est. Les wagons visités par la
douane allemande du Zollverein contenaient du riz, du sucre,
de la farine, des grains et de l'avoine. La voie ferrée avait été
endommagée sur le territoire français par les troupes prussiennes qui cernaient la place de Thionville. Les ouvriers
amenés par le train incriminé la réparèrent aux environs de
Hettange et y posèrent de nouveaux rails.

Les marchandises qui pénétrèrent dans la ville cernée pro-
venaient de la Belgique. Aucun fonctionnaire grand-ducal
n'avait participé à la téméraire entreprise. Dès qu'il eut connaissance des faits qui venaient de se passer, le gouvernement luxembourgeois en informa le cabinet de Berlin pour se
garantir contre toute réclamation ultérieure. Cette conduite
loyale et courageuse aurait dû dégager complètement sa responsabilité et le couvrir aux yeux de la Prusse. C'est pourtant
le contraire qui arriva.

Dans une dépêche du 4 octobre, le comte de Bismarck se
plaignit amèrement de la violation de la neutralité résultant
de l'expédition du 25 septembre. D'après les informations qui
lui étaient parvenues, les wagons du train introduit à Thionville auraient contenu 6 à 7,000 sacs de farine, 1,000 caisses
de biscuits et de grandes quantités de poudre ; les employés
de la compagnie de l'Est prépareraient de nouveaux trains
destinés au ravitaillement de Thionville. « Si de tels faits devaient se reproduire, ajoutait-il, le gouvernement royal se verrait dans la nécessité de demander des indemnités au gouvernement grand-ducal ».

Dès le 15 octobre, M. Servais répondit à la dépêche du
comte de Bismarck. Il contesta l'exactitude des renseignements qui avaient motivé les plaintes de la Prusse et rétablit
l'exactitude des faits. .

Les diverses notes que le gouvernement prussien envoya
dans la suite au cabinet grand-ducal reviennent sur la préten-

due violation de la neutralité qu'aurait impliquée l'opération
du 25 septembre. Il convient d'examiner sur la foi des documents diplomatiques échangés entre les deux Etats si cette
violation de la neutralité a réellement existé et si, dans l'affir-
mative, on est en droit d'incriminer l'attitude observée par le
grand-duché de Luxembourg.

La question soumise à notre examen présente diverses
faces. Les vivres étaient destinés à un belligérant, au ravitaillement d'une place cernée. Aucun principe juridique ne
s'oppose à ce que des particuliers vendent ou même fournissent gratuitement des vivres aux puissances belligérantes. Du
1er août au 31 octobre 1870, la quantité totale de vivres
expédiés du Luxembourg pour le ravitaillement de l'armée
allemande atteignit 30,811 tonnes de 1,000 kilos (1).

Les particuliers ont même le droit de vendre des marchandises à l'un ou à l'autre belligérant dans le but évident de
faire servir ces marchandises aux opérations de guerre et
d'avantager une seule partie. Mais tel n'était pas le cas qui se
présentait à l'examen des gouvernements de Luxembourg et
de Berlin. L'acte de MM. Beley et Salentiny était moins répréhensible par lui-même qu'à raison de la situation dans
laquelle se trouvait placée la ville de Thionville. En ravitaillant
la place, ils en perpétuaient la résistance et prolongeaient la
durée des opérations. Le droit des gens interdit aux neutres
de continuer les relations commerciales antérieures avec une
place assiégée ou bloquée (2). Grotius considère le transport
de provisions à une ville assiégée ou à un port bloqué comme
une offense grave et injuste; Bynkershoeck et Vattel sont
d'avis de punir comme un ennemi public celui qui s'en rend
coupable.

---

(1) Lettre de M. Regrais au président de la compagnie du Luxembourg, à
Londres, du 24 décembre 1870; cette lettre a été reproduite par le *Times*.

(2) Calvo, *op. cit.*, t. IV, p. 95.

On ne peut donc nier que le ravitaillement de la place de Thionville était un acte contraire à la neutralité ; la réparation de la voie endommagée par les troupes constituait également une atteinte aux règles impératives du droit des gens. Mais suit-il de là que le gouvernement grand-ducal ait eu à se reprocher la moindre négligence, que le comte de Bismarck ait été autorisé à dénoncer la neutralité du Luxembourg ?

Les délits de neutralité commis par des autorités ou fonctionnaires publics en cette qualité sont considérés comme des actes de l'Etat, tandis que les actions de ces mêmes personnes en tant que particuliers leur seront imputées en leur qualité de ressortissants, individuellement (1). Si des fonctionnaires luxembourgeois avaient organisé le train du 24 septembre, ils auraient encouru une grave responsabilité ; l'Etat n'aurait encouru aucune responsabilité de ce chef parce qu'ils auraient agi en leur qualité de personnes privées.

La connivence d'employés des chemins de fer et des postes, qui auraient été directement au service de l'Etat grand-ducal n'a nullement été prouvée. Les employés d'une compagnie étrangère qui exploitait les chemins de fer luxembourgeois étaient seuls impliqués dans la téméraire opération ; or ces employés étaient nommés par les concessionnaires ; ils pouvaient, aussi bien que les ingénieurs, être de nationalité étrangère (2). On ne peut reprocher au Luxembourg d'avoir, en laissant insérer cette condition dans le cahier des charges, engagé sa responsabilité pour l'avenir et compromis sa neutralité. La Belgique avait elle-même accepté des conditions analogues. D'ailleurs au moment où les contrats furent signés entre le gouvernement grand-ducal et la société concessionnaire de ses voies ferrées, le traité de Londres n'existait pas encore. Comme nous le verrons au chapitre VIII, la société des chemins de fer Guillaume

(1) Kleen, *op. cit.*, p. 230.

(2) Article 23 du cahier des charges.

avait cédé l'exploitation à la compagnie de l'Est sans que le gouvernement luxembourgeois eût été entendu; celui-ci n'avait pu que ratifier le contrat conclu par les deux sociétés ; en s'y opposant il aurait risqué de compromettre les plus graves intérêts.

Les gouvernements neutres ne sont responsables des délits contraires à la neutralité commis par leurs sujets qu'au cas où par suite d'une coupable incurie ou d'une partialité cachée, ils y ont donné un consentement illicite ou négligé de les réprimer. Aucune permission expresse ou tacite n'avait été donnée aux organisateurs du train de ravitaillement. Aucun défaut de surveillance ne peut être reproché aux autorités grand-ducales. L'administration douanière, placée sous la direction d'un fonctionnaire prussien, avait visité les wagons de vivres; les employés attachés à la ligne royale des chemins de fer de Sarrebruck étaient chargés, à la gare de Luxembourg, du service de la ligne de la Moselle. Le train dut traverser, sur une distance de plusieurs lieues, le territoire français occupé par les troupes prussiennes. Comment un acte, qui échappa à la vigilance des armées d'investissement, et qui fut commis sur un territoire étranger, pourrait-il être sérieusement reproché au grand-duché de Luxembourg? Le gouvernement luxembourgeois n'avait aucun droit d'empêcher la circulation d'un train de vivres sur la ligne parcourue journellement par beaucoup d'autres trains. L'ingérence coupable dans les opérations de guerre commença seulement au delà de la frontière luxembourgeoise. Or aucun principe de droit international n'impose aux Etats neutres le droit de surveiller leurs sujets qui se trouvent hors de leur territoire.

Il est du devoir de tout observateur impartial de constater que les accusations du comte de Bismarck reposaient sur des bases, qui, inexactes en fait, étaient juridiquement insoutenables et caduques. Les conséquences de l'acte commis par quelques employés de la compagnie de l'Est n'en ont pas

moins été funestes au grand-duché. Les discussions qui sur-
gissent entre un Etat fort et une puissance faible se termi-
nent généralement au détriment de cette dernière.

Il n'est pas nécessaire de rappeler expressément les droits
qui appartiennent aux Etats neutres. Ces droits sont parallèles
aux devoirs que nous avons exposés en détail. Les puissances
belligérantes ont le devoir de respecter la neutralité des Etats
qui restent en dehors de la guerre et de ne limiter leur
liberté que pour autant que ces restrictions sont requises par
les nécessités militaires. Les neutres doivent maintenir leurs
droits ; ils peuvent faire tout ce qui ne leur est pas directement
interdit.

Les réclamations nombreuses qui surgirent au cours de la
guerre de 1870 auraient pu être évitées en grande partie, si
les droits et les devoirs des Etats neutres avaient été mieux
définis. La déclaration de Bruxelles contient à ce sujet quelques règles excellentes ; la conférence de la paix y a ajouté
quelques principes nouveaux qui passeront dans le droit commun des peuples civilisés. Mais le travail définitif reste encore
à faire (1). Sur la proposition de M. Paul Eyschen, la conférence de La Haye a émis le vœu que la question de la régle-
mentation des droits et des devoirs des Etats neutres fût inscrite au programme d'une prochaine conférence. Témoin des
difficultés nombreuses auxquelles le Luxembourg fut exposé
au cours de la guerre franco-allemande, le ministre d'Etat
du grand-duché avait pu apprécier la gravité des dangers résultant du défaut de précision des principes qui doivent régir
la conduite des Etats neutres. Espérons que ses vœux seront
réalisés dans un avenir prochain !

Les Etats neutres ont envisagé de la manière la plus élevée
les droits humanitaires et les devoirs philanthropiques que
leur imposait la guerre de 1870. Les blessés furent soignés

(1) Cpr. Arendt, *Essai...*, p. 208 et s.

avec un dévouement sans bornes et avec une abnégation dont l'histoire ne nous offre guère d'exemples. Dès le 20 juillet 1870, un comité central fut fondé à Luxembourg pour pourvoir de la manière la plus efficace aux besoins des innombrables victimes de la guerre. Ce comité centralisa les secours venus des diverses parties du grand-duché. Les moindres hameaux ardennais envoyèrent des offres en espèces, des vivres, des objets nécessaires ou utiles au soulagement des blessés. Le grand-duché avait en 1870, 48 médecins ; sur ce nombre, 27 payèrent de leur personne et se rendirent au premier appel sur les champs de bataille où des milliers de malheureux agonisaient par la faute des hommes d'Etat imprudents ou avides. Ces courageux apôtres de la charité abandonnèrent leur clientèle aux soins de confrères dévoués et risquèrent leur vie au service de la charité, qui, elle, n'est pas interdite par le droit des gens et ne connaît pas de frontières.

Des expéditions charitables furent dirigées vers les champs de bataille où le carnage avait été le plus sanglant. M. Paul Eyschen, qui est aujourd'hui placé à la tête du gouvernement grand-ducal, dirigea plusieurs expéditions. Monseigneur Koppes, l'évêque actuel de Luxembourg, se trouvait au nombre des prêtres qui se rendirent sur les champs de bataille pour prodiguer aux blessés et aux mourants les secours de la religion. Le dévouement de la population luxembourgeoise fut apprécié par les deux belligérants. « On sait tout le dévouement dont a fait preuve la population du grand-duché au moment de nos désastres, écrivit une feuille française, dès le 8 septembre 1870 ; médecins, étudiants, propriétaires, paysans, riches et pauvres, tout le monde a prêté secours à nos soldats. Sept médecins luxembourgeois sont restés à Metz pendant tout le siège ; un médecin luxembourgeois a forcé les lignes prussiennes qui investissaient Longwy pour porter, sous une grêle de balles, une caisse de médicaments à la garnison française ; un autre a sacrifié une partie de son petit avoir pour secourir, avec un dévouement au-dessus de tout éloge, les paysans et les soldats français blessés qui se trouvaient aux environs de Metz. Nos prisonniers de Sedan n'ont eu de pain, dans les premiers jours, que grâce aux convois amenés par les paysans luxembourgeois » (1).

Le comité central allemand pour le soulagement des soldats blessés et malades fit parvenir au comité luxembourgeois l'expression de ses remerciements les plus chaleureux. L'impératrice Augusta témoigna, par une lettre autographe adressée au chargé d'affaires du Luxembourg à Berlin, « sa pleine satisfaction pour la grande activité que le grand-duché avait déployée au service de l'humanité ». La légation française à La Haye informa, au nom du ministre des affaires étrangères, le gouvernement luxembourgeois que la France était profondément touchée du dévouement avec lequel les populations du grand-duché s'étaient efforcées d'adoucir le sort des victimes de la guerre et de soulager les souffrances des soldats français (2).

D'après les comptes du comité central, le Luxembourg a donné en espèces, pour le secours des blessés, la somme de 56,859 francs; il a fourni des vivres et des objets en nature pour 250,000 francs. La population grand-ducale ne dépassait guère 200,000 âmes (3).

Ce dévouement sans bornes aurait dû suffire pour racheter les fautes que le grand-duché a pu commettre au cours de la

(1) Cité par Joris, *op. cit.*, p. 294.

(2) Dépêche du 5 juin 1871, reproduite par Joris, *op. cit.*, p. 292.

(3) Les médecins qui se rendirent sur les champs de bataille furent MM. Théophile Funck-Brentano, Funck, Mayrisch, Niederkorn, Herriges, Metzler, Glaesener, Heiderscheid, Conzemius, Layen, Bivort, Dietz, Clasen, Glaesener (Diekirch), Scholtus, Zartmann, Lefort, Feltgen, Schroeder, Koch, Gustave Herr, Flesch, de Wacquant, Lehnertz, Schaan et Kieffer. A ces médecins s'étaient joints les candidats en médecine Victor Alesch, Nuel Klein. Mathes et les pharmaciens Heldenstein, Meyer, Rothermel et Namur. Le clergé luxembourgeois était

guerre. Nous avons examiné les réclamations qui furent adressées au gouvernement grand-ducal ; la plupart sont mal fon-
dées en droit et en fait. M. d'Ernsthausen n'en fut pas moins
chargé de demander une indemnité importante. La population
luxembourgeoise s'était imposé de lourds sacrifices pour soulager les blessés et adoucir les maux de la guerre ; pour la ré-
compenser de cette abnégation, on tenta de la ruiner en lui
demandant des contributions excessives.

représenté sur les champs de bataille par MM. Decker, F. et B. Haal, Herr,
C. Kohn, J.-J. Koppes, Meyres, Molitor, Charles et Auguste Mullendorf. Phi-
lippe, J. Schmit, Winandy et J.-A. Wahl. — MM. Beffort, Jules Collart, Tony
Dutreux, Alphonse Funk, J. Graas, F. Hastert, G. Heuardt, M. Kremer, Mersch,
München, Martha, A. Pescatore, E. Noppeney, Ruppert, de Scherff, Schmit A.,
F. Servais, Ch. Siegen, Toutsch, Zahn, etc., prirent une part prépondérante aux
nombreuses expéditions charitables.

CHAPITRE VIII

LA QUESTION DES CHEMINS DE FER

—

La question des chemins de fer est une des plus importantes qui puissent solliciter l'attention du législateur et de l'homme d'Etat. Elle touche au domaine public et ne peut être résolue sans l'intervention des autorités souveraines d'un pays ; elle exerce sur toutes les branches de l'activité humaine une influence décisive et prépondérante. Dans les grands Etats, elle se heurte souvent à des conflits d'intérêts et à des difficultés de tous genres ; dans les Etats de moindre importance, elle constitue l'objet des préoccupations constantes des gouvernants ; l'intérêt national s'y ajoute à des considérations rentrant dans le domaine de la politique internationale.

Des employés étrangers d'une compagnie étrangère faillirent en 1870 compromettre à jamais la neutralité et l'indépendance du grand-duché de Luxembourg. Le comte de Bismarck renonça aux concessions financières qu'un instant il voulait imposer au Luxembourg, parce qu'il espérait obtenir la substitution de l'Etat allemand à la compagnie française de l'Est dans l'exploitation des chemins de fer luxembourgeois.

L'intervention d'une nation étrangère dans la politique intérieure peut présenter de graves inconvénients ; ces inconvénients sont plus nombreux lorsque l'Etat qui doit tolérer l'ingérence d'un tiers jouit du bienfait d'une neutralité perpétuelle. En cas de guerre, la question des transports est de la dernière importance ; la victoire appartient souvent à celui qui sait déployer la plus grande vitesse dans ses mouvements, à celui qui peut prendre les devants sur son ennemi plus lent et moins rapide. Il convient donc d'examiner si les conventions qui ont assuré au gouvernement allemand l'exploitation des lignes luxembourgeoises ne portent pas atteinte à la neutralité luxembourgeoise, si elles n'impliquent pas des obligations dont l'exécution constituerait une participation, sinon directe, du moins indirecte, dans les opérations de la guerre.

La première concession fut demandée au gouvernement grand-ducal dès l'année 1845 ; elle n'est donc postérieure que de quinze ans à la journée historique, où Robert Stephenson lança le premier train, tiré par une locomotive, sur la voie qui reliait Manchester à Liverpool. Les concessionnaires étaient de nationalité anglaise et ne présentaient qu'une surface financière insuffisante ; leur solvabilité n'était nullement certaine. La demande fut repoussée.

La révolution de juillet vint ensuite interrompre, pour un temps, les travaux pacifiques et paralyser l'essor industriel. Lorsque l'orage fut passé, MM. Jouve et Favier reprirent l'œuvre que les premiers demandeurs n'avaient pu mener à bonne fin.

Leur demande en concession fut agréée par les autorités compétentes ; la population tout entière acclamait le projet des hardis innovateurs : aucune voix discordante ne se fit entendre au milieu de l'enthousiasme général. La loi du 25 novembre 1855 ratifia les conventions intervenues entre le gouvernement grand-ducal et les concessionnaires du réseau. Une subvention en espèces de 8 millions fut votée par l'assemblée des Etats; 3 millions devaient servir à la construction de la ligne de Luxembourg à Diekirch; les 5 millions restants étaient réservés à la construction de la ligne du Nord, destinée à relier la ville d'Ettelbruck à la frontière belge. La longueur totale de ces lignes était de 170 kilomètres. L'avance gouvernementale correspond donc à une subvention kilométrique de 47,060 francs (1).

Les subventions accordées par l'Etat grand-ducal n'étaient pas consenties à titre définitif; elles constituaient de simples avances que les concessionnaires devaient rembourser sur la moitié du revenu net excédant 7 0/0 du capital social. Cette obligation ne s'étendit d'abord qu'à une partie de la ligne concédée et ne s'appliquait qu'à la subvention de 3 millions de francs. Une convention des 15 mai-31 octobre 1858 avait, contrairement et par dérogation aux stipulations premières, ajourné la construction de la ligne du Nord jusqu'au moment où il serait possible de la raccorder directement aux voies étrangères.

L'arrêté royal grand-ducal du 20 juin 1859 comprit dans le règlement des remboursements à faire au trésor le produit

---

(1) Les dispositions législatives et conventionnelles, sous lesquelles sont placés les chemins de fer luxembourgeois, se trouvent réunies dans l'excellent livre : *Recueil des lois, arrêtés, conventions et autres actes relatifs aux chemins de fer Guillaume-Luxembourg et Prince-Henri dans le grand-duché de Luxembourg*, par M. P. Ruppert. L'auteur, qui occupe aujourd'hui une des positions les plus en vue du grand-duché, avait à sa disposition les documents officiels les plus complets et en a tiré le plus grand profit. Un exemplaire du *Recueil* de M. Ruppert fut paraphé par les négociateurs du traité du 11 juin 1872 et annexé à cet acte diplomatique. Malgré ses absorbantes occupations de conseiller secrétaire-général du gouvernement, de secrétaire-général du conseil d'Etat, de greffier de la Chambre des députés, M. Ruppert a assumé la lourde tâche de publier les textes législatifs en vigueur dans le grand-duché de Luxembourg.

de l'embranchement des minières d'Esch et de Rumelange, quoique cet embranchement n'eût pas profité de la subvention gouvernementale accordée par la loi du 25 novembre 1855.

Quoiqu'elle fût encore à ses débuts, l'industrie minière luxembourgeoise autorisait déjà les plus hardies espérances. L'arrêté du 20 juin 1859 constituait donc une opération très avantageuse pour les finances nationales.

MM. Favier et Jouve cédèrent leurs droits à une société nouvelle, qui prit le nom de société des chemins de fer Guillaume-Luxembourg. Les statuts de la société furent approuvés par l'arrêté royal grand-ducal du 2 mars 1857.

L'inauguration des premières lignes eut lieu le 4 octobre 1859. Un chant tout vibrant d'enthousiasme et de fièvre patriotique fut composé à cette occasion par le poète Michel Lentz. La dernière strophe du *Feierwôn*, qui devint bientôt le chant national du peuple luxembourgeois, exprime la foi des habitants du Luxembourg dans leurs libres institutions et dans leur indépendance. *Nous voulons rester ce que nous sommes*, tel est le refrain qui, des bords de la Moselle jusqu'au faîte des âpres collines ardennaises, retentira au moment du danger. Lorsque la France étendra ses mains vers le petit duché pour l'adjoindre à ses Etats, lorsque l'Allemagne une et fière voudra s'annexer les quelques lieues carrées qui bordent ses frontières élargies, les Luxembourgeois se méfieront de l'une et de l'autre ; ils déclareront leur intention inébranlable de rester ce qu'ils sont. Le prince Henri des Pays-Bas adoptera cette devise dans la crise de 1866 et de 1867, et dans les graves préoccupations qui l'assailliront au cours de la guerre franco-allemande. Après lui, le grand-duc Adolphe la répétera devant les foules qui viendront acclamer son joyeux avènement au trône.

En dehors des 8 millions de francs avancés aux concessionnaires du réseau, le Luxembourg eut à supporter les frais supplémentaires prescrits par les autorités militaires prussiennes qui occupaient la forteresse. A la veille de mourir de consomption, l'antique diète de Francfort eut encore la force nécessaire pour prescrire des travaux coûteux et inutiles. Les dépenses que le trésor national eut à supporter de ce chef se chiffrent à 714,554 francs. L'Etat participa également aux frais de construction du viaduc de la Pétrusse, qui relie la gare de Luxembourg à la ville, pour une somme de 653,000 francs. L'article 2, § 1, de la convention des 4-28 novembre 1856 dispensait les concessionnaires de concourir à ces dépenses.

La construction du réseau ferré fut fort dispendieuse. Le kilomètre de voie revint à 322,000 francs. Les lignes belges ne nécessitèrent qu'une dépense kilométrique de 226,000 francs. Cette différence sensible trouve une explication au moins partielle dans les circonstances malheureuses qui entourèrent le berceau de la société Guillaume-Luxembourg. En dehors des marchés coûteux qu'elle fut forcée de subir, elle dut payer des indemnités très élevées aux concessionnaires primitifs. La faillite d'un des principaux intéressés lui fit perdre des sommes très importantes. Aucun dividende ne fut distribué aux actionnaires avant l'année 1868.

Par suite de ce concours de circonstances défavorables, la société ne disposa bientôt plus des ressources suffisantes pour assurer l'exploitation de son réseau. Aux termes de l'article 22 de la convention du 9 novembre 1855, elle pouvait rétrocéder sa concession à une société anonyme qui serait dans ce cas substituée à ses droits et à ses obligations. En vertu de l'article 24 du cahier des charges du 9 novembre « les concessionnaires ou la société qui aura acquis leurs droits, pourront, sauf approbation du gouvernement en ce qui concerne la solvabilité ou la moralité des cessionnaires, vendre sans ou contre redevance et afferger l'ensemble ou chacune des lignes concédées, après leur entier achèvement.

« L'Etat grand-ducal aura toutefois, dans une telle éventualité, le droit de préférence à conditions égales.

« De telles ventes ou locations ne pourront avoir lieu en faveur d'un autre Etat, ni directement ni indirectement ».

Malgré la défense d'affermer ses lignes avant leur entier achèvement, la société des chemins de fer Guillaume-Luxembourg signa dès le 6 juin 1857 un traité conférant à la compagnie française des chemins de fer de l'Est le droit d'exploiter le réseau luxembourgeois pendant une durée de cinquante années. Cette exploitation devait commencer le jour où la section de la frontière française à Luxembourg, en contact avec les lignes de l'Est, serait exploitable.

Les prestations à charge de la compagnie de l'Est sont indiquées dans l'article 2 de la convention :

« La compagnie des chemins de fer de l'Est prélèvera sur les recettes :

« 1) Une somme annuelle de 500 francs par kilomètre exploité, à titre d'indemnité à forfait pour l'appoint du matériel roulant, toutes les fois que les résultats de l'exploitation ne donneront pas lieu entre les deux compagnies au partage dont il est ci-après parlé ;

« 2) Le montant des dépenses de toute nature afférentes à l'exploitation qui demeure fixée à forfait comme suit : si le produit kilométrique annuel ne dépasse pas 10,000 francs, 65 0/0 de la recette brute ; — si le produit kilométrique annuel dépasse 10,000 francs sans être supérieur à 15,000 fr., 60 0/0 de la recette brute ; — si le produit kilométrique dépasse 15,000 francs, sans être supérieur à 20,000 francs, 55 0/0 de la recette brute ; — si le produit kilométrique annuel dépasse 20,000 francs sans être supérieur à 25,000 francs, 50 0/0 de la recette brute ; — si le produit kilométrique annuel dépasse 25,000 francs sans être supérieur à 30,000 fr., 45 0/0 de la recette brute ; — si le produit kilométrique annuel dépasse 30,000 francs, 40 0/0 de la recette brute.

« La compagnie des chemins de fer de l'Est tiendra compte à la société royale grand-ducale de l'excédent des recettes sur les dépenses calculées à forfait... jusqu'à concurrence d'une somme de trois millions de francs. L'excédent au delà de cette somme de trois millions sera partagé par moitié entre les deux parties contractantes, toutefois après prélèvement de la portion revenant au gouvernement grand-ducal à titre de remboursement de la subvention qu'il a accordée à la société royale grand-ducale, et jusqu'à concurrence du montant de cette subvention, qui est de trois millions ».

Par dépêche du 2 juillet 1859, le commissaire du gouvernement luxembourgeois attira l'attention des deux sociétés contractantes sur la violation de l'art. 24 du cahier des charges qu'impliquait la convention d'exploitation. L'obligation au remboursement de la subvention de trois millions incombait à l'Est, tant en vertu de l'article 2, que nous venons de citer, qu'en vertu de l'article suivant, qui soumet la compagnie fermière à toutes les clauses du cahier des charges et aux dispositions des diverses conventions intervenues entre le gouvernement luxembourgeois et la société concessionnaire.

L'approbation gouvernementale, prévue dans l'article 6, se fit longtemps attendre. Les compagnies intéressées purent craindre un moment de se voir opposer un refus absolu ; une loi du 30 décembre 1864 autorisa le gouvernement à invoquer éventuellement la disposition finale de l'art. 24 du cahier des charges et d'exploiter le réseau pour le compte de l'Etat. Ce ne fut qu'au mois de novembre 1865 que le gouvernement grand-ducal, conformément à l'engagement pris dans le traité des 29-30 septembre 1865, ratifia la convention de 1857. Cette décision fut annoncée aux sociétés par une dépêche du directeur-général de l'intérieur et des travaux publics en date du 21 novembre 1865.

Comme le raccordement de la ligne du Nord avec les chemins de fer belges était devenu possible, le prolongement du réseau luxembourgeois vers la frontière belge fut imposé à la société concessionnaire par une convention nouvelle, signée

le 8 décembre 1860. Cet acte fixa définitivement la durée des
concessions de la société à quatre-vingt-dix-neuf ans ; ce délai
part du 1er janvier 1861. La subvention de cinq millions,
prévue dès les premières négociations, fut accordée à titre définitif. Il fut stipulé que « les produits du prolongement de la
ligne du Nord seraient confondus avec les produits de toutes
les autres lignes du réseau Guillaume-Luxembourg ; dès que
le réseau atteindrait un revenu net de 6 0/0, l'excédent devrait être partagé jusqu'à l'amortissement de la subvention de
huit millions entre l'Etat et la société, conformément au § 4
de l'article 1er de la convention de 1856 ».

*
* *

Le réseau primitif s'était accru en 1859 par l'adjonction
d'un important embranchement vers Esch et Rumelange ; cette
concession devait durer aussi longtemps que la concession
principale. Après que, par une convention du 6 août 1861, la
société Guillaume-Luxembourg eut confié l'exploitation de la
ligne de Luxembourg-Wasserbillig à la direction royale allemande des chemins de fer de Sarrebruck, elle s'engagea quelques mois plus tard à construire, à exploiter ou à faire exploiter une ligne nouvelle, destinée à relier la ligne luxembourgeoise du Nord au réseau belge. Cette concession fut obtenue
le 27 juin de la même année. Cette combinaison devait singulièrement accroître l'importance et le rendement de la ligne
Luxembourg-Ettelbruck-Trois-Vierges, dont la construction
avait été extrêmement onéreuse ; la jonction avec le réseau
allemand était réservée à notre époque.

De son côté, la grande compagnie belge du Luxembourg
s'assura l'exploitation de la ligne de Bettingen à Wasserbillig
moyennant l'abandon du droit de préférence qu'elle prétendait avoir pour la construction de la ligne de Spa, et le trans-
fert de la garantie d'intérêts due à la ligne de Namur-Bruxelles

sur la nouvelle ligne à construire. Le traité du 9 janvier 1863
adopta une échelle mobile analogue à celle qui était stipulée
dans la convention de 1857, conclue entre la société Guillaume-
Luxembourg et la compagnie de l'Est. La société fermière se
réservait le droit de dénoncer le marché arrêté en 1863 entre
la société Guillaume-Luxembourg et la direction de Sarrebruck.

Le 27 janvier 1863, la compagnie de l'Est prit pour son
compte les engagements contractés par la société luxembourgeoise envers l'Etat belge et la compagnie du chemin de fer
de Pépinster à Spa. Elle confia la construction de la ligne de
Gouvy à Spa à la compagnie du Nord de la Belgique.

L'approbation de la convention de 1857 et la conclusion du
traité confirmatif des 29-30 septembre 1855 provoquèrent
d'orageuses discussions au sein du parlement luxembourgeois.
L'opposition reprocha au ministre d'Etat d'avoir consenti au
maintien de la fameuse échelle mobile qui permettait à la
compagnie de l'Est de réaliser des bénéfices d'autant plus
importants que le revenu brut était moins élevé. Elle critiqua
amèrement l'opposition d'intérêts existant entre les deux
sociétés contractantes, et l'admission d'un comité mixte,
naturellement disposé à favoriser le fort au détriment du
faible. « La société Guillaume-Luxembourg, dit un orateur,
est tenue, sous peine de déchéance, d'exploiter jusqu'à la fin
de sa concession ; si elle vient à manquer à ses engagements,
l'Etat doit exploiter lui-même ».

Il ne fut pas difficile de prouver la nécessité de l'entente
intervenue entre le gouvernement et les deux compagnies. La
société Guillaume-Luxembourg se serait trouvée dans une
situation financière irrémédiablement compromise, si le gouvernement, en se basant sur une interprétation littérale et
rigoureuse du cahier des charges, avait refusé son concours.
D'innombrables procès seraient nés d'un refus d'ailleurs contestable au point de vue même de la stricte légalité. Il n'est

nullement établi que le gouvernement eût pu, de sa propre initiative, confier l'exploitation du réseau à un fermier de son choix ; d'un autre côté, l'exploitation par l'Etat constitue une entreprise dans laquelle il est périlleux de se lancer du jour au lendemain ; elle implique un dangereux aléa qu'un homme d'Etat, conscient de sa grave responsabilité, doit envisager sous toutes ses faces et dans toutes ses éventualités. Que serait-il advenu, si la Grande-Compagnie du Luxembourg, invoquant la cession de la garantie d'intérêts consentie au profit de la société Guillaume-Luxembourg, avait intenté contre cette société une action en revendication devant la juridiction compétente? La société Guillaume-Luxembourg, n'ayant pu céder l'exploitation de la ligne de Bettingen à Wasserbillig, aurait été exposée à une condamnation certaine.

L'abaissement des tarifs et les combinaisons financières sanctionnés par la convention de 1857 constituaient des avantages dignes d'être pris en considération. Le droit de surveillance du gouvernement luxembourgeois restait intact. Un précieux droit d'initiative était accordé à la société Guillaume-Luxembourg au sein du comité d'exploitation. Obligée autrefois de subir les conditions draconniennes et de passer sous les fourches caudines de la compagnie de l'Est, l'industrie luxembourgeoise pouvait entrevoir un avenir meilleur, grâce à la concurrence que la Grande-Compagnie du Luxembourg ne pouvait manquer de faire à la société française.

Dès ce moment, le gouvernement allemand essayait, sinon officiellement, du moins officieusement, et par des personnes interposées, de mettre la main sur l'exploitation des chemins de fer luxembourgeois. La Chambre grand-ducale fut, dans sa grande majorité, hostile à la cession du réseau national à une puissance étrangère. L'argument d'analogie, tiré de la situation douanière, ne convainquit pas les nombreux hésitants. Il est vrai que le Luxembourg, entré pour ainsi dire malgré lui dans l'union douanière, n'en sortirait qu'à son corps dé-

fendant, mais les deux situations sont loin d'être semblables.
La convention arrêtée entre les deux sociétés intéressées dispensait le gouvernement luxembourgeois de l'examen approfondi des propositions prussiennes.

Pendant que se poursuivaient ces discussions théoriques, et
que les compagnies ajoutaient convention à convention, l'exploitation des chemins de fer, au Luxembourg comme en Belgique, laissait considérablement à désirer. Les convois arri-
vaient d'Arlon à Bruxelles, avec des retards moyens de deux
à trois heures. Pendant le seul mois de décembre, un train
partant d'Arlon à 5 heures 15 du soir arriva vingt-neuf fois à
Jemelle avec un retard tellement considérable, que les dépêches durent attendre vingt-quatre heures avant d'être expé-
diées à Bruxelles. Un député belge, M. Wasseige, se fit l'écho
des plaintes du public à la tribune du parlement : « L'exploitation du chemin de fer de la compagnie du Luxembourg
dit-il, est dans un désarroi complet ; il n'y a plus la moindre
régularité dans la marche des convois ; l'exception est devenue
la règle, la règle est devenue l'exception... Des marchandises
déposées à la station de Namur mettent plus de quinze jours
pour parcourir une distance de 25 à 30 lieues ». La situation
n'était pas moins désagréable au Luxembourg. La population,
le gouvernement et la Chambre se plaignirent en vain auprès
des compagnies, qui faisaient la sourde oreille.

Placée par l'échelle mobile de 1857 entre son devoir et
son intérêt, la compagnie de l'Est n'agit peut-être pas toujours avec toute la loyauté nécessaire envers la société Guillaume-Luxembourg. On lui reprochait ses tarifs élevés qui
nuisaient à l'industrie métallurgique naissante ; on l'accusait à
tort ou à raison, de détourner à son profit les transports qui
devaient s'effectuer sur le réseau luxembourgeois. Le revenu
des chemins de fer n'en progressa pas moins de jour en jour,
d'année en année. Les transports provenant des établissements métallurgiques, qui se chiffraient en 1866 à 620,931

tonnes, montèrent, l'année suivante, à 803,608 tonnes,
quoique les dangers qui, en ce moment, menaçaient l'indépendance nationale du grand-duché, eussent paralysé l'essor
industriel du pays.

Le tableau suivant donne un aperçu de la prospérité croissante du réseau Guillaume-Luxembourg :

ANNÉES	RECETTES TOTALES	RECETTES KILOMÉTRIQUES	FRAIS D'EXPLOITATION
1859	82.269 francs	6.773 francs (30 kil.)	$^{0}/_{0}$
1862	1.591.637 —	15.452 —	55 $^{0}/_{0}$
1865	2.157.042 —	17.393 —	55 $^{0}/_{0}$
1866	2.545.967 —	20.206 —	50 $^{0}/_{0}$
1867	3.219.716 —	19.100 — (168 kil.)	30 $^{0}/_{0}$
1869	4.282.986 —	25.234 — (170 kil.)	forfait
1870	4.403.154 fr. 76	25.900 —	forfait
1871	4.276.278 fr. 62	25.155 —	forfait

La société Guillaume-Luxembourg se trouvait, malgré l'accroissement des recettes de son réseau, dans une situation
financière embarrassante; elle se vit forcée, vers la fin de
l'année 1867, d'émettre 50,000 nouvelles actions privilégiées
en vue de couvrir les frais de construction de l'embranchement de Noertzingen. Le traité de 1857 lui était à charge;
elle le considérait comme un lourd boulet qu'elle était obligée
de traîner à ses pieds. La compagnie fermière n'était pas satisfaite du résultat de son exploitation. La rupture à l'amiable
du lien contracté en 1857 paraissait imminente. Le baron de
Hirsch fut envoyé à Berlin pour négocier, au nom de la Société
Guillaume-Luxembourg, un arrangement destiné à garantir
cette société contre le danger d'une cessation éventuelle de
l'exploitation de son réseau.

Ces démarches produisirent un effet contraire à celui qu'en
attendaient leurs auteurs. M. Drouyn de Lhuys, le président
de la compagnie de l'Est, s'empressa d'en informer sans retard
le gouvernement français; cette communication mit fin à
toutes les difficultés. Le réglement d'administration publique

du 2 mai 1863 avait arrêté la compagnie de l'Est dans sa féconde politique d'expansion en excluant des comptes relatifs à la garantie d'intérêts les recettes et les dépenses des lignes étrangères. C'est en vain que pendant quatre années la compagnie avait vanté les avantages que l'exploitation des lignes étrangères procurait au commerce français; ses réclamations avaient échoué. Le spectre de l'invasion du grand-duché de Luxembourg par une compagnie allemande ou par l'Etat prussien mit fin à toutes les hésitations.

Des pourparlers furent engagés avec la société Guillaume-Luxembourg en vue de la modification du bail de 1857. La nouvelle convention, conclue le 21 janvier 1868, assurait à la société Guillaume-Luxembourg le paiement d'une rente annuelle de trois millions de francs; elle fut expressément subordonnée au vote par le corps législatif des clauses financières destinées à engager la garantie de l'Etat. Le *Moniteur universel* du 26 août publia la loi sanctionnant l'arrangement intervenu entre l'Etat français et la compagnie de l'Est. Il était stipulé dans le traité de janvier que la compagnie de l'Est assumerait toutes les obligations et toutes les charges dont la société Guillaume-Luxembourg était grevée tant en vertu des traités conclus avec la Grande-Compagnie du Luxembourg et la société des chemins de fer de Pépinster à Spa, qu'en vertu du cahier des charges et des conventions conclues avec le gouvernement luxembourgeois.

La convention du 21 janvier, étant à son égard une *res inter alios acta*, ne pouvait préjudicier en rien aux droits de l'Etat luxembourgeois. L'obligation de rembourser les huit millions avancés à la société concessionnaire du réseau restait intacte. Les deux compagnies semblent, en 1868 comme en 1857, avoir eu à cœur de placer les autorités grand-ducales en face d'un fait accompli que celles-ci ne pouvaient méconnaître sans risquer de compromettre de graves intérêts.

L'acte du 21 janvier entraînait une modification profonde

des statuts du Guillaume-Luxembourg, qui ne pouvait être faite sans l'intervention du gouvernement. Il constituait la revision unilatérale d'un traité dans lequel l'Etat grand-ducal était intervenu en qualité de co-contractant. Le cahier des charges s'opposait à ce que la société concessionnaire affermât librement ses lignes. L'approbation donnée à la convention de 1857 impliquait, il est vrai, la reconnaissance de la moralité et de la solvabilité de la compagnie fermière; mais le traité nouveau contenait nombre de dispositions dépassant la simple exploitation.

On était certainement en droit d'invoquer la disposition du cahier des charges qui interdit la cession ou la location du réseau national à un Etat étranger, soit directement, soit indirectement. En garantissant un revenu minimum à la compagnie de l'Est, en comprenant les lignes luxembourgeoises dans le second réseau, l'Etat français s'intéressa au moins indirectement à l'exploitation affermée par le traité. La garantie du gouvernement français paraît avoir été stipulée dans une clause secrète, inconnue au gouvernement luxembourgeois (1). L'article 37 du cahier des charges du 11 juin 1859, qui autorise l'Etat français à racheter, après l'expiration des quinze premières années de l'exploitation, la concession accordée à la compagnie de l'Est, ne pouvait être inconnu (2).

En vue de calmer l'effervescence qui commençait à se manifester, tant au parlement et dans la presse que dans le grand-duché, le directeur de la compagnie Guillaume-Luxembourg crut devoir rompre son silence obstiné. Dans une lettre du 23 avril 1868, adressée au ministre d'Etat du Luxembourg, il informa le gouvernement grand-ducal que la compagnie de l'Est avait assumé l'obligation de rembourser les avances de 8 millions de francs, et se chargeait des frais de construction de la seconde voie, qui pourrait devenir nécessaire.

(1) Discours de M. le baron de Blochausen du 28 février 1872.
(2) Discours de M. de Scherff du 6 février 1872.

Ces prétendues concessions n'étaient que des applications pures et simples du droit commun. Le gouvernement luxembourgeois se vit obligé de donner son consentement à la convention du 21 janvier. L'accord entre l'Etat et les sociétés fut signé le 5 décembre 1868. La compagnie de l'Est fut chargée, pendant toute la durée du bail, c'est-à-dire pendant quarante-cinq ans, à partir du 1er janvier 1868..., du paiement éventuel des annuités dues par la société Guillaume-Luxembourg. « Le gouvernement grand-ducal devait régler avec cette société le compte des sommes, dont l'intérêt à 6 0/0 serait prélevé sur le revenu avant qu'il n'y ait lieu au remboursement de la subvention ».

Le chiffre de 3 millions était calculé sur un revenu kilométrique de 23,000 fr. Ce revenu n'avait pas encore été atteint, puisque l'année 1867 n'avait donné qu'une recette kilométrique de 19,100 fr. La compagnie escomptait les nombreux éléments de prospérité existant dans le grand-duché, et, avant tout, les transports de plus en plus importants que devaient lui procurer les exploitations métallurgiques et minières. L'avenir a démontré la justesse de ces prévisions ; dès l'année 1869, le revenu kilométrique atteignit 25,000 fr.

La convention du 5 décembre 1868 fut ratifiée par l'arrêté royal grand-ducal du 13 janvier 1869. Les nouveaux statuts de la société Guillaume-Luxembourg furent approuvés le 5 février suivant.

Le traité du 21 janvier 1868 avait intéressé la compagnie fermière à l'exploitation du réseau. Les transports s'accrurent dans des proportions inespérées, sans que les droits du gouvernement luxembourgeois aient subi la plus légère atteinte. La presse chanta bientôt les louanges du directeur de la compagnie de l'Est, qui avait été le promoteur de l'arrangement si mal accueilli au début.

Encouragée par ce succès non moins que par la bienveillance des autorités françaises, la compagnie de l'Est engagea

22

vers la fin de l'année 1868 des pourparlers avec la société des
chemins de fer néerlandais pour la rétrocession de l'exploita
tion du réseau liégeois-limbourgeois, dont le baron de Hirsch
était concessionnaire. Au cours de ces négociations, elle reçut
des propositions analogues de la part de la Grande-Compagnie
belge du Luxembourg. Cette société avait obtenu la concession d'une ligne allant de Bruxelles à Arlon et à la frontière
luxembourgeoise ; elle exploitait également la ligne de Bettingen à Wasserbillig ; le tronçon Luxembourg-Wasserbillig était
aux mains de la direction prussienne des chemins de fer de
Sarrebruck.

Il était de l'intérêt de la compagnie d'accueillir ces diverses
propositions et de pousser activement les négociations. Les
combinaisons projetées lui assuraient une gare à Bruxelles et
lui permettaient d'entrer dans la gare de Liège. Elle pouvait
espérer conduire ses trains jusqu'à Amsterdam et Rotterdam.
Le transit entre les ports de la mer du Nord et la Suisse ne
pouvait plus lui échapper ; un fort contingent de transports
devait revenir à la ligne de Thionville à Bâle. L'affaire que
l'intelligence du directeur de la compagnie de l'Est, M. Jacqmin, avait réussi à préparer, vint à s'ébruiter grâce aux sages
lenteurs de l'administration française, dont le consentement
était indispensable pour la confirmation des accords à intervenir.

L'opinion publique belge, excitée par les commentaires pas-
sionnés de la presse, vit dans cette affaire commerciale une
véritable tentative d'annexion française. Une loi, votée d'urgence, interdit toute cession de chemins de fer à des étrangers.
Une commission internationale fut chargée de régler l'incident.
Le traité d'exploitation du 15 juillet 1869 précisa les relations
de la compagnie de l'Est avec la Grande-Compagnie du Luxembourg et le réseau de l'Etat belge. Cette modeste convention
ne reçut jamais d'exécution. La guerre de 1870-1871 fit perdre à la compagnie de l'Est les lignes en faveur desquelles

l'arrangement avait été conclu. Le traité du 3 mars, conclu entre la société Guillaume-Luxembourg et la Grande-Compagnie du Luxembourg, fut remplacé le 17 août 1869 par une convention nouvelle, qui rendit à la compagnie française l'exploitation de la ligne de Bettingen à Wasserbillig, à partir du 1er janvier 1870.

* *

Le gouvernement luxembourgeois s'était réservé le droit d'accorder des concessions nouvelles s'embranchant sur le réseau ancien. L'article 14 du cahier des charges du 9 novembre 1855, et l'arrêté royal grand-ducal du 20 juin 1859, sanctionnaient cette faculté.

Dans les derniers mois de l'année 1865, un financier belge, M. Guyot, demanda la concession d'un vaste réseau de voies ferrées. Renonçant à toute subvention en espèces et à toute garantie d'intérêts, M. Guyot se chargeait de la construction du chemin de fer, dit chemin de fer de ceinture, moyennant la concession de terrains miniers. Le projet fut favorablement accueilli, tant dans la presse qu'à la chambre de commerce du grand-duché. Seul, le conseil d'administration de la société Guillaume-Luxembourg fit entendre une voix discordante et proféra des doutes sur le caractère sérieux de l'entreprise. La France n'exploitait alors qu'un réseau de 13,500 kilomètres ; de nouvelles concessions étaient données pour la construction de 7,430 kilomètres. Or, le grand-duché ayant déjà un kilomètre de chemins de fer par 1,000 habitants, la société Guillaume-Luxembourg se prononça contre les concessions demandées par un concurrent. M. Guyot avait foi dans l'avenir économique du grand-duché ; il attribuait l'insuccès relatif des premiers chemins de fer aux stipulations désastreuses dans lesquelles la société concessionnaire s'était laissée entraîner, à la mauvaise exploitation de la compagnie de l'Est, et à la concurrence déloyale de la Grande-Compagnie du Luxembourg.

Les difficultés du début s'étant aplanies, le gouvernement luxembourgeois accorda les concessions demandées à la société des Bassins-Houillers du Hainaut, par une convention des 14 décembre-27 février 1869. La société s'engageait à construire dans des délais convenus, une ligne dite de la Sûre, allant d'Ettelbruck à Wasserbillig, en passant par Echternach, une ligne dite ligne de l'Attert, et les embranchements moins importants de Bettembourg-Athus, Bettembourg-Remich et Remich-Oetringen.

Le baron de Hirsch avait demandé la concession des lignes de Diekirch à Echternach et d'Esch à Athus. Cette demande avait été repoussée, parce que les conditions proposées par le puissant financier étaient trop onéreuses, et que les lignes en question étaient assurées d'un rendement suffisamment rémunérateur.

L'Etat participa à la construction du chemin de fer de ceinture par l'octroi d'une concession minière de 500 hectares. Cette subvention était plus importante que celle accordée autrefois à la société Guillaume-Luxembourg. De 1880 à 1884, la seule minière du Galgenberg a donné, d'après les chiffres reproduits par M. le baron de Blochausen (1), un rendement moyen de 170,000 fr.; or, cette minière n'a qu'une contenance totale de 57 hectares. Il est inutile d'ajouter que la prospérité actuelle de l'industrie métallurgique a considérablement augmenté le revenu des terrains miniers. La nouvelle société, qui devait dans la suite prendre le nom de société des chemins de fer et minières Prince-Henri, eut, comme la société Guillaume-Luxembourg, des débuts peu encourageants. Les désordres financiers auxquels nous avons assisté lors de la construction du premier réseau luxembourgeois, se reprodui-

(1) Les chemins de fer et minières Prince-Henri, Luxembourg, Beffort.

sirent dans des proportions presque fantastiques. Les espérances optimistes exprimées par le discours du trône du 3 mai
1870 ne devaient se réaliser que bien tardivement. Ce n'est
qu'à partir de l'année 1881 que l'exploitation partielle du
réseau Prince-Henri entra dans une voie normale.

A plusieurs reprises, le gouvernement grand-ducal dut
même envisager l'éventualité du rachat de la concession ; des
négociations de ce genre provoquèrent la chute du ministère
de Blochausen.

La concession accordée au délégué de la société des Bassins-Houillers, Philippart, fut attaquée en justice par la société
Guillaume-Luxembourg, qui prétendait avoir le droit de construire la ligne d'Esch à Athus, la plus productive du réseau.
Condamné une première fois, l'Etat obtint gain de cause en
appel, malgré les conclusions contraires du ministère public.
Cette victoire fut célébrée par le pays tout entier. Elle assurait
la construction des lignes de l'Attert et de la Sûre, que le rejet
des prétentions de l'Etat aurait à jamais rendue impossible.

*
* *

Le 19 juillet 1870, l'attaché français Le Sourd, remit au
cabinet de Berlin la déclaration de guerre.

Depuis le commencement du mois de juillet, les industriels
luxembourgeois se plaignaient de ce que la compagnie de
l'Est ne mettait pas à leur disposition un matériel suffisant et
approprié. On accusait même la compagnie française de favoriser les uns au détriment des autres. La société Servais,
Majérus et Cie, se croyant sacrifiée dans une question de tarifs,
intenta un procès à la société exploitante ; elle le gagna en
requête civile. Dans l'affaire Thomas Byrne, la compagnie de
l'Est dut consentir une transaction onéreuse, qui lui coûta
plus de 34,000 francs. L'exception tirée de l'empêchement
résultant de la force majeure ne fut pas admise par le tribunal.

Au mois d'août 1870, les rails furent enlevés entre Wasserbillig et Kartbaus; la communication fut interrompue entre Luxembourg et Trèves. D'autres obstacles à la libre circulation des convois se produisirent à la suite des opérations de guerre.

Mais quoique la voie eût été détruite entre Thionville et la frontière luxembourgeoise, le fameux train de vivres, qui devait susciter tant de récriminations de la part du prince de Bismarck et servir de prétexte à l'éviction de la compagnie de l'Est, réussit à arriver dans la ville assiégée et à retourner à Luxembourg. Il n'est pas nécessaire de revenir sur les conséquences de cet imprudent ravitaillement.

Vers la fin de l'année 1870, la compagnie résolut de ne recevoir dans ses caisses que de l'argent français, lorsque le transport à faire devait passer en France ou en Belgique. La monnaie allemande, qui a cours légal dans le grand-duché, perdit au change. Le thaler, dont la valeur nominale est de 3 fr. 75, avait aux yeux de la compagnie un pouvoir libératoire moindre. Dans sa réponse à l'interpellation du baron de Blochausen, le ministre d'Etat censura la conduite de l'Est et la condamna comme contraire aux traités d'exploitation. D'autres députés estimèrent que la société avait le droit de se faire payer en francs effectifs, français, belges, suisses, italiens ou grecs, dès que le contrat générateur de la créance était fait dans un pays vivant sous le régime du franc effectif.

La direction des chemins de fer de Sarrebruck retenait injustement les wagons que la compagnie de l'Est lui envoyait. Les adversaires de la compagnie fermière attribuèrent le manque de matériel qui en résulta à une cause moins excusable; ils prétendaient à tort ou à raison que le matériel du réseau national était expédié clandestinement sur les lignes de la compagnie française des chemins de fer du Nord.

Du 16 juillet au 4 août, la compagnie de l'Est transporta sur la partie française de son réseau 300,000 soldats, non

compris les isolés marchant dans toutes les directions,
64,700 chevaux, 6,600 canons et voitures et 4,400 wagons
de subsistances et de munitions. Remarquons en passant, pour
venger la compagnie du reproche d'incurie qu'on lui a maintes
fois adressé, que cette circulation absolument anormale ne
donna lieu qu'à deux accidents. Dans la collision de Toul, deux
militaires furent gravement blessés, 35 reçurent des blessures
légères, 26 furent simplement contusionnés. L'accident de
Nançois-le-Petit n'entraîna que des dommages matériels.

Etant donnée l'absence de documents impartiaux et certains, il nous est impossible de nous prononcer sur la valeur
réelle des critiques adressées à la compagnie. A-t-elle cédé
aux suggestions du patriotisme de ses directeurs et de son
personnel, ou s'est-elle strictement conformée aux devoirs
que lui imposait la neutralité du grand-duché ? Qui voudrait
l'affirmer ? Au milieu des désastres d'une guerre malheureuse, le patriotisme peut provoquer des actes, que la réflexion
calme et froide réprouve.

S'il est vrai que la compagnie de l'Est a trouvé à Luxembourg des adversaires acharnés, il n'est pas moins vrai que
d'autres n'ont pas hésité à lui reconnaître quelques avantages
et quelques qualités. « Par la puissance de ses ressources, par
son intelligence, la loyauté, l'honnêteté de ses directeurs et de
tout son personnel, dit M. de Scherff dans son éloquent discours du 6 février 1872, la compagnie fermière de notre réseau nous a donné un service qui, s'il n'était pas parfait, répondait aux exigences raisonnables et tendait journellement à
s'améliorer ; elle a donné un grand essor aux communications
internationales de notre réseau, dont la prospérité s'accroissait successivement ; enfin, sa présence parmi nous était considérée par bien des personnes comme un gage de notre
équilibre politique ». D'après M. Charles Simons, « l'exploitation était parvenue à se faire convenablement et conformément aux intérêts économiques du pays », et le Luxembourg

avait lieu « d'être satisfait de la manière dont l'Est s'acquittait de ses obligations ».

La situation changea pendant l'année 1871. Les malheurs qui s'étaient abattus sur leur patrie et les dangers dont la société, qui avait déjà tant souffert des suites de la guerre, était menacée, avaient diminué chez les employés de la compagnie le sentiment du devoir. Les voies étaient en mauvais état ; le service des trains laissait beaucoup à désirer ; la sécurité des voyageurs était compromise ; le matériel était absolument insuffisant pour satisfaire aux demandes de l'industrie et du commerce. La société Guillaume-Luxembourg pouvant être entraînée dans de coûteux procès en dédommagement, le gouvernement luxembourgeois crut devoir l'informer de la gravité de la situation (1). La société concessionnaire fit des représentations pressées auprès de la compagnie fermière, et signala les faits incriminés au cabinet de Versailles.

Ces démarches n'aboutirent point ; les réparations les plus urgentes ne furent pas faites. Le ministre d'Etat du grand-duché convoqua pour le 25 mars 1872 le comité spécial, institué et prévu par l'article 2 de la convention du 5 décembre 1868, afin de l'entretenir des principales questions intéressant le réseau luxembourgeois : « de la construction d'un pont à Mersch, du détournement sur les lignes du Grand-Luxembourg des transports qui devaient s'effectuer sur celles du Guillaume-Luxembourg, et de l'opposition faite depuis la cession au raccordement du Prince-Henri ». Croyant qu'il était inutile de faire de nouveaux travaux sur un réseau qu'elle était condamnée à quitter dès qu'on lui aura trouvé un remplaçant, la compagnie refusa de se rendre à la convocation de M. Servais, et, aggravant ce manque de condescendance par un procédé répréhensible, elle communiqua au ministre prus-

(1) Dépêches des 29 et 31 août 1871.

sien Delbruck des extraits détachés de la lettre du ministre
luxembourgeois (1).

*
* *

Ce n'est pas de la guerre de 1870 que datent les premières
tentatives de l'Allemagne pour s'emparer des chemins de fer
luxembourgeois. Dès le mois de mai 1865, le baron de Hirsch
invita le cabinet de Berlin, par l'intermédiaire du directeur de
la douane de Luxembourg, à se charger de l'exploitation des
chemins de fer Guillaume-Luxembourg. M. de Bismarck constata dans un écrit remis au négociateur officieux qu'il était
prêt à entrer en pourparlers. Le baron de Hirsch se servit de
ce précieux document pour obtenir du gouvernement français
la garantie d'intérêts pour la rente de trois millions que la
compagnie de l'Est s'engagea en janvier 1868 à payer à la société Guillaume-Luxembourg.

M. Servais rapporte (2) que le prince de la finance le pria
« de tenir secrètes les bonnes dispositions de la Prusse, en lui
promettant de lui faire connaître plus tard verbalement les
causes qui rendaient la divulgation précipitée dangereuse et
inopportune ». Le baron de Hirsch ne fut pas fidèle à sa promesse. « Il a cru, sans doute, écrit M. Servais, qu'il était su-
perflu de m'apprendre la cause de la discrétion nécessaire, et
que je pouvais parfaitement apprécier l'intérêt qu'il y avait à
ce que le public ne fût pas initié à ce qui se passait. On me
dit qu'il gagna des millions, à cette occasion, par suite de la
forte hausse des actions et des obligations des chemins de fer
Guillaume-Luxembourg, après qu'il fut connu que le gouvernement français accordait la garantie de trois millions ».

Des propositions prussiennes plus précises furent faites au

---

(1) Dépêche du gouvernement aux négociateurs luxembourgeois à Berlin, du
10 avril 1872 ; comptes-rendus parlementaires. 1872.

(2) *Autobiographie*, p. 61.

cours des discussions relatives à l'approbation de la convention de 1857 : nous n'avons pas à revenir sur ces négociations. La troisième tentative de la Prusse fut couronnée de succès. Il nous reste à en décrire brièvement les diverses phases.

L'ancien président de la chambre luxembourgeoise, M. de Scherff, accusa, dans une brochure retentissante, le ministre Servais d'avoir imprudemment provoqué la cession à l'Allemagne du réseau grand-ducal en offrant son concours pour évincer la compagnie de l'Est. La question des responsabilités encourues ne rentre pas dans le cadre de notre étude, car nous ne faisons pas une œuvre de parti.

Dans l'exposé de la situation administrative du mois de novembre 1871, M. Servais critique en termes peu bienveillants la malheureuse équipée de Thionville, qui, un instant, menaça l'indépendance et l'autonomie nationale du grand-duché. « Cet acte de témérité, dit-il, blamâble au plus haut point, suscita au grand-duché de graves embarras ; les faits étaient tels qu'il était impossible d'empêcher que la question de l'abandon par la compagnie de l'Est du bail de nos chemins de fer ne fût posée ».

Dans sa dépêche du 15 octobre 1870, le ministre annonce son intention de poursuivre en justice la résiliation du contrat d'exploitation du 21 janvier 1868. M. d'Ernsthausen demanda le 28 janvier 1871, que le gouvernement luxembourgeois mît la compagnie de l'Est dans l'impossibilité de se prêter à l'avenir à des tentatives analogues à celle du 24 septembre 1870 ; or cette impossibilité ne pouvait résulter que de la résiliation des conventions existantes. L'insistance du délégué allemand ne s'explique que dans l'hypothèse où, dès ce moment, le cabinet de Berlin aurait eu l'intention arrêtée de supplanter la compagnie française. Car au milieu des désastres sans nombre qui chaque jour s'abattaient sur leur malheureuse patrie, les directeurs de la compagnie française ne pouvaient guère

songer à ravitailler des forteresses par des transports de vivres
partis de la gare de Luxembourg. M. d'Ernsthausen ne songea
certainement pas, en rédigeant sa note du 28 janvier, à l'éventualité d'une guerre future dans laquelle les rôles seraient
renversés.

Le procès en résiliation que le gouvernement luxembourgeois avait promis d'intenter à la compagnie de l'Est, n'avait
pas grande chance d'aboutir. Les juges auraient sûrement
admis l'exception de force majeure que la compagnie défen-
deresse ne pouvait manquer d'opposer. La responsabilité de
la compagnie n'était pas nettement établie ; elle ne l'était
même pas du tout. Au moment où se produisit le fatal incident qui devait lui coûter si cher, ses directeurs responsables
étaient enfermés dans Paris assiégé et ne pouvaient donner
aucun ordre au dehors. Deux avocats furent commis pour étudier l'affaire et en préparer la solution. Au bout de quelques
semaines, ils rapportèrent les dossiers en déclarant que la
poursuite judiciaire était exposée à un échec certain. Le gouvernement hésita. Le ministre prussien Delbrück ne lui en fit
aucun grief ; il comprit parfaitement ces scrupules. Le but
pouvait d'ailleurs être atteint par des moyens moins aléatoires.

La France était abattue, à la merci de son puissant vainqueur. Dans une dépêche du 9 mars 1871, adressée à M. le
baron de Blochausen, M. Servais estimait que la compagnie
de l'Est pouvait être amenée à renoncer à son exploitation,
soit volontairement, soit par suite des stipulations du traité
de paix. L'Allemagne suivit cette dernière voie.

Le traité de Francfort consomma l'expulsion de la compagnie française. Voici la disposition de l'article 1er additionnel,
qui la réalise :

« Article 1er, § 9 : Vu la situation qui a servi de base à la
convention conclue entre la compagnie des chemins de fer de
l'Est et la société royale grand-ducale des chemins de fer
Guillaume-Luxembourg, en date du 6 juin 1857 et du 21 jan-

vier 1868, et celle conclue entre le gouvernement du grand-duché de Luxembourg et la compagnie de l'Est française, en date du 5 décembre 1868, et qui a été modifiée essentiellement de manière qu'elles ne sont applicables à l'état de choses créé par les stipulations contenues dans le § 1er, le gouvernement allemand se déclare prêt à se substituer aux droits et aux charges résultant de ces conventions pour la compagnie des chemins de fer de l'Est.

« Pour le cas où le gouvernement français serait subrogé, soit par le rachat de la concession de la compagnie de l'Est, soit par une entente spéciale, aux droits acquis par cette société, en vertu des conventions sus-indiquées, il s'engage à céder gratuitement, dans un délai de six semaines, ses droits au gouvernement allemand.

« Pour le cas où ladite subrogation ne s'effectuerait pas, le gouvernement français n'accordera de concessions pour les lignes de chemins de fer appartenant à la compagnie de l'Est et situées sur le territoire français que sous la condition expresse que le concessionnaire n'exploite point les lignes de chemins de fer situées dans le grand-duché de Luxembourg ».

Le ministre Delbruck pouvait donc affirmer avec raison, le 14 mai 1871, que l'éviction de la compagnie de l'Est pouvait se faire sans procès. L'affirmation ne manque pas d'un certain piquant, puisqu'au moment où elle fut faite, le sacrifice était consommé.

Le 27 juin 1871, la compagnie de l'Est fit savoir au ministre d'Etat du Luxembourg qu'elle avait renoncé officiellement à l'exploitation du réseau Guillaume-Luxembourg. Cette démarche dut affliger profondément son perspicace directeur d'exploitation, M. Jacqmin, dont tous les efforts avaient été dirigés vers l'expansion étrangère. La compagnie ne discuta même pas la question de la conservation de son exploitation; elle se contenta d'exprimer le mélancolique espoir que la perte

causée par la renonciation serait l'objet de compensations
équitables. A M. Servais, qui lui demandait si la renonciation
était pure et simple ou si elle impliquait une cession au sens
juridique du mot, elle répondit que « le traité de Francfort
stipulant la renonciation par la compagnie de l'Est à l'exploitation des lignes du grand-duché, elle avait dû se conformer aux
clauses du traité ». Une lettre du 14 juillet 1871 nous
apprend qu'il « n'y a eu de la part de la compagnie de l'Est
aucune entente avec le gouvernement français au sujet de
cette renonciation, et que la compagnie n'a pu que s'incliner
devant le fait accompli ».

D'après la dépêche du ministre français à La Haye (10 juillet
1871), « la compagnie de l'Est a déclaré se désintéresser
entre les mains du gouvernement français des droits et charges
résultant pour elle des conventions qui lui concédaient l'exploitation des lignes situées dans le Luxembourg ». Le même
document parle de la cession faite par le gouvernement français au profit de l'Allemagne : « M. le ministre des affaires
étrangères a fait savoir à M. le chargé d'affaires d'Allemagne
à Paris, qu'il était prêt à transporter gratuitement au gouvernement allemand les droits de la compagnie de l'Est à l'exploitation du réseau luxembourgeois, tels que ces droits se
comportent et résultent des contrats, à la charge par le gouvernement allemand, en les faisant valoir à ses risques et
périls, de s'entendre pour leur exercice avec le grand-duché
de Luxembourg, la Belgique et la compagnie Guillaume-
Luxembourg.

« En portant ces faits à la connaissance de Votre Excellence, je me permets de lui faire remarquer que le gouvernement français a expressément réservé les droits des tiers et
ceux du gouvernement grand-ducal en particulier ».

Une nouvelle lettre de M. de Bourgoing, du 29 juillet 1871,
assure « qu'il ne saurait être dans la pensée du cabinet de
Paris de porter atteinte aux prérogatives que le gouverne-

ment grand-ducal tient soit de la lettre des contrats qu'il a passés, soit de l'exercice de son autorité souveraine. »

Il est permis de contester la base juridique des contrats et des cessions de droits qui furent faits au moment de la conclusion de la paix de Francfort et en exécution du traité. Le gouvernement français avait signé l'engagement de faire renoncer la compagnie de l'Est à l'exploitation des lignes luxembourgeoises et belges, parce que le sort des armes lui avait été contraire. « Il est étonnant, dit M. Servais (1), que les négociateurs français aient accepté la demande formulée par ceux de l'Allemagne, sans faire l'objection qu'on ne pouvait pas introduire dans le traité une clause par laquelle on disposait de la chose d'autrui, et sans égard encore aux droits souverains d'un autre Etat dont on n'avait même pas entendu les représentants ». Cela s'expliquerait, d'après l'auteur, par le fait que les négociateurs français auraient ignoré la portée de l'engagement qu'ils prenaient, et qu'ils avaient cru que les chemins de fer Guillaume-Luxembourg n'étaient qu'une ligne insignifiante de quelques kilomètres, ne valant pas la peine qu'ils s'en souciassent.

Cette explication pèche par la base. Les négociateurs ne pouvaient ignorer les discussions qui avaient eu lieu lors de l'octroi de la garantie d'intérêts en 1868. La compagnie de l'Est comptait dans son sein trop d'hommes remarquables, qui pouvaient et devaient attirer l'attention du ministère sur la gravité du sacrifice que l'Allemagne imposait à la France.

Le bruit du canon étouffe la faible voix du droit. A quoi bon discuter le caractère juridique d'un acte dans lequel la libre volonté n'a aucune part ? La compagnie de l'Est exécuta les conditions du traité de paix. Le pouvait-elle ? Etait-elle en droit de rompre des conventions synallagmatiques qui engendraient des charges et des droits réciproques ? La réponse est négative. Pouvait-elle refuser de consentir au sacrifice

---

(1) *Autobiographie*, p. 81.

qu'on demandait d'elle ? Pas davantage. D'un côté, le cahier des charges et la convention d'exploitation l'obligeaient sous peine de dommages-intérêts, à exploiter le réseau luxembourgeois, et lui interdisaient toute cession soit directe, soit indirecte au profit d'un Etat étranger ; de l'autre côté, le traité de Francfort la forçait de renoncer à ses droits et de méconnaître ses devoirs et ses engagements.

Le chargé d'affaires du Luxembourg à Berlin, M. Foehr, attira, le 21 juin 1871, l'attention du ministre Delbrück sur la faiblesse juridique des droits que l'Allemagne entendait faire valoir. Ce n'est pas à dire que les hommes d'Etat allemands se soient fait la moindre illusion à ce sujet. Un fonctionnaire supérieur avoua ingénuement que les droits de l'Allemagne ne reposaient sur rien : *Unsere Rechte schweben in der Luft.* Ces droits reposaient sur la force. Delbrück éluda l'objection du diplomate luxembourgeois, en prétextant que la convention d'exploitation n'avait pas prohibé la cession de l'exploitation à un Etat étranger. Ce prétexte n'est pas plausible. En se substituant aux droits de la société Guillaume-Luxembourg, la compagnie de l'Est avait assumé les obligations de la société concessionnaire du réseau, obligations que le cahier des charges précise et énumère.

Le directeur de la chancellerie allemande réussit sans peine à dissiper les scrupules de son contradicteur. « Si le gouvernement luxembourgeois, dit-il, cherchait à nous créer des embarras, nous aurions des moyens pour les lui faire regretter ». La discussion était close. Comment répliquer à des arguments aussi convaincants ?

Les stipulations de Francfort, la renonciation de la compagnie de l'Est, et la cession consentie par le gouvernement français au profit de l'Allemagne eurent lieu sans qu'on songeât même à faire intervenir la société concessionnaire du réseau cédé. Il ne s'agissait pourtant pas d'une chose abandonnée ni d'une *res nullius*. Le gouvernement français avait, il est vrai, réservé expressément les droits des tiers, qu'il était forcé de méconnaître; les termes de l'acte de cession prouvent qu'il n'ignorait pas le vice fondamental de l'opération, ni combien fragile en était la base juridique.

Le ministre d'Etat du Luxembourg s'enquit, dès le 26 mai 1871, des intentions de la société Guillaume-Luxembourg. Pendant près de trois mois, celle-ci, se renfermant dans un silence maussade, ne daigna pas répondre, toute explication lui paraissant superflue. Enfin, le 19 août, elle éleva la voix pour protester contre la manière dont les puissances avaient agi à son égard. « La société, écrivit-elle, ne reconnaît pas à la compagnie de l'Est le droit de rompre des conventions qui ont encore quarante et un ans de durée; c'est ce langage qu'elle a tenu au gouvernement français, en indiquant que la rupture ne pourrait, dans aucun cas, s'accomplir sans une entente avec nous ».

Cette attitude était inopportune et impolitique. Les faibles ont toujours tort, surtout quand ils se fâchent. Le gouvernement luxembourgeois reconnut officiellement les droits de la société concessionnaire. « Il faudrait, d'après les termes des instructions données au chargé d'affaires du grand-duché à Berlin (11 octobre 1871), qu'un des intéressés se mît en rapport avec toutes les parties pour tâcher de se mettre d'accord avec elles au sujet d'une combinaison qui les satisferait. Le gouvernement luxembourgeois se chargerait volontiers de cette tâche... » Pour valider les arrangements intervenus entre les deux gouvernements et la compagnie de l'Est, le conseil d'Etat de Luxembourg exigeait, le 9 mars 1872, le consentement librement donné de l'Etat grand-ducal et celui de la société Guillaume-Luxembourg. Cette assemblée refusa de se rallier à l'opinion du ministre Delbruck; elle croyait qu'en cédant son droit d'exploitation à la compagnie de l'Est, la société luxembourgeoise avait épuisé ses droits (1).

(1) Dépêche Foehr du 18 octobre 1871.

Concessionnaire du réseau grand-ducal, la société pouvait perdre ses droits, soit en y renonçant expressément ou en les cédant à un tiers, soit en encourant la déchéance résultant de l'inobservation des lois, des conventions et des règlements. Il n'était pas probable qu'elle consentît jamais à une cession pure et simple ou à une renonciation à titre gratuit. La cession devenait impossible, faute de fermier disposé à exploiter des lignes que l'Allemagne convoitait. En se tenant tristement à l'écart et en ne faisant aucune démarche en vue de conserver ses droits et d'assurer l'exploitation de son réseau, la société s'exposait à être déclarée déchue de ses droits.

L'éviction de la compagnie de l'Est n'était qu'une étape dans la politique du prince de Bismarck ; ce n'était qu'un moyen. La compagnie française fut évincée parce que l'Etat allemand voulait occuper la place devenue vide.

Pendant le premier séjour qu'il fit à Luxembourg, M. d'Ernsthausen ne cacha pas les intentions de son gouvernement (25 au 30 janvier 1871) ; il demanda franchemet et sans ambages la cession de l'exploitation. Les mêmes préoccupations apparaissent dans les négociations du traité de Francfort ; le texte officiel de l'article premier additionnel les laisse facilement entrevoir. Le 20 mai, dix jours après la signature du traité, M. Foehr annonça à son gouvernement que l'Allemagne entendait exploiter le réseau luxembourgeois par la commission administrative préposée à la direction des chemins de fer alsaciens et lorrains. Quelques mois plus tard, M. d'Ernsthausen déclara que le gouvernement allemand s'était définitivement arrêté à ce projet. Aussi le retrouvons-nous dans le premier document écrit, qui indique d'une manière précise les propositions du gouvernement allemand. La dépêche de la chancellerie, du 17 février 1872, formule les bases des négociations qui devront avoir lieu à Berlin ; une des bases consiste dans la cession, par le grand-duché, de l'exploitation de son réseau à l'Allemagne, qui, de son côté, « entend transférer, tant dans

23

l'intérêt de l'Empire que dans celui du grand-duché, ses droits et obligations à la commission administrative des chemins de fer de l'Alsace et de la Lorraine, combinaison qui, seule, sera dans le cas de sauvegarder les intérêts allemands ».

Le 16 mars, le ministre Servais donne des instructions détaillées à MM. Foehr, chargé d'affaires de Luxembourg à Berlin, Ulveling, directeur général des finances, et Jurion, président du conseil d'Etat, qui devaient se rendre auprès des autorités allemandes pour négocier l'entente à intervenir. Dès le 23 mars, les négociateurs luxembourgeois étaient convaincus que l'on ne pouvait espérer que l'Allemagne renoncerait à ses prétentions : « Nous avons la conviction, écrivirent-ils au ministre d'Etat, qu'une insistance ultérieure serait inutile et ne pourrait aboutir qu'à de graves complications ».

Le gouvernement grand-ducal n'entra pas de bon cœur dans les vues de la chancellerie de Berlin ; il hésita longtemps avant d'admettre le principe de l'exploitation allemande, et lorsque, forcé par une nécessité inévitable, il s'y résigna, il ne céda que pas à pas ; cette sage lenteur exaspéra les négociateurs allemands. Au début, M. Servais refusa formellement de condescendre aux désirs du prince de Bismarck. La majorité de la Chambre des députés et le conseil d'Etat le soutenaient énergiquement dans cette voie. Pour échapper aux demandes trop pressantes, le ministre s'engagea derechef à poursuivre la résiliation des contrats d'exploitation de 1868. L'*Autobiographie* publiée par M. Servais décrit les craintes qui régnèrent au sein du conseil des ministres. « La mission de M. d'Ernsthausen, écrit M. Servais, a certainement eu pour principal objectif la cession de l'exploitation de nos chemins de fer à l'Allemagne qu'on a cherché plus tard à acquérir par le traité de Francfort ; la manière dont elle a été remplie fait voir que M. de Bismarck avait ses raisons pour ne pas désirer que ses projets fussent divulgués, qu'il ne voulait pas employer la force ni même paraître vouloir recourir à la me-

nace pour les réaliser, tout en profitant volontiers à cette fin
des craintes qu'il n'hésitait pas à inspirer. Elle est un curieux
spécimen des procédés diplomatiques dont il sait, à l'occasion,
se servir ».

Dès que le départ de la compagnie de l'Est fut certain, le
gouvernement grand-ducal se préoccupa de rechercher une
nouvelle société fermière. Le projet de la réponse qui devait
être faite à la note Ernsthausen de janvier 1871 mentionne
déjà les propositions de la société des Bassins-Houillers du
Hainaut, concessionnaire du réseau Prince-Henri. Ce passage fut omis dans la réponse officielle, sur le désir
exprès du délégué allemand. M. Servais n'avait pris envers
M. d'Ernsthausen aucun engagement concernant la société
qui devait succéder à la compagnie de l'Est ; il avait seulement promis d'intervenir afin que les intérêts allemands ne
fussent pas sacrifiés. Cette promesse n'était pas bien compromettante ; les intérêts allemands étaient en bonnes mains ; ils
étaient soutenus par un million de soldats.

M. le baron de Blochausen fut envoyé à Bruxelles pour y
négocier une entente avec le gouvernement belge ou avec les
compagnies de chemins de fer de la Belgique. On ne pouvait
guère songer à une entente avec la Grande-Compagnie du
Luxembourg, que dirigeait M. Regrais. L'Allemagne n'aurait
jamais admis une combinaison dans laquelle seraient entrés
des personnages attachés également à la compagnie de l'Est ;
elle voulait l'éviction complète et entière de l'élément français.

La mission de M. de Blochausen échoua. M. Pescatore, qui
négociait à Paris, ne fut pas plus heureux. « Ceux qui auraient
été disposés à se charger de l'entreprise, écrivit plus tard
M. Servais, posaient pour première condition l'assentiment de
l'Allemagne ; tout le monde savait que nous ne pouvions
traiter au sujet de l'exploitation de nos chemins de fer sans le
consentement du gouvernement allemand, et que ce consentement n'était pas obtenu ». La société Guillaume-Luxem-

bourg ne se prêta à aucune combinaison ; elle craignit de perdre le revenu des 3 millions que la compagnie de l'Est devait lui payer. Il n'y avait qu'une personne qui se montrait disposée à entreprendre l'exploitation dont seule l'Allemagne voulait se charger ; c'était M. Philippart. L'aventureux financier était incapable de remplir les engagements que lui imposait la concession du réseau Prince-Henri. La prudence la plus élémentaire interdisait au gouvernement de traiter avec lui.

On alla jusqu'à envisager l'hypothèse d'une exploitation par l'Etat ; des devis furent demandés à la direction des travaux publics. On pesa les avantages et les inconvénients d'une combinaison dans laquelle l'Etat belge aurait exploité une partie du réseau, et la direction des chemins de fer de Sarrebruck l'autre. M. Servais se rendit à Bruxelles, où avait échoué son représentant. Il n'y rencontra pas de dispositions favorables. Les ministres belges l'éconduisirent poliment. Le roi Léopold fut plus affable ; il ne fut pas plus communicatif. La vénération que les Belges professaient pour le puissant chancelier allemand se doublait d'une crainte salutaire qui paralysait toute initiative.

Les négociateurs luxembourgeois proposèrent au cabinet de Berlin la création d'une société mixte composée d'éléments allemands et luxembourgeois, qui offrirait toutes garanties. M. Delbrück refusa poliment mais catégoriquement. Une société luxembourgeoise ne pouvait lui donner toutes les garanties nécessaires à la sauvegarde des intérêts allemands. « J'ai la conviction, dit-il, qu'en fait les meilleures garanties seraient illusoires, et que les stipulations qu'on arrêterait ne seraient qu'un chiffon de papier sans valeur ». Le danger contre lequel on voulait se garantir à Berlin, n'était-il pas, lui aussi, un danger illusoire ?

L'exploitation par la société rhénane allemande ne fut pas admise.

Il y avait une solution de continuité entre le réseau luxem-

bourgeois et les lignes de cette société ; cette solution de
continuité ne s'étendait que sur quelques kilomètres. M. Delbruck craignait qu'en cas de guerre cette société, pourtant
purement allemande, ne se laissât entraîner à poser des actes
contraires à la neutralité du grand-duché. Ces actes n'auraient
évidemment pas été dirigés contre l'empire allemand.

Toutes les prétentions et toutes les propositions des délégués luxembourgeois vinrent échouer contre le roc intangible
et sacré des intérêts allemands. C'était la lutte du pot de grès
contre le pot de fer. L'exploitation du réseau Guillaume-
Luxembourg par l'Allemagne fut admise en principe dans la
conférence du 23 mars 1872. Il ne resta plus qu'à en fixer
les conditions. Les négociations furent longues et pénibles.
Trois délégués luxembourgeois y travaillèrent pendant quelque
temps ; un quatrième, M. Salentiny dut bientôt se joindre à
eux. Le ministre d'Etat se rendit lui-même à Berlin, pour obtenir quelques concessions qu'il jugeait indispensables. Ce
voyage n'améliora pas la situation ; il provoqua une rupture
qui risqua d'entraîner des conséquences funestes et dangereuses. L'Allemagne avait consenti à ce que le grand-duché
ne figurât dans le traité qu'en qualité de partie consentante
et non de partie contractante. Désireux de se prémunir contre
tout recours des sociétés intéressées, les négociateurs luxembourgeois demandèrent l'insertion dans le projet de convention
d'une clause spéciale de garantie. Cette demande pouvait
sembler anodine et naturelle de la part du grand-duché, qui
n'avait cédé qu'à regret aux sollicitations allemandes, et avait
réservé à toute occasion les droits de la compagnie concessionnaire du réseau. Elle exaspéra le ministre Delbruck. Qu'il
nous soit permis de transcrire les lignes dans lesquelles M. Servais rend compte de ces émouvantes discussions. « La question
de garantie, écrit l'ancien ministre d'Etat (1), a donné lieu à une

(1) Comptes-rendus parlementaires luxembourgeois, session extraordinaire de
1872, p. 161.

discussion fort vive, à la suite de laquelle M. Delbruck a déclaré que les négociations devraient être considérées comme
rompues, que les relations postales et télégraphiques cesse-
raient, que la société de l'Est serait invitée à retirer son matériel, que le traité douanier serait dénoncé.

« Nous nous retirâmes.

« La situation était grave ; une lettre fut écrite à M. Delbruck dans laquelle il fut démontré combien la demande concernant la garantie était fondée.

« Le 11 juin, M. Foehr fut appelé seul au ministère. Il
admit la rédaction de l'article sur la garantie telle qu'elle fut
proposée.

« La convention fut signée par M. Foehr le même jour, à
9 heures du soir ».

La conclusion du traité du 11 juin mit fin à l'horrible cauchemar qui depuis bientôt deux ans hantait les populations
luxembourgeoises ; on put enfin respirer plus à l'aise ; le
spectre prussien, coiffé d'un casque et posé devant le portail
d'une immense caserne s'évanouit. Une ovation enthousiaste
fut faite au ministre d'Etat lorsqu'il rentra à Luxembourg. La
détente fut grande. On ne se demanda même pas si les sacrifices consentis par les délégués luxembourgeois ne portaient
pas atteinte à l'indépendance nationale, si les stipulations nouvelles ne faisaient pas une brèche au traité du 11 mai 1867,
qui garantit la neutralité du grand-duché. On devinait plutôt
qu'on ne prévoyait les avantages que l'exploitation confiée à
la commission administrative de Strasbourg devait produire à
bref délai. On n'était pas trop inquiet au sujet de la neutralité,
parce que la puissance qu'on craignait le plus, venait de la
confirmer de la manière la plus solennelle. La France ne pouvait contester le caractère loyal d'un acte qu'elle-même avait
imposé au Luxembourg.

Le parlement adopta le traité le 27 juin 1872 à l'unanimité
des voix. Aucune voix discordante ne se fit entendre. Un dé-

puté saisit l'occasion qui se présentait à lui, pour parler des élections. M. le baron de Blochausen se prononça ouvertement pour la convention, tout en affirmant qu'il aurait préféré ne pas avoir besoin de la voter; elle lui paraissait imposée par une pression étrangère, et sauvegarder l'indépendance nationale aussi bien que possible. Les députés s'inclinaient devant le fait accompli, devant un fait auquel le grand-duché n'avait pu ni résister ni même essayer de résister.

Le ministre d'Etat énuméra les avantages du traité. « La convention, dit-il dans son beau discours du 25 juin 1872, impose au gouvernement allemand les obligations que la compagnie de l'Est avait garanties... elle nous assure le maintien de l'union douanière... et consolide notre position politique, commerciale et industrielle. Depuis deux ans, nous étions dans l'incertitude sur notre sort...; à chaque moment l'inquiétude de la population montrait que l'on n'était pas rassuré. Tout danger disparaît maintenant. Nous avons fait une convention avec la puissance que l'on craignait. Par la convention, cette puissance reconnaît notre neutralité et déclare qu'elle veut la respecter. Nous avons ici une garantie qui est d'un grand prix. Personne ne se refusera d'accorder une grande valeur aux engagements résultant d'une convention. quelque peu de confiance qu'on puisse d'ailleurs avoir dans les déterminations de ceux que les considérations politiques dirigent... Notre maintien dans l'union douanière consolide notre position sous le rapport commercial et industriel... Sous le point de vue politique comme sous le point de vue commercial et industriel, nous devons nous féliciter que la question de l'exploitation de nos chemins de fer soit terminée... »

On doit reconnaître que l'industrie et le commerce luxembourgeois ont largement profité des avantages concédés par la convention du 11 juin 1872. L'exploitation de la compagnie de l'Est avait produit des résultats d'autant plus heureux que les réseaux de l'Est et celui du Guillaume-Luxembourg se touchaient et se pénétraient de toutes parts. Il est utile que les chemins de fer luxembourgeois soient exploités par la même administration qui exploite les chemins de fer alsaciens et lorrains. L'unité de direction influe avantageusement sur l'accroissement des transports.

L'Allemagne avait tenu compte des principales réclamations du gouvernement grand-ducal. La direction générale de Strasbourg est subrogée à tous les droits et à toutes les obligations résultant pour la compagnie de l'Est des lois et arrêtés de concession, du cahier des charges, et des traités et conventions conclus avant l'année 1871. L'administration allemande est soumise aux lois et règlements en vigueur dans le grand-duché au 10 mai 1871, pour autant du moins que ces dispositions ne sont pas modifiées, ni complétées par la convention (§ 1). Le sort de l'union douanière est lié au sort de la convention d'exploitation (§ 14). La compétence des tribunaux luxembourgeois est reconnue pour toutes les réclamations élevées contre la direction de Strasbourg, du chef de l'exploitation des lignes situées dans le grand-duché. Le contrôle gouvernemental est réservé (§ 3). M. Servais avait demandé que l'Allemagne s'engageât à ne prendre que des employés luxembourgeois. L'article 4 tient compte de ce vœu, en obligeant la direction générale à embaucher de préférence des employés de nationalité luxembourgeoise. Les employés fonctionnant dans le grand-duché portent le même uniforme que les agents de la direction générale desservant les lignes alsaciennes et lorraines; une exception est faite pour les passepoils et les cocardes nationales (§ 5). Le paragraphe 13 règle la question des garanties qui, un instant, menaçait de rompre les négociations. « Le gouvernement grand-ducal ne prend à sa charge aucune garantie vis-à-vis du Guillaume-Luxembourg, de l'État belge ou de la Grande-Compagnie belge du Luxembourg et respectivement vis-à-vis des parties qui ont participé aux traités de traction. Le gouvernement

allemand se substituera au gouvernement grand-ducal dans
toutes les réclamations qui pourraient être élevées contre lui
par le Guillaume-Luxembourg en suite du traité et en vertu du
cahier des charges du 9 novembre 1855. Le gouvernement
luxembourgeois donnera immédiatement connaissance des
réclamations qui surgiraient de ce chef (§ 13) ». La première
réclamation du Guillaume-Luxembourg ne se fit pas longtemps
attendre; la société protesta dès le 26 juin auprès du gouvernement grand-ducal contre la convention d'exploitation.

Le remboursement des avances de l'Etat grand-ducal est
réglé par les articles 11 et 12 du traité. Le reliquat restant après le prélèvement du prix du loyer à payer à la
société Guillaume-Luxembourg, et la déduction d'un certain
nombres d'autres dépenses, « sera payé intégralement au
gouvernement luxembourgeois, à titre de remboursement suc-
cessif de la subvention de 8 millions par lui accordée à
la société Guillaume-Luxembourg. Aussi longtemps que la
subvention ne sera pas intégralement remboursée, le gouvernement allemand renonce à toute participation au bénéfice net résultant de l'entreprise... Dès que la subvention
de 8 millions de francs... aura été remboursée intégralement, le restant du produit net après paiement de la rente au
Guillaume-Luxembourg et des prélèvements indiqués sera
attribué pour une moitié à l'Etat luxembourgeois et pour l'autre moitié à l'administration allemande ».

La question du remboursement des avances de 8 millions
avait fait l'objet de nombreuses réclamations de M. Servais.
Le ministre avait même espéré un instant que le gouvernement allemand, jugeant qu'il était contraire à sa dignité de
rester le débiteur d'un petit Etat, consentirait à payer immédiatement le montant total de la subvention. L'affaire étant
bonne, cette demande put ne pas paraître téméraire. Malheureusement la générosité perd ses droits dès que les intérêts
pécuniaires entrent en jeu. La demande fut rejetée, si tant

est que les délégués luxembourgeois aient osé la proposer à M. Delbruck.

Le remboursement reste toujours à faire ; des négociations sont actuellement en cours pour en règler l'exécution de la manière la plus satisfaisante et la plus équitable. Les documents que nous avons reproduits dans ce travail montrent dans quel sens il faut chercher la solution, qui, après une attente trop longue, doit enfin intervenir.

.*.

Au cours des discussions de Berlin, les négociateurs luxembourgeois avaient insisté sur la nécessité de soumettre la convention nouvelle à l'agrément des puissances signataires du traité de Londres. Les délégués allemands ne pouvaient s'opposer à cette consultation ; ils ne voulurent pourtant pas admettre l'insertion dans le traité d'une disposition formelle prévoyant l'agrément des puissantes garantes de la neutralité luxembourgeoise. L'article 2 leur semblait assurer suffisamment la neutralité du grand-duché en temps de guerre. Par cet article « le gouvernement allemand s'est engagé à ne jamais se servir des chemins de fer luxembourgeois pour le transport de troupes, d'armes, de matériel de guerre et de munitions, et de ne pas user pendant une guerre dans laquelle l'Allemagne serait impliquée, pour l'approvisionnement des troupes, d'une façon incompatible avec la neutralité du grand-duché, et en général à ne poser et à ne laisser poser, à l'occasion de l'exploitation de ces lignes, aucun acte qui ne fût en parfait accord avec les devoirs incombant au grand-duché comme Etat neutre ».

Ces déclarations sont relativement satisfaisantes ; elles offrent des garanties sérieuses, capables d'assurer la stricte observation des devoirs de la neutralité. On n'en pouvait pas moins nier que la situation du grand-duché se trouvait changée à la suite de l'intervention de l'Allemagne dans sa vie économique nationale. Si l'on admet avec le comte de Bismarck que la compagnie française de l'Est se soit laissée entraîner au cours de la guerre franco-allemande à des actes contraires à la neutralité luxembourgeoise, et que la responsabilité de la société fermière du réseau Guillaume-Luxembourg ait été engagée par l'expédition du 25 septembre 1870, il faut au moins convenir que l'exploitation directe confiée à un Etat belligérant peut faire courir de plus graves dangers à l'Etat neutre. Les garanties que le gouvernement luxembourgeois proposait d'assurer à l'Allemagne pour le cas où l'exploitation aurait été confiée à une société luxembourgeoise ou même allemande n'étaient, dans l'opinion de M. Delbruck, que des garanties illusoires.

Les garanties contenues dans l'article 2 de la convention du 11 juin 1872 sont-elles plus sérieuses? Il fallait au moins les soumettre aux puissances qui sont tenues de maintenir, même par les armes, la neutralité luxembourgeoise. Dans son avis du 21 juin 1872, le conseil d'Etat du grand-duché de Luxembourg insista sur la nécessité de soumettre la convention aux puissances intéressées. La haute assemblée exigea même que l'approbation des puissances fût obtenue avant l'échange des ratifications (1).

Par une dépêche-circulaire du 22 juin, le ministre Servais invita les puissances signataires du traité de Londres à émettre « une déclaration portant que la convention du 11 juin 1872 n'avait en rien modifié les engagements contractés en 1867 » (2).

L'empereur de Russie déclara « que le traité signé à Berlin le 11 juin 1872 ne modifiait en rien les engagements contractés par les puissances signataires du traité de Londres du 11 mai 1867 » (3).

(1) Comptes-rendus parlementaires luxembourgeois, session extraordinaire de 1872, p. 196.

(2) Comptes-rendus parlementaires, loc. cit., p. 198 et 199.

(3) Dépêche de la légation russe à La Haye, du 24 juin/6 juillet 1872, op. cit., p. 202.

Le gouvernement anglais se souvint des discussions auxquelles avait donné lieu les déclarations de lord Stanley. « La garantie, écrivit lord Granville au ministre britannique à La Haye, donnée par le traité de Londres, a été une garantie collective du principe de neutralité, stipulé par l'article 2 ; et cette garantie collective semble interdire à chacune des puissances co-contractantes de donner séparément et sans en avoir délibéré avec les autres, une déclaration quant aux effets résultant de ce traité ». L'engagement contenu dans l'article 2 de la convention du 11 juin 1872 semblait pourtant, aux yeux du gouvernement de Sa Majesté britannique, respecter le principe de neutralité collectivement garanti par le traité de 1867. Lord Granville déclara que son gouvernement *cannot consider the arrangement respecting the Luxemburg railways as one wich ought to be a precedent with regard to other countries declared to be neutral* (1).

Le cabinet néerlandais fit également observer « qu'en raison du caractère collectif de la garantie sanctionnée par le traité de Londres, une entente préalable entre les puissances signataires de ce traité eût été désirable et qu'en conséquence il ne se croyait pas autorisé à pouvoir donner isolément la déclaration » demandée par M. Servais. Il ne croyait pourtant pas que les dispositions du traité du 11 juin impliquaient une modification des engagements contractés par le traité de Londres. Les gouvernements de France, d'Italie et d'Autriche furent plus affirmatifs ; les dépêches qu'ils adressèrent au cabinet luxembourgeois déclarent que les stipulations du traité du 11 juin 1872 ne sont pas de nature à constituer une violation de la neutralité luxembourgeoise. La Belgique ne se crut pas appelée à donner la déclaration demandée par M. Servais, parce qu'elle avait été expressément dispensée de

(1) Dépêche de lord Granville, 3 juillet 1872, annexée à la dépêche de l'amiral Harris du 7 juillet 1872, *op. cit.*, p. 203 et s.

l'obligation de garantie assumée par les autres puissances (1).

Les ratifications du traité du 11 juin furent échangées à Berlin le 12 juillet 1872.

La convention du 11 juin n'a pas altéré le caractère de la neutralité luxembourgeoise. Les puissances intéressées ayant donné leur adhésion aux changements introduits par ce traité ne sauraient, le cas échéant, se prévaloir des modifications apportées à la situation antérieure en vue d'éluder l'obligation de garantie qui leur incombe. Pour empêcher l'ingérence ultérieure de puissances tierces dans les affaires intérieures du grand-duché, une loi du 3 septembre 1879 annula toute cession directe ou indirecte d'un chemin de fer faite sans l'approbation du gouvernement.

Les lignes exploitées par l'Allemagne, ayant une longueur totale de 190 kilomètres 88, ne constituent qu'une partie du réseau luxembourgeois. La société des chemins de fer et minières Prince-Henri exploite actuellement 166 kilomètres 11 ; la nouvelle ligne qui reliera directement la capitale à la frontière française a une longueur de 21 kilomètres ; elle sera inaugurée au cours de l'année 1900. La société des Chemins de fer cantonaux a un réseau de 43 kilomètres 7 ; les chemins de fer secondaires s'étendent sur 39 kilomètres 3 ; de nouvelles lignes sont en voie de construction, d'autres sont à l'étude.

Les chemins de fer cantonaux, secondaires, et le réseau Prince-Henri ont été construits au moyen de subventions minières accordées par le gouvernement luxembourgeois aux

---

(1) Comptes-rendus parlementaires de la session extraordinaire du 24 au 27 juin 1872; dépêches de M. Haymerle, ministre autrichien à La Haye, 8 juillet; de M. Géricke, ministre des affaires étrangères des Pays-Bas, 8 juillet 1872; Passera, chargé d'affaires du royaume d'Italie à La Haye, 10 juillet 1870; du marquis de Gabriac, ministre de France à La Haye, 14 juillet 1872; télégramme du ministre français des affaires étrangères. 11 juillet 1872.

sociétés concessionnaires. Les sociétés ont réalisé par suite de la hausse des produits miniers des bénéfices très considérables. Mû par des raisons d'économie, et en vue de faire profiter le trésor national de la hausse des terrains miniers, le gouvernement grand-ducal a renoncé, depuis quelques années, aux errements anciens, et construit lui-même les lignes nouvelles. La ligne de Bettembourg à Aspelt a été construite par l'Etat luxembourgeois ; elle a une longueur totale de 10 kil. 2. La ligne de Luxembourg à Echternarch, longue de 45 kil. 7, est actuellement en voie de construction.

L'étendue de son réseau ferré peut donner une idée approximative du grand développement économique du grand-duché de Luxembourg. Dans la seule année 1899, l'extraction du minerai, la production de la fonte et de l'acier ont donné un rendement estimé à 104,184,310 francs. Le budget de 1898 prévoyait en recettes 11,223,600 francs et en dépenses 10,132,440 francs. La dette nationale se montait, au 1ᵉʳ mai 1897, à 11,770,700 francs (1).

Arrivés au terme de notre étude, nous devons embrasser d'un vaste coup d'œil la distance parcourue et dégager les conséquences des faits que nous avons rapportés.

Le grand-duché de Luxembourg a eu, dans l'histoire, des sorts très divers. Jeté souvent malgré lui dans les tourbillons de la grande politique internationale, il a su éviter le naufrage et sauvegarder ses intérêts vitaux. Chaque lutte a amoindri son étendue territoriale et rétréci ses frontières. Comté indépen-

(1) Avis du Conseil d'Etat du 20 mars 1897.

dant gouverné par des princes indigènes, il disposait des forces nécessaires pour repousser les agressions injustes et vexatoires. Ses souverains soutinrent péniblement l'éclat de la couronne ducale. La perte des riches territoires cédés à la Prusse et l'amputation du Luxembourg belge furent la rançon de la dignité grand-ducale et de l'autonomie nationale en 1815 et en 1839.

Le dualisme introduit par les traités de Vienne fut pernicieux et préjudiciable aux intérêts luxembourgeois. Le gouvernement néerlandais ne partageait pas les sympathies que les rois des Pays-Bas portaient à leur lointain fief. La confédération germanique aimait peu ou prou le petit pays, qui avait le grand tort d'être plus luxembourgeois qu'allemand, qui désirait détendre le lien fédéral et s'opposait aux réformes destinées à rendre l'union plus intime.

L'astucieux machiavélisme du comte de Bismarck trancha le nœud gordien. Réaliste habile à exploiter l'idéalisme. « Prussien de la vieille roche capable de tirer les ficelles du sentimentalisme allemand », le ministre du roi Guillaume accabla l'Autriche et écrasa le libéralisme sous les lauriers cueillis sur les champs de bataille. Au cours de l'unification allemande, l'autonomie et l'indépendance du grand-duché de Luxembourg risquèrent d'être englouties à jamais. Le péril fut conjuré grâce à une de ces heureuses fatalités dont l'histoire offre maints exemples.

Le désaccord des puissances sauva le grand-duché de Luxembourg.

L'empire ottoman et « l'homme malade » vivent dans une anxiété perpétuelle, qui s'aggrave aux moments critiques, et s'atténue dans les périodes de calme. Les souverains de Constantinople ont beau accumuler fautes sur fautes et crimes sur crimes. Le trésor public est mis en coupe réglée ; les postes les plus grassement rétribués sont donnés au plus offrant. Les bakchich et les pots-de-vin sont devenus une institution de droit public. L'édifice ruineux et lézardé défie les assauts les plus périlleux; c'est le roc intangible contre lequel inutilement se brisent les vagues mugissantes. L'Europe tout entière lui sert de contrefort ; les appétits se neutralisent.

Il en fut de même de la confédération germanique jusqu'à ce que vint un homme génial, dont la diplomatie réaliste, dépourvue de tout scrupule, se servit de la connivence des uns, de la coupable incurie des autres pour créer l'Allemagne nouvelle sous l'hégémonie de la Prusse. Le grand-duché de Luxembourg bénéficia lui aussi des compétitions des puissances intéressées.

La Belgique brûlait du désir d'ajouter un nouveau fleuron à sa couronne. Mais les sympathies du peuple luxembourgeois ne lui étaient pas acquises. Elle ne sut au moment psychologique se résoudre aux sacrifices nécessaires et hésita lorsque les circonstances lui étaient devenues favorables.

L'Allemagne voulait s'adjoindre l'ancien berceau de ses rois. La France convoitait la forteresse édifiée par Vauban. Ces prétentions inconciliables aboutirent à un compromis, consigné dans l'acte du 11 mai 1867. L'Europe coalisée imposa aux deux partenaires des sacrifices réciproques: l'Allemagne dut retirer ses troupes d'une citadelle que depuis 1815 elles avaient occupée ; la France renonça à la cession virtuellement intervenue entre elle et le roi grand-duc. L'Europe garantit l'état de choses nouveau et le sanctionna de la manière la plus efficace.

Maître de ses destinées, le grand-duché de Luxembourg dut maintenant prouver qu'il était mûr pour le *self government*. Cette preuve a été fournie. D'habiles pilotes, Guillaume III des Pays-Bas, le prince Henri et le grand-duc Adolphe dirigèrent d'une main sûre et ferme la barque frêle, ballottée par les ouragans, et évitèrent les menaçants récifs et les abîmes béants. Des hommes d'Etat experts et sagaces secondèrent heureusement les efforts des souverains.

Au cours de la guerre franco-allemande, le grand-duché donna d'évidentes preuves de son traditionnel loyalisme. Aucun État n'a eu à faire face à d'aussi nombreux et à d'aussi graves dangers. La presse allemande parlait dans de virulentes apostrophes de la petite province qui avait maintenu son indépendance, alors que de puissants États avaient dû se courber sous le joug et immoler successivement diverses prérogatives de leur antique souveraineté. La France était abattue, à la merci de son impitoyable vainqueur. Le moment paraissait venu de reprendre les projets d'antan et de réunir à l'empire nouveau le dernier lambeau de terre allemande.

Se souvenant de la parole solennellement donnée, l'Europe maintint le traité de Londres ; le comte de Bismarck recula. En renonçant malgré lui à l'annexion du grand-duché de Luxembourg, il se fit adjuger l'exploitation des lignes ferrées luxembourgeoises abandonnées par la France.

Depuis 1870, le grand-duché a été enfin en mesure de gérer ses affaires en pleine indépendance. Sa situation internationale s'est consolidée avec le temps. L'union personnelle qui le rattachait à la couronne des Pays-Bas a été dissoute par la mort du dernier prince de la maison d'Orange. Le grand-duc Adolphe jouit de la même souveraineté internationale que les autres chefs d'État européens. L'érection du Luxembourg en évêché indépendant, relevant directement du Saint-Siège, n'est pas sans exercer une heureuse répercussion dans le domaine politique proprement dit.

Les Luxembourgeois aiment la France. Ils entretiennent avec leur puissante voisine des rapports empreints de la plus grande cordialité. La colonie luxembourgeoise qui jouit des bienfaits de l'hospitalité parisienne, compte environ 20,000 âmes. La ville de Luxembourg a une population de 20,796 habitants. La courtoisie la plus complète n'a pas cessé de régner dans les rapports que le grand-duché entretient avec la Belgique, l'Allemagne et les autres puissances européennes.

24

La délimitation plus précise des droits et des devoirs des Etats neutres, que M. le ministre d'Etat du grand-duché de Luxembourg a demandée à la Conférence de La Haye, consolidera l'état de choses actuel.

Faut-il dire un mot de la politique intérieure du grand-duché de Luxembourg? Le sol luxembourgeois n'est pas un sol ingrat. Les plateaux ardennais qui, il y a une vingtaine d'années à peine, ne nourrissaient qu'une végétation rare et rabougrie, produisent aujourd'hui, grâce aux progrès de la science agricole, des récoltes abondantes. L'agriculture indigène souffre de la crise intense qui s'étend à tous les pays producteurs; les souffrances sont moins vives au Luxembourg que dans d'autres pays, parce que les agriculteurs ont su à temps virer de bord et se sont adonnés à des cultures plus rémunératrices que l'est la culture du blé.

Les bassins miniers du Luxembourg donnent un rendement exceptionnellement élevé. Les capitaux affluent vers ces placements qui leur assurent une rémunération satisfaisante. L'industrie luxembourgeoise occupe des milliers de bras. Les ouvriers italiens, allemands et français sont fort nombreux à Esch, Rumelange, Dudelange et dans les autres centres miniers. De riches ardoisières et des carrières de pierres meulières sont exploitées dans diverses parties du pays.

La question sociale s'est posée au Luxembourg comme dans les autres Etats. La tension des rapports entre la classe dirigeante et le peuple n'est pas parvenue à ce degré d'acuité que nous constatons en France, en Allemagne ou même en Belgique.

Toutes les classes de la population participent également aux bienfaits de la communauté. Les grandes fortunes sont rares au Luxembourg; l'indigence y est presque inconnue. La grande majorité des citoyens jouissent d'une honnête aisance. Le poète national Michel Lentz a décrit dans de magnifiques strophes la situation du petit peuple, que les puissances euro-

péennes ont rendu maître de ses destinées. Nous reproduisons
ce passage dans le texte original luxembourgeois :

> An d'Volk a méngem Héméchtland
> Huôt gént all Mensch d'Hiérz op der Hand ;
> Seng Freihêt dèt em d'Ae blénken ;
> An d'Trei dê dèt seng Wirder klénken :
> Séng Sproch mat hire friémen Tên,
> D'Gemitléchkêt dê mêcht se schên.
> Mir hu kèng schwêer Lèscht ze dro'n
> Fire onse Staatswon dun ze go'n :
> Kèng Steire kommen ons erdrécken,
> Kèn Zwang de freie Gèscht erstecken
> Mir mache spûorsam onse Stot,
> Kê Birger a kê Bauer klot.

Est-ce à dire que tout soit pour le mieux dans le meilleur
des mondes et que le grand-duché de Luxembourg soit cet
eldorado rêvé par les utopistes et par les constructeurs de
continents fortunés? La perfection n'est pas de ce monde. Le
grand-duché de Luxembourg a les avantages des petits Etats
sages et bien administrés; les grands Etats ont les leurs.

Son étendue territoriale est trop exiguë pour qu'il puisse
vivre isolément. Sa prospérité commerciale est subordonnée à
la conclusion de traités internationaux ; or, la voix des faibles
n'est pas toujours écoutée dans la discussion des questions
d'intérêt. Nombreux sont les Luxembourgeois qui doivent
porter leur activité sur un champ moins restreint, et vivre loin
du sol natal. L'exil volontaire, comme l'exil involontaire, est
douloureux.

Les Luxembourgeois ne connaissent ni les luttes écœurantes
qui souvent divisent les enfants d'une même patrie, ni les contributions excessives qui compriment l'élan du travail national, ni la conscription qui enlève l'enfant au sein de la famille
et bien souvent l'immole sur l'autel de la patrie. Au milieu des
peuples en armes qui ont transformé l'Europe en un vaste

camp, le grand-duché de Luxembourg est une oasis bienfaisante, dans laquelle ne pénètre pas le cliquetis des armes. Ses habitants peuvent vaquer avec sécurité aux travaux de la paix. Quoi d'étonnant à ce qu'ils veuillent avant tout maintenir cette situation exceptionnelle, à ce que leurs vœux tendent à perpétuer pour toujours cette bienfaisante autonomie !

Ces sentiments sont les nôtres. De cœur et d'âme nous nous rallions aux vœux du chant national luxembourgeois :

> O du do ûowen dém seng Hand,
> Durch d'Welt d'Natiône lêt,
> Behitt du d'letzeburger Land.
> Fum frième Joch a Léd,
> Du hûos ons jo als Kanner schon,
> De Freihêtsgêscht jo gin,
> Lôs firu blénken d'Freihêtssonn.
> Dé mir esò lang gesin (1).

(1) O toi qui, du haut des cieux, diriges les destinées des peuples, éloigne du sol luxembourgeois le joug de l'étranger, le malheur. N'est-ce pas toi qui nous a infusé l'esprit de la liberté ? Fais donc que le soleil de la liberté, dont les rayons nous ont éclairés si longtemps, continue à luire pour nous (Jorris, *Une page d'histoire*. p. 167).

Vu : *Le Président de la thèse*,
L. RENAULT.

Vu : *Le Doyen*,
GLASSON.

Vu et permis d'imprimer :
Le Vice-Recteur de l'Académie de Paris,
GREARD.

TABLE DES MATIÈRES

———

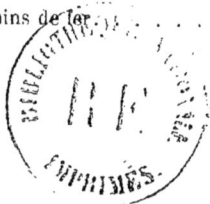

———